古典文獻研究輯刊

九　編

潘美月・杜潔祥　主編

第 7 冊

兩宋《史記》評點研究（上）

許　淑　華　著

國家圖書館出版品預行編目資料

兩宋《史記》評點研究（上）／許淑華 著—初版—台北縣
永和市：花木蘭文化出版社，2009〔民98〕
目 2+366 面；19×26 公分
（古典文獻研究輯刊 九編：第 7 冊）
ISBN：978-986-254-015-2（精裝）
1. 史記　2. 研究考訂　3. 宋代
610.11　　　　　　　　　　　　　　　98014419

ISBN - 978-986-2540-15-2

9 789862 540152

古典文獻研究輯刊
九 編 第 七 冊　　　　　　　ISBN：978-986-254-015-2

兩宋《史記》評點研究（上）

作　　者　許淑華
主　　編　潘美月　杜潔祥
總 編 輯　杜潔祥
企劃出版　北京大學文化資源研究中心
出　　版　花木蘭文化出版社
發 行 所　花木蘭文化出版社
發 行 人　高小娟
聯絡地址　台北縣永和市中正路五九五號七樓之三
　　　　　電話：02-2923-1455 ／傳真：02-2923-1452
網　　址　http://www.huamulan.tw 信箱 sut81518@ms59.hinet.net
印　　刷　普羅文化出版廣告事業
初　　版　2009 年 9 月
定　　價　九編 20 冊（精裝）新台幣 31,000 元　　版權所有・請勿翻印

兩宋《史記》評點研究（上）

許淑華　著

作者簡介

許淑華

學經歷：輔仁大學中文研究所博士
　　　　明道大學國學所副教授

專　　長：史記、文字學、佛學、老莊

主要著作：《雪廬居士佛學思想暨行述研究》、編纂《博學與雅緻》及〈《史記‧呂后本紀》與
《漢書‧高后紀》較析〉〈《史記》、《漢書》袁盎晁錯傳較析〉〈《史記‧伯夷列傳》天道之
惑析探〉〈順時聽天留侯智探析〉〈商鞅變法善惡功過一二論〉〈中華文化多元一體的現代意義〉
〈經濟全球化中的中華文化〉〈《易經‧謙卦》和合思想探析〉〈簡化字對漢字教學之衝擊〉〈明清
之際正俗體文字使用之比較——以《史記評林‧本紀》為線索〉〈雪廬居士行誼及貢獻探析〉〈消
業往生之商兌〉等單篇論文。

提　要

　　《史記》取材廣泛，修史態度嚴謹，摻合太史公之人格風貌與精神風采貫穿全編，不唯記事
翔實，內容豐富，更具有一股感染力，可以立懦而廉頑，二千多年來，無論是史才、史學、史識、
史德乃至史品，一直是治文、史、哲諸家之典範，此即本論文擇為研究之主因。又歷來古籍撰
寫刊刻，無論眉批、頭批、尾批、旁批、乃至總論、散論，皆以不附評家生平、評議出處為
常事。因此，本文之撰，首以評家考察為優先；次及重要評作（《史記評林》）之勘誤；再及重
要評論之增補；續以諸評議內容之分析，結以評家史觀之綜合，冀即此觀兩宋《史記》評
點之風尚，併其對後世之影響概況等，此為本論文撰寫之大要與次第。重要內容約有五部分：

　　第一是兩宋評家生平考略：明凌稚隆氏之《史記評林》未及評家之小傳，致捧讀之際無法
了解評者之身世背景，引為一憾，故於本章，作一增補，以彌其闕。略分五點考之：

　　1. 歷代名人同其姓名者夥，必以朝代、姓氏、字號、居里別之，故詳其稱謂。

　　2. 仕宦經歷往往影響其史觀與評議，故概述之，不以巨細靡遺為尚，然凡德行足以稱道
　　　　者，不惜輾轉引述，藉以管窺其行誼。

　　3. 學術特色主在論其學術成就。

　　4. 各類著作則採犖犖大者，不以湊全為能事。

　　5. 史評部份，以今日蒐採者為限，僅列其書名，便於來者深造探索，不以囊括其著作中
　　　　所有史評為訴求。

　　第二是《史記評林》兩宋評點校勘：

　　1. 註明資料之完整與出處，以符學術嚴謹之要求。除兩宋評家之評議文字外，對於評家稱
　　　　引之資料，能尋其根源，註明出處，不僅有利學者之稱引，並可進一步提供探索，增益《評
　　　　林》之應用範圍。

　　2. 還原《評林》之增減，以利學者之採擇。《評林》與原典全同者，其數可數，可知輯錄之議論，
　　　　多半經編者更動，因此無論其為刪節、增益、摘取大意或用字之改易、對調、異形乃至錯別，
　　　　皆已非撰者原貌，故作為現今之文字工作者，無論引據發論，乃至印刷出版，皆不可不知。
　　　　此乃本章重要旨趣所歸。

　　3. 提示學者正式引文之含義，避免誤解。對於扭合數段評議文字為一文與僅摘取原典大意
　　　　而改寫部分，更是後人引用《評林》一書所應注意者，否則往往誤其出處，乃至誤解原

著用意而不自知,故於校勘過程中,不厭繁瑣,一一覈校,希學者對《評林》一書之運用,更能取其利而去其弊。

4. 比對字形之異同,以知用字之趨向。異形字之使用,牽涉版本與時代因素,僅將五體異形之字核出(詳見第三章《史記評林》評點校勘第二節至第五節勘誤表中,逐條之備註欄內【《評林》某字原典作某】)此成果或可供來日作文字流變研究者參考,也可供版本學者尋思。

5. 增益《史記評林》一書之使用性。雖則歷來對《史記評林》不乏非議與垢病,然就學術乃公器之論點衡之,《評林》仍有其不可磨滅之價值,例如:在索引上,它蒐集歷代各評家之作,就今日學術眼光而論,便是極佳之引得,不僅便於參閱,更可以之為線索,在此基礎上,加深加廣地研究,此其一;在較量上,補其出處之漏失,與引文型式上之缺憾,不僅令學者能更精確使用這項資料,也能參考編輯者與評論者,在取擇觀點上的差異性,藉此達到對比參照的效益,此其二;在評點文字上,不僅可見一代評論之風氣與精神,更可見文字使用之型態,這不但是時代意識之反映,更是文字流變研究之素材,此其三;又原典(含宋、元、明、清刊本)或有訛字,或刊刻磨損處,依《評林》彙輯次序,多版互讎,可減其失誤率,此其四;輯評之作,或對原典增減字句,或改易字句,其中對照原典,亦多有助益解讀之處,此於校勘稿中一目了然,亦可視為校勘《評林》之效益,此其五。

第三是補《史記評林》宋人評點之闕:

1. 增補《評林》既有兩宋評家評論條目之不足。凌氏編輯歷代評《史記》之文字,採隨文編列於天頭之方式,因此,在天頭有限的情況下,或只能選其篇幅長短較適合者,對於篇幅較長者,恐不得不割愛;或以摘要之方式擇取,因此,以綜覽兩宋評點衡之,不免遺珠之憾,故本章謹將《評林》既有兩宋評家評論條目之不足處,給予增補,冀於增益《評林》一書之便宜適用。

2. 增補《評林》所未收之評家及其評點據《評林》一書所載之引用書目而言,兩宋評家約四十六家,其中不含元朝之金履祥與吳澄,然就歷代輯評之作視之,所收兩宋評家未為完備,因此,其不收者,或多有佳評乃至頗富參考價值者,故本章欲求兩宋評家之齊整,凡論點相同者,補其早出之作,藉還原貌;論點相左者,增其異論之篇,以供參稽,職此增補《評林》所未收之評家及其評點。

第四是兩宋評家史評分析,運用分析、統計、綜合之法,可得如下五點:

1. 依數量分析:兩宋評點以列傳最多,其次為世家,再次為本紀。若依各家評點數目統計,兩宋評點數目最多之五評家分別為黃震、劉辰翁、蘇轍、倪思、鮑彪。

2. 依類別分析:先將評點概分為四類:
   (1)義理類,重在明是非;
   (2)考據類,重在詳訓詁;
   (3)辭章類,重在審美巧;
   (4)史識類,重在辨得失。

綜論兩宋評點,以史識類居多,辭章、考據、義理三類大約呈平均分配之狀況。

3. 依對史公之議論分析:兩宋評家之褒貶史公,可就以下二點討論。
   (1)依評點則數分析:可知兩宋評點,抑者多於揚
   (2)依評點家數分析:北宋以貶為多,南宋則均平。

總之北宋諸家,史評傾向貶抑。其中尤以蘇轍為代表。

至於南宋,抑遷者,以葉適、王若虛為代表,然褒讚史公之評,頗有增加。

4. 就班馬比較而論：兩宋評點，軒輊《史》《漢》，多揚馬而抑班。縱有貶馬之評家，論及班馬之優劣，仍主於讚揚太史公也。

5. 由史評學發展之立場言之：自漢至魏晉，文尚駢儷，評者多稱揚班固。及至有唐，韓、柳提倡古文，史遷之書，研者日多。入於兩宋，抑班揚馬幾成定論；逮至明清，少有異說。由此觀之，宋之評家，實居軒輊班馬之轉折關鍵。

第五是繼宋之後，由於 1. 評點人數的空前壯大；2. 注評、選評與集評本的大量刊刻；3. 評點合刻本的紛紛問世，可知明代以後《史記》評點風潮，受到兩宋《史記》評點的影響，應是非常明顯的。

兩宋《史記》評點研究，可以管窺古籍保存不易之一斑與整理之必要，在唐以前承訓詁經傳與歷史論贊之遺風，衍為兩宋之發煌與明代之壯盛，然至有清被譽為百科大全之《四庫全書》出，史評一類採錄已寡，甚至凌氏《史記評林》一書已不見收，可知改朝換代之間，亡失刊落者不知凡幾。因此，來日有撰中國史學評點史者（或中國《史記》評點史者），相信當能給予兩宋《史記》評點風潮適當之史評地位。

目

次

第一章 緒 論

第一節 研究動機與目的

　　《史記》之肇創，一者在克承父志〔註1〕，再者在紹繼周孔〔註2〕，綜言之，則爲〈報任安書〉所謂：「究天人之際，通古今之變，成一家之言。」〔註3〕而此動機，在太史公的精神感召與精湛筆法中，亦成爲兩千年來讀書人的心志與懷抱。職此之故，凡讀書之人，鮮有不好《史記》者，然《史記》初無定名，或稱「太史公書」，或稱「太史公記」，亦省稱「太史公」。實「史記」本是古代史書之通稱，自三國始，「史記」由通稱逐漸成爲「太史公書」之專名，且《史記》是一部貫穿古今之通史，從傳說中的黃帝開始，一直寫到漢武帝元狩元年，敘述三千年左右之歷史。據太史公〔註4〕自序言，全書有本紀十二篇，表十篇，書八篇，世家三十篇，列傳七十篇，共一百三十篇〔註5〕。其取材廣泛周遍，

〔註1〕 於自序言：「小子不敏，請悉論先人所次舊聞，弗敢缺。」(《史記會注考證》台北，萬卷樓，民國85年10月，初版二刷，頁1369左下)
〔註2〕 於自序又言：「先人有言，自周公卒五百歲，而有孔子。孔子卒後至今五百歲，有能紹明世，正易傳，繼春秋，本詩書禮樂之際，意在斯乎？意在斯乎？小子何敢讓焉！」(《史記會注考證》台北，萬卷樓，民國85年10月，初版二刷，頁1370右上。)
〔註3〕 《昭明文選》台北，三民書局，民國86年4月，頁1905。
〔註4〕 作者司馬遷，字子長，左馮翊夏陽人。生於漢景帝中元五年，大約卒于漢武帝征和三年。詳參《四庫全書·史部·正史類·前漢書》卷六十二，頁1～29。
〔註5〕 班固在《漢書·司馬遷傳》中提到《史記》缺少十篇。三國魏張晏指出這十篇是〈景帝本紀〉、〈武帝本紀〉、〈禮書〉、〈樂書〉、〈律書〉、〈漢興以來將相年表〉、〈日者列傳〉、〈三王世家〉、〈龜策列傳〉、〈傅靳列傳〉。後人大多不同意張晏之說法，但《史記》殘缺是確鑿無疑的。今本《史記》也是一百三十篇，有少數篇章顯然不是司馬遷的手筆，而漢元、成之際，博士褚少孫補寫過《史記》，今本《史記》中「褚先生曰」即是其所補作。

包括當時社會流傳之《世本》、《國語》、《國策》、《秦記》、《楚漢春秋》、諸子百家等著作及朝廷文書檔案，乃至實地調查獲取之材料，概皆納入寫作《史記》之重要材料來源，尤其可貴者，太史公於搜集之材料，皆作嚴格地分析與選擇，淘汰其無稽之談；對模稜之各類問題，或采闕疑，或載眾說，以便後人參稽考察。更緣取材廣泛，修史態度嚴謹，摻合太史公之人格風貌與精神風采貫穿全編，因此《史記》不唯記事翔實，內容豐富，更具有一股感染力，可以立懦而廉頑，二千多年來，無論是史才〔註6〕、史學〔註7〕、史識〔註8〕、史德〔註9〕乃至史品〔註10〕，一直是治文、史、哲諸家之典範，此亦即本論文擇爲研究之主因。

又「評點」有各種形式〔註11〕。就「評」而言，有文前評（前評、頭評）、

〔註6〕 史才指才力，與生所俱之才能力量。

〔註7〕 史學指學養，後天努力之功夫力量。

〔註8〕 指見識，見地乃才力與學力之總稱，上三者乃唐劉知幾所倡言說詳《舊唐書》卷一〇二本傳（或參見四庫全書：史部，史評類，《史通，原序》：「（子玄）對曰：史才須有三長，世無其人，故史才少也，三長謂才也、學也、識也。夫有學而無才，亦猶有良田百頃，黃金滿嬴，而使愚者營生，終不能致於貨殖者矣；如有才而無學，亦猶思兼匠石，巧若公輸，而家無楩柟斧斤，終不果成其宮室者矣；猶須好是正直善惡必書，使驕主賊臣所以知懼，此則爲虎傅翼，善無可加，所向無敵者矣，脫苟非其才，不可叨居史任，自夐古已來，能應斯目者，罕見其人。」頁4）。

〔註9〕 史德者，著書者之心術也。必究天人之際，取其正。說詳《文史通義・內篇三・史德》清・章學誠，台北，漢京文化有限公司，民國79年9月，頁219。

〔註10〕 〈史品〉，詳見蔡師信發：〈史品例證〉青年日報，民國74年。

〔註11〕 在評點學中，似乎一開始就把評和點連用，實則評、點二字組成評點一詞，雖然連用了好幾個朝代，但嚴格說來，最初還是有所區分的。「評」字不見于《說文解字》，一般書籍的引例最早的是《後漢書》，《後漢書》的作者范曄是南北朝時人，所以斷定「評」字造于漢後估計沒有大問題，「評」字一出現就是評論、品評的意思。說「評」是批評，最初也是對的，但是後來「批評」專指對壞的方面，說「評」是批評就容易引起誤解。在「評」未造之前，表示評論意義多用「論」字，而「點」則另有不同的說法和解釋，《爾雅》說：滅謂之點。郭璞注釋云：以筆滅字爲點。漢代所謂的點，都是指用筆在不必要、多餘的、寫錯的或不適當的字旁邊加點去掉，與現在寫文章打草稿或修訂文章時塗改一些字的意義雷同。到了魏晉南北朝，在點的基礎上，又出現了點竄、點定諸詞。如《三國志》卷一〈武帝紀〉說曹操：「公又與遂書，多所點竄」。劉義慶《世說新語・文學》云：「司空鄭沖馳遣信就阮籍求文，籍時在袁效尼家，宿醉扶起，書札爲之，無所點定。」這裡所謂的點竄，如分開來講，點乃是點滅之意，而竄則爲竄改、改易、修改之意，如合起來講，就是點滅和修改的意思。「多所點竄」就是指曹操給韓遂的書信，在字句上曾

文後評（後評、尾評）、段落評、總評、眉批、夾批、旁批等；就「點」而言，有單點、連點、單圈、雙圈、連圈、三角圈、抹杠等。總之，「評」乃藉由語言，論說高低，分辨優劣，主於明講；而「點」乃經由符號〔註12〕來標記與提示，重於暗示。但一部評點著作不一定採用所有的形式，這既與時代評點風氣和評點者好惡有關，也與印刷條件有一定關係。例如有的可以沒有眉批或旁批或夾批；特別是圈點，限于印刷技術，很可能不用。原來有圈點的評點著作，再次刻印時可能爲了降低成本而部分或全部與予刪除。因此，本文所涉評點之作，意義界定以寬爲則，無論隨附原文文本與否，凡涉「評」論者，即認定「點」出問題所在，或褒或貶，或抑或揚，在所不論。又因取寬爲限，故可類分，兼之辭章、考據、義理、史識乃至通論全編者，皆在網羅之列，所以，評點可以

有多次多處的點減和修改，說明了曹操寫此信的愼重和認眞。劉義慶所説的點定，如分開來講，點仍是點減之意，而定則爲改定之意，如合起來講，也就是點減改定之意，「無所點定」，一方面是爲了形容阮籍寫信的隨意，另一方面也爲了説明阮籍寫信的流暢，隨筆成文，不需要再做什麼改動。到了唐代，「點竄」一詞仍有所沿用，如李商隱《韓碑》詩中有句云：「點竄堯典舜典字，塗改清廟生民詩。」也有稱爲塗竄的，意思與點竄相同。證明從唐朝上溯到漢魏的整整一千年間，凡爲了説明文章，或與文章相關而用的點或點竄、點定之類，都與對文章的點減、塗抹，和修改有關。在唐代，除了點竄、塗竄諸詞以外，再點的本義上還引申出了點繁、點勘諸詞。如劉知幾《史通》卷十五《外篇》中便專門列有點繁一節，其中說：「自古史傳文有煩者，皆以筆點其上，凡字經點者，盡宜去之，如其間有文句虧缺者，細書側注於其右，或同易數字，或加足片言，俾分布得所，彌縫無闕，庶觀者易悟，其失自彰，如我撝實，而談是非，苟誣前哲！」（史部，史評類，史通，卷十五，頁1）由此可知，劉知幾所説的點繁，雖其意仍是把煩者點去，即點減掉，與漢代的點意相仿，但它並不是簡單的取去掉了事，對於其中的「文句虧缺者」還可以在右面加注，爲了「分布得所，彌縫無缺」還可以加上片言，讓讀者自己去分辨何以要去掉一些文字，另外再加上一些文字。這樣一來，點竄雖然有點減、修改的一面，但較之前人的點竄、點定，含意似乎更爲豐富。至於點勘一詞，則見於韓愈的《秋懷詩》其七：「不如覷文字，丹鉛事點勘」所謂勘，就是核對、核定的意思。《辭源》對點勘一詞的解釋是：「校定」。以筆點其處作記，然後校對。即是通過核對，把不正確的字加點去掉，把正確的字記於旁邊。可見「點」原先只是爲了改掉文章中一些不必要的字，後來才發展成爲核對、增刪，甚至能夠加注或「加足片言」，成了一種評改，到了宋代，有些人在詩、文的關鍵之處用筆抹畫或點出來，以作提示，並與簡短的評語結合在一起，更是成爲一種完整意義上的「評點」（今日「評點」正是用「評」的評價和「點」的圈點意義複合而成的，而本論文所取「評點」以此）。詳參孫琴安《中國評點文學史》（上海社科院出版，1999年6月第一版。）下同。

〔註12〕經「點」、「抹劃」、「圈」之歷程：乃至墨、紅、黃、綠、藍等顏色之套印演化。

是注釋，可以是文批，可以是文論，可以是史評，可以是子部，可以是經按，範圍含蓋經注訓詁、隨文批注、論文、評議、詩話、詞話、文話、筆記、隨札、書信等，皆在蒐集之列，概視爲《史記》評點之作。

《史記》在歷代史學評點中獨佔鰲頭，從漢至唐，雖治《史記》者甚少〔註 13〕，然從晉代張輔之言，可知已嶄露頭角：「世人論司馬遷、班固，才之優劣，多以固爲勝，余以爲失。遷之著述，辭約而事舉，敘三千年事，唯五千萬言。固敘二百年事，乃八十萬言，煩省不敵，固不如遷一也。良史述事，善足以獎勵，惡足以鑒戒，人道之常，中流小事，亦無取焉，而班皆書之，不如二也。毀敗晁錯，傷忠臣之道，不如三也。遷既造創，固又因循，難易益不同矣。」〔註 14〕其次，自宋至清〔註 15〕，回身轉折，一如明·胡應麟所述：「《史》《漢》二書，魏、晉以還，紛無定說，爲班左祖，蓋十七焉。唐自韓、柳一頌子長，孟堅少詘。」〔註 16〕此後，《史記》研究者日多，其評價亦隨之日益增上。或從取材、布局；或約文字、筆法；乃至才情、神韻，不一而足。因此，兩宋以下評點之文大興，評家漸夥，尤以有明一朝爲最，成績斐然，可謂大備於前，其中尤以凌稚隆氏之《史記評林》最具代表，不僅蒐蘿已刊刻者、鈔錄流傳，甚至發抉不傳之隱密，乃至更閱百氏之書，不憚其煩，逐一加以鉤提，不唯凡有發明皆在網羅之中，更加輯錄耙梳，欲人展卷即得其大旨，其用心不可謂不廣博宏大矣。因此，自來讀《史記》者，

〔註 13〕較著名者如（晉）張輔：〈名士優劣論〉、華嶠：《後漢書·班固傳讚》、傅玄：《全晉文》、《意林》、袁宏：《後漢紀》、劉知幾：《史通》等，雖研究者不乏其人，卻以左袒《漢書》者爲多。

〔註 14〕（晉）張輔：〈名士優劣論〉（楚國先賢傳校注〔湖北省〕：湖北人民出版社，1986（民國 75 年）荊楚故書叢刊）

〔註 15〕（宋）鄭樵：《通志》、（宋）程頤：《二程遺書》、（明）焦竑：《焦氏筆乘》、（宋）朱熹：《朱子全書》、（宋）陳傅良：《止齋先生文集》、（宋）葉適：《習學紀言》、（宋）魏了翁：《師友雜言》、（宋）楊萬里：《古今圖書集成·理學匯編·經籍典》、（宋）倪思：《班馬異同》、（宋）劉辰翁《班馬異同評》、（元）黃履翁：《古今源流至論別集》、（明）許相卿：《史漢方駕》、（明）茅坤：《茅鹿門集》、（明）王鏊：《震澤長語》、凌稚隆：《漢書評林·漢書總評》、（明）王維禎：《史記評鈔》、（明）錢謙益：《牧齋有學集》、（清）曾國藩：《聖哲畫像記》、（清）顧炎武：《日知錄》、（清）蔣中和：《眉三子半農齋集》、《馬班異同議》、（清）徐乾學：《憺園文集》、《班馬異同辨》、（清）沈德潛：《歸愚文續》、（清）浦起龍：《釀蜜集》等，研究之風日趨熾盛。

〔註 16〕（明）胡應麟：《少寶山房筆叢》（玉海：台北市：台灣商務，民國 72 年（1983〜））

未有不讀其書也，尤以近世學術研究興盛為然，或參考意涵指涉、觀點面向，乃至評點比較、評家研究等，未有不仰賴斯編者，於是該書之要，可見一斑。唯自明至今，其書校勘者寡，於原文引用簡約與出處註記從略，致學者或囿於沿用徵引不得其全，或困於推源不得其門而入。因此，為研究之便，先以《史記評林》為底本，選其兩宋評點之作，隨文與兩宋評家之著作，互為比對校勘，期能於引文之簡約與出處之不明者，有以補足焉。或可增益此書之便宜使用，亦可見賢立儒，於學海之中，稍作一漚發云。

　　本文之作，以兩宋諸家為主，其因有二，一者，就評點家數而言，兩宋之前，數量較少，而以評點之學為大宗之明朝，則又太夥，故衡一己之能力與受業之年限，乃採兩宋評家約八十上下之數為主軸，加以探討，然《史記評林》一書，所蒐羅者約四十餘家〔註17〕，其中尚有補遺之隙。因此，承攷覈《評林》出處之餘，兼繼補兩宋評家之闕，冀使兩宋於《史記》評點學上，更趨真實，亦盼能在估計時間內完成預期之結果。二者，從文化流變中，兩宋繼唐而起，在文化之創造與累積上，有極輝煌的成績。就人物而論，有「少文人而多學人」之美譽，類此學行並舉之風規，實乃從師問學以來，衷心所仰慕者也，然有宋一朝，疑古成風，其纂經改典，亦為歷來學界所垢病〔註18〕，加以《史記》一書，太史公綜輯舊說，引用典籍〔註19〕之處甚夥，故以疑古見長之兩宋學者，其於資料解讀與考索上，料定必有一番異於前人之見解，甚至出乎太史公之本意，故就評點本質而言，應有其特殊性與時代性，可供學人研究與發抉〔註20〕。因此，選擇兩宋評家，從數量與質量上，與今日所需若合符契，故訂題為：「兩宋《史記》評點研究」〔註21〕。

〔註17〕歐陽修、陳經、朱熹、林之奇、孫明復、王安石、陳子經、黃震、蘇轍、蘇軾、曾鞏、蔡沈、費袞、王應麟、金履祥、呂祖謙、洪邁、鮑彪、宋無、舒稚、司馬光、真德秀、倪思、李塗、劉辰翁、羅大經、劉子翬、劉攽、蘇洵、朱翌、鄭樵、陳仁子、陳傅良、朱黼、胡一桂、黃履翁、吳師道、宋祁、楊時、范仲淹、王禹偁、張耒、唐庚、劉敞、樓昉、秦觀等人。

〔註18〕對於宋家之疑古改經，歷來亦有二說：一說其疑古太過，故憑私意亂加纂改，毫不可取；一說其尊經重經，未敢輕率，故攷校源流，發其幽微，於不疑處有疑，故其精神甚堪嘉佩，而其所疑所改，或有未當之處，然其中亦不乏發前人所未明，抉隱出密，勾玄提要，可供學者再三致意與細味之。

〔註19〕詳參金德建：《司馬遷所見書考》上海：上海人民出版社，1963年2月第一版。

〔註20〕唯今始作兩宋評點部分，尚無以達其較量之效，然假以時日，果完成較多朝代之評點研究，相信必能完竣其事。

〔註21〕「評點研究」或有兩端，一為客觀文獻資料研究，一為相關內容論述研究，

第二節　研究方法與範圍

按：研究以對象為主，所採取解決問題之方法及步驟原則為：

甲、研究材料徵實原則：藉助前人輯校成果，加以比對校正與彙整。

乙、資料詮解合理原則：還原其所處時代與文化脈絡中作整體析論。

丙、論衡見識邏輯原則：剖釋諸家史觀評價，推求必合乎邏輯原理。

（一）方　法

1、文獻範圍以採寬為標準。首先依兩宋《史記》評點各刊本加以彙集整理，其中涉宋末元初，或唐末宋初之文，皆在蒐羅之列。因學術思想隨時代之風氣而各有風貌，一如王國維所言：「凡一代有一代之文學，楚之騷，漢之賦，六朝之駢語，唐之詩，宋之詞，元之曲，皆所謂一代之文學，而後世莫繼焉者也。」〔註22〕此雖針對文學流變而言，然取譬於學術思想亦然。諒其前後之間，必有互相影響，正所謂「孤因不生，獨緣不長」。職此之故，於資料彙集上，原則採寬，舉凡時代相涉者，不敢缺遺，併就彙集所得加以校勘之。

2、分析各家說法，期能找出各家評點之各個面向，不論多寡，考其文字，循其出處，詳覈資料，以益日後研究考察之用。

3、承前分析之項目，將各家評論以類相從，歸納為數大類。例如：文章章法、義理思想、史識史思、考據論證等，藉明諸家評論之焦點，其或跨越兩類以上，則互見之，以明諸評家關注及專學之所在。

4、以同類比較之法為據。彙集性質相同之評議，互相比較以見短長，或較量諸家之史識史觀各所偏重之處，藉見兩宋學界思維風貌之一端，亦兩宋《史記》評家各自風華之展現。

5、以繫年方式側觀其流變與影響。依人物繫其年月順序，以資管窺《史記》評點之流變，並考其前後朝代，藉見其對後世之影響，以獲知對兩宋《史記》評點研究之考察成果。

（二）範　圍

1、人物研究：於兩宋學界對《史記》評點諸家，全面論述之。重點集中於其對《史記》之相關研究。

本論文以前者為主軸，進行綜輯資料與相關研究。

〔註22〕王國維：《宋元戲曲考‧序》台南市：僶勉，民國64年（1975）。

2、時代研究：因學術思想乃與時代之意識型態相結合，且意識型態之形成必與一時代之政治、經濟、文化各層面皆有密不可分之關係。因此，評家之生平時代亦在考察之列。

3、史評研究：於評點諸刊、文集叢書乃至筆記書札等，舉凡相關相涉者，皆在察考計劃之中。

4、著述研究：諸評家之著述，或有專書，或與他書合刊，或散見於他人之著作者，盡量蒐蘿彙集，使之完整。

5、影響研究：學術乃公器也，故一代學風之起，必有其源，而代代迭變之中，可見其流。因此，前朝後代必有其相因損益之處，如影之隨形，響之應聲。職此之故，舉凡研究後所得之「影響」，不可不察也。

（三）步　驟

1、探索人物，明其生平，考其著述。（評家研究）〔註23〕

2、勘定是非，明其出處，以益來學。（考訂工作）〔註24〕

3、諸家史評，分門別類，助益檢索。（評點分類）〔註25〕

4、分析剖判，評家史觀，影響論衡。（史觀影響）

5、綜輯舊說，深求抉密，批判反省。（研究心得）

第三節　前人研究之檢討

一、明・凌稚隆：《史記評林》共五冊（十六開本，計2896頁）

　　歷來對《史記》之研究，代不乏人，唯自兩宋而後，學者評點成風，因此影響有明一朝，蔚爲大觀。職此，本論文乃基於溯源追本之立場，採兩宋評家作爲研究對象。惜前人讀書評文，往往散見各處，或文集，或序文，或別錄，或金石文，或事物記，或典籍疏注，不一而足，於專書乃至專文論評者較少。因此，歷來蒐集評點文字，剞劂成冊，以利後學者，以明朝凌稚隆〔註26〕氏之《史記評林》爲有名。唯是書一則因隨文編纂，受篇幅限制與刊

〔註23〕評家生平著作析述（評家研究）

〔註24〕蒐集分析相關資料（分析歸納）與勘定出處考其義涵（詳覈考訂）

〔註25〕考察歸納評點見解（評點分類）

〔註26〕凌稚隆氏之生平：明，浙江烏程人，字以棟，號磊泉。著有《左傳評注測義》、

刻所囿，故後人於展讀之際，迺乏並比宏觀與識見比較之便，此不利之一也；再則文字或因版本不一，或因印刷技巧優劣，字句每有出入與模糊之處，甚或訛誤之失，此不利之二也；又因未標出處與版本，校覈不便，引用難確，此不利之三也。職此，以近代嚴格之學術研究要求衡之，難符標準。因此，試就兩宋評點部份，糾其誤謬，矯其不便，補其闕遺〔註27〕，作爲論文研究目的之一。

二、清·吳汝綸：《史記集評》共四冊（二十四開本，計 1363 頁）

《四庫全書總目提要》〔註28〕有言：「《春秋》筆削，議而不辨。其后三傳異詞。《史記》自爲序贊，以著本旨。而先黃老，後六經，退處士，進奸雄，班固復異議焉。此史論所以繁也。其中考辨史體，如劉知幾、倪思諸書，非

〔註27〕 《五車韻瑞》、《史記評林》等，參見《四庫全書總目》卷三十。
例如：馬存：《古文集成》、趙頊：《御選古文淵鑒》、沈括：《夢溪筆談，補筆談》、晁公武：《郡齋讀書志》、葉適：《習學記言》、王若虛：《滹南集》、陳振孫：《直齋書錄解題》、胡寅：《斐然集》、魏了翁：《鶴山集》、林駉：《古今源流至論，後集》、李冶：《敬齋古今黈》、王觀國：《學林》、王楙：《野客叢書》、吳氏：《荊溪林下偶談》等不勝枚舉。

〔註28〕 中國傳統知識分子認爲典籍有輔助政治的功能。自周秦以來，歷代皇室都十分重視圖書的收集、典藏和編製，漸成爲制度。滿清入關後全面漢化，由康熙起多次廣徵天下遺書，至清乾隆皇帝（高宗弘曆）於乾隆三十八年（1773年）正式開館編纂《四庫全書》。《四庫全書》將清乾隆以前出版的各種類圖書收錄編成，覆蓋範圍甚廣，哲學、歷史、文化、藝術、政治、社會、經濟、軍事、法律、醫學、天文、地理、算學、物理學、生物學、農業、占卜等等，共有約 3400 多種古籍，是一部薈萃傳統文化精華的百科性叢書。書種：三千四百六十餘種；冊數：三萬六千餘冊；卷數：七萬九千餘卷；頁數：四百七十萬頁；字數：約八億字；全書分爲經、史、子、集四部，其下分爲四十四類，類下又有七十屬。其分類有：經部：十類、史部：十五類、子部：十四類、集部：五類。類下之屬又分：經部：九屬、史部：二十六屬、子部：二十四屬、集部：十一屬。其配件有：〈四庫全書總目提要〉：二百卷；〈四庫全書考證〉：一百卷；〈簡明目錄〉：二十卷。《四庫》一共收錄三千四百多種古籍，且內容完備，包括清乾隆以前的所有哲學、歷史、文藝、政治制度、社會、經濟、天文地理、算學、醫學等等無所不包，這些古籍均爲傳世珍藏，是中華文化的精萃。是書有系統、有條理地將中華五千年的重要典籍匯集爲一部大百科叢書，爲研究中華文化之中外學者提供了極有價值的資料寶庫。此書原本共抄錄七套，包括文淵閣、文源閣、文溯閣、文津閣、文匯閣、文宗閣及文瀾閣。惜歷劫鴉片戰爭、英法聯軍、八國聯軍及日軍侵華等戰亂，大部份藏本已散失損毀，現僅存文淵閣、文津閣、文溯閣三套。

博覽精思，不能成帙，故作者差稀。至於品騭舊聞，抨彈往迹，則才緯史略，即可成文。此是彼非，互滋簧鼓，故其書動至汗牛。又文士立言，務求相勝。或至鑿空生義，僻謬不情，如胡寅《讀史管見》譏晉元帝不復牛姓者，更往往而有。故瑕類叢生，亦惟此一類為甚。……日月著明，爝火可熄。百家讕語，原可无存。以古來著錄，舊有此門，擇其篤實近理者，酌錄數家，用備體裁云爾。」〔註29〕故知《四庫》之中，史評一類所錄偏少之故，且有清一朝對於評點文字之集評，亦不多見，唯專書、專文尚可稱富〔註30〕，是清代學術風氣鼎盛使然。因此，本文之作，於清代集評中，僅取吳氏汝綸《史記集評》作為檢討對象之一。

其書提要云：「自來言《史記》者，為史家宗祖，但未知其文之工，亦文章宗祖也，歐陽公為古文大師，其文出於史公，顧未有批本，自明歸熙甫氏乃抉史公之精要而評點之，方望溪、姚姬傳、梅伯言、曾滌生諸公踵而行之，於史公行文之竅要，無不抉而出之，摯父先生以為敘記之文莫高於《史記》，而歷代評點之能抉其微者，惟桐城派諸老，因集錄諸家之評點，為《史記集評》一書以惠後學……」可知本書之優勢在於：「文章氣脈」能以「發神樞鬼藏之秘，治叢冗禿屑之病」達其「導後進以軌轍」之目的；然則以今日視之，其不足者，乃在「不有考據，則瞀于誤書。」於義理、考據、史識等關涉不足矣，此其一；其夾注多訓詁經按之言，實足自為補救，惜不詳注出處，又書末附「《史記》初校本點識」亦可教學者以要妙，唯點識與文本兩分，實不若隨文之清晰爽目，此其二；書末附「各家《史記》評語」，若能隨文眉批，當更醒目，且評家評點文字不注出處，亦難便今日學術研究之所需，此其不便者三也。

三、今人楊燕起等編纂：《歷代名家評史記》共一冊〔二十四開本，計914頁〕

〔註29〕《四庫全書總目提要》冊貳，清·紀昀總纂，河北，河北人民出版社，2000年3月，初版，一刷，頁2276。

〔註30〕姚康：《白白齋貨殖傳評》錢謙益：《牧齋初學集》、《牧齋有學集》劉城：《嶧桐文集》、張履祥：《楊園先生全集》張爾歧：《蒿庵閒話》顧炎武：《日知錄》、《菰中隨筆》馮班：《鈍吟雜錄》薛士學：《蛟川生正文存》朱一是：《為可堂初集》李鄴嗣：《杲堂文鈔》徐枋：《居易堂集》姜宸英：《湛園未定稿》蔣中和：《眉山子半農齋集》徐乾學：《憺園文集》儲欣：《史記選》陳廷敬：《午亭文編》徐與喬：《經史辨體》等。

今人楊燕起等人所集之《歷代名家評史記》作為檢討對象。此書網羅四百多種書籍進行檢索，範圍遍於歷代歷朝，且所收文字因成專書，故能整篇整段以去瑣碎豆丁之敝，且注出處，可便檢索。唯其中出處尚乏頁碼，名家索引頗稱錯落顛倒，文字舛誤者亦多，因此，於參稽與引用上，仍稱不安，故於本文撰寫之際，特別引為藉鑑，改正其差謬，例如凡有參考引用者，盡其所能註明出處、附其索引、乃至正其文字，用備來者參商之便利云。

　　上述之外，關於集評彙評之作，自有明一代開始，不斷大量刊刻。例如：《史記評鈔》（轉錄明凌氏《史記評林》）、《史記評林》一百三十卷（凌稚隆輯評，溫凌李光縉增補。明萬曆四年吳興凌稚隆輯校本。）、《史記題評》一百三十卷（明楊慎、李元陽輯。嘉靖十六年胡有恆、胡瑞敦刊本）、《史記賽寶》（明陶望齡輯。明萬曆刻本）、《史記集評善本》一百三十卷（明朱東觀輯。崇禎間錢塘朱氏家刊本）、《史記輯評》一百三十卷（明鍾仁傑輯評，明末葉錢塘鍾氏原刊本）、《史記》一百三十卷（明葛鼎、金蟠評。崇禎間金閶葛氏刊本）、《史記鈔》九十一卷（明茅坤選、閔振業輯評）、《史記綜芬評林》三卷（明焦竑、李廷機注、李光縉評。明萬曆間刊本，日本內閣大庫藏）、《史記輯評》二十四卷（明鄧以讚明刊本）、《百大家評註史記》十卷（明朱子藩。上海錦章書局印本）、《班馬異同評》三十五卷（宋倪思撰，劉辰翁評。明嘉靖 10 年（1531）李元陽福建刊本）、《史漢異同補評》存三十三卷（宋倪思撰、劉辰翁評、明凌稚隆訂補本。明萬曆間吳興凌氏刊本缺卷三十四至三十五）等，皆是合各評點家之作而成書。乃至清朝《四庫》雖則以「或至鑿空生義，僻謬不情，……故瑕類叢生，亦惟此一類為甚。……」採錄者寡，卻仍不乏名家撰著如：吳見思：《史記論文》、丁晏：《史記餘論》、吳孟堅：《讀史漫筆》、李晚芳：《讀史管見》、湯諧：《史記半解》、牛運震：《史記評注》及《讀史糾謬》、邵泰衢：《史記疑問》、邱逢年：《史記闡要》、邵晉涵：《史記輯評》、袁文典：《讀史記》、程餘慶：《史記集說》、李景星：《史記評議》等，唯大半古籍撰寫刊刻時，無論眉批、頭批、尾批、旁批、乃至總論、散論，皆以不附評家生平、評議出處為常事。因此，本文之撰，首以評家考察為優先；次及重要評作（《史記評林》）之勘誤；再及重要評論之增補；續以諸評議內容之分析，結以評家史觀之綜合，冀即此觀兩宋《史記》評點之風尚，併其對後世之影響概況等，此為本論文撰寫之大要與次第。

第二章　兩宋評家生平考略

第一節　評家生平考略凡例

一、凡宋代《史記》評家之生平小傳，採清儒章學誠所主之「點竄與刪述」而成之。

二、資料範圍包括：宋人總集、全集、文集、別集、年譜、事狀、言行錄、別錄乃至史傳典籍、四庫採錄資料等。

三、凡評家生平與行狀，詳則有傳記或專書行世，為求簡明，本論文僅依字號居里、生平經歷、學術特色、各類著作、評論《史記》之作等五點概述之。其中經歷一項，設仕歷繁多者，僅舉其要或涉及重要事件者為代表。

四、凡評家生平著作夥雜者，為求精簡，僅舉數部代表，且各項內容視所據文獻資料而定，不勉強湊全。先條列與《史記》評點相關之書目，餘為次。

五、生卒年可考者，依北宋，北宋、南宋之間，南宋，及南宋、金、元間加以排列；生卒年不詳者，以其可考事蹟之年代先後加以排列，無事蹟可考者，則依姓氏筆畫列於章末。

六、凡生平小傳出處，一律逐條附於傳末，且主要文獻來源，或有分散各類典籍者，仍僅標注一至二種，至多不超過三種，以求明析可讀。

七、凡凌稚隆《史記評林》所列兩宋評家，名字之前加「＊」標識之，藉以區分本論文增補部分。

第二節　北宋評家

北宋評家部分（含北、南宋之間評家）共計：四十四位。

◎北宋有：

王禹偁、范仲淹、孫復、宋祁、歐陽修、蘇洵、劉敞、曾鞏、司馬光、王安石、劉攽、沈括、劉恕、程顥、程頤、張舜民、蘇軾、蘇轍、黃庭堅、趙頊、秦觀、陳祥道、晁補之、張耒、李廌、唐庚、王觀國、舒雅、馬存、黃朝英。

◎北宋、南宋之間有：

楊時、呂本中、洪興祖、朱翌、胡寅、劉子翬、范浚、鄭樵、晁公武、胡宏、陳長方、林之奇、洪邁、陸游。

一、北宋評家

＊王禹偁　〔生於後周世宗顯德一年，卒於北宋眞宗咸平四年（954～1001）〕

1. 字號居里：字元之，濟州鉅野（今山東鉅野縣南）人。

2. 生平經歷：九歲能文，太宗太平興國八年進士，爲右拾遺、直史館，上《御戎十策》。遇事敢言，並以直躬行道爲己任。凡詔命不當者多所論奏。眞宗即位，上疏言加強邊防、減冗兵冗吏、嚴格選舉、沙汰僧尼、謹防小人得勢等五事。預修《太祖實錄》以直書史事，降知黃州，遷蘄州。眞宗咸平四年卒，年四十八。

3. 學術特色：在官以剛直敢言稱。文章敏贍，工詩文，提倡詩學杜甫、白居易，文學韓愈、柳宗元。

4. 各類著作：《小畜集》二十卷、《承明集》十卷、《集議》十卷、《詩》三卷、《五代史闕文》一卷、《奏議集》三卷、《小畜外集》二十卷。

5. 評《史》之作：《小畜集》

（詳《宋史》卷二九三、《名臣碑傳琬琰集》下卷七）

＊范仲淹　〔生於北宋太宗端拱二年，卒於北宋仁宗皇祐四年（989～1052）〕

1. 字號居里：字希文，蘇州吳縣（即今吳縣）人。

2. 生平經歷：生二歲而孤，母更適長山朱氏，從其姓，名說。既長，乃感泣辭母去，依戚同文學，舉眞宗大中祥符八年進士，始還姓更名。晏殊薦爲

秘閣校理。每感激論天下事，奮不顧身，一時士大夫矯厲尙氣節，自仲淹倡之。仁宗朝遷吏部員外郎，權開封府，忤呂夷簡，罷知饒州。元昊反，以龍圖閣直學士副夏竦經略陝西，守邊數年，號令嚴明，愛撫士卒，羌人呼爲龍圖老子。夏人亦相戒不敢犯其境，曰小范老子胸中自有數萬甲兵。慶曆三年拜樞密副使，進參知政事，中外想望其功業，上十事疏以爲改革張本，裁削倖濫，考覈官吏，爲僥倖者所不悅。出爲河東陝西宣撫使，遷戶部侍郎，徙青州，會病，請知潁州。皇祐四年五月二十日卒，年六十四，贈兵部尙書，諡文正，追封楚國公，靖康元年二月特追封魏國公。仲淹內剛外和，爲秀才時，以天下爲己任，嘗言先天下之憂而憂，後天下之樂而樂〔註1〕。尤樂善好施予，置義田以贍族人，卒之日，聞者莫不歡息。

3. 各類著作：《范文正集》二十卷、《別集》五卷、《補編》五卷、《政府論事》三卷、《范文正奏議》二卷。

4. 評《史》之作：《范文正集》

　　（詳《宋史》卷三一四、《宋元學案》卷三、《歐陽文忠公集》卷二十神道碑）

＊孫復　〔生於北宋太宗淳化三年，卒於北宋仁宗嘉祐二年（992～1057）〕

1. 字號居里：字明復，晉州平陽（今山西臨汾）〔註2〕人。

2. 生平經歷：舉進士不第，退居泰山，學《春秋》，稱泰山先生。石介等皆師事之，李迪以弟女妻之。范仲淹、富弼言復有經術，除秘書省校書郎、國子監直講，以講說多異先儒，出爲州縣佐官，復召入，累遷殿中丞。嘉祐二年卒，年六十六。復既病，韓琦言於仁宗，選書吏給紙筆，命其門人祖無擇就其家得書十有五篇，錄藏秘閣。

3. 各類著作：《孫明復小集》、《春秋尊王發微》及《睢陽小集》。

4. 評《史》之作：《孫明復小集》

　　（詳《宋史》卷四三二、《宋元學案》卷二、《歐陽文忠公集》卷二七）

＊宋祁　〔生於北宋眞宗咸平一年，卒於北宋仁宗嘉祐六年（998～1061）〕

1. 字號居里：字子京，宋安州安陸（今屬湖北）〔註3〕人，徙開封雍丘（今河

〔註1〕 工詩文及詞，晚年所作〈岳陽樓記〉有言：「先天下之憂而憂，後天下之樂而樂」爲世所傳誦。
〔註2〕 採清乾隆間文淵閣《四庫全書》之說。
〔註3〕 採清乾隆間文淵閣《四庫全書》之說。

南杞縣）〔註4〕。

2. 生平經歷：庠弟，兄弟齊名，時稱「二宋」，並同舉天聖二年進士，累遷太常博士，同知禮儀院，按試新樂，預修《廣業記》。任史館脩撰，與歐陽修同修《新唐書》，旋出知許、亳、成德、定、益等州軍，自是十餘年間，出入內外，常以史稿自隨。《新唐書》成，遷左丞，進工部尚書，踰月拜翰林學士承旨，累封莒國公。嘉祐六年卒，年六十四，諡景文。

3. 各類著作：《宋景文公筆記》、《太史公文章疏蕩》、《宋景文集》、《益部方物略記》、《筆記》、《大樂圖》等。

4. 評《史》之作：《宋景文公筆記》、《太史公文章疏蕩》
（詳《名臣碑傳琬琰集》上集卷七）

＊歐陽修 〔生於北宋真宗景德四年，卒於北宋神宗熙寧五年（1007～1072）〕

1. 字號居里：字永叔，自號醉翁、六一居士，吉州廬陵（今吉安縣治）人，觀子。

2. 生平經歷：少貧，從母鄭氏學。仁宗天聖八年舉進士甲科，調西京推官，與尹洙、梅堯臣以詩歌相唱和。景祐間，作文爲范仲淹辯，貶夷陵令；慶曆初召知諫院，改右正言，知制誥，時杜衍、韓琦、范仲淹、富弼相繼罷去，修上疏極諫，出知滁州。徙提州、潁州，還爲翰林學士。在翰林八年，知無不言。嘉祐間拜參知政事，與韓琦同心輔政。英宗初，以尊英宗之父濮王爲王，起濮議之爭。神宗熙寧初，與王安石不合，以太子少師致仕歸。五年閏七月卒，年六十六。贈太子太師，諡文忠。

3. 學術特色：修博極群書，得昌黎遺稿，苦心探索，遂以文章冠天下。倡古文，排抑「太學體」，文風大變。能詩詞文各體，爲當時古文運動領袖，後人稱唐宋八大家之一。平生獎掖後進，曾鞏、王安石、蘇洵父子俱受其稱譽。亦擅史學，與宋祁等修《新唐書》，自撰《新五代史》。晚號六一居士，謂集古錄一千卷、書一萬卷、琴一張、棋一局、酒一壺、鶴一雙也。

4. 各類著作：《歐陽文忠公全集》《新唐書》、《新五代史》七十四卷、《毛詩本義》十卷、《集古錄》、《歸田錄》、《洛陽牡丹記》、《試筆》、《居士集》、《六一詩話》、《六一詞》。今詩文雜著多種，合爲《文忠公集》一百五十三卷。

5. 評《史》之作：《歐陽文忠公全集》

〔註4〕採清乾隆間文淵閣《四庫全書》之說。

（詳《宋史》卷三一九、《宋元學案》卷四、《歐陽文忠公集》附錄行狀、墓志銘、神道碑）

＊蘇洵　〔生於北宋眞宗大中祥符二年，卒於北宋英宗治平三年（1009～1066）〕

1. 字號居里：字明允，號老泉，眉州眉山（今四川眉山縣）〔註5〕人，序子。
2. 生平經歷：年二十七，始發憤爲學，通六經百家之說，下筆頃刻數千言，仁宗至和、嘉祐間，與二子軾、轍同至京師，翰林學士歐陽修上其所著〈權書衡論〉二十二篇，士大夫爭傳之。宰相韓琦奏於朝，除秘書省校書郎。與姚闢同修建隆以來禮書，爲〈太常因革禮〉一百卷，英宗治平三年，書成而卒，年五十八，諡文。洵家有老人泉，梅堯臣曾爲之作詩，故自號老泉。擅長古文，爲唐宋八大家之一。世以其父子俱知名，稱洵爲老蘇，軾爲大蘇，轍爲小蘇。
3. 各類著作：《蘇老泉先生全集》、《嘉祐集》、《諡法》三卷、二十卷。
4. 評《史》之作：《蘇老泉先生全集》、《嘉祐集》
   （詳《宋史》卷四四三、《宋元學案》卷九九、《歐陽文忠公集》卷三四墓志銘）

＊劉敞　〔生於北宋眞宗天禧三年，卒於北宋神宗熙寧一年（1019～1068）〕

1. 字號居里：字原父，號公是，臨江新喻（今江西新余縣）〔註6〕人，立之子。
2. 生平經歷：仁宗慶曆六年進士，歷吏部南曹，知制誥。奉使契丹，熟知山川道徑及異獸形狀，遼人歎服。改集賢院學士，判御史臺。敞學問淵博，爲文敏贍，嘗草制，時將下直，會追封王主九人，立馬卻坐，頃之九制成。歐陽修每有所疑，輒以書問之，修服其博。神宗熙寧元年四月卒，年五十。
3. 學術特色：學問博洽，長於《春秋》，不拘傳注，開宋人評議漢儒先聲。
4. 各類著作：《公是集》六十卷、《春秋權衡》、《春秋傳》、《春秋意林》、《春秋說例》合四十一卷，又有《七經小傳》五卷、《公是弟子記》五卷等，又與弟劉攽、子劉奉世合著《漢書標注》。
5. 評《史》之作：《公是集》
   （詳《宋史》卷三一九、《歐陽文忠公集》卷三五〈墓志銘〉）

〔註5〕採清乾隆間文淵閣《四庫全書》之說。
〔註6〕採清乾隆間文淵閣《四庫全書》之說。

＊曾鞏　〔生於北宋真宗天禧三年，卒於北宋神宗元豐六年（1019～1083）〕

1. 字號居里：字子固，建昌軍南豐（今江西南豐）〔註7〕人，學者稱南豐先生，易占子。

2. 生平經歷：少警敏，揮筆成文，歐陽修一見奇之，又與王安石交游。登仁宗嘉祐二年進士，爲太平州司法參軍，知齊襄洪福明諸州，所至多有政績。神宗元豐三年，召入判三班院，上言以節用爲理財之要。遷史館脩撰，典修五朝國史，管勾編脩院兼判太常寺，元豐五年擢試中書舍人。六年卒，年六十五。追諡文定。

3. 學術特色：鞏爲文原本六經，尤擅散文，爲唐宋八大家之一，斟酌司馬遷、韓愈，平生無所好，頗喜藏書，至二萬卷，手自雠校，其有名者如：《戰國策》、《說苑》、《新序》、《列女傳》等典籍。又集古今篆刻爲《金石錄》五百卷。

4. 各類著作：《元豐類稿》五十卷、《續元豐類稿》四十卷、《外集》十卷。

5. 評《史》之作：《元豐類稿》

（詳《宋史》卷三一九、《宋元學案》卷四、《元豐類稿》附錄）

＊司馬光　〔生於北宋真宗天禧三年，卒於北宋哲宗元祐一年（1019～1086）〕

1. 字號居里：字君實，號迂夫，晚號迂叟，世稱涑水先生，陝州夏縣（現屬山西夏縣）〔註8〕人，池次子。

2. 生平經歷：幼聰穎好史書，七歲聞講《左氏春秋》，即了其大義。光嘗患記問不若人，故留意背誦，所得每過他人。登仁宗寶元元年進士甲科，籤判武成軍，改知韋城縣事，明年改大理評事，爲國子直講，再遷國子寺丞，館閣校勘，同知太常理院，遷殿中丞。嘉祐六年遷起居舍人，同知諫院。仁宗無嗣，上疏請立宗室賢者以爲儲貳，遂立英宗。英宗時，與議濮王典禮，力持正論。神宗初，官御史中丞，爲翰林學士，以議新法，與王安石不合，求去，遂以端明殿學士出知永興軍，判西京御史臺，閒居洛陽，專修《資治通鑑》，絕口不論時事。哲宗立，起爲門下侍郎，拜尚書右僕射，起用劉摯、范純仁、范祖禹、呂大防等，悉去新法之爲民害者，在相位八月而卒，時元祐元年九一日也，年六十八。贈太師、溫國公，諡文正。

〔註7〕採清乾隆間文淵閣《四庫全書》之說。
〔註8〕採清乾隆間文淵閣《四庫全書》之說。

3. 各類著作：《資治通鑑》二百九十四卷、《總目》三十卷、《考異》三十卷、《歷年圖》七卷、《通歷》八十卷、《稽古錄》二十卷、《皇朝百官公卿表》六卷、《書儀》八卷、《家範》四卷、《文集》八十卷、《司馬文正公傳家集》等。

4. 評《史》之作：《資治通鑑考異》、《司馬文正公傳家集》

（詳《宋史》卷三三六、《宋元學案》卷七、《東坡集》卷三六、卷三九）

＊王安石　〔生於北宋真宗天禧五年，卒於北宋哲宗元祐一年（1021～1086）〕

1. 字號居里：字介甫，小字獾郎，號半山老人，撫州臨川人（今江西撫州）〔註9〕，益子。

2. 生平經歷：少好讀書，工為文，擢仁宗慶曆二年進士第，授簽書淮南判官。七年，知鄞縣，興修水利，貸穀於民，嚴整保伍，治績卓著。仁宗嘉祐中，歷度支判官，議論高奇，果於自用，能以辨博濟其說。嘗上萬言書，以變法為言。俄直集賢院，知制誥。神宗時為相，帝深倚之。謀革政治，興青苗、水利、均輸、保甲、免役、市易、保馬、方田諸法，物議騰沸，安石均不顧。時名臣皆被斥，而新法卒無效。罷為鎮南軍節度使，神宗元豐中復拜左僕射，封荊國公。哲宗立，加司空，元祐元年卒，年六十六，諡文。

3. 學術特色：提倡新學，曾與子雱及呂惠卿重釋《詩》、《書》、《周官》為《三經新義》；又撰《字說》，文字訓詁亦多與前人不同。詩文多反映社會現實，抒發政治抱負，風格雄健峭拔；又性強忮，工書畫，文章拗折峭深，人以大家目之。主歷史變化之說，強調「權時之變」，反對因循保守。

4. 各類著作：《臨川集》（又名《王文公文集》）一百卷、《周官新義》、《唐百家詩選》、《詩文鉤沉》、《老子注》輯本。

5. 評《史》之作：《王文公文集》

（詳《宋史》卷三二七、《名臣碑傳琬琰集》下集卷十四）

＊劉攽　〔生於北宋仁宗天聖一年，卒於北宋哲宗元祐四年（1023～1089）〕

1. 字號居里：字貢父，一作贛父，或贛父，號公非，臨江新喻（今江西新余縣）〔註10〕人。

〔註 9〕採清乾隆間文淵閣《四庫全書》之說。
〔註 10〕採清乾隆間文淵閣《四庫全書》之說。

2. 生平經歷：敞弟，與敞同登仁宗慶曆六年進士。歷州縣官二十年，入爲國子監直講，遷館閣校勘。神宗熙寧初同知太常禮院，嘗貽書王安石，論新法不便，出知曹州。曹爲盜區，重法不能止，敞爲治尚寬平，盜亦衰息。哲宗元祐初召拜中書舍人。四年卒，年六十七。

3. 學術特色：敞博覽群書，邃於史學，與司馬光同修《資治通鑑》，專治漢史，爲人疏雋，不脩威儀，喜諧謔，數招怨悔，終不能改。

4. 各類著作：《兩漢刊誤》、《彭城集》、《文選類林》、《中山詩話》、《公非集》等。

5. 評《史》之作：《兩漢刊誤》

（詳《宋史》卷三一九、《東都事略》卷七六）

沈括 〔生於北宋仁宗天聖九年，卒於北宋哲宗紹聖二年（1031～1095）〕

1. 字號居里：字存中，錢塘人，周子，遘從弟，杭州錢塘（今浙江杭州）〔註11〕人。

2. 生平經歷：仁宗嘉祐八年進士。神宗時累官太子中允，參與王安石變法，提舉司天監，置渾儀景表，招衛朴造〈奉天曆〉，轉太常丞。時籍民車，禁蜀鹽，以括言而止。熙寧八年使契丹，力斥遼奪地之謀，擢知制誥，遼蕭禧來理河東黃嵬地，括閱故牘得議疆地書，指古長城爲境，遣括往聘，凡六會，契丹知不可奪，遂舍黃嵬。括圖其山川風俗，還奏《使契丹圖抄》。拜翰林學士。出鎮宣州，命塵市良家子馳射角勝，越歲得徹札超乘者千餘，威聲遠聞。坐事謫均州，復光祿少卿，晚居潤州夢溪園。元祐八年卒，年六十五。

3. 學術特色：括博學善文，熟於天文、方志、化學、生物、律曆、音樂、醫藥、卜算、典制等，無所不通。

4. 各類著作：《夢溪筆談》、《補筆談》、《長興集》、《蘇沈良方》。

5. 評《史》之作：《夢溪筆談》、《補筆談》

（詳《宋史》卷三三一、《東都事略》卷八六）

劉恕 〔生於北宋仁宗天聖十年，卒於北宋神宗元豐一年（1032～1078）〕

1. 字號居里：字道原，一作道源，筠州高安（今江西高安等地）〔註12〕人，

〔註11〕採清乾隆間文淵閣《四庫全書》之說。
〔註12〕採清乾隆間文淵閣《四庫全書》之說。

澳子。

2. 生平經歷：少穎悟，未冠舉進士，歷官秘書丞。篤好史學，司馬光編資治通鑑，遇紛錯難治者，輒以委恕，尤以魏晉史最精熟。王安石欲引置三司條例，恕以不習金穀爲辭，因言宜恢張堯舜之道以佐明主，不應以財利爲先。安石變色，恕不少屈。光出知永興軍，恕亦以親老求監南康軍就養；光判西京御史台，又請詣光。歸途得風攣疾，右手足廢，仍撰述不輟。元豐元年九月卒，年四十七。

3. 各類著作：《通鑑外紀》十卷、《五代十國紀年》四十二卷、《疑年譜》一卷、《年略譜》一卷。

4. 評《史》之作：《通鑑外紀》

（詳《宋史》卷四四四、《豫章黃先生文集》卷二三〈墓志銘〉）

程顥　〔生於北宋仁宗天聖十年，卒於北宋神宗元豐八年（1032～1085）〕

1. 字號居里：字伯淳，世稱明道先生，河南（即今治）人，珦子。

2. 生平經歷：仁宗嘉祐間舉進士，調鄠縣主簿，邑有石佛，歲傳其首放光，遠近聚觀，顥謂其僧曰：吾有職事，俟復見，爲吾取其首來觀之，自是光不復見。神宗熙寧初，爲御史裏行，神宗數召見，顥前後進說，大約以正心窒慾、求賢育才爲言，務以誠意感悟主上。後與王安石議新法不合，出簽書鎮寧軍判官，知扶溝縣。哲宗立，召爲宗正丞，未赴而卒，時元豐八年，年五十四。寧宗嘉定十三年賜諡曰純。理宗淳祐元年封河南伯，從祀孔子廟庭。

3. 學術特色：顥資性過人，而充養有道，和粹之氣，盎其面背，門人交友相從數十年，未嘗見其忿厲之容，得不傳之學於遺經，以興起斯文爲己任。其學說以「天理」爲自然與社會之最高指導原則，主張「天即理即心」、「天人本無二」於倫理則爲「三綱五常」。辨異端，闢邪說，使聖人之道，煥然復明於世，孟子之後，一人而已。文彥博孚眾論，題其墓曰明道先生。後人集其遺文語錄，名《程子遺書》。

4. 各類著作：《遺書》、《文集》、《經說》等皆收入《二程全書》。

5. 評《史》之作：《二程全書》

（詳《宋史》卷四二七、《宋元學案》卷一三、《伊川集》卷七行狀）

程頤 〔生於北宋仁宗明道二年，卒於北宋徽宗大觀一年（1033～1107）〕

1. 字號居里：字正叔，世稱伊川先生，洛陽（即今治）人，顥弟。
2. 生平經歷：年十八，游太學，著〈顏子好學論〉，胡瑗大驚異之，即延見，處以學職。召爲秘書省校書郎，哲宗初，以司馬光、呂公著擢崇政殿說書，每進講，色甚莊，繼以諷諫，出勾管西京國子監，紹聖中因政見不合削籍，送涪州編管。徽宗即位，徙峽州，俄而復官，崇寧中致仕。大觀元年卒，年七十五。嘉定十三年賜諡正。
3. 學術特色：與顥同受學於周敦頤，同爲北宋理學之奠基人，合稱二程。頤學本於誠，以「窮理」爲主，強調「格物致知」。奉《大學》、《論語》、《孟子》、《中庸》爲標指，而達於六經，動止語默，一以聖人爲師。因長期居洛陽，故稱「洛學」。
4. 各類著作：《二程外書》、《程氏遺書》、《易傳》《春秋傳》、《語錄》、《文集》、《遺書》、《經說》〔註13〕等。
5. 評《史》之作：《二程全書》（前列無）
   （詳《宋史》卷四二七、《宋元學案》卷一五、《名臣碑傳琬琰集》下集卷二一）

◎張舜民〔註14〕 〔約生於北宋仁宗景祐一年，約卒於北宋哲宗元符三年（約1034～約1100）〕

1. 字號居里：字芸叟，自號浮休居士，又號矴齋，邠州（今陝西彬縣）〔註15〕人。
2. 生平經歷：英宗治平二年進士，爲襄樂令，嘗上書反對王安石新法。神宗元豐四年，從高遵裕征西夏，因作詩述及宋軍久屯失利情形，謫監郴州酒稅。哲宗元祐初，以司馬光薦，召爲監察御史，累擢吏部侍郎。徽宗崇寧初坐元祐黨，商州安置。後復集賢殿修撰。
3. 學術特色：舜民慷慨喜論事，嗜畫，題評精確，亦能自作山水，爲文豪邁有理致，尤長於詩。
4. 各類著作：《畫墁錄》及《畫墁集》八卷、《補遺》一卷。
5. 評《史》之作：錄自《余師錄》（宋·王正德編）

〔註13〕後人收入《二程全書》
〔註14〕姓名前注記「◎」者，於本論文第五章條目暫略之。
〔註15〕採清乾隆間文淵閣《四庫全書》之說。

（詳《宋史》三四七、《宋元學案》卷三一、《畫繼》卷三）

*蘇軾　〔生於北宋仁宗景祐三年，卒於北宋徽宗建中靖國一年（1036〜1101）〕

1. 字號居里：字子瞻，一字和仲，號東坡居士，眉州眉山（今四川眉山）〔註16〕
人，洵長子。

2. 生平經歷：博通經史，隨父來京師，受知於歐陽修，仁宗嘉祐二年試禮部
第二，遂中進士，再中六年制科優等，除大理評事，簽書鳳翔府判官。召
試直史館，丁父憂，服除，攝開府封推官。神宗熙寧中王安石創行新法，
軾上書論其不便，安石怒，使御史謝景溫論奏其過，窮治無所得，軾遂請
外，通判杭州。再徙知湖州，言者摭其詩語以為訕謗，逮赴臺獄，欲置之
死，鍛鍊久不決，以黃州團練副使安置，移汝州。哲宗即位，起知登州，
召為起居舍人，遷中書舍人，拜翰林學士兼侍讀，尋以龍圖閣學士知杭州。
會大旱，饑疾并作，軾請免上供米，減價平常米，存活甚眾；杭近海，民
患地泉鹹苦，軾倡浚河通漕，又沿西湖東西三十里修長堤，民德之。元祐
六年，召為翰林承旨，歷端明殿翰林侍讀兩學士，出知惠州。紹聖中累貶
瓊州別駕，徽宗元符三年赦還，提舉玉局觀。復朝奉郎，建中靖國元年七
月卒，年六十六，諡文忠。

3. 學術特色：軾師父洵為文，既而得之於天，嘗自謂作文如行雲流水，初無
定質，其體涵渾光芒，雄視百代。又詩詞豪放，開拓內容，突破綺靡詞風，
且工書善畫。

4. 各類著作：《東坡志林》、《易傳》、《書傳》、《論語說》、《仇池筆記》、《東坡
七集》、《東坡詞》、《東坡樂府》等凡數百卷。

5. 評《史》之作：《東坡志林》

（詳《宋史》卷三三八、《宋元學案》卷九九、《欒城後集》卷二二墓志銘）

*蘇轍　〔生於北宋仁宗寶元二年，卒於北宋徽宗政和二年（1039〜1112）〕

1. 字號居里：字子由，一字同叔，號潁濱遺老，眉州眉山（今四川眉山）〔註17〕
人，洵次子，軾弟。

2. 生平經歷：軾弟，與軾同登嘉祐二年進士，又同策制舉，以直言置下等，

〔註16〕採清乾隆間文淵閣《四庫全書》之說。
〔註17〕採清乾隆間文淵閣《四庫全書》之說。

授商州軍事推官。神宗朝王安石以執政領三司條例，命轍爲之屬，安石行青苗法，轍力陳其不可，出爲河南推官。哲宗召爲右司諫，蔡確、韓縝、章惇皆在位，窺伺得失，轍皆論去之。又論議呂惠卿、蔡確、章惇，累遷御史中丞，拜尚書右丞，進門下侍郎。紹聖初廷試進士，中書人李清臣撰策題，爲紹述之說，轍疏諫，哲宗不悅，落職知汝州。累謫雷州安置，移循州。徽宗立，徙永州岳州，已而復大中大夫致仕。築室於許，號潁濱遺老。政和二年卒，年七十四，諡文定。

3. 學術特色：轍性沉靜簡潔，爲文汪洋澹泊，似其爲人，爲唐宋八大家之一，與父兄合稱三蘇。

4. 各類著作：《古史》、《詩傳》、《春秋傳》、《論語拾遺》、《孟子解》、《老子解》、《龍川志略》、《欒城前後集》。

5. 評《史》之作：《古史》

（詳《宋史》卷三三九、《宋元學案》卷九九）

黃庭堅　〔生於北宋仁宗慶曆五年，卒於北宋徽宗崇寧四年（1045～1105）〕

1. 字號居里：字魯直，號涪翁，洪州分寧（今江西修水）〔註18〕人，庶子。

2. 生平經歷：幼警悟，英宗治平四年進士，調葉縣尉。神宗熙寧初，教授北京國子監，爲文彥博所重。知太和縣，以平易爲治。哲宗立，召爲校書郎，累進秘書丞兼國史編修官，充《神宗實錄》檢討官，遷著作佐郎。《實錄》成，擢起居舍人。哲宗紹聖中，知鄂州，章惇、蔡卞惡之，劾其所修《神宗實錄》多誣，貶涪州別駕，黔州安置，徙戎州。徽宗初，知太平州，復謫宜州。徽宗崇寧四年卒，年六十一。私諡文節先生。

3. 學術特色：工詩詞文章，受知於蘇軾，與張耒、晁補之、秦觀俱游蘇門，天下稱爲蘇門四學士。而庭堅尤長於詩，世號蘇黃。其詩論推崇杜甫，講究修辭造句，強調「無一字無來處」，開創江西詩派。又善行、草書，楷法亦自成一家。初游灊皖山谷寺石牛洞，樂其林泉之勝，因自號山谷道人。

4. 各類著作：《豫章黃先生文集》、《山谷內外集》、《山谷別集》。

5. 評《史》之作：《豫章黃先生文集·答洪駒父書》

（詳《宋史》卷四四四、《欒城集》卷二八）

〔註18〕採清乾隆間文淵閣《四庫全書》之說。

趙頊　〔生於北宋仁宗慶曆八年，卒於北宋神宗元豐八年（1048～1085）〕

1. 字號居里：慶曆八年生於濮王宮，初名仲鍼，即神宗皇帝，爲英宗長子。
2. 生平經歷：英宗即位授安州觀察使封安國公，進封淮陽郡王、穎王，治平三年立爲皇太子，明年正月英宗崩，即帝位，在位十八年卒，年三十八。帝性孝友，中外稱賢，即位後屬精圖治，以用王安石爲相變法，企富國強兵。後命王韶、章淳開邊，設熙河路，拓梅山地區，邪佞日進，而種禍亂之源。元豐時，改革官制。屢遣將進攻西夏、靈州、永樂城等皆大敗，後遂探守勢。總結以：初政可觀，行新法，廢逐元老，擯諫士，則海內騷動矣。
3. 評《史》之作：《御製資治通鑑序》

（詳《宋詩紀事》（宋神宗）卷一、《華陽集》卷十三、二一至二四）

＊秦觀　〔生於北宋仁宗皇祐一年，卒於北宋哲宗元符三年（1049～1100）〕

1. 字號居里：字少遊（游），一字太虛，號淮海居士，揚州高郵（今江蘇高郵）〔註19〕人。
2. 生平經歷：少豪儁慷慨，溢於文詞。見蘇軾於徐，爲賦黃樓，軾以爲有屈宋才。登神宗元豐八年進士第，爲定海主簿。哲宗元祐初，軾以賢良方正薦於朝，除太學博士，累遷國史院編修官。尋坐黨籍削秩，通判杭州；又以增損《實錄》罪，責監處州酒稅，編管橫州，徙雷州。徽宗立，復宣德郎，元符三年放還，至藤州卒，年五十二。
3. 學術特色：善詩賦策論，尤攻詞，屬婉約派。與黃庭堅、晁補之、張耒合稱蘇門四學士，世稱秦淮海
4. 各類著作：《淮海集》
5. 評《史》之作：《淮海集》

（詳《宋史》卷四四四、《宋元學案》卷九九）

◎陳祥道　〔生於北宋仁宗皇祐五年，卒於北宋哲宗元祐八年（1053～1093）〕

1. 字號居里：字用之，一字祐之，福州閩清（民國初屬福建閩海道）人〔註20〕，陳暘兄。

〔註19〕採清乾隆間文淵閣《四庫全書》之說。
〔註20〕或作長樂（今福建閩侯縣治）人。

2. 生平經歷：英宗治平四年進士，博學，尤精於禮，著《禮書》，王安石以聞，
　詔尚書給筆札以進，除國子監直講。遷館閣校勘，兼太常博士，終秘書省
　正字。

3. 各類著作：《禮書》一百五十卷，《論語全解》十卷。

4. 評《史》之作：《禮書》（分類稿無，故不確禮書是否評史）

　　（詳《宋史》卷四三二、《宋元學案》卷九八）

晁補之　〔生於北宋仁宗皇祐五年，卒於北宋徽宗大觀四年（1053～1110）〕

1. 字號居里：字无咎，號濟北，濟州鉅野（今山東鉅野縣南）人，端友子。

2. 生平經歷：少聰明強記，善屬文。十七歲從父官杭州，萃錢塘山川風物之
　覽，著《七述》，以謁通判蘇軾。軾先欲有所賦，讀之歎曰：吾可以閣筆矣！
　由是知名。神宗元豐二年進士，試開封及禮部別院，皆第一。哲宗元祐初
　爲太學正，累遷著作佐郎。紹聖初坐元祐黨籍，謫監處州、信州酒稅。徽
　宗朝，歷禮部郎中，兼國史編修、實錄檢討官。黨論起，以禮部郎中出知
　河中府，徙湖密果三州，主管鴻慶宮。還家在歸來園，自號歸來子。大觀
　中起知達泗二州，四年卒，年五十八。

3. 學術特色：補之才氣飄逸，嗜學不倦。工書畫、詩詞，文章溫潤奇卓，出
　於天成。

4. 各類著作：《雞肋集》七十卷、《晁无咎詞》、《琴趣外篇》、《濟北文粹》。

5. 評《史》之作：《雞肋集》

　　（詳《宋史》卷四四四、《柯山集拾遺》卷一二〈墓誌銘〉）

＊張耒　〔生於北宋仁宗皇祐六年，卒於北宋徽宗政和四年（1054～1114）〕

1. 字號居里：字文潛，號柯山，楚州淮陰（今江蘇淮陰縣東南）人。

2. 生平經歷：弱冠第神宗熙寧六年進士，哲宗元祐元年以試太學錄召試，授
　秘書省正字，累遷起居舍人。哲宗紹聖初知潤州，坐黨謫官。徽宗召爲太
　常少卿，出知潁汝二州，徽宗崇寧初復坐黨籍落職，以曾爲蘇軾舉哀行服，
　貶房州別駕，黃州安置，後得自便，居陳州。

3. 學術特色：耒有雄材，工詩賦散文，爲「蘇門四學士」之一，尤長騷詞，
　誨人作文，以理爲主。詩效長慶體（白居易），晚年務平淡，而樂府得盛唐
　之髓（張籍）。投閒困苦，口不言貧，晚節愈厲，學者稱宛丘先生，徽宗政

和四年卒，年六十一。

4. 各類著作：《兩漢決疑》、《張右史文集》、《宛丘集》、《明道雜志》、《詩說》、《柯山集》等。

5. 評《史》之作：《張右史文集》、《兩漢決疑》

　　（詳《宋史》卷四四四、《東都事略》卷一一六）

李廌　〔生於北宋仁宗嘉祐四年，卒於北宋徽宗大觀三年（1059～1109）〕

1. 字號居里：字方叔，號濟南，其先自郟徙華州（今陝西華縣）〔註21〕，固號太華逸民。

2. 生平經歷：少孤貧，求教蘇軾於黃州，以文為蘇軾所知，薦於朝，未果。軾亡，廌哭之慟，走許汝間相地卜兆授其子。中年絕意進取，謂潁為人物淵藪，始定居長社。喜議論古今治亂，辨而中理，當喧溷倉卒間，如不經意，睥睨而起，落筆如飛馳。元祐求言，上〈忠諫書〉、〈忠厚論〉，并獻《兵鑒》二萬言論西事。時禽羌酋鬼章，將致法，廌論利害，以為殺之無益，當時韙其言。大觀三年卒，年五十一。

3. 各類著作：《師友談記》，《濟南集》，《德隅齋畫品》諸書。

4. 評《史》之作：《師友談記》

　　（詳《宋史》卷四四四、《宋元學案》卷九九）

＊唐庚　〔生於北宋神宗熙寧三年，卒於北宋徽宗宣和二年（1070～1120）〕

1. 字號居里：字子西，眉州丹稜（今四川丹稜縣東一里）人，瞻弟。

2. 生平經歷：哲宗元祐六年進士，為宗子博士，終承議郎。張商英薦其才，擢提舉京畿常平，商英罷相，坐貶惠州。遇赦還，徽宗宣和三年卒，年五十一。

3. 學術特色：為文精密，諳達世務，文采風流，人謂為小東坡。

4. 各類著作：《文錄》、《唐子西文錄》、《三國雜事》、《唐子西集》、《眉山文集》三十卷。

5. 評《史》之作：《文錄》

　　（詳《宋史》卷四四三、《東都事略》卷一一六）

〔註21〕採清乾隆間文淵閣《四庫全書》之說。

王觀國 〔生卒年不詳，大約北宋哲宗元祐五年至南宋孝宗淳熙一年（1090～1174）前後〕

1. 字號居里：字彥賓，潭州長沙（今湖南省長沙縣）人。
2. 生平經歷：徽宗政和九年進士，簽書川陝節度判官，高宗紹興初，知汀州寧化縣，主管內勸農事，兼兵馬監押，累升祠部郎中。十四年，被劾為萬俟卨腹心，出知邵州。
3. 各類著作：《學林》，以詳洽精核稱。
4. 評《史》之作：《學林》
   （詳《宋詩紀事小傳補正》卷二、《四庫提要辨證》卷十五）

舒雅 生年不詳，卒於北宋眞宗大中祥符二年（？～1009），南唐時進士〔註22〕

1. 字號居里：字子正，宣州旌德（今屬安徽蕪湖道）人。
2. 生平經歷：善屬文，南唐時進士，歸宋為將作監丞，後充秘閣校理。太宗太平興國中，編纂《文苑英華》，淳化中，校定經史諸書，與吳淑齊名。眞宗咸平末，出知舒州，州境潛山靈仙觀，有神仙勝跡。雅恬於榮宦，秩滿即請掌觀事，就加主客郎中，改直昭文館，在觀累年，以山水吟詠自樂，時人美之。大中祥符二年卒，年七十餘。
3. 各類著作：編纂《文苑英華》
4. 評《史》之作：轉引《文苑英華》
   （詳《宋史》卷四四一、《宋元學案補遺》卷二）

馬存 〔生卒年不詳，哲宗元祐三年（1088）進士〕

1. 字號居里：字子才，饒州樂平（今屬江西省）人。
2. 生平經歷：哲宗元祐三年進士，師徐積，為文雄直。時士習新經，以穿鑿放誕相高，存毫無所染。累官鎮南節度推官，再調越州觀察推官。
3. 各類著作：《文集》二十卷。
4. 評《史》之作：《文集》
   （詳《宋史翼》卷二六、《宋元學案》卷一）

〔註22〕以下評家生卒年不詳，故以其事蹟可考年代之先後加以排列，無事蹟可考者，依姓氏筆畫列於節末。

黃朝英　〔北宋末、南宋初人，北宋哲宗紹聖（1094～1098）後之舉子〕

1. 字號居里：建州（今福建建甌）〔註23〕人。
2. 生平經歷：哲宗紹聖後舉子，為尊崇王安石之學者。
3. 各類著作：所著《湘素雜記》，辨正世傳名物音義，校定經史得失，因據詳明，足資考證。
4. 評《史》之作：《湘素雜記》
   （詳《四庫全書總目》卷一一八、《宋元學案補遺》卷九八）

二、北宋、南宋之間評家

＊楊時　〔生於北宋仁宗皇祐五年，卒於南宋高宗紹興五年（1053～1135）〕

1. 字號居里：字中立，號龜山，劍州將樂（今福建將樂縣）〔註24〕人。
2. 生平經歷：神宗熙寧九年進士，調官不赴。學於程顥，顥死，復學於程頤，杜門不仕十年。歷知瀏陽、余杭等，改荊州教授。金人攻汴京，堅論嚴為守備，除右諫議大夫，又反對割三鎮以乞和，兼國子監祭酒。指斥蔡京蠹國害民，力辟王安石之學。高宗即位，召為工部侍郎，以龍圖閣直學士提舉洞霄宮致仕，以著書講學為事，東南學者，推為程氏正宗。與游酢、呂大臨、謝良佐號為程門四學士。又與羅從彥、李侗等同列南劍三先生。朱熹、張栻之學，其源皆出於時。紹興五年四月卒，年八十三，諡文靖，學者稱龜山先生。
3. 各類著作：《二程粹言》、《龜山先生語錄》及《龜山集》行於世。
4. 評《史》之作：《龜山集》
   （詳《宋史》卷四二八、《龜山集》卷首）

◎呂本中　〔生於北宋神宗元豐七年，卒於南宋高宗紹興十五年（1084～1145）〕

1. 字號居里：初名大中，字居仁，郡望東萊（今屬山東省），學者稱東萊先生。壽州（今屬安徽省）人，徙居京師，好問子。
2. 生平經歷：高宗紹興六年賜進士，以蔭補承務郎，累遷起居舍人、中書舍人、兼侍講，權直學士院。曾上書陳恢復大計，檜既相，私有引用，本中

〔註23〕採清乾隆間文淵閣《四庫全書》之說。
〔註24〕採清乾隆間文淵閣《四庫全書》之說。

－27－

封還除目。趙鼎素主元祐之學，謂本中公著後，故深相知。忤檜，風御史蕭振劾罷之，提舉太平觀。紹興十五年卒，年六十二。諡文清。

3. 學術特色：工詩，得黃庭堅、陳師道句法。

4. 各類著作：《東萊先生詩集》、《春秋集解》、《童蒙訓》、《師友淵源錄》、《江西詩社宗派圖》、《紫薇詩話》、《紫薇雜說》。

5. 評《史》之作：《東萊先生詩集》

（詳《宋史》卷三七六、《宋元學案》卷三六）

洪興祖 〔生於北宋哲宗元祐五年，卒於南宋高宗紹興二十五年（1090～1155）〕

1. 字號居里：字慶善，號練塘，鎮江丹陽（今江蘇丹陽）〔註25〕人，擬兄子。

2. 生平經歷：徽宗政和八年上舍登第。高宗紹興中，與孔端明、張炳、周林四人俱召試，帝覽策曰：興祖讜直當第一，遂除秘書省正字，遷太常博士。紹興四年，應詔上疏言朝廷紀綱之失，爲時宰所惡，主管太平觀。出典州郡，興學闢荒，所至有治績。忤秦檜，編管昭州卒，年六十六。

3. 各類著作：《老莊本旨》二十卷、《周易通義》二十卷、《古易考異》十卷、《古今易總志》三卷、《論語說》十卷、《左氏解》十卷、《聖賢眼目》一卷、《繫辭要旨》一卷、《孝經序贊》一卷、《楚辭補註》及《考異》十七卷。

4. 評《史》之作：《楚辭補注》

（詳《宋史》卷四三三、《京口耆舊傳》卷四）

＊朱翌 〔生於北宋哲宗紹聖四年，卒於南宋孝宗乾道三年（1097～1167）〕

1. 字號居里：字新仲，自號灊山居士、省事老人。龍舒（今安徽舒城縣治）人，一云桐鄉（今安徽桐城縣北）人，或云鄞縣（今浙江奉化縣東五十里）人。

2. 生平經歷：徽宗政和八年進士，調溧水簿。高宗時，歷秘書少監、中書舍人，預修《徽宗實錄》。秦檜惡其不附己，謫居韶州十九年，名山勝景，遊覽殆遍，並倡明理學。檜死，起爲秘閣修撰，歷知嚴州等職，於孝宗初，官至敷文閣待制左朝議大夫。乾道三年卒，年七十一。

〔註25〕採清乾隆間文淵閣《四庫全書》之說。

3. 各類著作：有《猗覺寮雜記》、《灊山文集》四十卷等。

4. 評《史》之作：《猗覺寮雜記》

　　（詳《寶慶四明志》卷八、《延祐四明志》卷四）

胡寅　〔生於北宋哲宗紹聖五年，卒於南宋高宗紹興二十六年（1098～1156）〕

1. 字號居里：字明仲，一作字仲剛，或作仲虎，學者稱致堂先生，建寧崇安
　　（今福建崇安縣）〔註26〕人，安國弟之子，安國養爲己子。

2. 生平經歷：徽宗宣和三年進士，欽宗靖康初召爲校書郎。楊時爲祭酒，寅
　　從之學。高宗建炎中因張浚荐，擢起居郎，金人南侵，上書高宗，陳抗金
　　大計，反對苟安議和，言當糾合義師，北向迎請，不宜遽踐大位，遂奉祠。
　　復召爲起居郎，遷中書舍人。時議遣使入雲中，寅疏寢罷使命，高宗嘉納，
　　尋以徽猷閣直學士致仕。秦檜惡之，坐譏訕朝政，安置新州。檜死復官，
　　紹興二十六年卒，年五十九，諡文忠。

3. 各類著作：《斐然集》、《論語詳說》、《讀史管見》、《崇正辨》。

4. 評《史》之作：《斐然集》、《讀史管見》

　　（詳《宋史》卷四三五、《四朝名臣言行錄》下卷八、《宋元學案》卷四一）

＊劉子翬　〔生於北宋徽宗建中靖國一年，卒於南宋高宗紹興十七年（1101～
　　　　　　　1147）〕

1. 字號居里：字彥沖，號屏山，亦號病翁，建州崇安（今福建崇安縣）〔註27〕
　　人，子羽弟。

2. 生平經歷：以蔭通判興化軍，年三十以父死難，哀毀致疾，不堪吏事，辭
　　歸武夷山，講學不倦，與胡憲、劉勉之爲道義交。朱松死，以子熹爲託，
　　熹問入道次第，子翬曰：吾於《易》得入道之門，所謂不遠復者，三字符
　　也。高宗紹興十七年卒，年四十七，諡文靖。

3. 各類著作：《屏山集》二十卷。

4. 評《史》之作：《屏山集》

　　（詳《宋史》卷四三四、《宋元學案》卷四三）

范浚　〔生於北宋徽宗崇寧一年，卒於南宋高宗紹興二十一年（1102～1151）〕

〔註26〕採清乾隆間文淵閣《四庫全書》之說。
〔註27〕採清乾隆間文淵閣《四庫全書》之說。

1. 字號居里：字茂明，號香溪，婺州蘭谿（今浙江蘭溪市）〔註28〕人。
2. 生平經歷：高宗紹興間舉賢良方正，以秦檜當國不起。閉門講學，弟子數百人，篤志求道，學者稱香溪先生。紹興二十一年卒，年五十。
3. 各類著作：《香溪集》二十二卷。
4. 評《史》之作：《香溪集》
   （詳《香溪集》卷首傳、《宋元學案》卷四五）

＊鄭樵 〔生於北宋徽宗崇寧三年，卒於南宋高宗紹興三十二年（1104～1162）〕

1. 字號居里：字漁仲，又自號溪西逸民，興化軍莆田（今福建莆田縣）人。
2. 生平經歷：博學強記，閉門讀書，撰著三十年。嘗出遊名山大川，搜奇訪古，遇藏書家，必借留，讀盡乃去。初為經旨、禮樂、文字、天文、地理、蟲魚、草木、方書之學，皆有論辨。高宗紹興中以薦召對，授右迪功郎，禮兵部架閣，言者劾之，改監南嶽廟。給扎歸鈔所著《通志》，書成，入為樞密院編修官。著述繁富，於史學主張廣博會通，尊通史而抑斷代。紹興三十一年高宗幸建康，命以《通志》進呈，次年病卒，年五十九，樵居夾漈山，學者稱夾漈先生。
3. 各類著作：《通志》、《爾雅注》、《夾漈遺稿》、《溪西集》五十卷。
4. 評《史》之作：《通志·總敘》
   （詳《宋史》卷四三六、《宋元學案補遺》卷四六、《莆陽比事》卷三）

晁公武 〔生於北宋徽宗崇寧三年，卒於南宋孝宗淳熙十年（1104～1183）〕

1. 字號居里：字子止，號昭德先生，濟州鉅野（今山東鉅野縣南）人，晁沖之子，公休弟。
2. 生平經歷：高宗紹興二年進士，初為四川總領財賦司幹辦公事，孝宗乾道中以敷文閣直學士為臨安府少尹，人以良吏稱之。家富藏書，又得南陽井度贈書，為校讎異同，論述大旨，編成《郡齋讀書志》。
3. 各類著作：《昭德文集》、《郡齋讀書志》。
4. 評《史》之作：《郡齋讀書志》
   （詳《宋詩紀事》卷四八、《宋詩紀事小傳補正》卷三）

〔註28〕採清乾隆間文淵閣《四庫全書》之說。

◎**胡宏** 〔生於北宋徽宗崇寧五年，卒於南宋高宗紹興三十二年（1106～1162）〕

1. 字號居里：字仁仲，號五峰，建寧崇安（今福建崇安縣）〔註 29〕人，安國季子。

2. 生平經歷：幼事楊時、侯仲良，而卒傳其父之學。優游於衡山之下二十餘年，玩心神明，不舍晝夜，張栻師事之。高宗紹興中，以廕補承務郎，不調。秦檜死，宏被召，以疾辭。三十二年卒，年五十七。

3. 各類著作：《五峰集》五卷、《知言》（栻謂其言約義精，道學之樞要，制治之著龜。），《皇王大紀》八十卷。

4. 評《史》之作：《五峰集》

（詳《宋史》卷四三五、《宋元學案》卷四二）

陳長方 〔生於北宋徽宗大觀二年，卒於南宋高宗紹興十八年（1108～1148）〕

1. 字號居里：字齊之，福州長樂（今福建閩侯縣治）人，侁子。

2. 生平經歷：高宗紹興八年進士，為江陰軍學教授，寓吳中，從王蘋游，隱居鄉里，閉戶研窮經史，以教學者。其學主直指以開人心，使學者歸於自得，學者稱唯室先生。高宗紹興十八年卒，年四十一。

3. 各類著作：《步里客談》、《尚書傳》、《春秋傳》、《禮記傳》、《兩漢論》、《唐論》、《唯室集》等。

4. 評《史》之作：《步里客談》

（詳《唯室集》卷首〈行狀〉、《宋元學案》卷二九）

＊**林之奇** 〔生於北宋徽宗政和二年，卒於南宋孝宗淳熙三年（1112～1176）〕

1. 字號居里：字少穎，號拙齋，福州侯官（今福建福州市）〔註 30〕人。

2. 生平經歷：高宗紹興二十一年進士，累官校書郎，朝廷欲令學者參用王安石《三經義》之說，之奇言王氏三經，率為新法地，正所謂邪說異端之不可訓者，其持論持正多類此。乞祠家居，東萊呂祖謙受學焉，學者稱三山先生。淳熙三年卒，年六十五，諡文昭。

3. 各類著作：《拙齋文集》、《尚書集解》、《春秋周禮講義》、《論語注》、《孟子講義》、《揚子講義》、《道山紀聞》、《觀淵集》、《觀瀾集》等。

〔註 29〕採清乾隆間文淵閣《四庫全書》之說。
〔註 30〕採清乾隆間文淵閣《四庫全書》之說。

4. 評《史》之作：《拙齋文集》

（詳《宋史》卷四三三、《拙齋文集·附錄行狀》）

＊洪邁 〔生於北宋徽宗宣和五年，卒於南宋寧宗嘉泰二年（1123～1202）〕

1. 字號居里：字景廬，號容齋，饒州鄱陽（今江西鄱陽縣）人，皓季子，遵弟。

2. 生平經歷：自幼過目成誦，博極群書，高宗紹興十五年中博學宏辭科，累遷中書舍人、直學士院、同修國史。使金，書用敵國儀，金人令改陪臣二字，邁執不可，爲金人多方困辱，卒遣還。除知贛州，郡兵素驕，不如欲輒跋扈無度，邁以法裁之。徙知婺州。孝宗淳熙十三年，爲翰林學士，上《四朝國史》，寧宗時，以端明殿學士致仕，嘉泰二年卒，年八十，諡文敏。

3. 學術特色：學識博洽，論述弘富，尤熟於宋代掌故。

4. 各類著作：《容齋隨筆》、《容齋續筆》、《容齋四筆》、《容齋五筆》、《史記法語》、《夷堅志》、《南朝史精語》、《經子法語》、《萬首唐人絕句》、《野處猥稿》（野處類稿）及《欽宗實錄》等書。

5. 評《史》之作：《容齋隨筆》、《容齋續筆》、《容齋四筆》、《容齋五筆》

（詳《宋史》卷三七三、《洪文敏公年譜》）

陸游 〔生於北宋徽宗宣和七年，卒於南宋寧宗嘉定三年（1125～1210）〕

1. 字號居里：字務觀，號放翁，越州山陰（今浙江紹興）〔註31〕人，宰子。

2. 生平經歷：早有文名，以蔭補登仕郎，高宗紹興二十四年，舉試薦送屢前列，爲秦檜所嫉，黜落。檜死，始爲寧德主簿。孝宗稱其力學有聞，言論剴切，除樞密院編修。後知夔嚴二州，皆有建白。淳熙七年，以發粟賑災，被劾罷；范成大嘗奏游爲參議官，以文字交，不拘禮法，人譏其頹放，因自號放翁。寧宗嘉泰二年，召修孝宗、光宗實錄。以寶章閣待制致仕。嘉定二年卒，年八十五。

3. 學術特色：游才氣超逸，工詩、詞、散文、史學，尤長於詩，多沉鬱頓挫、感激豪宕之作，與尤袤、楊萬里、范成大並稱南渡後四大家。嘗愛蜀道風土，題其生平所爲詩曰《劍南詩稿》，其詩清新刻露而出以圓潤，能自闢一宗。

〔註31〕採清乾隆間文淵閣《四庫全書》之説。

4. 各類著作：《老學菴筆記》十卷、《劍南詩稿》八十五卷、《入蜀記》六卷、《南唐書》十八卷、《天彭牡丹譜》一卷、《家世舊聞》二卷、《渭南文集》四十一卷、《放翁詞》二卷。

5. 評《史》之作：《老學庵筆記‧續筆記》

（詳《宋史》卷三九五、《宋元學案》卷九八、《陸放翁先生年譜》）

第三節　南宋評家

　　南宋評家部分（含南宋、金、元間各評家）共計四十位。

◎南宋有：

　　朱熹、唐仲友、呂祖謙、陳傅良、葉適、王楙、蔡沈、倪思、王若虛、眞德秀、魏了翁、陳振孫、李治、羅大經、吳氏（吳子良）、宋無、陳善、鮑彪、沈作喆、吳仁傑、樓昉、陳經、朱黼、林駉、黃履翁、胡一桂、陳仁子、羅泌

◎南宋、金、元間有：

　　黃震、王應麟、謝枋得、劉辰翁、周密、金履祥、白珽、吳師道、費袞、李塗、陳子樫（生平闕）

一、南宋評家

＊朱熹　〔生於南宋高宗建炎四年，卒於南宋寧宗慶元六年（1130～1200）〕

1. 字號居里：字元晦，一字仲晦，號晦庵、晦翁、遯翁、滄洲病叟、別稱紫陽、雲谷老人。徽州婺源（今江西婺源）〔註32〕人，寓建州（今屬福建）〔註33〕，松子。

2. 生平經歷：高宗紹興十八年進士，主泉州同安簿。孝宗初，召爲武學博士，未就。淳熙初，以薦召爲秘書郎，擢知南康軍，改提舉江西常平茶鹽公事，時浙東大饑，乃單車按行境內，救荒革弊，全活無算。光宗時，歷知漳州，任秘閣修撰等，寧宗初，以煥章閣待制提舉南京鴻慶宮。慶元二年爲御史所劾，落職罷祠。六年三月九日卒，年七十一。嘉定初追諡曰文。寶慶中

〔註32〕採清乾隆間文淵閣《四庫全書》之說。
〔註33〕採清乾隆間文淵閣《四庫全書》之說。

贈太師，追封信國公，淳祐中從祀孔廟。

3. 學術特色：歷仕高、孝、光、寧四朝，凡所奏聞，皆正心誠意修齊治平之道。平生好古敏求，每以所學者教人。居崇安時，牓廳事曰紫陽書堂，故稱紫陽。又創草堂於建陽之雲谷，自稱雲谷老人。晚卜築於建陽之考亭，作滄洲精舍，自號滄洲病叟，又號遯翁。考亭爲講學之所，故人稱考亭學派。其學出於李侗、羅從彥，盡得程氏之傳〔註34〕。大抵窮理以致其知，反躬以踐其實，而以居敬爲主。

4. 各類著作：《易本義啓蒙》、《著卦考誤》、《詩集傳》、《大學中庸章句或問》、《論語孟子集注》、《太極圖通書西銘解》、《楚辭集注辨證》、《韓文考異》。所編次有《論孟集議》、《孟子指要》、《中庸輯略》、《孝經刊誤》、《小學書》、《資治通鑑綱目》、《三朝五朝名臣言行錄》、《家禮》、《近思錄》、《河南程氏遺書》、《伊洛淵源錄》。又有《文集》一百卷，《生徒問答》凡八十卷，《別錄》十卷，及後人編纂之《朱子語類》、《朱文公文集》等，多傳於世。

5. 評《史》之作：《朱子語類》

（詳《宋史》卷四二九、《勉齋先生集》卷三六行狀。）

唐仲友 〔生於南宋高宗紹興六年，卒於南宋孝宗淳熙十五年（1136～1188）〕

1. 字號居里：字與政，號說齋，婺州金華（今屬浙江省）〔註35〕人，堯封子。

2. 生平經歷：高宗紹興二十一年進士，爲衢州西安簿。三十年復中博學弘詞科，通判建康府、秘書省正字。上書萬言論時政，孝宗納之，召除著作佐郎，出知信州、台州。治政理財頗有建樹。後擢江西提刑，爲朱熹所劾罷，益肆力於經制之學。孝宗淳熙十五年卒，年五十三。

3. 各類著作：《說齋文集》四十卷、《六經解》一百五十卷、《諸史精義》一百卷、《帝王經世圖譜》十卷、《孝經解》一卷、《九經發題》一卷、《陸宣公奏議解》十卷、《經史難答》一卷、《乾道秘府群書新錄》八十三卷、《天文詳辯》三卷、《地理詳辯》三卷、《愚書》一卷等。

4. 評《史》之作：《說齋文抄》

（詳《宋史翼》卷十三、《金華賢達傳》卷八、《宋元學案》卷六十）

〔註34〕熹受業於李侗，得程顥、程頤之傳，兼採周敦頤、張載等人學說，集北宋以來理學之大成。主持白鹿洞、岳麓書院，講學五十餘年，弟子眾多。其學派被稱爲閩學、考亭學派或程朱學派。曾被韓侂冑視爲僞學，加以禁止。

〔註35〕採清乾隆間文淵閣《四庫全書》之說。

＊呂祖謙　〔生於南宋高宗紹興七年，卒於南宋孝宗淳熙八年（1137～1181）〕

1. 字號居里：字伯恭，婺州（今浙江金華）〔註36〕人（祖籍壽州（今屬安徽省）），大器子。

2. 生平經歷：孝宗隆興元年進士，復中博學弘辭科，官至秘閣著作郎兼國史院編修官，參與重修《徽宗實錄》，編纂刊行《皇朝文鑒》。博學多識，與朱熹、張栻友善，講說益精，時稱東南三賢。少時性卞急，一日誦孔子躬自厚而薄責於人語，平時忿懥，忽渙然冰釋。其文詞閎肆辨博，凌屬無前。於詩書春秋，多究古義，於十七史皆有詳節，故詞多根柢，學者稱東萊先生。淳熙八年卒，年四十五，諡曰成，改諡忠亮。

3. 學術特色：爲學主明理躬行，反對空談心性，開浙東學派先聲。

4. 各類著作：《大事記解題》、《東萊呂太史別集》、《歷代制度詳說》、《古周易》、《易說》、《書說》、《春秋左氏傳說》、《東萊左氏博議》、《呂氏家塾讀詩記》、《少儀外傳》、《近思錄》、《麗澤論說集錄》、《臥遊錄》、《討律武庫》等。所輯有《古文關鍵》，《皇朝文鑑》等。

5. 評《史》之作：《大事記解題》、《東萊呂太史別集》

　　（《宋史》本傳、《呂太史集》卷一四家傳）

＊陳傳良　〔生於南宋高宗紹興七年，卒於南宋寧宗嘉泰三年（1137～1203）〕

1. 字號居里：字君舉，號止齋，溫州瑞安（今浙江瑞安市）〔註37〕人。

2. 生平經歷：少爲文自成一家，後師事鄭伯熊、薛季宣，傳永嘉之學與張栻、呂祖謙友善。爲學自三代，秦漢以下靡不研究。孝宗乾道八年登進士甲科，論對極言以愛惜民力爲本。累遷起居舍人，時光宗以疾不朝重華宮，傳良抗疏忠懇，至引帝裾。不聽，挂冠徑行。寧宗即位，召爲中書舍人兼侍讀，直學士院，同實錄院修撰。寧宗嘉泰初知泉州，進寶謨閣待制致仕。嘉泰三年卒，年六十七。諡文節。

3. 各類著作：《止齋先生文集》、《詩解詁》、《周禮說》、《春秋後傳》、《建隆編》、《左氏章旨》、《歷代兵制》、《永嘉八面鋒》、《止齋論祖》等書。

4. 評《史》之作：《止齋先生文集》

　　（詳《宋史》卷四三四、《止齋先生文集》卷五二）

〔註36〕採清乾隆間文淵閣《四庫全書》之說。
〔註37〕採清乾隆間文淵閣《四庫全書》之說。

葉適 〔生於南宋高宗紹興二十年，卒於南宋徽宗宣和五年（1150～1223）〕

1. 字號居里：字正則，學者稱水心先生，溫州永嘉（今浙江溫州）〔註38〕人，光祖子。

2. 生平經歷：志意慷慨，雅以經濟自負。舉孝宗淳熙五年進士，召爲太學正，遷博士，嘗薦陳傅良等三十四人，皆召用，時稱得人。寧宗時累官寶文閣待制，兼江淮制置使。初韓侂胄欲開兵端，以適有大讎未復之言，重之，適以審慎爲言，曾數次派兵襲擊江北金軍，又於江淮措置屯田，修築堡塢，以爲戰守之計。開禧三年侂胄誅，中丞雷孝友劾適附侂胄，遂奪職。杜門著述，主張功利之學，反對空談心性，對朱熹學說，提出批評，後世推爲永嘉學派之巨擘，自成一家。嘉定十六年卒，年七十四，諡忠定。

3. 各類著作：《水心文集》二十九卷、《習學紀言序目》。

4. 評《史》之作：《習學紀言序目》

（詳《宋史》卷四三四、《宋元學案》卷五四）

王楙 〔生於南宋高宗紹興二十一年，卒於南宋寧宗嘉定六年（1151～1213）〕

1. 字號居里：字勉夫，號分定居士。福州福清（今福建福清縣東南）人，徙居平江吳縣，蘋從孫。

2. 生平經歷：少失父，奉母以孝聞，寬厚誠實，及長，刻苦嗜書，功名不偶，杜門著述，時稱講書君。客湖南倉使張顏門三十年，賓主相歡如一日。嘉定六年卒，年六十三。

3. 各類著作：《野客叢書》三十卷，《巢睫稿筆》五十卷。

4. 評《史》之作：《野客叢談》

（詳《吳都文粹續集》卷四〇、〈礦銘〉、《吳中人物志》卷九）

＊蔡沈 〔生於南宋孝宗乾道三年，卒於南宋理宗紹定三年（1167～1230）〕

1. 字號居里：字仲默，學者稱九峰先生，建州建陽（今福建建陽）〔註39〕人，元定次子，沆弟。

2. 生平經歷：少承家學，師事朱熹，熹晚年欲著書傳，遂以屬沈。〈洪範〉之數，學者久失其傳，父元定獨心得之，然未及論著，卒云：曰成吾書者沈

〔註38〕採清乾隆間文淵閣《四庫全書》之說。
〔註39〕採清乾隆間文淵閣《四庫全書》之說。

也。沈受父師之託，沈潛反復者數十年，遂成《書經集傳》，《洪範皇極》，發明先儒之所未及。寧宗慶元黨禁，從元定謫道州，父子相對，常以理義自怡悅。元定沒，徒步護喪還，屢薦不就，隱居九峰，學者稱九峰先生。理宗紹定三年卒，年六十四。明代追諡文正，封崇安伯。

3. 各類著作：《書經集傳》、《洪範皇極》。

4. 評《史》之作：《書經集傳》

（詳《宋史》卷四三四、《宋元學案》卷六七、《眞文忠公續文章正宗》卷四二墓志銘）

＊倪思　〔生於南宋孝宗淳熙一年，卒於南宋寧宗嘉定十三年（1174～1220）〕

1. 字號居里：字正父（甫），號齊齋，湖州歸安（今浙江吳興縣治）人，稱子。

2. 生平經歷：孝宗乾道二年進士，淳熙五年中博學弘詞科，光宗時累官禮部侍郎。時帝久不過重華宮，思疏十上。會召嘉王，思言上皇欲見陛下，亦猶陛下之於嘉王也。帝爲動容。寧宗時爲言者論去，復召還，試禮部侍郎，論諫多切直，以忤韓侂胄予祠。侂胄誅，復召。歷禮部尙書，又以忤史彌遠，出知鎭江府。尋鐫職。嘉定十三年十月卒，年七十四。諡文節。

3. 各類著作：《班馬異同》、《齊山甲乙稿》、《經鉏堂雜志》、《兼山集》等。

4. 評《史》之作：《班馬異同》

（詳《宋史》卷三九八、《宋元學案》卷四十）

王若虛　〔生於南宋孝宗淳熙一年，卒於南宋理宗淳祐三年（1174～1243）〕

1. 字號居里：字從之，自號慵夫，藁城（今屬河北省）人。

2. 生平經歷：金章宗承安二年經義進士，歷官左司諫、轉延州刺史、入爲翰林直學士。金亡後，微服歸里，自稱滹南遺老。越十年，與劉祁東游，卒於泰山。事迹具金史文藝傳。史稱若虛有《慵夫集》、《滹南遺老集》均曰若干卷，不詳其數，《千頃堂書目》載《滹南遺老集》四十五卷，與王鶚序合《慵夫集》，雖著於錄而卷數亦缺考。大德三年王復翁序稱以《中州集》所載詩二十首附卷，則《慵夫集》元時已佚，惟此集存耳。

3. 學術特色：論詩文主張辭達理順，反對險怪雕琢。

4. 生平著作：《滹南遺老集》、《慵夫集》等。

5. 評《史》之作：《滹南遺老集》

（詳《四庫全書》集部，別集類，金至元，滹南集，〔提要〕，頁 1～4、《金史》
〈文藝傳〉）

＊真德秀 〔生於南宋孝宗淳熙五年，卒於南宋理宗端平二年（1178～1235）〕

1. 字號居里：字希元，一字景元，更字景希，號西山，建寧府浦城（今福建
浦城）〔註40〕人。

2. 生平經歷：寧宗慶元五年進士，開禧元年中博學宏詞科。理宗時，史彌遠
憚之，被劾落職，歷知泉州、福州，端平元年召爲翰林學士，拜參知政事，
端平二年卒，年五十八。諡文忠，學者稱西山先生。德秀立朝有直聲，於
時政多所建言，奏疏不下數十萬字。游宦所至，惠政深洽。其學以朱熹爲
宗，修《大學衍義》，稱可作《大學章句》之佐。自韓侂冑立僞學之名，以
錮善類，慶元黨禁後，正學得以復明者，德秀之力也。

3. 各類著作：《文章正宗》、《大學衍義》、《唐書考疑》、《讀書記》、《西山甲
乙稿》、《對越甲乙集》、《經筵講義》、《端平廟議》、《翰林詞草四六》、《獻
宗集》、《江東拯荒錄》、《清源雜志》、《星沙集志》、《西山文集》、《四書集
編》等書。

4. 評《史》之作：《文章正宗》

（詳《宋史》卷四三七、《宋元學案》卷八一、《後村先生大全集》卷一六八行
狀）

魏了翁 〔生於南宋孝宗淳熙五年，卒於南宋理宗嘉熙一年（1178～1237）〕

1. 字號居里：字華父，號鶴山，邛州蒲江（今屬四川）〔註41〕人。

2. 生平經歷：寧宗慶元五年進士，以校書郎出知嘉定府。丁父憂解官，築
室自鶴山下，開門授徒，士子爭從之，學者因稱鶴山先生。起知漢州，
徙眉州、瀘州，在蜀凡十七年。入爲兵部郎中，累官至權工部侍郎。以
朱端常誣劾降三官，靖州居住。築鶴山書院，學者雲集。史彌遠死，召
爲權禮部尚書，還朝入對，首乞明君子小人之辨，又上章論十弊，帝將
引以共政，而忌者合謀擯之，以端明殿學士同僉書樞密院事，督視京湖

〔註40〕採清乾隆間文淵閣《四庫全書》之說。
〔註41〕採清乾隆間文淵閣《四庫全書》之說。

軍馬。甫二旬，復召還，未幾，除知紹興府兼浙東安撫使。理宗嘉熙元
年卒，年六十。贈太師，諡文靖。

3. 學術特色：南宋之衰，學派變爲門戶，詩派變爲江湖，了翁獨窮經學古，
　自爲一家。

4. 各類著作：《鶴山先生大全文集》、《九經要義》、《古今考》、《經外雜鈔》、
　《師友雅語》等書。

5. 評《史》之作：《鶴山先生大全文集》。

　　（詳《宋史》卷四三七、《宋元學案》卷八十）

陳振孫　〔生於南宋孝宗淳熙十三年，卒於南宋理宗景定三年（1186～1262）〕

1. 字號居里：字伯玉，號直齋，湖州安吉（今屬浙江）〔註42〕人。

2. 生平經歷：寧宗、理宗時，歷溧水、紹興、鄞縣教授，興化軍通判，諸王
　宮大小學教授。端平三年知台州，終侍郎。嘗仕於莆田，傳錄夾漈鄭氏、
　方氏、林氏、吳氏舊書，至五萬一千一百八十餘卷，仿晁公武《郡齋讀書
　志》，作《直齋書錄解題》，極精贍。

3. 各類著作：《直齋書錄解題》。

4. 評《史》之作：《直齋書錄解題》。

　　（詳《宋史翼》卷二九、《宋元學案補遺》卷二二）

李冶　〔生於南宋光宗紹熙三年，卒於南宋衛王（宋帝昺）祥興二年（1192～1279）〕

1. 字號居里：字仁卿，號敬齋，金元間眞定欒城（今河北欒城縣）〔註43〕
　人。

2. 生平經歷：登金進士第，調高陵簿，辟知鈞州事。金亡，流落忻、崞間。
　世祖在潛邸，召問治國之道，應對稱旨。晚家元氏，買田封龍山下，學徒
　甚眾。及世祖即位，以翰林學士召，就職期月，以老病辭歸。卒諡文正。

3. 各類著作：《敬齋古今黈》、《敬齋文集》、《益古衍段》、《測圓海鏡》。

4. 評《史》之作：《敬齋古今黈》

　　（詳《元史》卷、《元朝名臣事略》卷一三）

〔註42〕採清乾隆間文淵閣《四庫全書》之說。
〔註43〕採清乾隆間文淵閣《四庫全書》之說。

＊羅大經 〔生於南宋寧宗慶元一年，卒於南宋理宗淳祐十二年（1195～1252）〕

1. 字號居里：字景綸，吉州廬陵（今吉安縣治）人，竹谷子。
2. 生平經歷：理宗寶慶二年進士，歷容州法曹掾、撫州軍事推官，坐事被劾罷。
3. 各類著作：《鶴林玉露》。
4. 評《史》之作：《鶴林玉露》
   （詳《宋詩紀事》卷七二）

吳子良 〔生於南宋寧宗慶元三年，約卒於南宋理宗寶祐五年（1197～大約 1257）〕

1. 字號居里：字明輔，號荊溪，台州臨海（今浙江臨海縣）人。
2. 生平經歷：少從陳耆卿、葉適學，耆卿之統，傳於子良。理宗寶慶二年進士，官至湖南運使、太府少卿。寶祐四年以忤史嵩之罷職，尋卒。
3. 各類著作：《荊溪集》、《荊溪林下偶談》四卷。
4. 評《史》之作：《荊溪林下偶談》
   （詳《宋史翼》卷二九、《宋元學案》卷五五）

＊胡一桂〔註44〕 〔生於南宋理宗淳祐七年，卒年不詳（1247～？）〕

1. 字號居里：字庭芳，號雙湖居士，徽州婺源（今江西婺源）〔註45〕人，方平子。
2. 生平經歷：穎悟好讀書，受父《易》學。理宗景定五年，年十八，領鄉薦。試禮部不第，退而講學，遠近師之，學者稱雙湖先生。
3. 各類著作：《十七史纂》、《周易本義附錄纂疏》、《本義啓蒙》、《翼傳》、《朱子詩傳附錄纂疏》、《歷代編年》並行於世。
4. 評《史》之作：《十七史纂》
   （詳《宋史翼》卷三四、《宋元學案》卷八九）

＊宋無 〔生於南宋理宗景定一年，卒於元順帝（惠宗）至元六年（1260～1340）〕

1. 字號居里：原名名世，字晞顏，宋亡易名無，號翠寒道人，其先固始（今一說屬河南汝陽道，一說在湖北境）人，從父國珍自涪（今四川陽縣治）

〔註44〕胡氏一桂，傳記資料兩存焉，無以辨之，故俱載之。
〔註45〕採清乾隆間文淵閣《四庫全書》之說。

徙荊湖，又避襄亂徙吳門，復冒朱姓。

2. 生平經歷：生於宋景定元年，少負氣節，未弱冠，已棄科舉，惟嗜詩。從盧陵歐陽守道學，詩名震一時。入元舉茂異不就，年五十就館教，垂二十年。年八十一，自作誌銘，不知以何年終。

3. 各類著作：《翠寒集》、《寒齋冷話》、《啼嘻集》。

4. 評《史》之作：《翠寒集》

（詳《吳中人物志》卷九、《宋季忠義錄》卷十五）

陳善　〔生卒年不詳，高宗紹興間（1131～1162）太學生〕

1. 字號居里：字敬甫，又字子兼，號秋塘，又號潮溪，福州羅源（民國初屬福建閩海道）人。

2. 生平經歷：高宗紹興間爲太學生，時秦檜當國，慷慨論言，力抵和議。

3. 各類著作：《捫虱新話》、《雪篷夜話》等。

4. 評《史》之作：《捫虱新話》

（詳《宋詩紀事》卷五六、《四庫全書總目》卷一二七）

＊鮑彪　〔生卒年不詳，高宗紹興中（1131～1162）尚書司封員外郎〕

1. 字號居里：字文虎，處州龍泉人，一作縉云（今浙江永康縣北）人。

2. 生平經歷：高宗紹興中，官尚書司封員外郎，請老致仕。

3. 學術特色：篤學守道，精史學。

4. 各類著作：《鮑氏戰國策注》、《杜詩註》、《書解》。

5. 評《史》之作：《鮑氏戰國策注》

（詳《宋史》卷四四三、《宋元學案補遺》卷九九、《四庫全書總目》卷五一）

沈作喆　〔南宋高宗紹興五年（1135）進士及第〕

1. 字號居里：字明遠，號寓山，湖州歸安（今浙江吳興縣治）人，該姪。

2. 生平經歷：高宗紹興五年進士。孝宗淳熙間以左奉議郎爲江西漕屬，以詩〈哀扇工歌〉忤漕帥魏道弼被劾，奪三官。

3. 各類著作：所著《己意》、《寓林集》，久佚。其存者有《寓簡》，考證古事有特色。

4. 評《史》之作：《寓簡》

（詳《宋詩紀事》卷四四、《宋元學案補遺別附》卷二、《四庫全書總目》卷一
二一）

吳仁傑〔生卒年不詳，孝宗淳熙（1174～1189）進士第〕

1. 字號居里：字斗南，一字南英，號蠹隱，又號蠹豪，洛陽人，寓居崑山（今
江蘇省崑山縣）〔註46〕。
2. 生平經歷：登孝宗淳熙進士第，歷羅田令，仕至國子學錄。博洽經史，尤
精漢史，講學於朱熹之門。以《三劉漢書標注》未臻盡善，博考訂正成《兩
漢刊誤補遺》，號稱精確。又撰《漢通鑑》，集編年、紀傳之長而去其短，
與《兩漢刊誤補遺》相表裡。
3. 各類著作：《兩漢刊誤補遺》、《古周易》、《易圖說》、《洪範辨圖》、《離騷草
木疏》、《陶靖節先生年譜》等書。
4. 評《史》之作：《兩漢刊誤補遺》
（詳《宋史翼》卷二九、《宋元學案》卷六九）

＊樓昉〔生卒年不詳，約 1207 前後在世，南宋寧宗慶元（1195～1200）時人，
光宗紹熙四年（1193）進士〕

1. 字號居里：字暘叔，號迂齋，鄞縣（今浙江奉化縣東五十里）人。
2. 生平經歷：少從呂祖謙學，與弟昺俱以文名。，授從事郎，遷宗正簿，有
直諒聲。後以朝奉郎守興化軍卒，贈直龍圖閣。
3. 學術特色：為文汪洋浩博，從學者凡數百人。
4. 各類著作：《過庭錄》〔註47〕、《崇古文訣》、《中興小傳》、《宋十朝綱目》、
《東漢詔令》等。
5. 評《史》之作：《過庭錄》、《崇古文訣》
（詳《延祐四明志》卷五、《宋元學案》卷七三）

＊陳經〔生卒年不詳，寧宗慶元（1195～1200）五年進士〕

1. 字號居里：字顯之，一字正甫，吉州（今江西吉安縣）安福（一說為今江
西盧陵道、一說為今湖北均縣西）人。

〔註46〕採清乾隆間文淵閣《四庫全書》之說。
〔註47〕子部，小說家類，雜事之屬，過庭錄

2. 生平經歷：寧宗慶元（1195～1200）五年進士，官終奉議郎，泉州泊幹。
　經嗜書成癖，啓益後學爲多。

3. 各類著作：《陳氏尚書詳解》、《存齋語錄》、《詩講義》等。

4. 評《史》之作：《陳氏尚書詳解》

　（詳《宋元學案補遺》卷七七、《淳熙三山志》卷三一）

＊朱黼　〔生卒年不詳，學於陳傅良（南宋 1137～1203）〕

1. 字號居里：字文昭，瑞安平陽人。

2. 生平經歷：學於陳傅良（南宋 1137～1203），不事舉業，躬耕南蕩山以老。

3. 各類著作：《永嘉先生三國六朝五代紀年總辦》、《記事備遺》一百卷、《統論》一卷，始堯舜迄五代，若呂、武、莽、丕等，皆削其紀年。

4. 評《史》之作：《永嘉先生三國六朝五代紀年總辦》

　（詳《宋元學案》卷五三、《宋史翼》卷二五）

林駉　〔生卒年不詳，寧宗嘉定九年（1216）領鄉薦〕

1. 字號居里：字德頌，福州寧德（民國初屬福建閩海道）人。

2. 生平經歷：清修苦學，博極群書，九經註釋，暗記成誦，尤習當代典故，寧宗嘉定九年領鄉薦，鄰邑爭迎爲師，歲聚徒以百數。

3. 各類著作：《古今源流至論》、《皇鑑前後集》。

4. 評《史》之作：《古今源流至論》

　（詳《宋元學案補遺別附》卷二、《南宋文範》卷二）

＊黃履翁　〔生卒年不詳，理宗紹定五年（1232）進士〕

1. 字號居里：字吉甫，寧德（民國初屬福建閩海道）人。

2. 生平經歷：登理宗紹定五年進士。學問賅博。

3. 各類著作：有《古今源流至論・別集》十卷，以補林駉所著《源流至論》所未備。

4. 評《史》之作：《古今源流至論・別集》

　（詳《閩中理學淵源考》〔註48〕卷四十、《宋元學案補遺別附》卷二）

〔註48〕清・李清馥撰史部，傳記類，總錄之屬，閩中理學淵源考，卷四十，頁6。

＊胡一桂 〔生卒年不詳，領度宗咸淳六年（1270）鄉薦〕

1. 字號居里：字德夫，號人齋，溫州永嘉（今浙江溫州）〔註49〕人，領度宗咸淳六年鄉薦。

2. 生平經歷：從翁嚴壽遊，領度宗咸淳六年鄉薦，教授於鄉。恭帝德祐中上書達萬言，時莫能用。研究《周官》經國制度，參互考訂，六官錯簡咸貫通補正。

3. 各類著作：《古周禮補正》一百卷、《四書提綱》、《孝經傳贊》、《人齋存稿》等書。

4. 評《史》之作：《人齋存稿》

（詳《宋元學案》卷六五）

＊陳仁子 〔南宋衛王（宋帝昺）祥興二年（1279）前後在世，度宗咸淳十年（1274）漕試第一〕

1. 字號居里：字同俌，一作同甫，號古愚，一作古迂，衡州茶陵（今湖南茶陵縣東五十里）人，陳天福之孫。

2. 生平經歷：博學好古，度宗咸淳十年漕試第一，不仕於元，營別墅於東山，市人因呼為東山陳氏。

3. 各類著作：《文選補遺》四十卷、《牧萊脞語》十二卷等。

4. 評《史》之作：《文選補遺》

（詳《宋元學案補遺》卷八一、《四庫全書總目》卷一七四）

羅泌 〔南宋人，生卒年不詳〕

1. 字號居里：字長源，號歸愚，吉州廬陵（今吉安縣治）人，良弼子。

2. 各類著作：泌學博才宏，侈游墳典。著《路史》四十七卷，遠涉皇古，多採緯書及道家言，不免龐雜，然引據浩博，文采瑰麗，其《國名紀》考證尤精核。

3. 評《史》之作：《路史》

（詳《宋史翼》卷二九）

〔註49〕採清乾隆間文淵閣《四庫全書》之說。

二、南宋、金、元間評家

＊黃震　〔生於南宋寧宗嘉定六年，卒於元世祖至元十七年（1213～1280）〕

1. 字號居里：字東發，號於越，慶元府慈谿（民國初屬浙江會稽道）人。
2. 生平經歷：年四十四登理宗寶祐四年進士，度宗時爲史館檢閱，與修寧宗、理宗兩朝《國史》、《實錄》。以直言進陳時弊，出通判廣德軍，尋移紹興府，知撫州，皆有惠政。改提點刑獄，移浙東提舉常平，摧抑豪強，賑撫饑民，爲富貴所怨。爲人清介自守，獨宗周敦頤、二程及朱氏學。元世祖至元十七年卒，年六十八，門人私謚文潔先生。
3. 各類著作：《黃氏日抄》一百卷、《古今紀要》十九卷等。
4. 評《史》之作：《黃氏日鈔》
   （詳《宋史》卷四三八、沈達《黃氏日鈔》序）

＊王應麟　〔生於南宋寧宗嘉定十六年，卒於元成宗元貞二年（1223～1296）〕

1. 字號居里：字伯厚，號厚齋，又號深寧居士。慶元（今浙江寧波）〔註50〕人。自署浚儀（今河南開封）〔註51〕，蓋其祖籍也，僑子。
2. 生平經歷：九歲通六經，學問賅博。理宗淳祐元年進士，理宗寶祐四年復中博學鴻詞科，官至禮部尚書兼給事中。帝嘗御集英殿策士，召應麟覆考，帝欲易第七卷置其首，應麟讀之，乃頓首曰：是卷古誼若龜鑑，忠肝如鐵石，臣敢爲得士賀。遂置首選，及唱名，乃文天祥也。累擢秘書郎，應詔極論時政，正直敢言，對用人及弊政，多所批評建議，觸忤權臣丁大權、賈似道、留夢炎等，屢遭罷斥。度宗即位，累遷禮部尚書。辭官還鄉，專事著作後二十年，宋亡不出。元成宗元貞二年卒，年七十四。
3. 各類著作：《玉海》二百卷、《困學紀聞》二十卷、《深寧集》一百卷、《玉堂類稿》二十三卷、《掖垣類稿》二十二卷、《詩考》五卷、《詩地理考》五卷、《漢書藝文志考證》十卷、《通鑑地理考》一百卷、《通鑑地理通釋》十六卷、《通鑑答問》四卷、《六經天文編》六卷、《小學諷詠》四卷、《小學紺珠》十卷、《蒙訓》七十卷、《集解踐阼篇補注急就篇》六卷、《詞學指南》四卷、《詞學題苑》四十卷、《筆海》四十卷、《姓氏急就篇》六卷、《漢志

〔註50〕採清乾隆間文淵閣《四庫全書》之說。
〔註51〕採清乾隆間文淵閣《四庫全書》之說。

考》四卷等。

4. 評《史》之作：《玉海》、《困學紀聞》、《通鑑地理通釋》

（詳《宋史》卷四三八、《宋元學案》卷八五〈儒林傳〉）

◎謝枋得 〔生於南宋理宗寶慶二年，卒於元世祖至元二十六年（1226～1289）〕

1. 字號居里：字君直，號疊山，信州弋陽（一說今河南潢川縣治，一說今屬江西豫章道）人。

2. 生平經歷：理宗寶祐四年進士，為人豪爽，觀書五行俱下，好直言，每抓髯抵几，跳躍自奮，以忠義自任。應吳潛辟，團結民兵以扞饒信，尋應試建康，語侵賈似道，乃誣以居鄉不法，謫居興國軍。度宗咸淳中赦歸，恭帝德祐初以江東提刑知信州，元兵東下，信州不守，乃變姓名入建寧唐石山，日麻衣躡履，東鄉哭。已而賣卜建陽市，惟取米履，委以錢，謝不取。宋亡，居閩中，程文海薦之不起，遺書有曰：吾年六十餘，所欠一死耳，豈有它哉！元至元二十六年，福建參政魏天祐強之而北，至都，遂不食死，年六十四。門人私諡文節，世稱疊山先生。

3. 各類著作：《文章軌範》、《疊山集》。

4. 評《史》之作：《文章軌範》

（詳《宋史》卷四二五、《疊山集》卷一六、《宋元學案》卷八四）

＊劉辰翁 〔生於南宋理宗紹定五年，卒於元成宗元貞三年（1232～1297）〕

1. 字號居里：字會孟，號須溪，吉州廬陵（今吉安縣治）人。

2. 生平經歷：少補太學生，景定三年廷試，時賈似道專國，方殺直臣以塞言路，辰翁因對策極論之，置丙第。以親老請為濂溪書院山長。江萬里薦居史館，又除太學博士，皆固辭。宋亡，託方外以歸。工詞，多抒家國之恨，沉痛真率。元大德元年卒，年六十六。

3. 各類著作：《班馬異同評》《須溪集》、《放翁詩選後集》等。

4. 評《史》之作：《班馬異同評》

（詳《宋史翼》卷三五、《宋元學案》卷八八）

周密 〔南宋理宗紹定五年，卒於元成宗大德二年（1232～1298）〕

1. 字號居里：字公謹，號草窗，又號蕭齋，宋濟南人（今山東歷城縣）。以流

寓吳興弁山，又號弁陽嘯翁，弁陽老人，華不注山人，晚寓吳興（今浙江吳興縣），晉子。

2. 生平經歷：理宗時，曾為臨安府幕屬，淳祐中官義烏令，宋亡不仕，居杭州，廣交游，工詩詞，善畫。自號泗水潛夫。卒於元大德二年，年六十七。

3. 各類著作：《齊東野語》、《蠟屐集》、《濱洲漁笛譜》、《癸辛雜識》、《武林舊事》、《浩然齋視聽鈔》、《浩然齋雅談》、《雲煙過眼錄》、《澄懷錄》、《草窗韻語》、《絕妙好詞》。

4. 評《史》之作：《齊東野語》

（詳《宋史翼》卷三四、《宋元學案》卷九七）

＊**金履祥** 〔生於南宋理宗紹定五年，卒於元成宗大德七年（1232～1303）〕

1. 字號居里：初名祥，入學更名開祥，後又更曰履祥，字吉父（甫），婺州蘭谿（今浙江蘭溪市）〔註52〕人。

2. 生平經歷：少敏睿，有經世志，父兄稍授之書即能記誦。及壯，事同郡王柏，又登何基之門，專治朱熹之學，遂窮濂洛之奧，為一代名儒。度宗咸淳七年，襄陽圍急，建言由海道攻燕，所言經過地方及洋面等，悉與後來元朝海運路線相符。德祐初以史館編修召，不及用而宋亡，遂無仕進意，屏居金華山中，訓迪後學，著書為事。晚年講學於仁山麗澤書院，學者稱仁山先生。元大德七年卒，年七十二。至正中賜諡文安。

3. 各類著作：《資治通鑑前編》二十卷、《大學疏義》二卷、《尚書表註》四卷、《論孟集註考證》十七卷、《仁山集》六卷。

4. 評《史》之作：《資治通鑑前編》

（詳《元史》卷一八九、《南宋文範》（《資治通鑑前編》序卷五一）

◎**白珽** 〔生於南宋理宗淳祐八年，卒於元泰定帝泰定五年（1248～1328）〕

1. 字號居里：字廷玉，號湛淵，又號栖霞山人，宋元間錢塘（今浙江杭州）〔註53〕人。

2. 生平經歷：幼穎敏，博通經史。世祖至元末授太平路儒學正，攝行教授事，建天門、采石兩書院。仕至儒學副提舉。

〔註52〕採清乾隆間文淵閣《四庫全書》之說。
〔註53〕採清乾隆間文淵閣《四庫全書》之說。

3. 學術特色：詩文一主于理，劉辰翁稱其詩逼陶，書逼顏、柳。

4. 各類著作：《湛淵集》一卷、《湛淵靜語》二卷等。

5. 評《史》之作：《湛淵集》、《湛淵靜語》

（詳《萬姓統譜》卷一二一）

＊吳師道 〔生於元世祖至元二十年，卒於元順帝（惠宗）至正四年（1283～1344）〕

1. 字號居里：字正傳，婺州蘭溪（今浙江蘭溪市）〔註54〕人。

2. 生平經歷：元英宗至治元年進士，授高郵縣丞，調寧國路錄事，遷池州建德縣尹，皆有惠政。召為國子助教，尋升博士，以禮部郎中致仕。

3. 學術特色：其教一本朱熹之旨，而遵許衡之成法。

4. 各類著作：《戰國策校注》十卷、《吳禮部詩話》一卷、《吳禮部別集》二卷、《吳正傳文集》二十卷附錄一卷、《敬鄉錄》一四卷等。

5. 評《史》之作：《戰國策校注》

（詳《宋史》卷五三、《宋文憲公全集》卷三十）

＊費袞 〔生卒年不詳〕

1. 字號居里：字補之，常州無錫（今屬江蘇蘇常道）人。

2. 生平經歷：幼承家訓，博學能文，國子監免解進士。

3. 各類著作：《梁溪漫志》、《文章正派》等。

4. 評《史》之作：《梁溪漫志》

（詳《四庫全書總目》卷一二一）

＊李塗 〔生卒年不詳〕

1. 字號居里：字耆卿（一說性學）〔註55〕，里居不詳。

2. 生平經歷：事蹟無可考。

3. 各類著作：《文章精義》。

4. 評《史》之作：《文章精義》

（詳《《四庫全書・文章精義》提要》）

＊陳子樫 〔生平不詳〕

〔註54〕採清乾隆間文淵閣《四庫全書》之說。

〔註55〕凌稚隆《史記評林》卷首姓氏，頁28。

第四節　小　結

1、所謂「讀其書，不可不知其人，知其人，不可不讀其書」，在閱讀與引用兩宋評議文字之餘，對於兩宋評家之生平事跡，不可不加以了解，故蒐羅兩宋評家之小傳，依其生年次序，分類陳述如上云。

2、明凌稚隆氏之《史記評林》未及評家之小傳，致捧讀之際無法了解評者之身世背景，引為一憾，故於本章，作一增補，以彌其闕。

3、緣兩宋國力懸殊，社會背景大不相同，因此，先將評家依北宋、南宋分類，次依生年排列，一則可見時代氛圍不同，史觀或差異或雷同；另則可以符合今日嚴謹之學術研究要求。

4、歷代名人同其姓名者夥，必以朝代、姓氏、字號、居里別之，故詳其稱謂。又仕宦經歷往往影響其史觀與評議，故概述之，以能略詳其由為主，不以巨細靡遺為尚，然凡德行足為稱道者，不惜輾轉引述，以管窺其行誼。特色主在論其學術成就，著作則採犖犖大者，唯史評部份，以今日蒐探者為限，僅列其書名，為便來者深造探索，不以囊括其著作中所有史評為訴求。

5、眾評家評論《史記》之作，列於本論文篇末「重要參考書目」之中，且現今國內仍有善本者，一併著明，以利攷索深造之便。

第三章 《史記評林》兩宋評點校勘

第一節 評點校勘凡例

一、本論文篇目名稱以太史公〈自序〉所述，作爲定名，凡《史記評林》或
　　其他版本與之互有出入者，皆從太史公〈自序〉。

二、校勘《史記評林》工作，首先根據著作原典文字逐條句讀，並與《評林》
　　文字，排比陳列，逐字逐條核校。例如：

五帝本紀第一

	內　　容	出　　處
原典	遷所作本紀，出於《大戴禮》、《世本》諸書。今依其說，圖而考之，堯、舜、夏、商、周皆同出黃帝。堯之崩也，下傳其四世孫舜；舜之崩也，復上傳其四世祖禹，而舜、禹皆壽百歲，稷、契於高辛爲子，乃同父異母之兄弟。今以其世次而下之，湯與王季同世，湯下傳十六世而爲紂，王季下傳一世而爲文王，二世而爲武王，是文王以十五世祖，自事十五世孫紂，而武王以十四世祖伐十四世孫而代之王，何其繆哉！	（集部，別集類，宋金元，歐陽文忠公集，卷四十三，頁11）（善本）
評林	歐陽修曰、 遷所作本紀、出于大戴禮世本諸書、今依其說、圖而考之、堯舜夏商周皆出黃帝、堯之崩也、下傳其四世孫舜、舜之崩也、復上傳其四世祖禹、而舜禹皆壽百歲、稷契於高辛爲子、乃同父異母之兄弟、而以世次而下之、湯與王季同世、湯下傳十六世爲紂、王季下傳一世爲文王、二世而爲武王、是文王以十五世祖、臣事十五世孫、而武王以十四世祖伐十四世孫而代之、豈不謬哉、	見《評林》頁14、頁15

夏本紀第二

	內　　　容	出　　　處
原典	〈夏紀〉多櫽括〈禹謨〉、〈禹貢〉之書；少康中興，書所缺者亦缺。自仲康帝相少康，直以世次相承。若守文無事者，意者少康之事，遷時已無所考歟！	（子部，儒家類，黃氏日抄，卷四十六，頁1）
評林	黃震曰、夏紀多櫽括禹謨禹貢之書、少康中興書所缺者亦缺、自仲康帝相少康、直以世次相承、若守文無事者、意者少康之事、遷時已無所考歟、	見《評林》頁45

三、凡《評林》刪節者，則於原典字句下畫線表示之，並於備註欄內，註明所刪節、精簡或脫落之字句，以便對照。唯古書尚無今日之標點符號，因此於刪節、精簡乃至脫落，並無法一眼辨識清礎，必須熟讀原文後，庶幾可以接近作者原意，因此，為行文與備註方便起見，備註欄一律以「評林刪字（原典字下畫線者）」註明之，且列出所關諸字句。例如：

周公世家第三十三

	內　　　容	出　　　處
原典	履祥按：鄭以祊田易許田，其請久矣，<u>故嘗先歸祊，隱公受之，已入祊矣，而許田則未與也。隱公豈以朝宿之邑，重於予鄭耶？或者廣狹肥确之非鈞也，桓弒隱而立，立</u>即脩好於鄭，而鄭要之以許，為垂之會，且加璧焉。於是卒與許田矣。蓋鄭以貪易許，而桓以餒賂鄭也。	（史部，編年類，斷代之屬，先秦，增定資治通鑑前編，卷十，頁19）（善本）
評林	金履祥曰、鄭以祊田易許田、其請久矣、至是魯桓公立修好于鄭、而鄭要之以許為垂之會、且加璧焉、於是卒與許田矣、蓋鄭以貪易許、而桓以援賂鄭也、	見《評林》頁1174
備註	**一. 評林刪字**（原典字下畫線者） 1. 故嘗先歸祊，隱公受之，已入祊矣，而許田則未與也。隱公豈以朝宿之邑，重於予鄭耶？或者廣狹肥确之非鈞也，桓弒隱而立 2. 即	

張儀列傳第七十

	內　　　容	出　　　處
原典	縱而散者，蘇秦負其責；橫而合者，張儀任其咎，<u>然天下之勢故不一，要之合散必不可以一定。夫操不可以一定之勢，而身當其任，故曰縱橫危道也。</u>陳軫之智，不逮二子，而不主縱、橫之任，乘勢伺變而行其說，故其為不勞，而其身處安故，軫者說士之巨擘者也。	（集部，別集類，北宋建隆至靖康，柯山集，卷三十六，頁 16）
評林	張耒曰、 從而散者、蘇秦負其責、橫而合者、張儀任其咎、陳軫之智不逮二子、而不主從橫之任、乘勢伺變而行其說、故其說不勞、而身處于佚、軫其說士之巨擘哉、	見《評林》頁 1882、頁 1883
備註	**一. 評林刪字**（原典字下畫線者） 1. 然天下之勢故不一，要之合散必不可以一定。夫操不可以一定之勢，而身當其任，故曰縱橫危道也。 ………	

四、凡《評林》增字句者，或評家補足文意，或加強語氣，乃至保存亡逸之文獻，概皆視如《評林》增字，因此一律於《評林》一欄內，於所增字句之下，畫線表示，以清眼目。並於備註欄內，以「評林增字（評林字下畫線者）」註明之，且列出所增之字句。例如：

五帝本紀第一

	內　　　容	出　　　處
原典	王氏曰： 百揆，百官之首，故先命禹；養民治之先務，故次命稷；富然後教，故次命契；刑以弼教，故次命皋；工立成器，以為天下利，又治之末，故次命垂，如此治人者略備矣，然後及草木鳥獸，故次命益；民物如此，則隆禮樂之時也，故次命夷、夔；禮先樂後，故先夷後夔；樂作則治功成矣。羣賢雖盛，治功雖成，苟讒間得行，則賢者不安，前功遂廢，故命龍於末，所以防讒間衛羣賢，以成其終，猶命十二牧，而終以難任人，夫子咨為邦，而終以遠佞人也。	（經部，書類，尚書通考，卷五，頁 18、頁 19）
評林	王安石曰、 百揆百官之首、故先命禹養民、治之先務、故次命稷、富然後教、故次命契、刑以弼教、故次命<u>皋</u>陶、工立成器、以為天下利、為治之末、故次命垂、如此治人者略備矣、然後及草木鳥獸、故次命益、民物如此、則隆禮	見《評林》頁 36

	樂之時也、故次命夷夔、禮先樂後、故先夷後夔、樂作則治功成矣、群賢雖盛、治功雖成、苟讒間得行、則賢者不安、前功盡廢、故命龍於末、所以防讒間衛群賢以成其終、猶命十二牧、而終以難任人、夫子答爲邦、而終以遠佞人也、	
備註	一. **評林增字**（評林字下畫線者） 1. 陶	

周公世家第三十三

	內　　容	出　　處
原典	此中宗無逸之實，嚴恭寅畏，合而言之，敬也。因桑穀而修省，亦其畏天命之一端，天人一理，既畏天命，必不敢輕下民，祇懼不敢荒寧，皆敬也。惟敬，故壽也，主靜則悠遠博厚，自強則堅實精明，操存則血氣循軌而不亂，收斂則精神內固而不浮。凡此皆敬之方，壽之理也。自此至文王，其壽莫非此理。	（經部，書類，書集傳纂疏，卷五，頁36）
評林	呂祖謙曰、 此中宗无逸之實、嚴恭寅畏、合而言之、敬也、因桑穀而修省、亦其畏天命之一端、天人一理、既畏天命、必不敢輕下民、震懼不敢荒寧、皆敬也、惟敬故壽也、主靜則悠遠博厚、自強則堅實精明、操存則血氣順軌而不亂、收斂則精神內固而不浮、<u>至於儉約克治去戕賊之累、又不在言</u>、凡此皆敬之方、壽之理也、自此至文王、其壽莫非此理、	見《評林》頁1168
備註	一. **評林增字**（評林字下畫線者） 1. 至於儉約克治去戕賊之累、又不在言 ………	

夏本紀第二

	內　　容	出　　處
原典	蔡墨曰： 國有豢龍氏、有御龍氏。後漢有侍御史擾龍宗，豈其苗裔歟！	（子部，雜家類，困學紀聞，卷六，頁25）（善本）
評林	按困學紀聞云、 <u>古者畜龍</u>、<u>故</u>國有豢龍氏、有御龍氏、後漢有侍御史擾龍宗、豈其苗裔歟、	見《評林》頁71
備註	一. **評林增字**（評林字下畫線者） 1. 古者畜龍 2. 故	

五、凡《評林》以出處不同之文扭合於一處，而不標注者，則依出處分開校
　　讎，以清眼目。例如：

白起王翦列傳第七十三

	內　　　　　容	出　　　處
原典	予讀太史公〈白起傳〉，秦之再攻邯鄲也，起與范雎有怨，稱病不行，以亡其軀，慨然歎曰：起以武夫無所屈信，而困於游談之士，使起勉強一行，兵未必敗，而免於死矣。及覽《戰國策》，觀起自陳成敗之蹟，乃知邯鄲，法不可再攻，而起非特以怨不行。蓋為之流涕也。趙充國征西羌，守便宜不肯奉詔出兵，辛武賢雖兵出有功，充國竟為漢宣明其非是，武賢怨之至骨，雖不能害充國，而卒陷其子卬。嗚呼！循道而不阿，自古而難之歟！	（史部，紀傳類，先秦兩漢之屬，先秦，古史，卷四十四，頁6、頁7）（善本）
評林	（此段文字分二段校勘，此為第一） 蘇子古史曰、 予讀太史公白起傳、秦之再攻邯鄲也、起與范雎有怨、稱病不行、以亡其軀、慨然嘆曰、起以武夫無所屈信、而困於游談之士、使起勉強一行、兵未必敗、而免於死矣、及覽戰國策觀起自陳成敗之蹟、乃知邯鄲法不可再攻而起非特以怨不行、蓋為之流涕也、趙充國征西羌、守便宜不肯奉詔出兵、辛武賢雖兵出有功、充國竟為漢宣明其非是、武賢怨之至骨、雖不能害充國、而卒陷其子卬、嗚呼循道而不阿、自古而難之歟、	見《評林》頁1922
備註	………	

	內　　　　　容	出　　　處
原典	王翦與始皇議滅楚，非六十萬不行。予始疑其過。及觀田單與趙奢論兵，乃知老將之言不妄也。趙以齊田單為相，單語趙奢曰：吾非不說將軍之兵法，所不服者，將軍之用眾也。帝王之兵，不過三萬，而天下服矣。今將軍必負十萬、二十萬而後用之，使民不得耕作，糧食輓賃，不可給也。奢曰：君非徒不達兵，又不明時勢矣。夫吳干之劍，肉試則斷牛馬，金試則截盤匜，薄之柱上而擊之，則絕為三；質之石上而擊之，則碎為百，今以三萬之眾，而應強國之兵，是薄柱擊石之類也。且夫劍之為用，無脊之厚則鋒不入；無脾之薄則刃不斷，無鈎罕鐔蒙須之便，操其刃而刺，則未入而手斷。今君無十	（史部，紀傳類，先秦兩漢之屬，先秦，古史，卷四十四，頁9、頁10）（善本）

	內　　　　　容	出　　　　處
	萬、二十萬之衆，以爲鈎罕鐔蒙湏之便，焉能以三萬行於天下乎？古者四海萬國，城大不過三百丈，人雖多無過三千家，則以三萬距之足矣。今取古萬國分爲戰國七，兵能具數十萬，食能支數歲，千丈之城，萬家之邑相望也，君柰何以三萬衆攻之？田單喟然歎息曰：單未至也。由此觀之，攻千里之國，毀百年之業，不乘大隙，非大衆不可；彼決機兩陳之間，爲一日成敗之計，乃可以少擊衆耳。	
評　　　　林	（此段文字分二段校勘，此爲第二） （蘇子古史曰、） 王翦與始皇議滅楚、非六十萬不行、予始疑其過、及觀田單與趙奢論兵、乃知老將之言不妄也、趙以齊田單爲相、單語趙奢曰、吾非不說將軍之兵法、所不服者、將軍之用眾也、帝王之兵不過三萬、而天下服矣、今將軍必負十萬二十萬而後用之、使民不得耕作、糧食輓賃、不可給也、奢曰、君非徒不達兵、又不明時勢矣、夫吳干之劍、肉試則斷牛馬、金試則截盤匜、薄之柱上而擊之、則絕爲三、質之石上而擊之、則碎爲百、今以三萬之眾、而應強國之兵、是薄柱擊石之類也、且夫劍之爲用、無脊之厚則鋒不入、無脾之薄則刃不斷、無鈎罕鐔蒙須之便、操其刃而刺、則未入而手斷、今君無十萬二十萬之眾、以爲鈎罕鐔蒙須之便、焉能以三萬行于天下乎、古者四海萬國、城大不過三百丈、人雖多無過三千家、則以三萬拒之足矣、今取古萬國分爲戰國七、兵能具數十萬、食能支數歲、千丈之城、萬家之邑相望也、君奈何以三萬眾攻之、田單喟然嘆息曰、單未至也、由此觀之、攻千里之國、毀百年之業、不乘大隙、非大眾不可、彼決機兩陳之間、爲一日成敗之計、乃可以少擊眾耳、	見《評林》頁 1922
備註	…………	

宋世家第三十八

	內　　　　　容	出　　　　處
原典	五者之中，三從二逆，從之理多，吉之所在也，然於三從之中，必龜、筮皆從乃可。盖龜、筮無心之物，既已皆從，它雖有逆卿士、庶民，或者別有私心，未可知也。	（經部，書類，增修東萊書說，卷十七，頁 17）
評林	（此段文字分四段校勘，此爲第一） 呂祖謙曰、 龜筮君卿民、五者之中、三從二逆、從之理多、吉之所	見《評林》頁 1250

	內　　　　容	出　　　　處
	在也、然三從之中、必龜筮之從乃可、蓋龜筮無心、既已皆從、卿士庶民、或別有私心未可知、	
備註	………	

	內　　　　容	出　　　　處
原典	張氏曰：決疑主于蓍、龜，故進于卿士、庶民之上。龜、筮從，而臣民逆，亦吉者，以我心與鬼神合也。我與民雖逆，而亦吉者，以卿士與龜、筮同也；我與卿士逆，而亦吉者，以庶民與龜、筮同也。	（經部，書類，<u>書集傳纂疏</u>，卷四上，<u>頁 46</u>）
評林	（此段文字分四段校勘，此爲第二） （呂祖謙曰、） 故龜筮從、而卿士庶民逆亦吉者、以我心與鬼神合也、我與庶民雖逆而亦吉者、以卿士與龜筮同也、我與卿士逆而亦吉者、以庶民與龜筮同也、	見《評林》頁 1250、頁 1251
備註	………	

	內　　　　容	出　　　　處
原典	若龜從而筮不從，必其尙有未盡者，故作內吉，如祭祀之事則可，作外凶，如征伐之事則不可。	（經部，書類，<u>增修東萊書說</u>，卷十七，<u>頁 18</u>）
評林	（此段文字分四段校勘，此爲第三） （呂祖謙曰、） 苟龜從而筮不從、必尙有未盡者、故內事從可、外事則否。	見《評林》頁 1251
備註	………	

	內　　　　容	出　　　　處
原典	呂氏曰： 汝與臣民皆從，而龜、筮皆違，則是於理必有未盡。靜而不爲則吉，動爲則凶矣，此義至精微。	（經部，書類，<u>洪範正論</u>，卷五，<u>頁 20</u>）
評林	（此段文字分四段校勘，此爲第四） （呂祖謙曰、） 苟我與臣民皆從、而龜筮皆違、則是於理有未盡、靜而不爲則吉、動爲則凶矣、此理最精微、	見《評林》頁 1251
備註	………	

六、凡《評林》易字者，情況多類，或改原典字句，或採異形之字，或手抄
版本不一，乃至文字訛誤，種類繁多。因此，爲便檢索，謹將原典與《評
林》文字違異者，概皆加框表示之。並於備註欄內，以「評林某字原典
作某（字加框者）」註明之，並列出所異同之字句。例如：

伯夷列傳第六十一

	內　容	出　處
原典	太史公載伯夷采薇首陽之歌，爲之反覆嗟傷，遺音餘韻，<u>拱</u>挹莫盡，君子謂此太史公<u>託</u>以自傷其不遇，故其情到而<u>辭</u>切，然非伯夷怨是用希之心也，故後世<u>高</u>其文，而非其<u>旨</u>。	（子部，儒家類，黃氏日抄，卷五十一，頁19）
評林	（此段文字分二段校勘，此爲第二） （黃震曰、） 又曰、太史公載伯夷采薇之歌、爲之反覆嗟傷、遺音餘韻、<u>把</u>挹莫盡、君子謂此太史公<u>托</u>以自傷其不遇、故其情到而<u>詞</u>切、然非伯夷怨是用希之心也、故後世<u>高</u>其文、而非其<u>旨</u>、	見《評林》頁1726
備註	**三. 評林某字原典作某**（字加框者） 1. 把字作拱 2. 托字作託 3. 詞字作辭 4. 高字作髙 5. 旨字作旨	

河渠書第二十九

	內　容	出　處
原典	河決瓠子而南，田蚡食邑鄃居河北利之進說其君，不復事塞者二十年。其後天子親臨，<u>羣</u>臣從官自軍以下皆負薪寘之，而水復禹迹無後災。近臣之<u>蔽</u>君，與君臣之率作興事，成敗之相反<u>類</u>如此，豈獨水利哉！	（子部，儒家類，黃氏日抄，卷四十六，頁9）
評林	黃震曰、 河決瓠子而南、田蚡利之進說其君、不復事塞者二十年、其後天子親臨、<u>群</u>臣從官自將軍以下皆負薪寘之、而水復禹迹無後災、近臣之<u>誤</u>君、與君臣之率作興事、成敗之相反<u>率</u>如此、豈獨水利哉、	見《評林》頁1076、1077。

備註	二. 評林某字原典作某 （字加框者）	
	1. 群字作羣	
	2. 誤字作譌	
	3. 率字作類	

七、凡《評林》僅摘取原典大意者，因其不於文字上逐句稱引，故無法在字句上，逐一校讎，因此，謹將原典被摘取部份，概略引出，並以反黑示之，以便校讀。唯於備註欄內以「評林摘取原典大意（文字反黑者）」註明之。例如：

伍子胥列傳第六十六

	內　　　容	出　　　處
原典	勾踐賂太宰嚭求和于吳，卒滅吳，乃誅嚭。以不忠於君，而外之受重賂與己比周也。漢高與楚戰，丁公窘高祖，祖急顧謂丁公曰：兩賢豈相戹哉？丁公領兵避平楚，丁公一謁，乃斬丁公以殉以不忠于主。使人臣無效丁公，此二事可以爲賣國無狀者之戒。	（子部，雜家類，猗覺寮雜記，卷中，）（善本）
評林	朱翌曰、 勾踐誅伯嚭、以不忠于君、高祖斬丁公以狥不忠于主、此二事可以爲賣國者之戒、	見《評林》頁 1777
備註	四. 評林摘取原典大意 （文字反黑者）	

仲尼弟子列傳第六十七

	內　　　容	出　　　處
原典	昔夫子以簞食瓢飲賢顏子，而韓子乃以爲哲人之細事，何哉？蘇子曰：古之觀人也，必於小者，觀之其大者，容有僞焉。人能碎千金之璧，不能無失聲於破金；能搏猛虎，不能無變色於蠆蠆，孰知簞食瓢飲之爲哲人之大事乎？	（集部，別集類，北宋建隆至靖康，東坡詩集註，卷二十八，頁 38）
評林	蘇軾曰、 昔孔子以簞食瓢飲賢顏子、而韓子乃以爲哲人之細事何哉、蘇子曰、古之觀人也、必于其小焉、觀之其大者容有僞焉、人能碎千金之璧、不能無失聲于破釜、能搏猛虎、不能無變色于蜂蠆、孰知簞食瓢飲不爲哲人之大事乎、	見《評林》頁 1785、頁 1786

| 備 註 | 一. 評林某字原典作某（字加框者）
………
二. 評林摘取原典大意（文字反黑者） | |

八、凡《評林》與原典文字無所差異者，或僅《評林》列出評家姓氏名號，而原典因出專著，故省其名號。此則將原典文字與《評林》所引，並比排列，藉明凌氏引文頗能忠於原著之一例。例如：

晉世家第三十九

	內　　容	出　　處
原典	伯宗好直言，而不容于晉；國武子好盡言，而不容于齊，小人眾而君子獨也。	（子部，雜家類，困學紀聞，卷六，頁 41）（善本）
評林	王應麟曰、 伯宗好直言、而不容于晉、國武子好盡言、而不容于齊、小人眾而君子獨也、	見《評林》頁 1304
備註	**五、評林與原典無異**	

漢興年表第十七

	內　　容	出　　處
原典	漢初宗姓諸王，無戰功而有分土；唐初宗姓諸王，有戰功而無分土。	（集部，總集類，通代之屬，文選補遺，卷二十六，頁 4）（善本）
評林	陳仁子曰、 漢初宗姓諸王、無戰功而有分土、唐初宗姓諸王、有戰功而無分土、	見《評林》頁 622
備註	**五、評林與原典無異**	

九、出處標註方式：凡加"（善本）"二字者，表其典藏於「國家圖書館善本書庫或善本書室」；未加註者，表其館藏於「國家圖書館漢學中心或參考室」。例如：

老子韓非列傳第六十三

	內　　容	出　　處
原典	老子體道而不嬰於物，孔子至以龍比之，然卒不與共斯世也。捨禮樂政刑，而欲行道於世，孔子固知其難哉！	（集部，別集類，宋金元，欒城集，後集卷十，頁 10）（善本）
評林	蘇轍曰、 梁武帝<u>曰</u>、老子體道而不嬰於物、孔子至以龍比之、然卒不與共斯世也、捨禮樂政刑、而欲行道於世、孔子固知其難哉、	見《評林》頁 1739
備註	………	

伍子胥列傳第六十六

	內　　容	出　　處
原典	勾踐賂太宰嚭求和于吳，卒滅吳，乃誅嚭。以不忠於君，而外之受重賂與己比周也。漢高與楚戰，丁公窘高祖，祖急顧謂丁公曰：兩賢豈相戹哉？丁公領兵避乎楚，丁公一謁，乃斬丁公以殉以不忠于主。使人臣無效丁公，此二事可以為賣國無狀者之戒。	（子部，雜家類，猗覺寮雜記，卷中，）（善本）此書不載頁碼，故頁碼闕。 因刊本不同，卷數或異。
評林	朱翌曰、 勾踐誅伯嚭、以不忠于君、高祖斬丁公以狥不忠于主、此二事可以為賣國者之戒、	見《評林》頁 1777
備註	………	

十、凡《評林》文字有多種出處者，以《評林》「引用書目」作為最先考量原則，因同時代故；若《評林》「引用書目」已無法查考者，依序採宋、元、明、清善本作為原典取擇依據，以時近之故；設輾轉引述，則找出原典出處，為便於辨正訛之故（設輾轉引述太夥，則以時近為原則）。凡「輾轉引述」者，其由有三，或援引成說、或為先賢語作注、或輯家或刊刻之誤，於校讎上無法辨析者，於「備註欄」中另加說明之。例如：

夏本紀第二

	內　　容	出　　處
原典	治水成功，自高而下，故先言山，次原隰，次陂澤也。	1.（經部，書類，書纂言，卷二，頁 33）（元・吳澄撰）

	內　　　容	出　　處
		2.（經部，書類，書經 大全，卷三，頁 56） （明·胡廣等撰） （按：明·胡廣引述蔡 沈之說，以時近故採 之。）
評林	（蔡沈）又曰：治水成功、自高而下、故先言由，次原 隰，次陂澤。	見《評林》頁 56
備註	……………………	

夏本紀第二

	內　　　容	出　　處
原典	包，裹也。小曰橘，大曰柚。錫者必待錫命而後貢，非 歲貢之常也。	（經部，書類，書經大 全，卷三，頁 35）
評林	（此段文字分二段校勘，此爲第一） 蘇軾曰、 包裹也、橘柚、必待錫命而後貢、非歲貢之常也、	見《評林》頁 52
備註	………	

	內　　　容	出　　處
原典	蘇氏曰： 橘柚苟常供則勞害，如漢、唐荔枝矣。	1.（經部，書類，書集 傳纂疏，卷二，頁 16） （元·陳櫟撰） 2.（經部，書類，書傳 輯錄纂註，卷二，頁 18）（元·董鼎撰） 3.（經部，書類，書經 大全，卷三，頁 35） （明·胡廣等撰） （按：明·胡廣引述蔡 沈之說，以時近故採 之。）
評林	（此段文字分二段校勘，此爲第二） （蘇軾曰、） 若常貢則勞害、如漢唐荔枝矣、	見《評林》頁 52
備註	………	

十一、凡《評林》文字一時囿於時間、限於資料，尚無法找出出處者，則依
　　　評家姓名爲單位，以百三十篇爲次序，列於篇末，做爲亡失典籍之輯
　　　佚作品。例如：

殷本紀第三

　　劉辰翁曰、太甲至太戊六世、太戊至祖乙五世、祖乙至盤庚八世、盤庚
　　　　至武丁四世、皆衰而復起、孟子曰、由湯至于武丁、賢聖之
　　　　君六七作、正謂此也、【見《評林》頁85】

項羽本紀第七

　　劉辰翁曰、此召平不自了事、乃能作此度外奇事、所以發亡秦之端在此、
　　　　【見《評林》頁248】

　　倪　　思曰、梁死立敗、復奪其權他屬、然殺上將軍得上將軍、軍中耳目
　　　　固自不同、以此沈舟誓眾、非無本末者、後人效爲之非也、【見
　　　　《評林》頁256】

　　劉辰翁曰、敍鉅鹿之戰、踴躍振動極羽平生、【見《評林》頁256】

　　倪　　思曰、二世不聞敗、讓章耶者、即趙高也、不得見還走、其意已決
　　　　不敢出故道又高、【見《評林》頁257】

　　倪　　思曰、增既知爲天子氣、又云急擊勿失亦愚矣、【見《評林》頁260】

　　劉辰翁曰、敍漢楚會鴻門事、歷歷如目覩、無毫髮滲漉、非十分筆力、
　　　　模寫不出、【見《評林》頁261】

　　劉辰翁曰、項王爲人不忍、于此可見、此項伯之所以敢諾、范增之所以
　　　　不敢怒也、【見《評林》頁261、262】
　　　　………………

十二、其　它

（一）句讀異同者

　　　凡《評林》句讀與原典有異者，皆於《評林》一欄內句讀與原典有異之
　　字句下畫粗虛線表示，例如：

蘇秦列傳第六十九

	內　　　　容	出　　　處
原典	蘇代之於燕、齊，皆嘗隙而復善，其情禮均也，而獨爲燕圖齊之深，何哉？昭王，賢也，雖然糜爛人之民人，以行其說，而奉其所賢，仁者不爲也，獨不念嘗委質於齊乎？	（史部，雜史類，鮑氏戰國策注，卷九，頁30）
評林	鮑彪曰、蘇代之于燕齊、皆嘗隙而復善之、情禮均也、而獨爲燕圖齊之深何哉、昭王賢也、雖然糜爛人之民人、以行其說、而奉其所賢仁者不爲也、獨不念嘗委質齊乎、	見《評林》頁1855
備註	三. 評林句讀待商榷者（字下畫粗虛線者） 1. 皆嘗隙而復善之、情禮均也、	

（二）位置調換者

三代世表第十三

	內　　　　容	出　　　處
原典	安敢望子長之風耶！夫表者，興亡理亂之大略，而固之表，則猶譜牒也。書者，制度沿革之大端，而固之志，則猶案牘也。	（子部，類書類，古今源流至論，別集卷五，頁1）
評林	黃履翁曰、表者、治亂興亡之大略、而固之表、則猶譜諜也、書者、制度沿革之大端、而固之書、則猶書牘也、安可望子長耶、	見《評林》頁411
備註	七、《評林》位置調換者（評林與原典字下畫線者） 「安敢望子長之風耶」與「安可望子長耶」位置調換而小異。 ………	

（三）改寫字句者

孝景本紀第十一

	內　　　　容	出　　　處
原典	按七國之事，太史公乃以一言曰：以諸侯太盛而錯爲之不以漸。蓋高帝封國之過制，孝景君臣處置之失，皆見於二言中，詞簡而義備，非後世史筆之所可及也。	（集部，總集類，文章正宗，卷十三，頁52）

	內　　　容	出　　處
評林	眞德秀曰、 太史公論七國事、以一言斷之、曰以諸侯太盛而錯爲之不以漸也、則其初封建之過制、後之當抑損、而爲之不善、皆見于一言、非後世史筆可及、	見《評林》頁384
備註	**七、評林摘取原典大意而改寫者**（文字反黑並字下畫線者）	

第二節　本紀部分

五帝本紀第一

	內　　　容	出　　處
原典	遷所作本紀，出於《大戴禮》、《世本》諸書。今依其說，圖而考之，堯、舜、夏、商、周皆同出於黃帝。堯之崩也，下傳其四世孫舜；舜之崩也，復上傳其四世祖禹，而舜、禹皆壽百歲，稷、契於高辛爲子，乃同父異母之兄弟。今以其世次而下之，湯與王季同世，湯下傳十六世而爲紂，王季下傳一世而爲文王，二世而爲武王，是文王以十五世祖、自事十五世孫紂，而武王以十四世祖伐十四世孫而代之王，何其繆哉！	（集部，別集類，宋金元，歐陽文忠公集，卷四十三，頁11）（善本）
評林	歐陽修曰、 遷所作本紀、出于大戴禮世本諸書、今依其說、圖而考之、堯舜夏商周皆出黃帝、堯之崩也、下傳其四世孫舜、舜之崩也、復上傳其四世祖禹、而舜禹皆壽百歲、稷契於高辛爲子、乃同父異母之兄弟、而以世次而下之、湯與王季同世、湯下傳十六世爲紂、王季下傳一世爲文王、二世而爲武王、是文王以十五世祖、臣事十五世孫、而武王以十四世祖伐十四世孫而代之、豈不謬哉、	見《評林》頁14、頁15
備註	**一.評林刪字**（原典字下畫線者） 1. 同 2. 於 3. 其 4. 而 5. 而 6. 紂 7. 王	

二. **評林某字原典作某**（字加框者）
1. 于字作於
2. 說字作詑
3. 歲字作歲
4. 而字作今
5. 臣字作自
6. 「豈不」作「何其」

	內　　　容	出　　　處
原典	陳氏雅言曰： 輯瑞於攝位之初者，將以驗其信否，而盡其詢察之道。 班瑞於既覲之後者，所以與之正始，而 示 夫更新之義 也。	（經部，書類，書經大全，卷一，頁 44）
評林	陳經曰、 輯瑞於攝位之初者、將以驗其信否、而盡其詢察之道、 班瑞於既覲之後者、所以與之正始、而 是 夫更新之義、	見《評林》頁 25
備註	一. **評林刪字**（原典字下畫線者） 1. 也 二. **評林某字原典作某**（字加框者） 1. 是字作示	

	內　　　容	出　　　處
原典	巡狩亦非是舜時創立此制， 蓋 亦循襲將來，故黃帝紀亦云：披山通道，未嘗寧居。	（子部，儒家類，朱子語類，卷七十八，頁 19） （善本）
評林	朱熹曰、 巡狩亦非舜創立此制、 蓋 亦循襲將來、故黃帝紀亦云披山通道、未嘗寧居、	見《評林》頁 25
備註	一. **評林刪字**（原典字下畫線者） 1. 是 2. 時 二. **評林某字原典作某**（字加框者） 1. 蓋字作蓋 2. 紀字作紀	

	內　　　　　容	出　　　處
原典	林氏曰： 律之十二，又生於歷之十二前。〈律歷志〉云：推歷成律，故同律度量衡，必先協時月正日，禮有因革損益，故謂之修。	（經部，書類，書經大全，卷一，頁48）
評林	林之奇曰、 律之十二、又生於歷之十二、律歷志云、推歷成律、故同律度量衡、必先協時月正日、禮有因革損益、故謂之修、	見《評林》頁25、頁26
備註	**一. 評林刪字**（原典字下畫線者） 1. 前 **二. 評林某字原典作某**（字加框者） 1. 歷字作歷	

	內　　　　　容	出　　　處
原典	時月正日者，正朔之所自出，律度量衡者，制度之所自始。五禮者，名分上下之所由以正。《中庸》曰：非天子不議禮，不制度，不考文。《公羊春秋》，王正月為大一統，天無二日，民無二王，家無二主，尊無二上，道無二致，政無二門。言致治者，欲令政事皆出于一而變，禮易樂革制度國異政家殊俗者，流放竄殛貶削之，以刑隨其後，此國政之歸于一也，故舜之巡狩時，月必協之，日必正之。蓋積日而成月，積月而成時，日于時月為詳，故特言正度者，分寸尺丈量者，龠合升斗衡者，銖兩斤鈞度量衡皆本於律。蓋度起于黃鍾之長，量起于黃鍾之龠，衡起于黃鍾之重也。律度量衡皆欲其同，五禮吉、凶、軍、賓、嘉，因而修之。凡此皆欲制度出于一，則上下無異政，而臣民無二心故也。	（經部，書類，陳氏尚書詳解，卷二，頁8）
評林	陳經曰、 時月日、正朔所自出、律度量衡、制度所自始、五禮名分、上下所由正、非天子不議禮、不制度、不考文、此所以大一統而無國異政之患也、	見《評林》頁26
備註	**一. 評林刪字**（原典字下畫線者） 1. 正 2. 者 3. 之 4. 者 5. 之 6. 者 7. 名分	

8. 之

9. 以

10. 《中庸》曰

11. 《公羊春秋》，王正月爲大一統，天無二日，民無
二王，家無二主，尊無二上，道無二致，政無二門。
言致治者，欲令政事皆出于一而變，禮易樂革制度
國異政家殊俗者，流放竄殛貶削之，以刑隨其後，
此國政之歸于一也，故舜之巡狩時，月必協之，日
必正之。蓋積日而成月，積月而成時，日于時月爲
詳，故特言正度者，分寸尺丈量者，龠合升斗衡者，
銖兩斤鈞度量衡皆本於律。蓋度起于黃鍾之長，量
起于黃鍾之龠，衡起于黃鍾之重也。律度量衡皆欲
其同，五禮吉、凶、軍、賓、嘉，因而修之，

二. 評林摘取原典大意（文字反黑者）

	內　　容	出　　處
原典	在廷之臣，可治水者，惟鯀耳。水之患，不可留而俟人。鯀雖方命圯族，而其才則群臣皆莫及，然則舍鯀而孰使哉！當此之時，禹蓋尚少，而舜猶使於下而未見乎上也？	（集部，別集類，宋金元，臨川先生文集，論議，卷六十八，頁3）（善本）
評林	王安石曰、 鯀之治水、雖方命圯族、而其才則群臣皆莫及、然則舍鯀而孰使哉、當此時、禹蓋尚少、而舜猶伏于下也、	見《評林》頁27
備　　　註	**一. 評林刪字**（原典字下畫線者） 1. 之 2. 而未見乎上 **二. 評林某字原典作某**（字加框者） 1. 圮字作圯 2. 于字作於 3. 伏字作使 **三. 評林摘取原典大意**（文字反黑者）	

	內　　容	出　　處
原典	舜起微陋，雖曰睿聖，然世德弗耀，四岳、十二牧，未盡服其德；九州四海，未盡蒙其澤，不可遽授以大位也。若遽授之，則四岳、十二牧其盡臣之乎？九州四海其盡戴之乎？不臣不戴則爭且叛矣！堯懼其如是也，非權曷以授之？於是潛神隱耀，厥用弗彰，以觀于舜，故	（史部，史評類，史論之屬，歷代名賢確論，卷二，頁5）（善本）

	八凱八元，雖積其善而不舉也；三兇、四兇雖積其惡而不去也。若盡舉八凱、八元、盡去三兇、四兇，則舜有何功於天下耶？是故堯不舉，而俾舜舉之，堯不去，而俾舜去之，俟其功著于天下，四岳、十二牧，莫不共臣之；九州四海，莫不共戴之，然後授以大位，絕其爭且叛也，非堯孰能與於此。	
評 林	孫明復曰、 舜起微陋、世德弗耀、四岳十二牧、未盡服其德、四海九州、未盡蒙其澤、未可遽授以大位也、於是潛神隱耀、厥用弗彰、以觀于舜、故八元八凱雖善而不舉也、四凶雖惡而不去也、若堯先舉之去之、則舜有何功夫天下耶、故堯不舉、而俾舜舉之、堯不去、而俾舜去之、俟其功著于天下、四岳十二牧、莫不共臣之、四海九州、莫不共戴之、而後授以大位、此帝堯微意也、	見《評林》頁33
備 註	一. 評林刪字（原典字下畫線者） 1. 雖曰睿聖，然 2. 若遽授之，則四岳、十二牧其盡臣之乎？九州四海其盡戴之乎？不臣不戴則爭且叛矣！堯懼其如是也，非權曷以授之？ 3. 積其 4. 三凶 5. 是 6. 絕其爭且叛也、非堯孰能與於此 二. 評林增字（評林字下畫線者） 1. 此帝堯微意也、 三. 評林某字原典作某（字加框者） 1. 「四海九州」作「九州四海」 2. 未字作不 3. 遽字作遽 4. 八元八凱」作「八凱八元」 7. 而字作然	

	內　　　容	出　　　處
原 典	王氏曰： 百揆，百官之首，故先命禹；養民治之先務，故次命稷；富然後教，故次命契；刑以弼教，故次命皐；工立成器，以爲天下利，又治之末，故次命垂，如此治人者略備矣，然後及草木鳥獸，故次命益；民物如此，則隆	（經部，書類，尚書通考，卷五，頁18、頁19）

<table>
<tr><td rowspan="3"></td><td colspan="2">禮樂之時也，故次命夷、夔；禮先樂後，故先夷後夔；樂作則治成矣。羣賢雖盛，治功雖成，苟讒間得行，則賢者不安，前功遂廢，故命龍於末，所以防讒間衛羣賢，以成其終，猶命十二牧，而終以難任人，夫子荅爲邦，而終以遠佞人也。</td></tr>
</table>

評 林	王安石曰、 百揆百官之首、故先命禹養民、治之先務、故次命稷、富然後教、故次命契、刑以弼教、故次命皋陶、工立成器、以爲天下利、爲治之末、故次命垂、如此治人者略備矣、然後及草木鳥獸、故次命益、民物如此、則隆禮樂之時也、故次命夷夔、禮先樂後、故先夷後夔、樂作則治功成矣、群賢雖盛、治功雖成、苟讒間得行、則賢者不安、前功盡廢、故命龍於末、所以防讒間衛群賢以成其終、猶命十二牧、而終以難任人、夫子荅爲邦、而終以遠佞人也、	見《評林》頁 36
備 註	一. **評林增字**（評林字下畫線者） 1. 陶 二. **評林某字原典作某**（字加框者） 1. 皋字作皐 2. 爲字作又 3. 群字作羣 4. 盡字作遂 5. 荅字作荅	

	內　　　容	出　　　處
原典	納言之官，如漢侍中。今給事中，朝廷誥令，先過後省，可以封駁。	（子部，儒家類，朱子語類，卷七十八，頁 36）（善本）
評林	朱熹曰、 納言之官、如漢侍中、今給事中、朝廷誥令、先過後省、可以封駁矣	見《評林》頁 37
備註	一. **評林增字**（評林字下畫線者） 1. 矣	

	內　　　容	出　　　處
原典	分北之者，分其民順化者與違命者，猶後世部分夷狄，爲生户、熟户也。	（史部，編年類，資治通鑑前編，卷二，頁 18）

評林	陳子樫曰、 分北之者、分其民順化者與違命者、猶後世部分夷狄、爲生戶熟戶也、	見《評林》頁 37
備註	**一. 評林與原典無異**	

	內　　　　容	出　　處
原典	遷之[紀]五帝，自謂擇言之尤雅者著于篇，其存古之意厚矣，然黃帝殺蚩尤，與以雲[紀]官，纔一二事。若封禪事已不經，[至]顓頊帝嚳[紀]，皆稱頌語，非有行事可考。唐虞事雖頗詳，皆不過二典所[已]載，然則孔子定書斷自唐虞至矣，何[求]加爲？	（子部，儒家類，黃氏日抄，卷四十六，頁 1）
評林	黃震曰、 遷之[紀]五帝、自謂擇言之尤雅者著于篇、其存古之意厚矣、然黃帝殺蚩尤、與以雲[紀]官、纔一二事、若封禪事已不經、[志]顓頊帝嚳[紀]、皆稱頌語、非有行事可考、唐虞事雖頗詳、皆不過二典所[已]載然則孔子定書斷自唐虞至矣、何[以]加爲、	見《評林》頁 42
備註	**一. 評林某字原典作某**（字加框者） 1. 志字作致 2. 以字作求	

	內　　　　容	出　　處
原典	蘇子曰： 學者言堯、舜之事有三妄[焉]，太史公得其一，不得其二。莊子稱堯以天下讓許由，許由不受，恥之逃隱。莊子蓋寓言[焉]，而後世信之。太史公曰：舜、禹之間，岳、牧咸薦，試之於位典職數十年，功用既興，然後授政，示天下重器王者大統，傳天下若斯之難，而許由何以稱焉？孟子曰：堯將舉舜，妻以二女，瞽叟不順不告而娶，既而猶欲殺舜，而分其室，然舜終不以爲怨。余考之於書，孟子蓋失之矣，世豈有不能順其父母，而能治天下者哉？四岳之薦舜曰：烝烝[乂]不格姦，益之稱舜曰：夔夔[齊]栗，瞽亦允若，則舜之爲庶人，既已能順其親，使不至於姦矣，父母兄弟之際，智力之所不施也，有頑父、[嚚]母、傲弟，而能和之，以不失其親，惟至仁能之。此堯之所以用舜而不疑者也。父子相賊，姦之大也，豈其既已用之而猶欲殺之哉？孟子又[言]：堯、舜、禹	（史部，別史類，古史，卷二，頁 8、頁 9）

	之終，皆薦人於天；<u>堯崩，舜辟堯子於南河之南；舜崩，禹辟舜子於陽城，天下皆往歸之，然後之中國踐天子位</u>。禹崩，<u>益辟禹子於箕山之陰</u>，朝覲獄訟者，<u>皆不之益而之啓，故益不得爲天子。以書觀之，此亦非君子<u>之言也</u>。舜、<u>禹之攝格于祖</u>，考郊祀天地，朝見諸侯，<u>巡守方岳</u>，行天子之事矣。及其終而又辟之何哉？<u>使舜、禹辟之，天下歸之，而其子不順，将從天下而廃其子歟？將奉其子而違天下歟？此事之至逆由辟致之也</u>，至益不度天命，而受位於禹，<u>辟之而天下不從，然後不敢爲，匹夫猶且<u>恥</u></u>之，而謂益爲之哉？	
評 林	蘇子古史曰、 學者言堯舜之事有三妄、太史公得其一不得其二、莊子稱堯以天下讓許由、許由不受、莊子蓋寓言焉、太史公曰、舜禹之間、岳牧咸薦、試之典職〔十數〕年、然後授政、傳天下若斯之難、許由何以稱焉、孟子曰、堯將舉舜、妻以二女、瞽叟猶欲殺舜、余考之書、豈有不順父母、而能治天下者哉、四岳薦舜曰、烝烝〔父〕不格姦、益稱舜曰、夔夔〔齋〕栗、瞽叟亦允若、有頑父〔囂〕母傲弟、而能和之、不失其親、惟至仁能之、此堯所以用舜而不疑也、豈其已用而欲殺之哉、孟子又〔曰〕、堯舜禹之終、皆薦人於天、禹崩、朝覲獄訟者、不之益而之啓、故益不得爲天子、以書觀之、此亦非君子言、舜禹已行天子之事、及其終而辟之何哉、至益不度天命、而受位於禹、天下不從、然後不敢爲、匹夫猶且〔恥〕之、而謂益爲之哉、	見《評林》頁 42	
備 註	**一. 評林刪字**（原典字下畫線者） 1. 焉 2. 恥之逃隱 3. 而後世信之。 4. 於位 5. 功用既興， 6. 示天下重器王者大統 7. 而 8. 不順不告而娶，既而 9. 而分其室，然舜終不以爲怨 10. 於 11. 孟子蓋失之矣， 12. 能 13. 其 14. 之		

15. 則舜之爲庶人，既已能順其親，使不至於姦矣，父母兄弟之際，智力之所不施也

16. 以

17. 之

18. 父子相賊姦之大也

19. 猶

20. 堯崩，舜辟堯子於南河之南，舜崩，禹辟舜子於陽城，天下皆往歸之，然後之中國踐天子位。

21. 益辟禹子於箕山之陰，

22. 皆

23. 之

24. 也

25. 之攝格于祖，考郊祀天地，朝見諸侯，巡守方岳

26. 矣

27. 又

28. 使舜禹辟之，天下歸之，而其子不順，將從天下而廟其子歟？將奉其子而違天下歟？此事之至逆由辟致之也

29. 辟之

二. 評林增字（評林字下畫線者）

1. 叟

三. 評林某字原典作某（字加框者）

1. 「十數」作「數十」

2. 父字作乂

3. 齋字作齊

4. 嚚字作嚚

5. 日字作言

6. 恥字作耻

夏本紀第二

	內　　容	出　　處
原典	〈夏紀〉多櫽括〈禹謨〉、〈禹貢〉之書；少康中興，書所缺者亦缺。自仲康帝相少康，直以世次相承。若守文無事者，意者少康之事，遷時已無所考歟！	（子部，儒家類，黃氏日抄，卷四十六，頁1）
評林	黃震曰、 夏紀多櫽括禹謨禹貢之書、少康中興書所缺者亦缺、自仲康帝相少康、直以世次相承、若守文無事者、意者少康之事、遷時已無所考歟、	見《評林》頁45

備註	一. 評林與原典無異	

	內　　容	出　　處
原典	包，裹也。<u>小曰</u>橘，<u>大曰</u>柚。<u>錫者</u>必待錫命而後貢，非歲貢之常也。	（經部，書類，書經大全，卷三，頁 35）
評林	（此段文字分二段校勘，此為第一） 蘇軾曰、 包裹也、橘柚、必待錫命而後貢、非歲貢之常也、	見《評林》頁 52
備註	一. **評林刪字**（原典字下畫線者） 1. 小曰 2. 大曰 3. 錫者 二. **評林某字原典作某**（字加框者） 1. 歲字作歲	

	內　　容	出　　處
原典	蘇氏曰： 橘柚苟常供則勞害，如漢、唐荔枝矣。	（經部，書類，書經大全，卷三，頁 35）
評林	（此段文字分二段校勘，此為第二） （蘇軾曰、） 若常貢則勞害、如漢唐荔枝矣、	見《評林》頁 52
備註	一. **評林刪字**（原典字下畫線者） 1. 橘柚 二. **評林某字原典作某**（字加框者） 1. 若字作苟 2. 貢字作供	與荊之大龜、豫之磬錯，皆非常貢，故言於其篚之下。〈此段文字原典為唐孔氏所言，為《評林》錯置暫不校勘〉

	內　　容	出　　處
原典	曾氏曰： 被，覆也。菏水衍溢，導其餘波，入于孟豬，不常入也，故曰被。	（經部，書類，書經大全，卷三，頁 45）
評林	曾鞏曰、 被覆也、荷水衍溢、導其餘波、入于明都、不常入也、故曰被、	見《評林》頁 54

備註	一. 評林某字原典作某（字加框者） 1.「明都」作「孟豬」	

	內　　　容	出　　處
原典	言鐵而先於銀者，鐵之利多於銀也。後世蜀之卓氏、程氏，以鐵[冶]{[富]}擬封君，則梁之[利]尤在於鐵也。織皮者，梁州之地，山林爲多，獸之所[走]，熊、羆、狐、狸四獸之皮，製之可以爲裘，其毳毛織之可以爲罽也。	（經部，書類，書經大全，卷三，頁 50）
評林	蔡沈曰、 言鐵而先於銀者、鐵之利多於銀也、後世蜀之卓氏程氏以鐵[也][附]擬封君、則梁之[立]尤在於鐵也、織皮者、梁州之地、山林爲多、獸之所[聚]、熊羆狐狸四獸之皮、製之可以爲裘、其毳毛織之可以爲罽也、	見《評林》頁 55
備註	**一. 評林某字原典作某**（字加框者） 1. 也字作冶 2. 附字作富 3. 立字作利 4. 聚字作走	

	內　　　容	出　　處
原典	朱子曰： 西傾雖在雍州，其人有事於京師者，必道取梁州。因桓水而來，故梁貢道及之。	（經部，書類，書經大全，卷三，頁 52）
評林	朱熹曰、 西傾雖在雍州、其人有事於京師者、必道取梁州、因桓水而來、故梁貢道及之、	見《評林》頁 55
備註	**一. 評林與原典無異**	

	內　　　容	出　　處
原典	渭水自鳥鼠而東，灃水南注之、涇水北注之、漆沮東北注之。曰屬、曰從、曰同，皆主渭而言<u>也</u>。	（經部，書類，書經大全，卷三，頁 55）
評林	蔡沈曰、 渭水自鳥鼠而東、灃水南注之、涇水北注之、漆沮東北注之、曰屬、曰從曰同、皆主渭而言、	見《評林》頁 56
備註	**一. 評林刪字**（原典字下畫線者） 1. 也	

	內　　　容	出　　　處
原典	舉三山而不言所治者，蒙上既旅之文也。	（經部，書類，書經大全，卷三，頁 56）
評林	（此段文字分二段校勘，此爲第一） 蔡沈曰、 舉三山而不言所治者、蒙上既旅之文也、	見《評林》頁 56
備註	**一. 評林與原典無異**	

	內　　　容	出　　　處
原典	治水成功，自高而下，故先言山，次原隰，次陂澤也。	（經部，書類，書經大全，卷三，頁 56）
評林	（此段文字分二段校勘，此爲第二） （蔡沈曰、） 又曰、治水成功、自高而下、故先言田、次原隰、次陂澤、	見《評林》頁 56
備註	**一. 評林刪字**（原典字下畫線者） 1. 也 **二. 評林某字原典作某**（字加框者） 1. 由字作山	

	內　　　容	出　　　處
原典	林氏曰： 禹本導川歸海，今乃先以導山，蓋方洪水懷襄，故川舊瀆，皆浸没不可見，欲施工無所措手，故先以九州高山巨鎮爲表識。自西決之使東，以殺其滔天之勢，水既順下漸入于海，則川流故迹，稍稍可求。於是濬川之功可施始，決九川而距四海。蓋先隨山而後濬川，其序不得不然也。	（經部，書類，書經大全，卷三，頁 62）
評林	林之奇曰、 禹本導川歸海今乃先以導山、蓋方洪水懷襄、故川舊瀆、皆浸没不可見、欲施工無所措手、故先以九州高山巨鎮爲表識、自西決之使東、以殺其滔天之勢、水既順下漸入于海、則川流故迹稍稍可求於是濬川之功可伊始、決九川而距四海、蓋先隨山而後濬川、其序不得不然也、	見《評林》頁 57
備註	**一. 評林某字原典作某**（字加框者） 1. 葢字作蓋 2. 伊字作施	

	內　　　　　容	出　　　處
原典	曾氏謂： 岍與西傾皆雍州之山，故西傾不言導。其文蒙于導岍也，岷、嶓皆梁州之山，故岷山不言導，其文蒙于導嶓冢也。	（經部，書類，夏氏尚書詳解，卷八，頁5）
評林	曾鞏曰、 岍與西傾皆雍州之山、故西傾不言導、其文蒙於導岍也、汶嶓皆梁州之山、故汶山不言導、其文蒙於嶓冢也、	見《評林》頁58
備註	**一. 評林某字原典作某**（字加框者） 1. 於字作于 2. 汶字作岷 3. 嶓字作嶓 4. 文字作丈 5. 冢字作冢	

	內　　　　　容	出　　　處
原典	〈禹貢〉過字有三義：有山過、水過、人過。如過九江，至于敷淺，原只是禹過此處去也。若曰山過、水過，便不通。	（子部，儒家類，朱子語類，卷七十九，頁3） （善本）
評林	朱熹曰、 禹貢過字有三義、有山過水過人過、如過九江至敷淺、原只是禹過此處去也、若曰山過水過、更不通、	見《評林》頁58
備註	**一. 評林刪字**（原典字下畫線者） 1. 于	

	內　　　　　容	出　　　處
原典	朱子曰： 流沙在合黎之西，自導弱水至導洛，凡九條，皆導水之事。大槩自北而南，先言山以為水之經，故此言水為山之紀。弱水最在西，北水又西流，不經中國，故首言之。	（經部，書類，書經大全，卷三，頁66、頁67）
評林	朱熹曰、 流沙在合黎之西、自導弱水至導雒、凡九條、皆導水之事、大槩自此而南、先言山以為水之經、古此言水為山之紀、弱水最在西、此水又西流不經中國、故首言之、	見《評林》頁58、頁59

備註	一. **評林某字原典作某**（字加框者） 1. 雒字作洛 2. 此字作北	

	內　　容	出　　處
原典	〈禹貢〉自導河積石而下，至九州攸同一段纔二百餘字，而用東至北至者，凡三十餘，皆連屬重複，讀之初不覺其煩。政如崇山峭壁，先後崛立，愈險愈奇，班固蓋法此。	（子部，類書類，梁溪漫志，卷五，頁17）（善本）
評林	費袞曰、 禹貢自道河積石而下、至九州攸同一段纔二百餘字、而用東至北至者藩三十餘、皆連屬重複、讀之初不覺其煩、正如崇山峭壁先後崛立愈險愈奇、班固蓋法此、	見《評林》頁59、頁60
備註	一. **評林某字原典作某**（字加框者） 1. 藩字作凡 2. 正字作政 3. 奇字作奇	

	內　　容	出　　處
原典	朱子曰：〈釋水〉云： 河千里一曲一直，河從積石北行又東乃折而南，計應三千里，然後至龍門而爲西河；龍門地勢險，河率破山以行，禹功於此最難。自龍門南流，至華陰而極，始折而東至于厎柱，又東至孟津，東過洛汭而爲南河；至大伾而極，始折而北流爲東河；至兗州而分爲九，復合爲一而入海，河流於此終矣。河爲四瀆宗，其發源西北，故敘中國之水，以河爲先，逆河是開渠通海，以泄河之溢，秋、冬則涸，春、夏則泄。	（經部，書類，書經大全，卷三，頁71、頁72）
評林	朱熹曰釋水云、 河千里一曲一直、河從積石北行、又東乃折而南、計應三千里、然後至龍門而爲西河、龍門地勢險、河率破山以行、禹功於此最難、自龍門南流至華陰而極、始折而東至於砥柱、又東至盟津、東過雒汭而爲南河、至大邳而極、始折而北流爲東河、至兗州而分爲九、復合爲一而入海、河流於是終矣、河爲四瀆宗、其發源西北、故敘中國之水、以河爲先、逆河是開渠通海、以洩河之溢、秋多則涸、春夏則洩、	見《評林》頁60

| 備 註 | 一. **評林某字原典作某**（字加框者）
1. 於字作于
2. 抵字作底
3. 盟字作孟
4. 雒字作洛
5. 邳字作任
6. 是字作此
7. 洩字作泄 | |

	內　　　　　容	出　　處
原 典	朱子曰： 此最難説。<u>蓋他本文自有謬處</u>，且如漢水自是從[今]漢陽軍入江，下至江州，然後江西一帶江水流出，合爲大江。兩江[下]水相淤，故江西水出不得，[溢]爲彭蠡，上取漢水入江處，有多少路？[今]言漢水過三澨，至于大別，南入于江，東滙澤爲彭蠡，全然不合，<u>又</u>如何去強解釋得！	（經部，書類，書經大全，卷三，頁 75、頁 76）
評 林	朱熹曰、 <u>自嶓冢道瀁至東爲北江入于海、</u>此最難說、且如漢水自是從今漢陽軍入江、下至江州、然後江西一帶江水流出、合爲大江、兩江[夏]水相淤、故江西水出不得、[亦]爲彭蠡、上取漢水入江處、有多少路、[金]言漢水過三澨、至於大別、南入于江、東匯澤爲彭蠡、全然不合、如何去強解釋得、	見《評林》頁 60、頁 61
備 註	一. **評林刪字**（原典字下畫線者） 1. 蓋他本文自有謬處 2. 又 二. **評林增字**（評林字下畫線者） 1. 自嶓冢道瀁至東爲北江入于海、 三. **評林某字原典作某**（字加框者） 1. 夏字作下 2. 亦字作溢 3. 金字作今	

	內　　　　　容	出　　處
原 典	謂十二師五長，内而[侯]牧，外而蕃夷，皆蹈行有功，惟三苗頑慢不率，不肯就工，帝當憂念之也。	（經部，書類，書經大全，卷二，頁 63）

評林	蔡沈曰、 按<u>此</u>謂十二師五長、內而﹝夷﹞牧、外而蕃夷、皆蹈行有功、惟三苗頑慢不率、不肯就工、帝當憂念之也、	見《評林》頁 66
備註	**一. 評林增字**（評林字下畫線者） 1. 此 **二. 評林某字原典作某**（字加框者） 1. 夷字作侯	

	內　　　　容	出　　　處
原典	﹝蔡墨曰﹞：國有豢龍氏、有御龍氏。後漢有侍御史擾龍宗，豈其苗裔歟！	（子部，雜家類，困學紀聞，卷六，頁 25）（善本）
評林	<u>按困學紀聞云</u>、 <u>古者畜龍</u>、<u>故</u>國有豢龍氏、有御龍氏、後漢有侍御史擾龍宗、豈其苗裔歟、	見《評林》頁 71
備註	**一. 評林增字**（評林字下畫線者） 1. 古者畜龍 2. 故 **二. 評林某字原典作某**（字加框者） 1. 「按困學紀聞云」作「蔡墨曰」	

	內　　　　容	出　　　處
原典	小正者，其紀候之書。謂之小，則固非其大者也。豈亦夏時之一端﹝與﹞？聖人得之，以說夏禮，則必有大於此者。單﹝子﹞曰：夏令曰，九月除道，十月成梁，其時儆日，收而場功，偫而畚梮，營室之中，土功其始，火之初見，期﹝於﹞司里，然則舉一端而推，所謂夏時者，當必有制度教條之詳，不可得而聞矣。	（史部，編年類，資治通鑑前編，卷三，頁 7）
評林	金履祥曰、 小正者、其紀候之書、謂之小、則固非其大者也、豈亦夏時之一端﹝歟﹞、聖人得之以說夏禮、則必有大於此者、單﹝于﹞曰、夏令曰、九月除道、十月成梁、其時儆日、收而場功、偫而畚梮、營室之中、土功其始、火之初見、期﹝于﹞司里、然則舉一端而推、所謂夏時者、當必有制度教條之詳、不可得而聞矣、	見《評林》頁 72、頁 73
備註	**一. 評林某字原典作某**（字加框者） 1. 歟字作與 2. 于字作子 3. 于字作於	

	內　　容	出　　處
原 典	蘇子曰： 聖人之於天下，苟可以安民，不求爲異也。堯、舜傳之賢，而禹傳之子，後世以爲禹無聖人而傳之，而後授之其子孫，此以好異期聖人也。昔者湯有伊尹、武王有周公，而周公又武王之弟也。湯之太甲、武之成王，皆可以爲天下，而湯不以予其臣，武王不以予其弟，誠以爲其子之才不至於亂天下者，無事 乎 授之它人，而以爲異也，而天下何獨疑禹哉？今夫人之愛其子，是天下之通義也。有得焉而以予其子孫， 又 情之所皆然也。聖人以是爲不可易，故因而 聽 之，使之父子相繼而無相亂。以至於堯，堯舉天下而授之舜，舜得堯之天下，而又授之禹，舉天下而授之人，此聖人之所以大過人，而天下後世之所不能。天下後世之所不能，而聖人獨爲之，豈以爲異哉？天下之人不能皆賢而有異人焉，爲異而震之，則天下皆 將 喜其名而失其 眞 ，故夫堯舜之傳賢者，是不得已而然也。使堯之丹朱、舜之商均，僅可以守天下，而堯肯傳之舜，舜肯傳之禹，以爲異而疑天下哉！然則禹之不以天下授益，非以益爲不足授。使天下復有禹，予知禹之不以天下授之矣。何者？啓足爲天下故也。啓爲天下而益爲之佐，是益不失爲伊尹、周公，其功猶可以及天下也，聖人之不喜異也如此。	（史部，別史類，古史，卷三，頁5、頁6）
評 林	蘇子古史曰、 聖人之於天下、苟可以安民、不求爲異也、堯舜傳之賢、而禹傳之子、後世以爲禹無聖人而傳之而後授之其子孫、此以好異期聖人也、昔者湯有伊尹、武王有周公、而周公又武王之弟也、湯之太甲、武之成王、皆可以爲天下、而湯不以予其臣、武王不以予其弟、誠以爲其子之才不至於亂天下者、無事 予 授之它人、而以爲異也、而天下何獨疑禹哉、今夫人之愛其子、是天下之通義也、有得焉而以予其子孫、 人 情之所皆然也、聖人以是爲不可易、故因而聽之、使之父子相繼而無相亂、以至於堯、堯舉天下而授之舜、舜得堯之天下、而又授之禹、舉天下而授之人、此聖人之所以大過人、而天下後世之所不能也、天下後世之所不能、而聖人獨爲之、豈以爲異哉、天下之人不能皆賢而有異人焉、爲異而震之、則天下皆 將 喜其名而失其 異 、故夫堯舜之傳賢者、是不得已而然也使堯之丹朱、舜之商均、僅可以守天下、而堯肯傳之舜、舜肯傳之禹、以爲異而疑天下哉、然則禹之不以天下授益、非以益爲不足授也、使天下復有禹、予知禹之不以天下授之矣、何者啓足爲天下故	見《評林》頁73

	內　　　　容	出　　處
	也、啓爲天下而益爲之佐、是益不失爲伊尹周公、其功猶可以及天下也、聖人之不喜異也如此、	
備 註	**一. 評林某字原典作某**（字加框者） 1. 予字作乎 2. 人字作又 3. 將字作将 4. 異字作眞	

殷本紀第三

	內　　　　容	出　　處
原 典	履祥按： 書〈序〉，前乎〈湯誓〉，有帝告釐沃之書、有湯征汝鳩、汝方之書，今皆亡矣。《史記》載湯征之辭而不類，蓋非湯征之舊也。《孟子》引亳衆往耕之事，疑出此書，而五就湯桀之事，意者於鳩方之書得之也，其詳不可得而聞矣。	（史部，編年類，資治通鑑前編，卷三，頁35）
評 林	金履祥曰、 按書序、前乎湯誓、有帝誥釐沃之書、有湯征汝鳩汝方之書、今皆亡矣、史遷載湯征之辭而不類、蓋非湯征之辭舊也、孟子引亳衆往耕之事、疑出此書、而五就湯桀之事、意者于鳩方之書得之也、其詳不可得而聞矣、	見《評林》頁77
備 註	**一. 評林增字**（評林字下畫線者） 1. 辭 **二. 評林某字原典作某**（字加框者） 1. 遷字作記 2. 于字作於	

	內　　　　容	出　　處
原 典	履祥按： 兄死弟及，自太庚始，謂爲殷禮非也。伊尹曰：七世之廟，可以觀德。父子相傳爲一世，若兄弟則昭穆紊矣。沃丁及見伊尹之典刑，死而傳弟，當必有故，而典籍無所考，後世循襲，諸弟或爭立，遂啓亂源，是以聖人立法，不立異以爲高。	（史部，編年類，資治通鑑前編，卷四，頁36）
評 林	金履祥曰、 按兄死弟及、自太庚始、謂爲殷禮非也、伊尹曰、七世之廟、可以觀德、父子相傳爲一世、若兄弟昭穆紊矣、後世循襲、遂啓亂源、是以聖人立法、不立異以爲高、	見《評林》頁82

備註	一. **評林刪字**（原典字下畫線者） 1. 則 2. 沃丁及見伊尹之典刑，死而傳弟，當必有故，而典籍無所考， 3. 諸弟子或爭立	

	內　　　容	出　　處
原典	孔氏曰：贊，告也。愚謂如益贊于禹之贊，言[佐]其所未及也。	（史部，編年類，資治通鑑前編，卷四，頁36）
評林	陳子樫曰、 孔安國云、贊告也、愚謂如益贊于禹之贊、言[佑]其所未及也、	見《評林》頁82
備註	一. **評林某字原典作某**（字加框者） 1. 佑字作佐	

	內　　　容	出　　處
原典	蘇子曰： 商之有天下者三十世，而周之世三十有七。商之既衰而復興者五王，而周之既衰而復興者宣王一人而已。蓋商之多賢君，宜若其世之過於周，周之賢君不如商之多，而其久於商者，乃[數]百歲，其故何也？周公之治天下，務以文章繁縟之禮，和柔馴擾剛強之民，故其道本於尊尊而親親，貴老而慈幼，使民之父子相愛、兄弟相[悅]，以無[犯]上難制之氣，行其至柔之道，以揉天下之戾心，而去其剛毅果敢之志，故其享天下至久，而諸侯內侵，京師不振，卒於[廢]為至弱之國，何者？優柔和易，可以為久，而不可以為強也。若夫商人之所以為天下者，不可復見矣。嘗試求之《詩》、《書》，《詩》之寬緩而和柔；《書》之委曲而繁重者，皆周也。而商人之《詩》駿發而嚴厲；其《書》簡絜而明肅，以為商人之風俗，蓋在乎此矣。夫惟天下有剛強不屈之俗也，故其後世有以自振於衰微，然至其敗也，一散而不可復止。蓋物之強者易以折，而柔忍者可以久存；柔者可以久存，而常困於不勝；強者易以折，而其末也，可以有[所]立，此商之所以不長，而周之所以不振也。嗚呼！聖人之為天下，亦有所就而已，不能使之無弊也，使之能久而不能強，能以自振而不能以及[遠]，此二者存乎其後世之賢與不賢矣。太公封於齊，尊賢而上功。周公：後世必有篡弒之臣。周公治魯，親親而尊尊。太公曰：後世浸	（史部，別史類，古史，卷四，頁7、頁8、頁9）

	衰矣。夫尊賢上功，則近於強；親親尊尊，則近於弱。終之齊有田氏之禍，而魯人困於盟主之令。蓋商之政近於齊，而周公之所以治周者，其所以治魯也，故齊強而魯弱，魯未亡而齊亡也。《書》稱伊尹去亳適夏，既醜有夏，復歸于亳。蓋伊尹耕於莘野，既以處士從湯矣。及其適夏，非其私行也，湯必與知之，其君臣之心，以爲從湯伐桀，以濟斯世，不若使伊尹事桀以止其亂，雖使夏不亡，商不興，無憾也。及其不可復輔，於是捨而歸耳。其後文王事紂，亦身爲之三公，至將囚而殺之，然後弃之而西。盖湯之於桀，文王之於紂，其不欲遽奪之者如此，此其所以爲湯、文王，而後世之所不及也。	
評　林	蘇子古史曰、 商之有天下者三十世、而周之世三十有七、商之既衰而復興者五王、而周之既衰而復興者宣王一人而已、蓋商之多賢君、宜若其世之過於周、周之賢君不如商之多、而其久於商者、乃數百歲、其故何也、周公之治天下、務以文章繁縟之禮、和柔馴擾剛強之民、故其道本於尊尊而親親、貴老而慈幼、使民之父子相愛、兄弟相悅、以無犯上難制之氣、行其至柔之道、以揉天下之戾心、而去其剛毅果敢之志、故其享天下至久、而諸侯內侵、京師不振、卒於廢爲至弱之國、何者優柔和易、可以爲久、而不可以爲強也、若夫商人之所以爲天下者、不可復見矣、嘗試求之詩書、詩之寬緩而和柔、書之委曲而繁重者、皆周也、而商人之詩駿發而嚴厲、其書簡絜而明肅、以爲商人之風俗、蓋在乎此矣、夫惟天下有剛強不屈之俗也、故其後世有以自振於衰微、然至其敗也、一散而不可復止、蓋物之強者易以折而柔忍者可以久存、柔者可以久存、而常困於不勝、強者易以折而其末也可以有所立、此商之所以不長、而周之所以不振也、嗚呼聖人之爲天下、亦有所就而已、不能使之無弊也、使之能久而不能強、能以自振而不能以遠、此二者存乎其後世之賢與不賢矣、太公封於齊、尊賢而上功、周公曰、後世必有篡弑之臣、周公治魯、親親而尊尊、太公曰、後世浸衰矣、夫尊賢上功、則近於強、親親尊尊、則近於弱、終之齊有田氏之禍、而魯人困於盟主之令、蓋商之政近於齊。而周公之所以治周者、其所以治魯也、故齊強而魯弱、魯末亡面齊亡也、書稱伊尹去亳適夏、既醜有夏、復歸于亳、蓋伊尹耕於莘野、既以處士從湯矣、及其適夏、非其私行也、湯必與知之、其君臣之心以爲從湯伐桀、以濟斯世、不若使伊尹事桀以止其亂、雖使夏不亡商不興、無憾也、及其不可復輔、於	見《評林》頁90、頁91

| 是捨而歸耳、其後文王事紂、亦身爲之三公、至[將]囚而殺之、然後[棄]之而西、蓋湯之於桀、文王之於紂、其不欲遽奪之者如此、此其所以爲湯文王、而後世之所不及也、 | |

| 備註 | 一. 評林某字原典作某（字加框者）
1. 遠字作逺
2. 面字作而
3. 將字作将
4. 棄字作弃 | |

周本紀第四

	內　　　　容	出　　處
原典	愚按微子、箕子、比干<u>諸賢</u>尚在，猶足維繫人心。迨微子奔，比干殺，箕子囚，民望既絕，無復可[異]<u>矣</u>，故伐之。	（史部，編年類，資治通鑑前編，卷五，頁40）
評林	陳子樫曰、 按微子箕子比干尚在、猶足維繫人心、迨微子奔比干殺箕子囚、民望既絕、無復可[冀]、故伐之耳、	見《評林》頁101
備註	一. 評林刪字（原典字下畫線者） 1. 諸賢 2. 矣 二. 評林某字原典作某（字加框者） 1. 冀字作異	

	內　　　　容	出　　處
原典	此篇嚴肅而溫厚，與湯誓誥相表裏，眞聖人之言也。〈泰誓〉、〈武成〉一篇之中，似非盡出一人之口，豈獨此爲全書乎？	（經部，書類，書經大全，卷六，頁26）
評林	蔡沈曰、 此篇嚴肅而溫厚、與湯誓誥相表裏、具聖人之言也、泰誓武成一篇之中、似非盡出一人之口、豈獨此[篇]爲全書乎、	見《評林》頁102、頁103
備註	一. 評林增字（評林字下畫線者） 1. 篇	

	內　　　　容	出　　處
原典	陳氏謂文王化行江、漢，自此而南，故八國皆[来]助，舉其遠則近者可知。	（經部，書類，書經衷論，卷三，頁5）

評林	陳經曰、 文王化行江漢、自北而南、故八國皆[來]助、舉其遠則近者可知、	見《評林》頁 103
備註	**一. 評林某字原典作某**（字加框者） 1. 來字作来	

	內　　　容	出　　　處
原典	穆王卒章之命、望[於]伯冏者深且長矣。此心不繼，造父爲御，周遊天下，將必有車轍馬[跡]，導其侈者，果出[於]僕御之間，抑不知伯冏猶在職乎否也！穆王豫知所戒，憂思深長，猶不[免]躬自蹈之，人心操舍之[無]常可懼哉！	（經部，書類，增修東萊書說，卷三十三，頁10）
評林	呂祖謙曰、 穆王之命、望[于]伯冏者深且長矣、此心不繼、造父爲御、周遊天下、將必有車轍馬[迹]、導其侈者、果出[于]僕御之間、抑不知伯冏猶在職乎否也、穆王豫知所戒、憂思深長、猶不免躬自蹈之、人心操舍之[无]常可懼哉、	見《評林》頁 112
備註	**一. 評林刪字**（原典字下畫線者） 1. 卒章 **二. 評林某字原典作某**（字加框者） 1. 于字作於 2. 迹字作跡 3. 无字作無	

	內　　　容	出　　　處
原典	世衰則情僞繁，人老則經歷熟。穆王之時，文、武、成、康之澤浸微，姦宄日勝，其作書於既耄，閱世故而察物情者亦熟矣，故古今犴獄言之[略]，盡用刑者所宜盡心焉。呂命穆王訓夏贖刑作〈呂刑〉，此書之作，蓋命呂侯以司寇，因而訓告諸夏，以贖刑之制也。刑之有贖，始見於《虞書》，不過有金作贖刑一語而已。蓋皋陶作士，斟酌出入，舜一以付之，固不預立條目之多也。今呂侯既受命，而猶煩穆王訓夏贖刑至三千之多焉，視舜、皋陶之際，則有間矣。是書哀矜明練，固夫子存以示後世，而微見其意者，亦不可不察也。	（經部，書類，增修東萊書說，卷三十四，頁1）
評林	呂祖謙曰、 世衰則情僞繁、人老則經歷熟、穆王之時、文武成康之澤浸微、姦宄日勝、其作書于既耄閱世故而察物情者亦熟矣、故古今犴獄言之[畧]盡、用刑者所宜盡心焉、是書哀矜明練、固夫子存以示後世、而微見其意者、亦不可不察、	見《評林》頁 114

備註	一. **評林刪字**（原典字下畫線者） 1. 呂命穆王訓夏贖刑作〈呂刑〉，此書之作，蓋命呂侯以司寇，因而訓告諸夏以贖刑之制也。刑之有贖，始見於《虞書》，不過有金作贖刑一語而已。蓋皐陶作士，斟酌出入，舜一以付之，固不預立條目之多也。今呂侯既受命而猶煩穆王訓夏贖刑至三千之多焉，視舜、皐陶之際，則有間矣。 二. **評林某字原典作某**（字加框者） 1. 畧字作略	

	內　　容	出　　處
原典	履祥按： 五[霸]桓公為盛，而周室戎狄之禍自若。王子帶以戎伐周，天下之大罪也。桓公不能討，而平戎于王，豈以受王子帶之奔，為此姑息耶？桓公身不能容子[糾]，而為王容叔帶，固將曲全襄王兄弟之愛，[未]免卒釀王室異日之禍云！	（史部，編年類，資治通鑑前編，卷十一，頁26）
評林	金履祥曰、 按五[伯]桓公為盛、而周室戎狄之禍自若、王子帶以戎伐周、天下之大罪也、桓公不能討、而平戎于王、豈以受王子帶之奔、為此姑息耶、桓公身不能容子[糾]、而為王容叔帶、固將曲全襄王兄弟之愛、[不]免卒釀王室異日禍云、	見《評林》頁125
備註	一. **評林某字原典作某**（字加框者） 1. 伯字作霸 2. 糾字作紏 3. 不字作未	

	內　　容	出　　處
原典	〈五蠹〉曰：周去秦為從，朞年而[舉]；衛離魏為衡，半[歲]而[亡]。是周滅於從，衛亡於衡也。	（子部，雜家類，困學紀聞，卷十，頁35）（善本）
評林	王應麟曰、 韓非子云、周去秦為從、朞年而[滅]、衛離魏為衡、半[載]而[亾]、是周滅于從、衛[亾]于衡也、	見《評林》頁137
備註	一. **評林某字原典作某**（字加框者） 1. 滅字作舉 2. 載字作歲 3. 亾字作亡	

	內　　　容	出　　處
原　典	蘇子曰： 傳曰：夏之政尚忠，商之政尚質，周之政尚文，而仲尼亦云，周監於二代，郁郁乎文哉！吾從周。余讀《詩》、《書》，歷觀唐、虞至於夏、商，以爲自生民以來，天下未嘗一日而不趨於文也。文之爲言，猶曰萬物各得其理云爾。父子君臣之間、兄弟夫婦之際，此文之所由起也。昔者生民之初，父子無義、君臣無禮、兄弟不相愛、夫婦不相保，天下紛然而淆亂、忿鬪而相苦，文理不著，而人倫不明，生不相養而死不相葬，天下之人舉皆戚然不寧於中，然後反而求其所安，屬其父子而列其君臣、聯其兄弟、而正其夫婦。至於虞、夏之世，乃益去其鄙野之制，然猶以天子之尊，飯土塯、啜土鉶，土塯三尺，茅茨而不剪，至於周而後大備。其粗始於父子之際，其精布於萬物，其用甚廣而無窮。蓋其當時莫不自謂文於前世，而後之人，乃更以爲質也。是故祭祀之禮，陳其籩豆，列其鼎俎，備其醴醴，俯伏以薦思，其飲食醉飽之樂而不可見也，於是灌用鬱鬯，藉用白茅，既沃而莫之見，以爲神之縮之也，體魄降於地，魂氣升於天，悦忽誕漫而不知其所由，處聲音氣臭之類，恐不能得當也。於是終祭於屋漏，繹祭於祊，以爲人子之心無所不至也，薦之以滋味，重之以膾炙，恐鬼神之不屑也，薦之以血毛，重之以體薦，恐父祖之不吾安也。於是先黍稷而飯稻梁，先大羹而飽庶羞，以爲不敢忘禮亦不敢忘愛也，丁寧反復，以爲可以盡人子之心，而人子之心亦可以安矣，故凡世之所謂文者，皆所以安夫人之所不安，而人之所安者，事之所當然也。仲尼區區於衰周之末，收先王之遺文，而與曾子推論禮之所難處。至於毫釐纖悉，蓋以爲王道之盛，其文理當極於此焉耳。及周之亡，天下大壞，強凌弱，衆暴寡，而後世乃以爲用文之弊。夫自唐、虞以至於商，漸而入於文，至周而文極於天下。當唐、虞、夏、商之世，蓋將求周之文，而其勢有所未至，非有所謂質與忠也。自周而下，天下習於文，非文則無以安天下之所不足，此其勢然也。全夫冠、昏、喪、祭而不爲之禮，墓祭而不廟，室祭而無所，仁人君子，有所不安於其中，而曰不文，以從唐、虞、夏、商之質。夫唐、虞、夏、商之質，蓋將求周之文而未至，非所以爲法也。	（史部，別史類，古史，卷五，頁25、頁26、頁27）
評　林	蘇子古史曰、 傳曰：夏之政尚忠、商之政尚質、周之政尚文、而仲尼亦云周監於二代、郁郁乎文哉、吾從周、余讀詩書、歷觀唐虞至于夏商、以爲自生民以來、天下未嘗一日而	見《評林》頁 139、頁140

	不 趄 於文也、文之爲言、猶曰萬物各得其理云爾、父子君臣之間、兄弟夫婦之際、此文之所由起也、昔者生民之初、父子無義、君臣無禮、兄弟不相愛、夫婦不相保、天下紛然而淆亂、忿鬪而相苦、文理不著、而人倫不明、然後反而求其所安、屬 其父子、而列其君臣、聯其兄弟、而正其夫婦、至於虞夏之世、乃益去鄙野之制、然猶以天子之尊、飯土塯、啜土鉶、土堦三尺、茅茨不剪、至於周而後大備、其粗始於父子之際、其精布於萬物、其用甚廣而無窮、蓋其當時莫不自謂文於前世、而後之人、乃更以爲質也、後世乃以爲用文之弊、夫自唐虞以至於商、漸而入於文、至周而文極於天下、當唐虞夏商之世、蓋將求周之文、而其勢有所未至、非有所謂質與忠也、君子有曰不文以從唐虞夏商之質、夫唐虞夏商之質、蓋 將 求周之文而未至、非所以爲法也、	
備 註	**一. 評林刪字**（原典字下畫線者） 1. 生不相養而死不相葬，天下之人舉皆戚然不寧於中， 2. 是故祭祀之禮，陳其籩豆，列其鼎俎，備其醪醴，俯伏以薦思，其飲食醉飽之樂而不可見也，於是灌用鬱鬯，藉用白茅既沃而莫之見，以爲神之縮之也，體魄降於地，氣升於天，怳忽誕漫而不知其所由，處聲音氣臭之類，恐不能得當也。於是終祭於屋漏，繹祭於祊，以爲人子之心無所不至也。薦之以滋味，重之以膾炙，恐鬼神之不屑也。薦之以血毛，重之以體薦，恐父祖之不吾安也。於是先黍稷而飯稻粱，先大羹而飽庶羞，以爲不敢忘禮亦不敢忘愛也，丁寧反復，以爲可以盡人子之心，而人子之心亦可以安矣，故几世之所謂文者，皆所以安夫人之所不安，而人之所安者，事之所當然也。仲尼區區於衰周之末，收先王之遺文，而與曾子推論禮之所難處。至於毫釐纖悉，蓋以爲王道之盛，其文理當極於此焉耳。及周之亡，天下大壞，強凌弱，衆暴寡，而 3. 自周而下，天下習於文，非文則無以安天下之所不足，此其勢然也。今夫冠、昏、喪、祭而不爲之禮，墓祭而不廟，室祭而無所，仁人君子，有所不安於其中，而 4. 所不安於其中而 **二. 評林某字原典作某**（字加框者） 1. 于字作於 2. 來字作来 3. 趄字作趄 4. 屬字作属 5. 將字作将	

秦本紀第五

	內　　　容	出　　　處
原典	〈秦本紀〉，晉獻公虜虞君與其大夫百里奚以爲秦穆公夫人媵於秦，百里奚亡秦走宛，楚鄙人執之，穆公以五羖羊皮贖之，范太史曰：〈商鞅傳〉，又載趙良之言曰：五羖大夫，荊之鄙人也。自鬻於秦客被褐食牛期年，穆公知之，舉之牛口之下，而加之百姓之上，《史記》所傳，自相矛盾如此！	（子部，雜家類，雜考之屬，困學紀聞，卷十一，頁 14）
評林	王應麟曰、 秦本紀、載穆公以五羖羊皮贖百里奚、商鞅傳、又載穆公舉之牛口之下、史記所傳、自相矛盾如此、	見《評林》頁 151
備註	**一. 評林刪字**（原典字下畫線者） 1. 范太史曰 2. 又載趙良之言曰：五羖大夫，荊之鄙人也。自鬻於秦客被褐食牛期年 3. 知之 4. 而加之百姓之上 **二. 評林某字原典作某**（字加框者） 1. 傳字作傳 **三. 評林摘取原典大意**（文字反黑者）	

	內　　　容	出　　　處
原典	秦穆公東平晉亂，西伐諸戎；楚莊王克陳入鄭，得而不取，皆有伯者之風矣，然穆公聽杞子之計，違蹇叔而用孟明，千里襲鄭，覆師於殽，雖悔過自誓，列於《周書》，而不能東征諸夏，以終成伯業。莊王使申舟聘齊，命無假道於宋。舟知必死而王不聽，宋人殺之。王聞其死，投袂而起，以兵伐宋，圍之九月，與之盟而去之，雖號能服宋，然君子以爲此不假道之師也。齊靈公、楚靈王之所爲，王亦爲之，而尙何以爲伯乎？於乎！此二君者，皆賢君也。兵一不義，而幾至於狼狽，不能與桓文齒，而況其下者哉！	（集部，別集類，宋金元，欒城集，後集卷七，頁 6、頁 7）（善本）
評林	蘇轍曰、 秦穆公東平晉亂、西伐諸戎、有伯者之風矣、然聽杞子之計違蹇叔而用孟明、千里襲鄭、覆師於殽、雖悔過自誓、列於周書、而不能東征以終成伯業、於乎穆公賢君也、兵一不義、而幾至于狼狽、不能與桓文齒、而況其下乎、	見《評林》頁 156

| 備 註 | 一. **評林刪字**（原典字下畫線者）
1. 楚莊王克陳入鄭，得而不取，皆
2. 穆公
3. 諸夏
4. 莊王使申舟聘齊，命無假道於宋。舟知必死而王不聽，宋人殺之。王聞其死，投袂而起，以兵伐宋，圍之九月，與之盟而去之，雖號能服宋，然君子以為此不假道之師也。齊靈公、楚靈王之所為，王亦為之而尚何以為伯乎？
5. 此二君者皆
二. **評林增字**（評林字下畫線者）
1. 穆公
三. **評林某字原典作某**（字加框者）
1. 于字作於
2. 況字作况
3. 乎字作哉 | |

	內　　　　容	出　　　處
原典	履祥按： 伐滅西戎，益國十二，此非一時，蓋《史記》總[叙][於]此年之下，以見天子賜[貧]之由。	（史部，史評類，御批資治通鑑綱目前編，卷十二，頁28）
評林	金履祥曰、 按伐滅西戎、益國十二、此非一時、蓋史記摠[敘][于]此年之下以見天子賜[寶]之由、	見《評林》頁160
備 註	一. **評林某字原典作某**（字加框者） 1. 敘字作叙 2. 于字作於 3. 寶字作貧	

	內　　　　容	出　　　處
原典	七國虎爭天下，莫不招致四方游士，然六國所用相，皆其宗族及國人。如齊之田忌、田嬰、田文、韓之公仲、公叔，趙之奉陽、平原君、魏王至以太子為相，獨秦不然，其始與之謀國以開霸業者，魏人公孫鞅也。其他若樓緩趙人、張儀、[魏]冉、范睢皆[魏]人、蔡澤燕人、呂不韋韓人、李斯楚人、皆委國而聽之不疑，卒之所以[兼]天下者，諸人之力也。	（子部，雜家類，容齋五筆，卷二，頁7、頁8） （善本）
評林	洪邁曰、 七國虎爭天下、莫不招致四方游士、然六國所用相、皆	見《評林》頁167

	其宗族及國人、獨秦不然、始與謀國開業者、魏人公孫 鞅也、其他若樓緩趙人、張儀魏冉范雎、皆魏人、蔡澤 燕人、呂不韋韓人、李斯楚人、皆委國而聽之不疑、卒 之所以[有]天下者、諸人之力也、	
備 註	**一. 評林刪字**（原典字下畫線者） 1. 如齊之田忌、田嬰、田文，韓之公仲、公叔，趙之 　　奉陽、平原君、魏王至以太子爲相。 2. 之　已 3. 以 4. 霸 **二. 評林某字原典作某**（字加框者） 1. 有字作兼	

	內　　　　容	出　　　處
原 典	闚、窺，同小視也，周室，洛邑。[蓋]欲取之，不正言 [爾]。言[山]川，知其志不止鎬京也。	（史部，雜史類，先秦 兩漢之屬，戰國策校 注，卷三，頁 24）（善本）
評 林	鮑彪曰、 窺、小視也、周室、洛邑、[蓋]欲取之、不正言[耳]、言 [三]川、知其志不止鎬京也、	見《評林》頁 172
備 註	**一. 評林刪字**（原典字下畫線者） 1. 闚 2. 同 **二. 評林某字原典作某**（字被框者） 1. 葢字作蓋 2. 耳字作爾 3. 三字作山	

	內　　　　容	出　　　處
原 典	秦昭王五十一年滅周，是[歲]漢高祖生[於]豐沛。天道之 [倚]伏，可畏哉！	（子部，雜家類，困學 紀聞，卷十一，頁 6）（善 本）
評 林	王應麟曰、 秦昭王五十一年滅周、是[歲]漢高祖生[于]豐沛、天道之 [倚]伏、可畏哉、	見《評林》頁 178
備 註	**一. 評林某字原典作某**（字加框者） 1. 歲字作歲 2. 于字作於 3. 倚字作倚	

	內　　　容	出　　　處
原典	秦莊襄王元[年]，滅東周。三年始皇立而柏翳之秦亦滅。二世元[年]，廢[衛]君，是歲諸[矦]之起者五國，三[年]而秦亡。然則滅人之國，乃[所]以自滅也。	（子部，雜家類，困學紀聞，卷十一，頁 6）（善本）
評林	王應麟曰、 秦莊襄王元年、滅東周、始皇立而柏翳之秦亦滅、二世元年、廢衛君、是歲諸[矦]之起者五國、三年而秦亡、然則滅人之國者、乃所以自滅也、	見《評林》頁 180
備註	**一. 評林刪字**（原典字下畫線者） 1. 三年 **二. 評林增字**（評林字下畫線者） 1. 者 **三. 評林某字原典作某**（字加框者） 1. 矦字作侯	

	內　　　容	出　　　處
原典	蘇子曰： 三代聖人，以道御天下，動容貌、出詞氣，逡巡廟堂之上，而諸侯承德，四夷向風，何其盛哉！至其後世稍衰，桓、文迭興，而維持之，要之以盟會，齊之以征伐，既已卑矣，然春秋之後，[吳]、越放恣，繼之以田常，三[晉]之亂，天下遂爲戰國。君臣之間，非詐不言，非力不用，相與爲盜跖之行，猶恐不勝，雖桓、文之事，且不試矣，而[況]於文、武、成、康之舊歟！秦起於西垂，與戎翟雜居，本以強兵富國爲上，其先襄公最賢，詩人稱之，然其所以爲國者，亦猶是耳。《詩》曰：蒹葭蒼蒼，白露爲霜；所謂伊人，在水一方。夫蒹葭之方盛也蒼蒼，其強勁而不適於用，至於白露凝戾爲霜，然後堅成，可施於人。今夫襄公以耕戰自力，而不知以禮義終成之，豈不蒼然盛哉！然而君子以爲未成，故其後世忸於爲利，而不知義。至於商君彊之以法，風俗日惡，鄙詐猛[暴]，甚於六國，卒以此勝天下，秦之君臣，以爲非是無足以服人矣。當是時，諸侯大者，連地數千里，帶甲數十萬，[雖]使齊桓、晉文假仁義，挾天子以令之，其勢[將]不能行。惟得至誠之君子自修而不爭，如商、周之先君，庶幾可以服之。孟子游於齊、梁，以此干其君，皆不能信，以爲詐謀[奇]計之所不能下，長戟勁弩	（史部，別史類，古史，卷六，頁 26、頁 27）

	之所不能克，區區之仁義，何足以致此？然魏文侯當時之弱國也，君王后齊之一婦人也，魏文侯行仁義，禮下賢者，用卜子夏、田子方、段干木而秦人不敢加兵，君王后用齊四十餘年，事秦謹，與諸侯信，而齊亦未嘗受兵，而況於力行仁義中心慘怛，終身不懈，而有不能勝者哉？夫衣冠佩玉，可以化強暴；深居簡出，可以却猛獸；定心寡欲，可以懷鬼神。孟子曰：仁不可爲眾。誠因秦之地，用秦之民，按兵自守，修德以來天下，彼將襁負其子而至，而誰與共守？惜乎！其明不足以知之，竭力以勝敵；敵勝之後，二世而亡，其數有以取之矣。	
評 林	蘇子古史曰、 三代聖人、以道御天下動容貌、出詞氣、逡巡廟堂之上、而諸侯承德、四夷向風、何其盛哉、至其後世稍衰、桓文迭興、而維持之要之以盟會、齊之以征伐、既已卑矣、然春秋之後、吳越放恣、繼之以田常三晉之亂、天下遂爲戰國、君臣之間非詐不言、非力不用、相與爲盜跖之行、猶恐不勝、雖桓文之事、且不試矣、而況於文武成康之舊歟、秦起於西垂與戎翟雜居、本以強兵富國爲上、其先襄公最賢、詩人稱之、然其所以爲國者、亦猶是耳、詩曰、蒹葭蒼蒼、白露爲霜、所謂伊人在水一方、夫蒹葭之方盛也蒼蒼、其強勁而不適於用、至於白露凝戾爲霜、然後堅成、可施於人、今夫襄公以耕戰自力、而不知以禮義終成之、豈不蒼然盛哉、然而君子以爲未成、故其後世忸於爲利、而不知義、至於商君厲之以法、風俗日惡、鄙詐猛暴、甚於六國、卒以此勝天下、秦之君臣以爲非是無足以服人矣、當是時、諸侯大者、連地數千里、帶甲數十萬、雖使齊桓晉文假仁義、挾天子以令之、其勢將不能行、惟得至誠之君子自修而不爭、如商周之先君庶幾可以服之、孟子游於齊梁、以此干其君、皆不能信、以爲詐謀奇計之所不能下、長戟勁弩之所不能克、區區之仁義、何足以致此、然魏文侯當時之弱國也、君王后齊之一婦人也、魏文侯行仁義禮下賢者、用卜子夏田子方段干木而秦人不敢加兵、君王后用齊四十餘年、事秦謹、與諸侯信、而齊亦未嘗受兵、而況於力行仁義中心慘怛、終身不懈、而有不能勝者哉、夫衣冠佩玉、可以化強暴、深居簡出可以却猛獸、定心寡欲可以懷鬼神、孟子曰、仁不可爲眾、誠因秦之地、用秦之民、按兵自守、修德以來天下、彼將襁負其子而至、而誰與共守、惜乎其明不足以知之、竭力以勝敵、敵勝之後、二世而亡、其數有以取之矣、	見《評林》頁 181、頁182

| 備
註 | 一. **評林某字原典作某**（字加框者）
1. 吳字作吴
3. 晉字作晋
4. 況字作况
5. 將字作将
6. 奇字作竒 | |

始皇本紀第六

	內　　容	出　　處
原 典	秦皇欲以一至萬，新莽推三萬六千歲曆紀，宋明帝給三百年期，其愚一也。漢世祖曰：日復一日，安敢遠期十歲乎？眞帝王之言哉！	（子部，雜家類，雜考之屬，困學紀聞，卷十一，頁9）
評 林	王應麟曰、 秦皇欲以一至萬、新莽推三萬六千歲曆紀、其愚一也、漢世祖曰、日復一日、安敢遠期千歲乎、眞帝王之言哉、	見《評林》頁196
備 註	一. **評林刪字**（原典字下畫線者） 1. 宋明帝給三百年期 二. **評林某字原典作某**（字加框者） 1. 曆字作歷 2. 遠字作遙 3. 千字作十	

	內　　容	出　　處
原 典	此乃帝王初政之常，秦猶沿而行之。至於後世則鮮或舉之矣。	（史部，編年類，通代之屬，大事記解題，卷七，頁9）（善本）
評 林	呂祖謙曰、 此乃帝王初政之常、秦猶沿而行之、後世鮮或舉之矣、	見《評林》頁198
備 註	一. **評林刪字**（原典字下畫線者） 1. 至於 2. 則 二. **評林某字原典作某**（字加框者） 1. 沿字作沿 2. 鮮字作鮮	

	內　　容	出　　處
原典	箝語燔書，秦欲愚其民，而不能愚陳涉；指鹿束蒲，高欲愚其君，而不能愚子嬰。	（子部，雜家類，困學紀聞，卷十一，頁 7）（善本）
評林	王應麟曰、 箝語燔書、秦欲愚其民、而不能愚陳涉、指鹿束蒲、高欲愚其君、而不能愚子嬰、	見《評林》頁 210
備註	**一. 評林與原典無異**	

	內　　容	出　　處
原典	蘇子曰： 諸侯之興，自生民始矣。至始皇滅六國，而五帝、三代之諸侯埽地無復遺者，非秦能滅諸侯，而勢之隆汙，極於此矣。昔禹會諸侯於塗山，執玉帛者萬國，傳商及周，文、武之間，止千七百餘國。夫人之必爭，強弱之必相吞滅，此勢之必至者也。彼非諸侯，獨能自存，聖賢之君時出而齊之是以強者，不敢肆弱者有以自立。蓋自禹五世而得少康，自少康十二世而得湯，自湯六世而得大戊，自大戊十三世而得武丁，自武丁八世而得周文、武，當是時，雖有強暴，諸侯不得以力加小弱，然虞、夏諸侯亡者已十八九矣，自文、武、成、康以來，三十有三世，獨一宣王能紀綱諸夏，幽、平以後，諸侯放恣，春秋之際，存者百七十餘國而已。雖齊桓、晉文迭興，以會盟征伐持之，而道德不足其身，所攻滅蓋已多矣。陵遲至於六國，獨有宋、衛、中山、泗上諸侯在耳。地大兵強，皆務以詐力相傾，雖使桓、文復生，號令將有所不行，非有盛德之君，不足以懷之矣。是以至於蕩滅無餘而後止，秦雖欲復立諸侯，豈可得哉！而議者乃追咎李斯不師古。始使秦孤立無援，二世而亡，蓋未思。夫商、周之初，雖封建功臣子弟而上古諸侯，碁布天下，植根深，是以新故相維，勢如犬牙，數世之後，皆爲故國不可復動。秦已削平諸侯，蕩然無復立錐之國，雖使並建子弟，而君民不親，譬如措舟滄海之上，大風一作，漂卷而去，與秦之郡縣何異？且獨不見漢高、晉武之事乎？割裂海內以封諸將諸子，大者連城數十，舉無根之人，寄之萬民之上，十數年之間，隨即散滅，不獲其用，豈非惑於其名，而未察其勢也哉！古之聖人，立法以御天下，必觀其勢，勢之所去，不可強反。今秦之郡縣，豈非勢之自至也歟？然秦得其勢而不免於滅亡。蓋治天下，在德不在勢，誠能因勢以立法，務德以扶勢，未有不安且治者也。使秦既一天下，與民	（史部，別史類，古史，卷七，頁 28、頁 29、頁 30）

	休息，寬繇賦，省刑罰，黜奢溜，崇儉約，選任忠良，放逐法吏，而以郡縣治之，雖與三代比隆可也。	
評　　　　　　林	蘇子古史曰、 諸侯之興、自生民始矣、至始皇滅六國、而五帝三代之諸侯掃地無復遺者非秦能滅諸侯、而勢之隆汙極於此矣、昔禹會諸侯於塗山、執玉帛者萬國、傳商及周、文武之間止千七百餘國、夫人之必爭、強弱之必相吞滅、此勢之必至者也、春秋之際、存者百七十餘國而已、雖齊桓晉文迭興、以會盟征伐持之、而道德不足其身、所攻滅蓋已多矣、陵遲至於六國、獨有宋衛中山泗上諸侯在耳、地大兵強、皆務以詐力相傾、雖使桓文復生、號令將有所不行、非有盛德之君、不足以懷之矣、是以至於蕩滅無餘而後止、秦雖欲復立諸侯、豈可得哉、而議者乃追咎李斯不師古、始使秦孤立無援、二世而亡、蓋未之思歟、夫商周之初、雖封建功臣子弟而上古諸侯碁布天下植根深固、是以新故相維、勢如犬牙數世之後、皆為故國不可復動、今秦已削平諸侯、蕩然無復立錐之國、雖使並建子弟、而君民不親、譬如措舟滄海之上、大風一作漂卷而去、與秦之郡縣何異、且獨不見漢高晉武之事乎、割裂海內以封諸將諸子、大者連城數十、舉無根之人、寄之萬民之上、十數年之間、隨即散滅、不獲其用、豈非惑於其名而未察其勢也哉、古之聖人立法以御天下必觀其勢勢之所去、不可強反、然秦得大勢而不免于滅亡蓋治天下在德不在勢、誠能因勢以立法、務德以扶勢、未有不安且治者也、使秦既一天下、與民休息、寬繇賦、省刑罰、黜奢淫、崇儉約、選任忠良、放遠法吏、而以郡縣治之、雖與三代比隆可也、	見《評林》頁 243、頁 244
備　　　　　　註	**一. 評林刪字**（原典字下畫線者） 1. 彼非諸侯，獨能自存，聖賢之君時出而齊之是以強者，不敢肆弱者有以自立。蓋自禹五世而得少康，自少康十二世而得湯，自湯六世而得大戊，自大戊十三世而得武丁，自武丁八世而得周文、武，當是時，雖有強暴，諸侯不得以力加小弱，然虞、夏諸侯亡者已十八九矣，自文、武、成、康以来，三十有三世，獨一宣王能紀綱諸夏，幽、平以後，諸侯放恣 2. 今秦之郡縣，豈非勢之自至也歟？ **二. 評林某字原典作某**（字加框者） 1. 爭字作争 2. 將字作将 3. 于字作於 4. 淫字作溜 5. 遠字作逺	

項羽本紀第七

	內容	出處
原典	遷以羽嘗宰制天下，而 紀 之秦、漢之間，疑已過矣，然既君之，而 又 字之，抑揚之義，豈有在歟！	（子部，儒家類，黃氏日抄，卷四十六，頁3）
評林	黃震曰、 遷以羽嘗宰制天下、而紀之秦漢之間已過矣、然既君之、而 文 字之、抑揚之義、豈有在歟、	見《評林》頁245
備註	**一. 評林刪字**（原典字下畫線者） 1. 疑 **二. 評林某字原典作某**（字加框者） 1. 文字作又	

	內　　容	出　　處
原典	吳 中子弟憚籍易， 吳 中賢士大夫皆出梁下難、此梁所以尤賢也。	（史部，紀傳類，總義之屬，班馬異同，卷一，頁2）（善本）
評林	倪思曰、 吳 中子弟憚籍易、 吳 中賢士大夫皆出梁下難、此梁所以尤賢也、	見《評林》頁246
備註	**一. 評林某字原典作某**（字加框者） 1. 吳字作吳	

	內　　容	出　　處
原典	史遷 〈項籍傳〉最好，立義帝以 後 ，一日氣魄一日；殺義帝以後，一日衰颯一日，是一篇大綱領。至其 筆力 馳驟處，有喑嗚叱咤之風。	（集部，詩文評類，文章精義，文章精義，頁9）
評林	李塗曰、 太史公 項籍傳最好、立義帝以 前 一日氣魄一日、殺義帝以後一日衰颯一日、是一篇大綱領主意、至其 開闔 馳驟處、異有喑嗚叱咤之風、	見《評林》頁250、頁251
備註	**一. 評林增字**（評林字下畫線者） 1. 主意 **三. 評林某字原典作某**（字加框者） 1. 「太史公」作「史遷」 2. 前字作後 3. 「開闔」作「筆力」	

	內　　容	出　　處
原典	子房妙處，在遺項王書，又并遺以齊梁反書，使羽事齊而不事漢，真得緩急之上策矣。	（集部，別集類，南宋建炎至德祐，須溪集，卷六，頁53）
評林	劉辰翁曰、 子房妙處、在并反書以聞、使羽留齊本此、	見《評林》頁269
備註	一. **評林刪字**（原典字下畫線者） 1. 遺項王書又 2. 遺以齊梁 3. 而不事漢，真得緩急之上策矣 二. **評林增字**（評林字下畫線者） 1. 本此 三. **評林某字原典作某**（字加框者） 1. 留字作事	

	內　　容	出　　處
原典	始勸項氏立懷王，及羽奪王之地，遷王於郴巳而殺之。增不能引君臣大誼爭之以死；懷王與諸將約先入關中者王之，沛公既先定關中，則當如約，增乃勸羽殺之。又徙之蜀、漢，羽之伐趙殺上將宋義，增為末將，坐而視之，坑秦降卒，殺秦降王，燒秦宮室，增皆親見之，未嘗聞一言也。至於滎陽之役，身遭反間，然後發怒而去，嗚呼踈矣哉！東坡公論此事偉甚，猶未盡也。	（子部，雜家類，雜考之屬，容齋隨筆，卷九，頁13）
評林	洪邁曰、 增始勸項氏立懷王、及羽奪王之地巳而殺之、增不能引君臣大誼爭之以死、懷王與諸將約先入關中者王之、沛公既先定關中、則當如約、增乃勸羽殺之、羽之就趙殺上將宋義、增為末將坐而視之、坑秦降卒、殺秦降王、燒秦宮室、增皆親為之、未嘗開一言也、至於滎陽之役、身遭反間、然後發怒而去、嗚呼踈矣哉、增蓋戰國從橫之餘、見利而不知義者也、	見《評林》頁273
備註	一. **評林刪字**（原典字下畫線者） 1. 遷王於郴 2. 又徙之蜀漢 3. 東坡公論此事偉甚，猶未盡也。 二. **評林增字**（評林字下畫線者） 1. 增 2. 增蓋戰國從橫之餘、見利而不知義者也、	

| | 三. **評林某字原典作某**（字加框者）
1. 就字作伐
2. 爲字作見
3. 開字作聞
4. 間字作開 | |

	內　　　容	出　　　處
原典	漢高祖謂項羽曰：吾翁即若翁。此語理意甚長。《左氏傳》齊敗于鞌，晉人欲以蕭同叔子爲質。齊人曰：蕭同叔子者，非他寡君之母也。若以匹敵，則亦晉君之母也。孟子曰：殺人之父者，人亦殺其父，然則非自殺之一間耳。高祖之語，與此暗合。史稱不修文學而性特達，此類是也。項羽迄不殺太公，有感於斯言矣。乃知鷔猛之人，胷中未嘗無天理，特在於有以發之耳。	（子部，類書類，鶴林玉露，卷六，頁 15、頁 16）（善本）
評林	羅大經曰、 漢高祖謂項羽曰、吾翁即若翁、此語理甚長、左氏傳齊敗於鞌晉人欲以蕭同叔子爲寡、其人曰、蕭同叔子非他寡君之母也、若以匹敵則亦晉君之母也、孟子曰、殺人之父者、人亦殺其父、然則非自殺之一間耳、高祖之語與此暗合、史稱不修文學而性明達、此類是也、項羽迄不殺太公、有感于斯言矣、乃知鷔猛之人胸中未嘗無天理、特在于有以發之耳、	見《評林》頁 276
備註	一. **評林刪字**（原典字下畫線者） 1. 意 二. **評林某字原典作某**（字加框者） 1. 於字作于 2. 鞌字作鞌 3. 寡字作質 4. 其字作齊 5. 明字作特 6. 胸字作胷 7. 于字作於	

	內　　　容	出　　　處
原典	項羽引兵欲渡烏江，亭長艤舟待請羽急渡，羽不渡乃戰死。蓋是時，漢購羽千金邑萬户，亭長之言甚甘，羽疑其欺已也，羽意謂丈夫途窮，寧戰死，不忍爲亭長所執，故託以江東父老之言爲解爾。使羽果無東渡意，豈引兵至此哉？	（集部，別集類，南宋建炎至德祐，屏山集，卷四，頁 13、頁 14）

	內　　　容	出　　處
評 林	劉子翬曰、 羽欲渡江、亭長請羽急渡、羽不渡乃戰死、蓋羽所以去垓下者、猶冀得脫也、乃爲田父所給陷於大澤、亭長之言甚甘、安知不出田父之計耶、羽意謂丈夫途窮、寧戰死、不忍爲亭長所執、故托以江東父老所言爲解爾、使羽果無東渡意、豈引兵至此哉、	見《評林》頁 282、頁283
備 註	**一.評林刪字**（原典字下畫線者） 1. 艤舟待 2. 蓋是時，漢購羽千金邑萬户，亭長之言甚甘，羽疑其欺已也， **二.評林增字**（評林字下畫線者） 1. 蓋羽所以去垓下者、猶冀得脫也、乃爲田父所給陷於大澤、亭長之言甚甘、安知不出田父之計耶、 **三.評林某字原典作某**（字加框者） 1. 托字作託 2. 所字作之 3. 解字作鮮 **四.評林摘取原典大意**（文字反黑者）	

高祖本紀第八

	內　　　容	出　　處
原 典	劉放曰： 余謂別將字，當屬下句讀之。言章邯身從陳，而別將定楚耳。	（史部，正史類，前漢書，卷一上，頁 11）
評 林	劉放曰、 別將、當連下句讀、言章邯身從陳、而令別將定楚耳、	見《評林》頁 296
備 註	**一.評林刪字**（原典字下畫線者） 1. 余謂 2. 字 3. 之 **二.評林增字**（評林字下畫線者） 1. 令 **三.評林某字原典作某**（字加框者） 1. 連字作屬	

	內　　容	出　　處
原典	劉辰翁曰： 自項梁以來，攻定陶不下，攻外黃未下，而通行無忌，殆欲汲汲赴要害，攜虛邑耳。此最兵家要妙，令人不及掩耳，得敵去爲幸，何暇追襲，此横行之道也。若每邑頓兵，得寸失尺，畏首畏尾，聲實皆喪，故高祖攻昌邑，未拔，過高陽，攻開封，未拔，攻潁川，蓋深喻此獨宛強大，追敵近復過而西，則前後相應，非他邑比也，故子房憂之。	（集部，別集類，明洪武至崇禎，陶菴全集，卷四，頁 8）
評林	倪思曰、 自項梁以來攻定陶未下、攻外黃、外黃未下、而兵行無忌、殆欲汲汲赴要害、攜虛邑耳、此最兵家要妙、令人不及掩耳、而過閃自保、得敵去爲幸、何暇追襲、此兵家勝籌也、故高祖攻昌邑未拔、高陽、攻開封未拔、攻潁川、蓋深喻此意、獨宛強大、追敵近、復欲過而西、則前後相應、非他邑比也、故子房憂之。而惟漢事將成、又有陳恢者謀之、非宛計、實漢計也、	見《評林》頁 301、頁 302
備註	一. **評林刪字**（原典字下畫線者） 1. 此横行之道也。若每邑頓兵，得寸失尺，畏首畏尾，聲實皆喪 二. **評林增字**（評林字下畫線者） 1. 外黃 2. 而過閃自保 3. 此兵家勝籌也 4. 而惟漢事將成、又有陳恢者謀之、非宛計、實漢計也、 三. **評林某字原典作某**（字加框者） 1. 「倪思」作「劉辰翁」 2. 未字作不	

	內　　容	出　　處
原典	按告諭之語，財百餘言，而暴秦之弊，爲之一洗。所謂若時雨降，民大說者也。	（集部，總集類，通代之屬，西山先生眞文忠公文章正宗，卷二，頁 1）（善本）
評林	眞德秀曰、 按告諭之語、財百餘言、而暴秦之弊、爲之一洗、此所謂時雨降、民大悦者也、	見《評林》頁 304、頁 305

	一. **評林刪字**（原典字下畫線者）
備	1. 若
	二. **評林增字**（評林字下畫線者）
	1. 此
註	三. **評林某字原典作某**（字加框者）
	1. 悅字作說

	內　　　容	出　　　處
原典	按此率諸侯王擊楚，而曰願從諸侯王；所擊者項羽，而曰楚之殺義帝者。猶有《左氏》辭命遺意。	（集部，總集類，通代之屬，西山先生眞文忠公文章正宗，卷二，頁1）（善本）
評林	眞德秀曰、 不曰率諸侯王、而曰願從諸侯王、不曰擊項羽、而曰擊楚之殺義帝者、詞不迫切、而意已獨至、猶有古詞命氣象、	見《評林》頁 310、頁311
備 註	一. **評林增字**（評林字下畫線者） 1. 擊 2. 詞不迫切、而意已獨至 二. **評林某字原典作某**（字加框者） 1. 「古詞」作「左氏辭」 2. 「氣象」作「遺意」 三. **評林摘取原典大意**（文字反黑者）	

	內　　　容	出　　　處
原典	虎方捕鹿，罷據其穴捕其子，虎安得不置鹿而返？返則辟於罷明矣。軍志所謂攻其必救也。	（史部，史評類，史論之屬，歷代名賢確論，卷三十八，頁4）（善本）
評林	蘇洵曰、 虎方捕鹿、罷據其穴捕其子、虎安得不置鹿而返、返則辟于罷明矣、軍志所謂攻其必救也、	見《評林》頁 313
備 註	一. **評林某字原典作某**（字加框者） 1. 于字作於	

	內　　　容	出　　　處
原典	呂氏曰： 此陣，即馬隆所謂魯公不識者也。	（史部，目錄類，經籍之屬，漢藝文志考證，卷八，頁 13）
評林	呂祖謙曰、 此陣即馬隆所謂魯公不識者也、	見《評林》頁 318
備註	**一. 評林與原典無異**	

	內　　　容	出　　　處
原典	按祠祭詔及今此令，才數語而事理曲盡。	（集部，總集類，通代之屬，西山先生眞文忠公文章正宗，卷二，頁 2）（善本）
評林	眞德秀曰、 按祠祭詔及今此令、才數語而事理曲盡、	見《評林》頁 319
備註	**一. 評林與原典無異**	

	內　　　容	出　　　處
原典	漢高祖起布衣，滅秦楚，自後世處之，必誇大功業，以爲軼堯、舜，駕湯、武矣。<u>其赦令曰：兵不得休八年，萬民與苦甚，今天下事畢，其赦天下殊死以下。</u>言甚簡而無自矜之意，此所以詒厥孫子享四百年之祚歟！	（子部，雜家類，困學紀聞，卷十二，頁 4）（善本）
評林	王應麟曰、 漢高帝起布衣滅秦楚、自後世處之、必誇大功業、以爲軼堯駕湯武矣、<u>今其教令如此</u>、言甚簡而無自誇之意、此所以貽厥孫子享四百年之祚歟、	見《評林》頁 319、頁 320
備註	**一. 評林刪字**（原典字下畫線者） 1. 其赦令曰：兵不得休八年，萬民與苦甚，今天下事畢，其赦天下殊死以下。 **二. 評林增字**（評林字下畫線者） 1. 今其教令如此 **三. 評林某字原典作某**（字加框者） 1. 誇字作矜 2. 貽字作詒	

	內　　　容	出　　處
原典	則函谷之內外，淮水之東西，居然可見。	（史部，編年類，通代之屬，通鑑地理通釋，卷二，頁3）（善本）
評林	王應麟曰、 書分封如此、則函谷之內外、淮水之東西、居然可見、	見《評林》頁 323
備註	一.**評林增字**（評林字下畫線者） 1. 書分封如此	

	內　　　容	出　　處
原典	呂氏曰： 《史記》書分趙山北，立子恒以爲代王。子長少游四方，識輿地之大勢，故其書法簡明，得主名山川之餘意，如此類非一，《漢書》多改之，蓋班氏所未達也。	（史部，編年類，通代之屬，通鑑地理通釋，卷二，頁3）（善本）
評林	呂祖謙曰、 史記書分趙山北、立子恒爲代王、蓋子長遊歷四方、識輿地之大勢、故其書法簡明、得主名山川之餘意、若此類非一、漢書多改之、班氏蓋未達也、	見《評林》頁 326、頁 327
備註	一.**評林刪字**（原典字下畫線者） 1. 少 二.**評林增字**（評林字下畫線者） 1. 蓋 2. 歷 三.**評林某字原典作某**（字加框者） 1.「班氏蓋」作「蓋班氏」	

	內　　　容	出　　處
原典	浙間學者推尊《史記》，以爲先黃老後六經，此自是太史談之學，若遷則皆宗孔氏，如於〈夏紀・贊〉用行夏時事，於〈商紀・贊〉用乘商之輅事，〈高祖・紀贊〉，則曰：「朝以十月，車服黃屋左纛」，蓋譏其不用夏時商輅也。遷之意脉恐誠如是。考得甚好，然但以此遂謂遷能學孔子，則亦徒能得其皮殼而已。假使漢高祖能行夏時、乘商輅，亦只是漢高祖，終不可謂之禹、湯。	（子部，儒家類，朱子語類，卷一百二十二，頁 13、頁 14）
評林	朱熹曰、 浙間學者推尊史記、謂夏紀贊用行夏之時事、商紀贊用乘殷之輅事、至高祖紀贊、則曰、朝以十月、黃屋左纛、譏其不用夏時商輅也、遷之意誠恐是如此、但若使	見《評林》頁 332

內　　　容	出　　處
高祖眞能行夏時乘商輅、亦只是漢高祖、終不可謂之禹湯、	
備　註 一. **評林刪字**（原典字下畫線者） 1. 以爲先黃老後六經，此自是太史談之學，若遷則皆宗孔氏， 2. 之 3. 車服 4. 盖 5. 考得甚好，然但以此遂謂遷能學孔子，則亦徒能得其皮殼而已 二. **評林某字原典作某**（字加框者） 1. 謂作「如於」 三. **評林摘取原典大意**（文字反黑者）	

呂太后本紀第九

	內　　　容	出　　處
原典	鄭氏曰： 遷遺惠而紀呂，無亦獎盜乎？	（子部，雜家類，困學紀聞，卷十一，頁 12）（善本）
評林	鄭樵曰、 遷遺惠而紀呂、無亦獎盜乎、	見《評林》頁 333
備註	一. **評林與原典無異**	

	內　　　容	出　　處
原典	臣光曰： 爲人子者，父毋有過則諫；諫而不聽，則號泣而隨之，安有守高祖之業，爲天下之主，不忍毋之殘酷，遂棄國家而不恤，縱酒色以傷生？若孝惠者，可謂篤於小仁，而未知大誼也。	（史部，編年類，通代之屬，資治通鑑，卷十二，頁 18）（善本）
評林	司馬光曰、 爲人子者、父母有過則諫、諫而不聽、則號泣而隨之、安有守高祖之業、爲天下之主、不忍母之殘酷、遂棄國家而不恤、縱酒色以傷生、若孝惠者、可謂篤于小仁、而未知大誼者也、	見《評林》頁 335、頁 336
備註	一. **評林某字原典作某**（字加框者） 1. 于字作於	

	內　　　　　容	出　　處
原典	呂后殺其子孫而欲帝母家，使母家無少長皆斬，而身亦死于崇禍。史遷備著之，爲萬世女后戒。	（子部，儒家類，黃氏日抄，卷四十六，頁7）
評林	黃震曰、 按呂后殺其子孫而王母家、使母家無少長皆斬、而身亦死于崇禍、史遷備著之、可爲萬世女后戒、	見《評林》頁342
備 註	**一. 評林刪字**（原典字下畫線者） 1. 欲 **二. 評林增字**（評林字下畫線者） 1. 可 **三. 評林某字原典作某**（字加框者） 1. 王字作帝 2. 死字作死	

	內　　　　　容	出　　處
原典	王孫賈入市曰：淖齒殺閔王，欲與我誅者袒右。市人從者四百人，誅淖齒，周勃誅呂，用左袒之策本此。	（子部，雜家類，猗覺寮雜記，卷下）（善本）
評林	朱翌曰、 戰國策、王孫賈入市中曰、淖齒殺閔王、欲與我誅者袒右、從者四百人、與之誅淖齒、周勃誅呂氏、用左袒之策本此、	見《評林》頁347
備 註	**一. 評林刪字**（原典字下畫線者） 1. 市人 **二. 評林增字**（評林字下畫線者） 1. 戰國策 2. 中 3. 與之 4. 氏 **三. 評林某字原典作某**（字加框者） 1. 欲字作歆 2. 袒字作祖 3. 從字作徙 4. 策字作策	

	內　　　容	出　　　處
原 典	按《儀禮‧鄉射疏》云：凡事無問吉凶皆祖左。是以〈士喪禮〉及〈大射〉皆祖左，唯有受刑祖右，故覲禮乃云右肉袒注云刑宜施於右是也。以此攷之，周勃誅呂氏之計已定，為呂氏者有刑，故以右袒令之。非以覘人心之從違也。	（子部，雜家類，困學紀聞，卷十二，頁 5）（善本）
評 林	王應麟曰、 儀禮鄉射疏云、凡事無問吉凶皆祖左、是以大射及士喪禮皆祖左、惟有受刑者祖右、以此考之、太尉勃誅呂氏之計已定、為呂氏者有罪、故以右袒令之、軍中太尉之令嚴矣、非以覘人心之從違也、	見《評林》頁 347
備 註	**一. 評林刪字**（原典字下畫線者） 1. 故覲禮乃云右肉袒注云刑宜施於右是也 **二. 評林某字原典作某**（字加框者） 1. 疏字作疏 2. 「大射及士喪禮」作「士喪禮及大射」 3. 考字作攷 4. 太尉作周 5. 罪字作刑	

孝文本紀第十

	內　　　容	出　　　處
原 典	班氏載於〈刑法志〉，而《史記》書之本紀。太史公書於高、景二紀，詔皆不書，獨〈文帝紀〉凡詔皆稱上，曰：以其出於帝之實意故也。不然則山東老癃扶杖聽詔，願見德化之成，其可以空言動邪？	（集部，總集類，通代之屬，西山先生真文忠公文章正宗，卷二，頁 4）（善本）
評 林	真德秀曰、 此詔班氏載于刑法志內、史記書之本紀、太史公于高景二紀詔皆不書、獨文帝紀凡詔皆稱上曰、以其出于帝之實意故也、不然則山東老癃扶杖聽詔、願見德化之成、其可以空言動耶、又曰、文帝除拏及肉刑求直言、除誹謗祠官勸農等詔、皆爾雅溫厚有典誥氣象、	見《評林》頁 357
備 註	**一. 評林刪字**（原典字下畫線者） 1. 而 2. 書 **二. 評林增字**（評林字下畫線者） 1. 此詔 2. 內	

3. 又曰、文帝除拏及肉刑求直言、除誹謗祠官勸農等
　　詔、皆爾雅溫厚有典誥氣象、

三. 評林某字原典作某（字加框者）

1. 于字作於

	內　　容	出　　處
原典	帝自代郡來，辭讓再三，初無一毫垂涎鼎璽之心，最是卑詞而和匈奴，軟語而諭南粵，視名位直將浼焉。其不有天下之心如此，有司請建太子，而帝曰別擇賢，彼豈爲其私哉！後立景帝，特以身履諸呂之變，不容不早定耳。西漢有帝王氣象，文帝一人而已。	（集部，總集類，通代之屬，文選補遺，卷一，頁13）（善本）
評林	陳仁子曰、 帝自代來、辭讓再三、初無一毫垂涎鼎璽之心、最是卑詞而和匈奴、軟語而諭南粵、視名位若將晚焉、有司請建太子、而帝曰別擇賢、彼豈爲其私哉、後立景帝、特以身履諸呂之變、不容不早定耳、西漢有帝王氣象、文帝一人而已、	見《評林》頁357、頁358
備註	**一. 評林刪字**（原典字下畫線者） 1. 郡 2. 其不有天下之心如此 **二. 評林某字原典作某**（字加框者） 1. 若字作直 2. 晚字作浼	

	內　　容	出　　處
原典	文帝之元年，景帝方十歲爾，平、勃所以亟請建太子者，懲惠帝繼嗣不明之禍也。文帝所以固讓者，蓋踐祚之初，懼不克勝，所言皆發於中心，非好名也。	（子部，儒家類，中庸衍義，卷六，頁14、頁15）
評林	呂祖謙曰、 按文帝之元年、景帝方十歲耳、平勃所以亟請建太子者、懲惠帝繼嗣不明之禍、文帝所以固讓者、蓋踐祚之始、懼不克勝、所言者、皆發于中心、非好名也、	見《評林》頁358
備註	**一. 評林刪字**（原典字下畫線者） 1. 也 **二. 評林某字原典作某**（字加框者） 1. 耳字作爾 2. 蓋字作蓋 3. 始字作初 4. 于字作於	

	內　　　　　容	出　　　處
原典	愚曰： 文帝令列[侯]之國，高處有三：一則<u>自</u>代來，知餽餉之苦；二則留京師，孤劚牧之任；三則有緩急生肘腋之禍。至<u>於</u>宴飲[賜賞]之濫，又其餘者也，深哉！	（集部，總集類，通代之屬，文選補遺，卷一，頁12）（善本）
評林	陳仁子曰、 文帝令列[侯]之國、高處有三、一則代來知餽餉之苦、二則留京師、孤劚牧之任、三則有緩急生肘腋之禍、至[于]宴飲[賞賜]之濫、又其餘者也、深哉、	見《評林》頁360
備註	**一.評林刪字**（原典字下畫線者） 1. 自 **二.評林某字原典作某**（字加框者） 1. 矦字作侯 2. 于字作於 3.「賞賜」作「賜賞」	

	內　　　　　容	出　　　處
原典	帝在位二十三年，日食者四，甚至孛星、地震、旱、蝗、大水屢見疊出。當時，無主權之下移也，無愼人之在朝也。吾意徵應匈奴強而入[寇]耳，帝猶引躬責過，所以無過也。	（集部，總集類，通代之屬，文選補遺，卷一，頁13）（善本）
評林	陳仁子曰、 帝在位二十三年、日食者四、甚至孛星地震旱蝗大水疊見疊出、當<u>是</u>時、無主權之下移也、無愼人之在朝也、吾意徵應匈奴強而入寇耳、帝猶引躬責過、所以無過也、	見《評林》頁362、頁363
備註	**一.評林增字**（評林字下畫線者） 1. 是	

	內　　　　　容	出　　　處
原典	陳傅良曰： 以一女子言，[改]百年<u>帝王</u>之故典，非甚勇不及此。	（集部，總集類，通代之屬，文選補遺，卷一，頁17）（善本）
評林	陳傅良曰、 以一女子言、[改]百年之故典、非甚勇不及此、	見《評林》頁365
備註	**一.評林刪字**（原典字下畫線者） 1. 帝王 **二.評林某字原典作某**（字加框者） 1. 改字作攺	

	內　　容	出　　處
原典	林之[奇]曰： 文帝以富庶之業，始於賈誼，成於晁錯。誼則言願[敺]民而歸之農，使天下各食其力，文帝感悟，耕籍田以爲農先，而務農之詔，無[歲]無之矣。錯之勸帝，令民入粟，以多少級數而拜爵，文帝感悟，賜民田租之半，盡除田租之詔，自此而屢下矣，然則文帝之致此者，豈非二人之力哉！	（集部，總集類，通代之屬，文選補遺，卷一，頁15）（善本）
評林	林之[奇]曰、 文帝以富庶之業、始[于]賈誼、成于晁錯、誼則言願[敺]民而歸之農、使天下各食其力、文帝感悟、耕籍田以爲農先、而務農之詔、無[歲]無之矣、錯之勸帝、令民入粟、以多少級數而拜爵、文帝感悟、賜民田租半、盡除田租之詔、自此而屢下矣、然則文帝之致此者、豈非二人之力哉、	見《評林》頁366
備註	一**. 評林刪字**（原典字下畫線者） 1. 之 二**. 評林某字原典作某**（字加框者） 1. 奇字作㧜 2. 于字作於 3. 敺字作敺 4. 歲字作崴	

	內　　容	出　　處
原典	文帝過則自歸，福則眾共，古帝王用[心]也。	（集部，總集類，通代之屬，西山先生眞文忠公文章正宗，卷二，頁9）（善本）
評林	眞德秀曰、 文帝過則自歸、福則眾共、古帝王用[必]也、	見《評林》頁367
備註	一**. 評林某字原典作某**（字加框者） 1. 必字作心	

	內　　容	出　　處
原典	凡二十三年之間，其商[畧][區畫]捨農桑外，所深著意者，獨邊事而已，然其卑詞屈已，歲致金繪與犬羊結好者，豈得已哉！帝亦度匈奴桀驁之[執]，未可以遽服，而瘡	（集部，總集類，通代之屬，文選補遺，卷一，頁20）（善本）

	內　　　　容	出　　處
原 典	病甫定之民，未可以遽用，故雖外爲和親之禮，而實在內未嘗輕弃自治之策，帝於是憤怒激烈，銳志雪恥，屯兵三郡，親御六飛勞軍勒兵，申教令，賜士卒必欲躬自北伐，雖羣臣之諫不聽，豈非仁者之勇哉！使太后不固要之，而帝與六將軍之兵，果得臨敵，當必痛懲而大治之，使之終身創艾矣。	
評 林	朱黼曰、 文帝二十三年之間、其商畫區處、捨農桑外、所深著意者、獨邊事而已、然其卑詞屈已、歲致金繒與犬羊結好者、豈得已哉、帝亦度匈奴桀驁之勢、未可以遽服、而瘡痍甫定之民、未可以遽用、故雖外爲和親之禮、而在內未嘗經弃自治之策、帝于是憤怒激烈銳志雪恥、必欲躬自北伐、雖群臣之諫不聽、豈非仁者之勇哉、使太后不固要之、而帝與六將軍之兵、果得臨敵、當必痛懲而治之、使之終身創艾矣、	見《評林》頁 368、頁369
備 註	一**. 評林刪字**（原典字下畫線者） 1. 凡 2. 署 3. 屯兵三郡，親御六飛勞軍勒兵，申教令，賜士卒 4. 之 二**. 評林增字**（評林字下畫線者） 1. 文帝 三**. 評林某字原典作某**（字加框者） 1. 「畫區」作「區畫」 2. 勢字作埶 3. 于字作於 4. 群字作羣	

內　　　　　容	出　　　處
愚曰： 帝之和匈奴，何仁而不悟也！夫夷狄之欲，甚無厭也。可以德柔，可以力屈，不可專以利誘。若一切挾金繒誘之，吾懼利有限，而欲無厭，未可恃此爲固也，且以帝之時較論，戰者凡幾，和者又凡幾。三年匈奴嘗入寇矣，遣灌嬰擊之而走，十四年匈奴又入寇，殺都尉卬矣，遣張相如等擊之而走。後元六年，又入上郡矣，遣周亞夫等禦之而退，是戰未嘗不勝也。六年冒頓死，嘗請和親矣。至十一年而有狄道之寇。後元二年亦和親矣。至六年而有雲中之寇，是和未嘗可恃也。矧帝之時，未嘗	（集部，總集類，通代之屬，文選補遺，卷一，頁 20）（善本）

	無具也，絳灌可將也，南北可軍也，富庶可財而三表五餌可術也。內爲天保以上之規模，外爲杕杜出車之備，且乘隙而用之，孰至以天下之大而畏人者，而帝一切以和親爲常，此固賈誼所以痛哭流涕於斯也，帝何不悟哉！	
評林	陳仁子曰、 帝之和匈奴、何其仁而不悟也、且以帝之時較論之、三年匈奴常入寇矣、遣灌擊之而走、十四年匈奴又入寇殺都尉卬矣、遣張相如等擊之而走、後元六年又入上郡矣、遣周亞夫等禦之而退、是戰未嘗不勝也、六年冒頓死、常請和親矣、至十一年而有狄道之寇、後元二年亦和親矣、至六年而有雲中之寇、是和未常可恃也、矧帝之時灌嬰可將也、南北可軍也、三表五餌可術也、孰至以天下之大而畏人者、而帝一切以和親爲常、此固賈誼所以痛器流涕于斯也、	見《評林》頁 369、頁 370
備註	一. 評林刪字（原典字下畫線者） 1. 夫夷狄之欲，甚無厭也。可以德柔，可以力屈，不可專以利誘。若一切挾金繒誘之，吾懼利有限，而欲無厭，未可恃此爲固也， 2. 戰者凡幾，和者又凡幾。 3. 未嘗無具也 4. 富庶可財而 5. 內爲天保以上之規模，外爲杕杜出車之備，且乘隙而用之 6. 帝何不悟哉 二. 評林增字（評林字下畫線者） 1. 之 三. 評林某字原典作某（字加框者） 1. 常字作嘗 2. 「灌嬰」作「絳灌」 3. 將字作将 4. 于字作於	

	內　　　容	出　　處
原典	高帝無遺詔，景、武以後亦不復有。蓋特出帝意而非故事也。觀其辭，非知死生之說者不能，孰謂帝不知學乎！	（集部，總集類，通代之屬，西山先生眞文忠公文章正宗，卷二，頁11）（善本）

評林	眞德秀日、 高帝無詔、景帝以後亦不復有、[盍]特出帝意而非故事也、觀其[詞]非知死生之[說]者不能、孰謂帝不知學乎、	見《評林》頁 371
備註	**一. 評林刪字**（原典字下畫線者） 1. 遺 **二. 評林某字原典作某**（字加框者） 1. 盍字作蓋 2. 詞字作辭	

	內　　　　　容	出　　　　處
原典	文帝遺詔短喪，議禮者譏焉，然觀文帝惻[怛]，爲民惟恐妨之，至死彌篤。在帝不失其爲厚。爲景帝者，所宜如禮，不可苟[狥]其言，自流于薄爾。[後]世不以爲譏，而反譏文帝，何哉？	（子部，儒家類，黃氏日抄，卷四十六，頁 8）
評林	黃震日、 按文帝遺詔短喪、議禮者譏焉然觀文帝惻[隱]、爲民惟恐妨之、至死彌篤在帝不失其爲厚、爲景帝者所宜如禮、不可苟[狥]其言自流于薄爾、[后]世不以爲譏、而反譏文帝何哉、	見《評林》頁 372
備註	**一. 評林某字原典作某**（字加框者） 1. 隱字作怛 2. 狥字作狥 3. 后字作後	

	內　　　　　容	出　　　　處
原典	文帝此詔，非但了死生之事，而[愛]民惻怛，溢乎言外。	（集部，總集類，通代之屬，文選補遺，卷一，頁 26）（善本）
評林	陳仁子日、 文帝此詔非但了死生之事、而[受]民惻怛之心、溢乎言外、	見《評林》頁 373
備註	**一評林增字**（評林字下畫線者） 1. 之心 **二. 評林某字原典作某**（字加框者） 1. 受字作愛	

	內　　　容	出　　　處
原典	漢文帝以七月己亥崩，乙巳葬，纔七日耳，與窶人之家，斂手足形還葬者，何以異？景帝必不忍以天下儉其親，此殆文帝之顧命也。雖未合中道，見亦卓矣。文帝此等見解，皆自黃、老中來。	（子部，類書類，鶴林玉露，卷一，頁 19）（善本）
評林	羅大經曰、 漢文帝以七月己亥崩、乙巳葬、纔七日耳、與窶人之家、斂手足形還葬者、何以異、景帝必不忍以天下儉其親、此殆文帝之顧命也、雖未合中道、見亦卓矣、文帝此等見解、皆自黃老中來、	見《評林》頁 373
備註	**一. 評林某字原典作某**（字加框者） 1. 己字作巳 2. 解字作鮮	

	內　　　容	出　　　處
原典	樂舞之立，乃後人摹寫功德，光昭前烈者也。景帝紀孝文行事，若減刑、恤孤，聞者第讚其爲是；宣帝紀孝武行事，若窮兵、淫祀，聞者第彰其爲非。嗟夫！一時之所爲，不掩萬世之清議，如印印泥若此。	（集部，總集類，通代之屬，文選補遺，卷一，頁 23）（善本）
評林	陳仁子曰、 樂舞之立、乃後人摹寫功德、光昭前烈者也、景帝紀孝文行事、若減刑恤孤、聞者第讚其爲是、宣帝紀孝武行事、若窮兵淫祀、聞者第彰其爲非、嗟夫一時之所謂不掩萬世之清議若此、	見《評林》頁 374
備註	**一. 評林刪字**（原典字下畫線者） 1. 如印印泥	

孝景本紀第十一

	內　　　容	出　　　處
原典	按七國之事，太史公乃以一言曰：以諸侯太盛而錯爲之不以漸。蓋高帝封國之過制，孝景君臣處置之失，皆見於二言中，詞簡而義備，非後世史筆之所可及也。	（集部，總集類，文章正宗，卷十三，頁 52）
評林	眞德秀曰、 太史公論七國事、以一言斷之、曰以諸侯太盛而錯爲之不以漸也、則其初封建之過制、後之當抑損、而爲之不善、皆見于一言、非後世史筆可及、	見《評林》頁 384

備 註	**一. 評林刪字**（原典字下畫線者） 1. 蓋高帝封國之過制孝景君臣處置之失 2. 詞簡而義備、 **二. 評林增字**（評林字下畫線者） 1. 也 2. 則其初封建之過制、後之當抑損、而爲之不善 **三. 評林某字原典作某**（字加框者） 1. 侯字作侯 2. 于字作於 3. 一字作二	

今上本紀第十二

	內　　　　容	出　　處
原 典	漢武帝刻意求仙，至以愛女妻方士，可謂顛倒之極。末年<u>廼</u>忽悔悟曰：世豈有仙者！節食服藥，差可少病耳。此論却甚確。<u>近時</u>劉潛夫詩云：但聞方士騰空去，不見童男入海<u>回</u>；無藥能令炎帝在，有人曾哭老耼來。	（子部，類書類，鶴林玉露，卷二，頁 4）（善本）
評 林	羅大經曰、 漢武帝刻意求仙、至以愛女妻方土、可謂顛倒之極、末年<u>乃</u>忽悔悟曰、世豈有仙者、節食服藥、差可少病耳、此論卻甚確、劉潛夫詩云、但聞方士騰空去、不見童男入海<u>回</u>、無藥能令炎帝在、有人曾哭老耼來、	見《評林》頁 395
備 註	**一. 評林刪字**（原典字下畫線者） 1. 近時 **二. 評林某字原典作某**（字加框者） 1. 乃字作廼	

	內　　　　容	出　　處
原 典	唐李<u>商</u>隱漢宮詩云：青雀西飛竟未<u>回</u>，君王猶在集靈臺，侍臣最有相如渴，不賜金莖露一杯。譏武帝求仙也。言青雀杳然不回，神仙無可致之理必矣！而君王未悟，猶徘徊臺上，庶幾見之，且胡不以一物驗其真妄乎？金盤盛露，和以玉屑，服之可以長生，此方士之說也。今侍臣相如正苦消渴，何不以一杯賜之？若服之而愈，則方士之說，猶可信也，不然則其妄明矣。二十八字之間，委蛇曲折，含不盡之意。	（子部，類書類，鶴林玉露，卷六，頁 14、頁 15）（善本）

評林	羅大經曰、 唐李⬚商⬚隱漢宮詩云、青雀西飛竟未⬚回⬚、君王猶在集靈臺、侍臣最有相如渴、不賜金莖露一杯、譏武帝求仙也、言青雀杳然不回、神仙無可致之理必矣、而君王未悟、猶徘徊臺上、庶幾見之、且胡不以一物驗其眞妄乎、金盤盛露、和以玉屑、服之可以長生、此方士之說也、今侍臣相如正苦消渴、何不以一杯賜之、若服之而愈、則方士之說、猶可信也、不然則其妄明矣、二十八字之間、委蛇曲折、含不盡之意、	見《評林》頁 406、頁407
備註	一. 評林與原典無異	

第三節　表書部分

三代世表第十三

	內　　　　容	出　　　處
原典	<u>安敢望子長之風耶！夫</u>表者，興亡⬚理⬚亂之大略，而固之表，則猶譜牒也。書者，制度沿革之大端，而固之⬚志⬚，則猶⬚案⬚牘也。	（子部，類書類，古今源流至論，別集卷五，頁 1）
評林	黃履翁曰、 表者、⬚治⬚亂興亡之大略、而固之表、則猶譜謀也、書者、制度沿革之大端、而固之⬚書⬚、則⬚書⬚牘也、<u>安可望子長耶</u>、	見《評林》頁 411
備註	一. **評林刪字**（原典字下畫線者） 1. 安敢望子長之風耶！ 2. 夫 二. **評林增字**（評林字下畫線者） 1. 安可望子長耶 三. **評林某字原典作某**（字加框者） 1. 治字作理 2. 書字作志 3. 書字作案	

十二諸矦年表第十四

六國表第十五

	內　　　　容	出　　處
原典	六國之興成亦天運耳，故地無常利，推移之者，天也。粵自黃帝邑于涿鹿以來，顓帝邑于龍城，舜耕于歷山。箕子建國朝鮮，王氣在東。千五百年，乃轉而歸于西土。西土者，自文、武都豐鎬以來，秦據咸陽，漢卜長安，王氣在西。又千有一百年，乃轉而河朔。河朔者，自西漢中葉以後，新莽而下，極于隋、唐，河朔富盛，王氣在河朔。又九百年，乃轉而南夏。若南夏者，襄、漢以南達于湖、廣，江湖以南斥于閩海，安史之亂，皆禍所不及，由是東南十一路泰然安堵。歷五季以至宋，民物豐阜，皆古所號荒涼之地也。自南自北，王氣各有攸在，而司馬遷謂起事專在西南，成功專在東北，非的論矣。	（集部，總集類，通代之屬，文選補遺，卷二十六，頁1）（善本）
評林	陳仁子曰、 六國之興滅亦天運耳、故地無常利、推移之者天也、粵自黃帝邑于涿鹿以來、顓帝邑于龍城、舜耕于歷山、箕子建國朝鮮、王氣在東千五百年、乃轉而歸于西土、西土者、自文武都豐鎬以來、秦據咸陽、漢卜長安、王氣在西、又千有一百年、乃轉而河朔、河朔者、自西漢中葉以後新莽而下、極于隋唐、河朔富盛、王氣在河朔、又九百年、乃轉而南夏、若南夏者、襄漢以南達于湖廣、江湖以南斥于閩海、安史之亂、皆禍所不及、由是東南十一路泰然安堵、歷五季以至宋、民物豐阜、皆古所號荒涼之地也、自南自北王氣各有攸在、而司馬遷謂起事專在東南、成功專在西北、非的論矣、	見《評林》頁540、頁541
備註	一. 評林某字原典作某（字加框者） 1. 滅字作成	

秦楚之際月表第十六

漢興年表第十七

	內　　　　容	出　　處
原典	漢初宗姓諸王，無戰功而有分土；唐初宗姓諸王，有戰功而無分土。	（集部，總集類，通代之屬，文選補遺，卷二十六，頁4）（善本）
評林	陳仁子曰、 漢初宗姓諸王、無戰功而有分土、唐初宗姓諸王、有戰功而無分土、	見《評林》頁622

備註	一. 評林與原典無異	

高祖功臣矦者年表第十八

惠景間矦者年表第十九

建元以來矦者年表第二十

	內　　　容	出　　　處
原典	建元以來之封爵，與漢初功臣異矣，而太史公⬚紀之曰：七十二國，⬚褚氏補餘四十五國，何⬚邊功之多若是耶？中國一統而馳志如此，是亦不可以已乎！不知費幾萬生⬚靈，能成此諸封爵也，惜哉！	（集部，總集類，通代之屬，文選補遺，卷二十六，頁6）（善本）
評林	陳仁子曰、 建元以來之封爵、與漢初功臣異矣、而太史⬚記之曰、七十三國、⬚褚氏補餘四十五國、何⬚邊功之多若是耶、中國一統而馳志如此、是亦不可以已乎、不知費幾萬生⬚靈、能成此諸封爵也、惜哉、	見《評林》頁761
備註	一. 評林某字原典作某（字加框者） 1. 記字作紀 2. 褚字作褚 3. 邊字作邊	

王子矦者年表第二十一

	內　　　容	出　　　處
原典	分王子弟，親親之恩也，誼之遺策也。遷之言似頌似諷，讀者可以洞悟。	（集部，總集類，通代之屬，文選補遺，卷二十六，頁6）（善本）
評林	陳仁子曰、 分王子弟、親親之恩也、誼之遺策也、遷之言似頌似諷、讀者可以洞悟、	見《評林》頁799
備註	一. 評林與原典無異	

漢興以來將相名臣年表第二十二

禮書第二十三

樂書第二十四

	內　　容	出　　處
原典	禮樂鬼神一理，又曰在聖人制作處，便是禮樂；在造化功用處，便是鬼神。	（經部，禮類，禮記之屬，禮記大全，卷十八，頁 16）
評林	按朱子云、 禮樂鬼神一理、在聖人制作處、便是禮樂、在造化功用處、便是鬼神、	見《評林》頁 884
備註	一. **評林刪字**（原典字下畫線者） 1. 又曰	

律書第二十五

歷書第二十六

天官書第二十七

	內　　容	出　　處
原典	王應麟曰： 隨，安步也，吉莫大焉。隋，裂肉也。不祥莫大焉，而妄改之，不學之過也。	（經部，小學類，韵部之屬，轉注古音畧，卷三，頁 14）（善本）
評林	王應麟曰、 隨安步也、吉莫大焉、隋、裂肉也、不祥莫甚、而妄改之、不學之過也、	見《評林》頁 971
備註	一. **評林刪字**（原典字下畫線者） 1. 步 二. **評林增字**（評林字下畫線者） 1. 甚 三. **評林某字原典作某**（字加框者） 1. 步字作步 2. 改字作攺	

封禪書第二十八

	內　　容	出　　處
原典	司馬遷、班固書曰：獲一角獸，蓋麟云。蓋之為言疑之也。夫獸而一角，固麟矣，二子何疑焉？豈求之武帝而未見所以致麟者歟！	（集部，別集類，宋金元，東坡全集，卷九十二，頁 9）（善本）

	內　　　　　容	出　　處
評林	蘇軾曰、 史遷書獲一角獸、薤麟云、薤之爲言疑之也、夫獸而一角、固麟矣、何疑焉、豈求之武帝、而未見所以致麟者歟、	見《評林》頁 1041
備註	**一. 評林刪字**（原典字下畫線者） 1. 曰 2. 二子 **二. 評林某字原典作某**（字加框者） 1. 「史遷」作「司馬遷、班固」 2. 薤字作蓋	

	內　　　　　容	出　　處
原典	方士之說，惟以黃帝乘龍上天爲誇，武帝巡行，親行黃帝冢而祭之，方士尙何辭？而從者復遁其說，爲葬衣冠，主暗臣諛一至此，甚悲夫！	（子部，儒家類，黃氏日抄，卷四十六，頁 8，頁 9）
評林	黃震曰、 方士之說、惟以黃帝乘龍上天爲誇、武帝巡行、親至黃帝冢而祭之、方士尙何辭、而從者復遁其說爲葬衣冠、主暗臣諛一至此甚悲夫、	見《評林》頁 1054
備註	**一. 評林某字原典作某**（字加框者） 1. 乘字作乘 2. 諛字作諛	

河渠書第二十九

	內　　　　　容	出　　處
原典	河決瓠子而南，田蚡食邑鄃居河北利之進說其君，不復事塞者二十年。其後天子親臨，羣臣從官自將軍以下皆負薪寘之，而水復禹迹無後災。近臣之蔽君，與君臣之率作興事，成敗之相反類如此，豈獨水利哉！	（子部，儒家類，黃氏日抄，卷四十六，頁 9）
評林	黃震曰、 河決瓠子而南、田蚡利之進說其君、不復事塞者二十年、其後天子親臨、群臣從官自將軍以下皆負薪寘之、而水復禹迹無後災、近臣之諛君、與君臣之率作興事、成敗之相反率如此、豈獨水利哉、	見《評林》頁 1076、頁 1077
備註	**一. 評林刪字**（原典字下畫線者） 1. 食邑鄃居河北 **二. 評林某字原典作某**（字加框者） 1. 群字作羣	

| | 2. 誤字作蔽 |
| 3. 率字作類 | |

平準書第三十

	內　　容	出　　處
原典	武帝五十年間，因兵革而財用耗，因財用而刑法酷，沸四海而爲鼎，生民無所措手足。迨至末年，平準之置，則海內蕭然，戶口減半，陰奪于民之禍，於斯爲極，遷備著始終相因之變，特以平準名書，而終之曰：烹弘羊，天乃雨。嗚呼旨哉！	（子部，儒家類，黃氏日抄，卷四十六，頁10）
評林	黃震曰、漢武帝五十年間因兵革而財用耗、因財用而刑法酷、沸四海而爲鼎、生民無所措手足、迄至末年平準之置、則海內蕭然戶口減半、陰奪于民之禍于是爲極、遷備著始終相因之變、特以平準名書、而終之曰烹弘羊天乃雨、嗚呼旨哉、	見《評林》頁1101
備註	**一. 評林某字原典作某**（字加框者） 1. 迄字作迨 2. 戶字作戶 3. 陰字作陰 4. 于字作於 5. 是字作斯 6. 弘字作弘 7. 旨字作旨	

	內　　容	出　　處
原典	平準者，桑弘羊籠天下貨，官自爲商賈，買賣於京師之名也。葢漢更文、景恭儉，至武帝初，公私之富極矣。自開西南夷、滅朝鮮，至置初郡、自設謀馬邑、挑匈奴、至大將軍驃騎將軍連年出塞，大農耗竭，猶不足以奉戰士，乃賣爵、乃更錢幣、乃算舟車，而事益煩、財益屈，宜天下無可枝梧之術矣。未幾，孔僅東郭咸陽乘傳行天下鹽鐵，楊可告緡徧天下，得民財物以億計，而縣官之用反以饒，而宮室之修於是日麗，鑿無爲有，逢君之惡，小人之術何怪也？然漢自是連兵三歲，費皆仰給大農，宜無復可繼之術矣。又未幾，桑弘羊領大農，置平準，於是天子北至朔方，東至太山，巡海上並北邊以歸，用帛百餘萬疋，錢金以巨萬計，皆取足大農。又一歲之中，太倉、甘泉倉皆滿而邊餘穀，其始愈取而愈不足於用，	（子部，儒家類，黃氏日抄，卷四十六，頁9，頁10）

	及今愈用而反愈有餘，小人之術展轉無窮，又何怪之甚也！嗚呼！武帝五十年間，因兵革而財用耗，因財用而刑法酷，沸四海而爲鼎，生民無所措手足。迨至末年，平準之置，則海內蕭然，戶口減半，陰奪于民之禍，於斯爲極。遷備著始終相因之變，特以平準名書，而終之曰：烹弘羊，天乃雨。嗚呼旨哉！	
評　林	黃震曰、 平準者、桑弘羊籠天下貨、官自爲商賈買賣於京師之名也、葢漢更文景恭儉、至武帝初公私之富極矣、自開西南夷、滅朝鮮、至置初郡、自設謀馬邑、挑匈奴、至大將軍驃騎將軍連年出塞、大農耗竭、猶不足以奉戰士、乃賣爵、乃更錢幣、乃算舟車、而事益煩、財益屈、宜天下無可枝梧之術矣、未幾孔僅東郭咸陽乘傳行天下鹽鐵、楊可告緡徧天下、得民財物以億計、而縣官之用反以饒、而宮室之修於是日麗、鑿無爲有、逢君之惡、小人之術何怪也、然漢自是連兵三歲、費皆仰給大農、宜無復可繼之術矣、又未幾桑弘羊領大農、置平準、於是天子北至朔方、東至泰山、巡海上並北邊以歸、用帛百餘萬疋、錢金以巨萬計、皆取足大農、又一歲之中、太倉甘泉倉皆滿而邊餘穀、其始愈取而愈不足於用、及今愈用而反愈有餘、小人之術展轉無窮、又何怪之甚也、嗚呼、武帝五十年間、因兵革而財用耗、因財用而刑法酷、沸四海而爲鼎、生民無所措手足、迨至末年、平準之置、則海內蕭然、戶口減半、陰奪於民之禍、於斯爲極、遷備著始終相因之變、特以平準名書、而終之日烹弘羊天乃雨、嗚呼旨哉、	見《評林》頁1104
備　註	**一. 評林某字原典作某**（字加框者） 1. 弘字作弘 2. 乘字作乘 3. 鐵字作鐵 4. 宮字作宮 5. 逢字作逢 6. 歲字作歲 7. 泰字作太 8. 邊字作邊 9. 戶字作户 10. 陰字作陰 11. 於字作于 12. 旨字作旨	

第四節　世家部分

吳世家第三十一

	內　　容	出　　處
原典	夫差之報越，其志壯矣。燕昭報齊似之，取其大節，而略其成敗可也。	（子部，雜家類，困學紀聞，卷六，頁 39、頁 40）（善本）
評林	王應麟曰： 夫差之報越，其志壯矣，燕昭報齊似之取其大節，而略其成敗可也。	見《評林》頁 1123
備註	**一. 評林某字原典作某** 1. 越字作越	

	內　　容	出　　處
原典	季子觀樂於魯，知列國之廢興於百年之前，方其救陳也，去吳之亡，十三年耳，而謂季子不知可乎？闔廬之自立也，曰季子雖至不吾廢也，是季子德信於吳人，而言行於其國也，且帥師救陳，不戰而去之，以爲敵國名，則季子之於吳，蓋亦少專矣。救陳之明年，而子胥死，季子知國之必亡，而終無一言於夫差，知言之無益也。夫子胥以闔廬霸，而夫差殺之如皂隸，豈獨難於季子乎？烏乎悲夫！吾是以知夫差之不道，至於使季子不敢言也。	（集部，別集類，宋金元，東坡全集，卷九十四，頁 1、頁 2）（善本）
評林	蘇軾曰： 季子觀樂于魯，知列國廢興于百年之前，方其救陳也、去吳之亡、十三年耳、而謂季子不知可乎、季子知國之必亡、而終無一言於夫差、知言之無益也、夫子胥以闔閭伯、而夫差殺之如皂隸、豈獨難于季子乎、嗚呼悲夫、吾以是知夫差之不道、致使季子不敢言也、	見《評林》頁 1125
備註	**一. 評林刪字**（原典字下畫線者） 1. 之 2. 闔廬之自立也，曰季子雖至不吾廢也，是季子德信於吳人，而言行於其國也，且帥師救陳，不戰而去之，以爲敵國名，則季子之於吳，蓋亦少專矣。救陳之明年，而子胥死 **二. 評林某字原典作某**（字加框者） 1. 于字作於 2. 伯字作霸	

3. 皂字作皀
4. 嗚呼作烏乎
5. 以是作是以
6. 致使作至於使

	內　　　　容	出　　　處
原典	黃池之會，王孫雒曰：必會而先之，吳、晉爭先，雒之謀也，然不能救吳之亡，故《呂氏春秋》曰：吳王夫差染於王孫雒、太宰嚭，然則雒亦嚭之流耳。	（子部，雜家類，困學紀聞，卷六，頁48）（善本）
評林	王應麟曰： 黃池之會、王孫雒曰、必會而先之、吳晉爭先、雒之謀也、然不能救吳之亡、故呂氏春秋云、吳王夫差染于王孫雒太宰嚭、然則雒亦嚭之流耳、	見《評林》頁1127
備註	**一. 評林某字原典作某**（字加框者） 1. 云字作曰 2. 染字作染 3. 于字作於 4. 嚭字作嚭	

	內　　　　容	出　　　處
原典	蘇子曰： 吳自太伯至壽夢十九世，不通中國，壽夢以下始與諸侯盟會，七世而亡，然孔子作《春秋》，終以蠻夷書之，謂之吳而不人，蓋禮義不足故也。春秋諸侯國而不人者三，楚始稱荊而巳。僖元年書楚人伐鄭，文九年書楚子使椒來聘，自是遂與諸侯齒，而吳、越終春秋不人，此其禮義存亡之實也，故予因《春秋》所書而推考三國得失之效，以爲吳、越皆戰勝攻取，能服人矣，而無禮義以自將。吳欲以乘陵諸夏，而不知止，故闔閭之後，覆亡而不救，越能自安於蠻夷，無意於王伯，故句踐之後，固陋而無聞。至於楚，禮義雖不足道，而亦無愧於齊、晉，故其後遂與戰國相終始。由是觀之，禮義之於爲國豈誣也哉！	（史部，別史類，古史，卷八，頁10）
評林	蘇子古史曰、 吳自太伯至壽夢十九世、不通中國、壽夢已下始與諸侯盟會、七世而亡、然孔子作春秋、終以蠻夷書之、謂吳而不人、蓋禮義不足故也、春秋諸侯國而不人者三、楚始稱荊、僖元年書楚人、文九年書楚子、自是遂與諸侯齒、而吳越終春秋不人、此其禮義存亡之實也、故予因春秋所書而推考三國得失之效、以爲吳越皆戰勝攻取、	見《評林》頁1129

	能服人矣、而無禮義以自將、故闔廬之後、復亡而不救、句踐之後、固陋而無聞、至於楚禮儀雖不足道、而亦無愧於齊晉、故其後遂與戰國相終始、由是觀之、禮義豈誣也哉、	
備 註	**一. 評林刪字**（原典字下畫線者） 1. 之 2. 而已 3. 伐鄭 4. 使椒來聘 5. 吳欲以乘陵諸夏，而不知止 6. 越能自安於蠻夷，無意於王伯，故 7. 之於爲國 **二. 評林某字原典作某**（字加框者） 1. 效字作効 2. 儀字作義 3. 廬字作閭 4. 復字作覆	

齊太公世家第三十二

	內　　　　容	出　　　處
原 典	鬼谷子〈午合篇〉：伊尹五就桀、五就湯，然後合於湯；呂尚三入殷朝，三就文王，然後合於文王。孫子〈用間篇〉當參攷，伊、呂聖人之耦，豈詭遇求獲者？此戰國辯士之誣聖賢也。伊尹三聘而起，太公辟紂海濱，當取信於《孟子》。	（子部，雜家類，困學紀聞，卷十，頁39）（善本） 按：小字爲註。
評 林	王應麟曰、 鬼谷子云、伊尹五就桀、五就湯、然後合于湯、呂尚三入殷朝、三就文王、然後合于文王、夫伊呂聖人之耦、豈詭遇而求獲者、此戰國辨士之誣聖賢也、伊尹三聘而起、太公辟紂海濱、當取信于孟子、	見《評林》頁1132
備 註	**一. 評林刪字**（原典字下畫線者） 1. 〈午合篇〉 2. 孫子〈用間篇〉當參攷 **二. 評林增字**（評林字下畫線者） 1. 云 2. 而 3. 夫 **三. 評林某字原典作某**（字加框者） 1. 于字作於 2. 辨字作辯 3. 濱字作濆	

	內　　　容	出　　　處
原典	東坡曰： 權以濟事曰譎。鄒陽曰：齊桓公殺哀姜于夷。孔子曰：正而不譎。陽之時，師傅蓋云爾。以此推之，晉文公譎而不正，蓋納辰嬴之過也。哀姜親也，齊雖不誅，君子不以罪桓公，故曰：正而不譎。以爲桓公可以譎而徇正，蓋甚之也。	（史部，史評類，史論之屬，歷代名賢確論，卷二十三，頁4）（善本）
評林	蘇軾曰、 權以濟事曰譎、鄒陽曰、齊桓公殺哀姜于夷、孔子曰、正而不譎、夫哀姜親也、齊雖不誅、君子不以罪桓公、故曰正而不譎、以爲文公可以譎而猶正、蓋甚之也	見《評林》頁1141
備註	**一. 評林刪字**（原典字下畫線者） 1. 陽之時，師傅蓋云爾。以此推之，晉文公譎而不正， 　　蓋納辰嬴之過也 **二. 評林增字**（評林字下畫線者） 1. 夫 **三. 評林某字原典作某**（字加框者） 1. 「蘇軾」作「東坡」 2. 文字作桓 3. 猶字作徇	

	內　　　容	出　　　處
原典	桓公帥諸侯以伐楚，次於陘而不進，以待楚人之變。楚使屈完如師，桓公陳諸侯之師，與之乘而觀之，屈完見齊之盛，懼而求盟，諸侯之師，成列而未試也。桓公退舍召陵，與之盟而去之，夫豈不能一戰哉？知戰之不必勝，而戰勝之利，不過服楚，全師之功，大於克敵，故以不戰服楚而不吝也。	（集部，別集類，宋金元，欒城集，後集卷七，頁6）（善本）
評林	蘇轍曰、 桓公帥諸侯以伐楚、次于陘而不進、楚使屈完如師、桓公陳諸侯兵與觀之、屈完懼而求盟、諸侯之兵成列而未戰也、桓公退舍召陵、與之盟而去之、夫豈不能一戰哉、知戰之不必勝、而戰勝之利不過服楚、全師之功、大于克敵、故以不戰服楚而不吝也、	見《評林》頁1142、頁1143
備註	**一. 評林刪字**（原典字下畫線者） 1. 以待楚人之變 2. 之師 3. 之乘而	

二. 評林增字（評林字下畫線者）
1. 兵
三. 評林某字原典作某（字加框者）
1. 兵字作師
2. 戰字做試
3. 于字作於

	內　　　容	出　　　處
原典	崔杼之禍，晏子仰天不肯盟，可謂疾風勁草者矣。齊太史書崔杼弒莊公，兄死，弟繼者三，至今凜凜生氣，猶足以寒亂臣賊子之膽。	（子部，儒家類，黃氏日抄，卷四十六，頁 12）
評林	黃震曰、按 崔慶之變、晏子仰天不肯盟、可謂疾風勁艸者矣、齊太史書崔杼弒莊公、兄死、弟繼者三、至今凜凜生氣、猶足以寒亂臣賊子之胆、	見《評林》頁 1153
備註	**一. 評林某字原典作某**（字加框者） 1. 「崔慶之變」作「崔杼之禍」 2. 艸字作草	

	內　　　容	出　　　處
原典	蘇子曰： 三代之得天下，其所以異於後世者，惟不求而得之耳。世之論伊尹、太公，多以陰謀奇計歸之，其說乃與漢陳平、魏賈詡無異。夫陳平、賈詡之事，張子房、荀文若之所不爲也，而謂伊尹、太公爲之乎？太公蓋善用兵，老而不衰，與文王治岐，而司馬兵法出焉。要之，皆仁人，豈以詭詐爲文武傾人，以自立者哉？管仲相桓公，霸諸侯，一匡天下，使人免左衽之禍，孔子以仁許之，然死不旋踵，適庶爭立，桓公不得葬，幸而不亡，以管仲之智，而不免於此，蓋物有以蔽之歟！古者將治天下，必先治家，以爲其道，當自是往，管仲爲齊大夫，塞門反坫，身備三歸，而相公內嬖如夫人者六人，其行甚穢，管仲以爲不害伯，不禁也。夫古之聖人，爲君臣、父子、夫婦之禮，皆有本末，不徒設也，故以舊坊爲無用而毀之者，必有水患；以舊禮爲無益而去之者，必有亂患。古之君子，身修而家治，安而行之，不知其難而亂自去。今管仲婾取一時之欲，而僥倖於長久，難哉！桓公季年，將立世子，管子知將有嫡庶之禍，遂與桓公屬孝公於宋襄公。夫使桓公妻妾適庶之分素明，	（史部，別史類，古史，卷九，頁 22、頁 23）

	內　　　　容	出　　處
	家事素定，則太子一言立矣，而他人何與哉？蓋管仲智有餘而德不足，於是窮矣。	
評 林	蘇子古史曰、 三代之得天下、其所以異於後世者、惟不求而得之耳、世之論伊尹太公、多以陰謀奇計歸之、其說乃與漢陳平魏賈詡無異、夫陳平賈詡之事、張子房荀文若之所不爲也、而謂伊尹太公爲之乎、太公葢善用兵、老而不衰、與文王治岐、而司馬兵法出焉、要之皆仁人、豈詭詐傾人、以自立者哉、管仲爲齊大夫、塞門反玷、身備三歸、而桓公內嬖如夫人者六人、其行甚穢、管仲以爲不害霸不禁也、夫古之聖人爲君臣父子夫婦之禮、皆有本末、不徒設也、故以舊坊爲無用而毀之者、必有水患、以舊禮爲無益而去之者、必有亂患、古之君子、身修而家治、安而行之、不知其難而亂自去、今管仲婾取一時之欲、而僥倖於長久難哉、桓公季年、將立世子、管仲知其將有嫡庶之禍、遂與桓公屬孝公於宋襄公、夫使桓公妻妾適庶之分素明、家事素定、則太子一言立矣、而它人何與哉、葢管仲智有餘而德不足、於是窮矣、	見《評林》頁 1161
備 註	**一. 評林刪字**（原典字下畫線者） 1. 以 2. 爲文武 3. 管仲相桓公，霸諸侯，一匡天下，使人免左衽之禍，孔子以仁許之，然死不旋踵，適庶爭立，桓公不得葬，幸而不亡，以管仲之智，而不免於此，蓋物有以蔽之歟！古者將治天下，必先治家，以爲其道，當自是往 **二. 評林某字原典作某**（字加框者） 1. 葢字作蓋 2. 霸字作伯 3. 它字作他 4. 葢字作蓋	

周公世家第三十三

	內　　　　容	出　　處
原 典	此中宗無逸之實，嚴恭寅畏，合而言之，敬也。因桑穀而修省，亦其畏天命之一端，天人一理，既畏天命，必不敢輕下民，祗懼不敢荒寧，皆敬也。惟敬，故壽也，主靜則悠遠博厚，自强則堅實精明，操存則血氣循軌而不亂，收斂則精神內固而不浮。凡此皆敬之方，壽之理也。自此至文王，其壽莫非此理。	（經部，書類，書集傳纂疏，卷五，頁 36）

評林	呂祖謙曰、 此中宗无逸之實、嚴恭寅畏、合而言之、敬也、因桑穀而修省、亦其畏天命之一端、天人一理、既畏天命、必不敢輕下民、震懼不敢荒寧、皆敬也、惟敬故壽也、主靜則悠遠博厚、自強則堅實精明、操存則血氣順軌而不亂、收歛則精神內固而不浮、至於儉約克治去戕賊之累、又不在言、凡此皆敬之方、壽之理也、自此至文王、其壽莫非此理、	見《評林》頁 1168
備註	**一. 評林增字**（評林字下畫線者） 1. 至於儉約克治去戕賊之累、又不在言 **二. 評林某字原典作某**（字加框者） 1. 无字作無 2. 震字作袛 3. 愽字作博 4. 順字作循	

	內　　容	出　　處
原典	呂氏曰： 商去周未遠，故公以王耳目所接者言之。	（經部，書類，書傳輯錄纂註，卷五，頁 41）
評林	呂祖謙曰、 商去周未遠、故公以王耳目所接者言之、	見《評林》頁 1168、頁 1169
備註	**一. 評林與原典無異**	

	內　　容	出　　處
原典	陳氏經曰： 中宗近生知，高宗學知，祖甲困知者也。	（經部，書類，書集傳纂疏，卷五，頁 37）
評林	陳經曰、 中宗近生知、高宗學知、祖甲困知、	見《評林》頁 1169
備註	**一. 評林刪字**（原典字下畫線者） 1. 者也	

	內　　容	出　　處
原典	履祥按： 弒君爭國之禍，自是始，而昭王不能討，失政甚矣。史稱昭王之時，王道微缺，朱子亦謂周綱陵夷，自昭王始，有以也夫！	（史部，編年類，資治通鑑前編，卷九，頁 1）

	內　　　　容	出　　處
評林	金履祥曰、按、 弑君爭國之禍自是始、而昭王不能討、失政甚矣、史稱昭王之時王道微缺、朱子亦謂周綱陵夷、自昭王始、有以也、	見《評林》頁 1172
備註	**一. 評林刪字**（原典字下畫線者） 1. 夫	

	內　　　　容	出　　處
原典	歐陽子曰： 隱公，非攝也。使隱果攝，則《春秋》不稱公。《春秋》稱公，則隱公非攝無疑也。此論未然，《春秋》雖不書隱公居攝，而於書仲子之事，自隱然可見。夫毋以子貴，世俗之情也。使桓不將立，則仲子特一生公子之妾耳。周王何爲而歸其賵？魯國何爲而考其宮？今已歸賵，而不嫌瀆亂之譏，考官而加嚴事之禮，徒以桓之將爲君也，桓將爲君則隱之攝，著矣。	（子部，類書類，鶴林玉露，卷□，頁 12）（善本） 按：□表模糊
評林	羅大經曰、 隱公非攝也、使隱果攝則春秋不稱公、春秋稱公、則隱公非攝無疑也、此論未然、春秋雖不書隱公居攝、而於書仲子之事、自隱然可見、夫毋以子貴、世俗之情也、使桓不將立、則仲子特一生公子之妾耳、周王何爲而歸其賵、魯國何爲而考其宮、今也歸賵而不嫌瀆禮之譏、考宮而加嚴事之禮、徒以桓之將爲君也、恒將爲君則隱之攝著矣、	見《評林》頁 1173、頁 1174
備註	**一. 評林某字原典作某**（字加框者） 1. 「羅大經」作「歐陽子」 2. 今字作令 3. 禮字作亂 4. 宮字作官 5. 矣字作矢	

	內　　　　容	出　　處
原典	履祥按： 鄭以祊田易許田，其請久矣，故嘗先歸祊，隱公受之，已入祊矣，而許田則未與也。隱公豈以朝宿之邑，重於予鄭耶？或者廣狹肥确之非鈞也，桓弒隱而立，立即脩好於鄭，而鄭要之以許，爲垂之會，且加璧焉。於是卒與許田矣。蓋鄭以貪易許，而桓以餂略鄭也。	（史部，編年類，斷代之屬，先秦，增定資治通鑑前編，卷十，頁 19）（善本）

評林	（此段文字分二段校勘，此為第一） 金履祥曰、 鄭以祊田易許田、其請久矣、至是魯桓公立 修好 于 鄭、 而鄭要之以許為垂之會、且加璧焉、於是卒與許田矣、 蓋鄭以貪易許、而桓以 援 略鄭也、	見《評林》頁 1174、頁 1175
備 註	**一. 評林刪字**（原典字下畫線者） 1. 故嘗先歸祊，隱公受之，已入祊矣，而許田則未與也。隱公豈以朝宿之邑，重於予鄭耶？或者廣狹肥硗之非鈞也，桓弒隱而立 2. 即 **二. 評林某字原典作某**（字加框者） 1. 修字作脩 2. 于字作於 3. 於字作于 4. 援字作餒	

	內　　　　　　容	出　　　處
原 典	履祥按： 魯桓與 翬 弒隱而為君相，歸許于鄭，會齊、鄭、陳以成宋亂，成 昏 于齊， 桓親會而翬為之逆桓，又親為會以受之君相之間，所以求寵於諸侯。求援於大國者，為謀亦至， 為禮亦恭矣，而桓之所以自隕者，卒以姜氏，人力不可以勝天如此 夫 ！	（史部，編年類，斷代之屬，先秦，增定資治通鑑前編，卷十，頁22） （善本）
評 林	（此段文字分二段校勘，此為第二） （金履祥曰、） 又曰、魯桓與 翬 弒隱而為君相、歸許于鄭、成 婚 于齊、所以求援於大國者、為謀亦至矣、而桓之所以自隕者、卒以姜氏、人力不可以勝天 也 如此 矣 、	見《評林》頁 1175
備 註	**一. 評林刪字**（原典字下畫線者） 1. 會齊鄭陳以成宋亂 2. 桓親會而翬為之逆桓，又親為會以受之君相之間，所以求寵於諸侯 3. 為禮亦恭 **二. 評林增字**（評林字下畫線者） 1. 也 **三. 評林某字原典作某**（字加框者） 1. 翬字作翬 2. 婚字作昏 3. 矣字作夫	

	內　　　容	出　　　處
原典	履祥按： 魯自隱公將予其弟桓，而桓公殺之以立，卒爲文姜所謀，見殺于齊。其子莊公制于母而忘其父，又婚于齊，哀姜卒與叔牙、慶父亂，殺般弒閔，叔牙、慶父皆不良死，禍猶未已，而叔孫、孟孫、季孫三家者，自是立其後，魯自是分而桓公子孫卒不自相容也。不弟、不忠、不孝之報，其禍如此夫。	（史部，編年類，資治通鑑前編，卷十一，頁13）
評林	金履祥曰、 按魯自隱公將與其弟桓、而桓公弒之以立、卒爲文姜所謀、見殺于齊、其子莊公又婚于齊、哀姜卒與叔牙慶父亂、殺般弒閔、叔牙慶父皆不得良死、禍猶未已、而叔孫孟孫季孫三家者自是立其後、魯自是分而桓公子孫卒不自相容也、不弟不忠不幸之報、其禍如此夫、	見《評林》頁1177
備註	一. **評林刪字**（原典字下畫線者） 1. 制于母而忘其父 二. **評林增字**（評林字下畫線者） 1. 得 三. **評林某字原典作某**（字加框者） 1. 隱字作隠 2. 與字作予 3. 弒字作殺 4. 幸字作孝	

	內　　　容	出　　　處
原典	季文子相三君，家無衣帛之妾，廄無食粟之馬，君子謂其廉忠，然私室日強，公室日卑自若也。愚謂行父能自毀城郭去兵甲，退安臣子之分，如孔子之所以謀魯，則身爲卿相，雖妾衣帛、馬食粟，未害也。	（子部，儒家類，黃氏日抄，卷四十六，頁13）
評林	黃震曰、 按季文子相三君、家無衣帛之妾、廄無食粟之馬、君子謂其廉忠、然私室日彊公室之卑自若也、愚謂行父能自毀城郭去兵甲、退安臣子之分、如孔子之所以謀魯、則身爲卿相、雖妾衣帛馬食粟未害也、	見《評林》頁1180、頁1181
備註	一. **評林某字原典作某**（字加框者） 1. 廄字作廄 2. 之字作日	

	內　　容	出　　處
原典	子家羈不欲昭公與季氏立異，子家羈豈黨季氏者乎？陳平、周勃不與呂氏立異，平、勃豈黨呂氏者乎？狄仁傑不與武氏立異，仁傑豈黨武氏者乎？處事變者，須識此意。雖然夫子三都之墮，王陵庭爭之語，駱賓王舉兵之檄，亦不可少也。聲大義者，張膽而明目；定大策者，潛慮而密謀。	（子部，類書類，鶴林玉露，卷十二，頁3、頁4）（善本）
評林	羅大經曰、子家駒不欲昭公與季氏立異、子家駒豈黨季氏者乎、陳平周勃不與呂氏立異、平勃豈黨呂氏者乎、狄仁傑不與武氏立異、仁傑豈黨武氏者乎、處事變者、須識此意、雖然夫子三都之墮、王陵庭爭之詰、駱賓王舉兵之檄、亦不可少也、庭大義者、張膽而明目、定大策者、潛慮而密謀、	見《評林》頁1183
備註	一. **評林某字原典作某**（字加框者） 1. 駒字作羈 2. 異字作異 3. 處字作處 4. 詰字作語 5. 庭字作聲 6. 潛字作潛	

	內　　容	出　　處
原典	不薨于其位，猶道死也。雖謂之不沒于魯亦可也。經世書，三桓作難，弒其君哀公，蓋除心之法，不弒而實弒也。	（史部，編年類，資治通鑑前編，卷十八，頁22）
評林	金履祥曰、不薨于其位、猶道死也、雖謂之不沒于魯亦可也、經世書、三桓作難、弒其君哀公、蓋誅心之法、不弒而實弒也、	見《評林》頁1186
備註	一. **評林某字原典作某**（字加框者） 1. 誅字作除	

	內　　容	出　　處
原典	蘇子曰：魯自宣公殺其世子而自立，公室遂卑，三桓分有其民而竊咻之，民知有大夫而不知有君。襄公二十九年，季武子取卞，公還自楚，不敢入，歸而不敢問，蓋魯君	（史部，別史類，古史，卷十，頁28、頁29）

	之失國也，久矣。至昭公，不忍其詢，未能收民，而舉兵攻之，遂以失國。哀公孤弱，甚於昭公，又欲以越人攻之，終亦出死於越。嗟夫！棄民五世而欲一朝收之，宜其難哉！昔齊晏子嘗告景公以田氏之禍，公問所以救之者，晏子曰：唯禮可以已之。在禮，家施不及國。而大夫不收公利。景公稱善，而不能用，齊卒以亡。語稱哀公問社於宰我。宰我對曰：夏后氏以松，殷人以栢，周人以栗，曰使民戰栗。孔子聞之曰：成事不說，遂事不諫，既往不咎，予嘗考之，以爲哀公將去三桓，而不敢正言，古者戮人於社，其託於社者，有意於誅也。宰我知其意，而亦以隱答焉。其曰使民戰栗，以誅告也。孔子知其不可曰，此先君之所爲植根固矣，不可以誅戮齊也。蓋亦有意於禮乎？不然，何咎予之深也？孔子曰：禮樂征伐，自諸侯出，十世希不失矣；自大夫出，五世希不失矣；陪臣執國命，三世希不失矣。自隱至昭而逐於季氏，凡十世；自宣至定而制於陽虎，凡五世，虎不逾世而敗。自是三桓微，散沒不復見，而魯公室雖微不絕，遂與戰國相終始。蓋以臣僭君，不義而得民，要以其力自竊，君雖失衆，而其實無罪，久則民將哀之，其勢固當然哉！	
評 林	蘇子古史曰、 魯自宣公殺其世子而自立、公室遂卑、三桓分有其民而竊咻之、民知有大夫而不知有君、襄公二十九年、季武子取卞、公還自楚、不敢入、歸而不敢問、蓋魯君之失國也久矣、至昭公、不忍其詢、未能收民、而舉兵攻之、遂以失國、哀公孤弱甚於昭公、又欲以越人攻之、終亦出死於越、嗟夫弃民五世而欲一朝收之、宜其難哉、昔齊晏子嘗告景公以田氏之禍、公問所以救之者、晏子曰、唯禮可以已之、在禮家施不及國、而大夫不收公利、景公稱善、而不能用、齊卒以亡、語稱哀公問社於宰我、宰我對曰、夏后氏以松、殷人以栢、周人以栗、曰使民戰栗、孔子聞之曰、成事不說、遂事不諫、既往不咎、予嘗考之、以爲哀公將去三桓、而不敢正言、古者戮人於社、其託于社者、有意於誅也、宰我知其意而亦以隱答焉、其曰使民戰栗、以誅告也、孔子知其不可曰、此先君之所爲植根固矣、不可以誅戮齊也、蓋亦有意於禮乎、不然何咎予之深也、孔子曰、禮樂征伐自諸侯出、十世希不失矣、自大夫出、<u>五世希不失矣陪臣執國命</u>、三世希不失矣、自隱至昭而逐於季氏凡十世、自宣至定而制於陽虎凡五世、虎不逾世而敗、<u>自是三桓微散沒不復見而魯公室雖微不絕</u>、遂與戰國相終	見《評林》頁 1188、頁 1189

	內　　容	出　　處
	始、蓋以臣[僭]君、不義而得民、要以其力自斃、君雖 失[眾]、而其實無罪、<u>久</u>則民將哀之、其勢固當然哉、	
備 註	**一. 評林某字原典作某**（字加框者） 1. 葢字作蓋 2. 弃字作棄 3. 己字作已 4. 柏字作栢 5. 矦字作侯 6. 僭字作僣 **二. 評林句讀待商榷者**（字下畫粗虛線者）	

燕世家第三十四

	內　　容	出　　處
原 典	彪謂： 王噲，七國之愚主也。惑蘇代之淺說，貪堯之名，惡禹 之實，自令身死國破，[葢]無足筭。齊[閔]所以請太子者， 近於興滅繼絕矣，而天下不以其言信其心，[葢]名實者， 天下之公器也。豈可以虛稱矯舉而得哉！故齊[閔]之 勝，適足以動天下之兵，而速臨[淄]之敗也。	（史部，雜史類，先秦 兩漢之屬，戰國策校 注，卷九，頁 15）（善本）
評 林	鮑彪曰、 王噲七國之愚主也、惑蘇代之淺說、貪堯之名、惡禹之 實、自令身死國破、[葢]無足筭、齊[潛]所以請太子者、 近于興滅繼絕矣、而天下不以其言信其心、[葢]名實者、 天下之公器也、豈可以虛稱矯舉而得哉、故齊[潛]之勝、 適足以動天下之兵、而速臨[菑]之敗也、	見《評林》頁 1196
備 註	**一. 評林某字原典作某**（字加框者） 1. 葢字作蓋 2. 潛字作閔 3. 菑字作淄	

	內　　容	出　　處
原 典	彪謂： 燕昭、郭隗皆三代人也，欲爲國雪[恥]，君臣問對無他 言，[專]欲得賢士而事之，此無[競]惟人之誼也，欲無興 得乎哉！	（史部，雜史類，先秦 兩漢之屬，戰國策校 注，卷九，頁 20）（善本）
評 林	鮑彪曰、 燕昭郭隗皆三代人也、欲爲國雪[恥]、君臣問對無他言、 [專]欲得賢士而事之、此無[競]惟人之誼也、欲無興得乎、	見《評林》頁 1198

備註	一. **評林刪字**（原典字下畫線者） 1. 哉 二. **評林某字原典作某**（字加框者） 1. 耻字作恥 2. 専字作專 3. 兢字作競	

	內　　　容	出　　　處
原典	王喜方<u>自</u>救不<u>暇</u>，反用栗腹敗趙以自敗其從，豈必丹軻之謀，而後燕滅哉！	（子部，儒家類，黃氏日抄，卷四十六，頁14）
評林	黃震曰、按、 <u>今</u>王喜方<u>目</u>救不<u>暇</u>、反用栗腹敗趙以自敗其從、豈必丹軻之謀、而後燕滅哉、	見《評林》頁1200
備註	一. **評林增字**（評林字下畫線者） 1. 今 二. **評林某字原典作某**（字加框者） 1. 目字作自 2. 暇字作暇	

	內　　　容	出　　　處
原典	七國齊、<u>魏</u><u>趙</u>、韓皆大夫篡，楚為黃，秦為呂，唯燕為<u>舊</u>國，召公之澤，<u>遠</u>矣。惠王不用樂毅，太子丹乃用荊軻，其能國乎？	（子部，雜家類，困學紀聞，卷十一，頁5、頁6）（善本）
評林	王應麟曰、 七國齊<u>魏</u><u>趙</u>韓皆大夫篡、楚為黃、秦為呂、惟燕為<u>書</u>國、召公之澤<u>遠</u>矣、惠王不用樂毅、太子丹乃用荊軻、其能國乎、	見《評林》頁1201
備註	一. **評林某字原典作某**（字加框者） 1. 書字作舊	

	內　　　容	出　　　處
原典	臣光曰： 燕丹不勝一朝之忿，以<u>犯</u>虎狼之秦，輕慮淺謀，<u>挑</u><u>怨</u>速禍，使召公之廟不祀忽諸，罪孰大焉？而論者或謂之賢，豈不過哉！	（史部，編年類，通代之屬，資治通鑑，卷七，頁3）（善本）
評林	司馬光曰、 燕丹不勝一朝之忿、以<u>犯</u>虎狼之秦、輕慮淺謀、<u>挑</u><u>怨</u>速禍、使召公之廟不祀忽諸、罪孰大焉、而論者或謂之賢、豈不過哉、	見《評林》頁1201、頁1202

	一. **評林某字原典作某**（字加框者） 1. 排字作挑 2. 怨字作怼	
備 註		

	內　　　　容	出　　　　處
原 典	蘇子曰： 燕召公之後，然國於蠻貊之間，禮樂微矣。春秋之際，未嘗出與諸侯會盟，至於戰國，亦以耕戰自守，安樂無事，未嘗被兵。文公二十八年，蘇秦入燕，始以縱橫之事說之，自是兵交中國，無復寧⬚，六世而⬚。吳自大伯至壽夢十七世，不通諸侯，自巫臣入吳教吳，乘車戰射，與晉、楚力爭，七世而亡。燕、吳雖南北絕遠，而興亡之迹，大略相似。彼說客策士借人之國，以自快於一時可矣，而為國者，因而狗之，猖狂恣行以速滅亡，何哉？夫起於辟陋之中，而奮於諸侯之上，如商、周先王以德服人則可，不然皆禍也。至太子丹不聽鞠武，而用田光，欲以一匕首斃秦，雖使荊軻能害秦王，亦何救秦之滅燕？而況不能哉！此又蘇秦之所不取也。	（史部，別史類，古史，卷十一，頁8、頁9）
評 林	蘇子古史曰、 燕召公之後、然國於蠻貊之間、禮樂微矣、春秋之際、未嘗出與諸侯會盟、至於戰國、亦以耕戰自守、安樂無事未嘗被兵、文公二十八年、蘇秦入燕、始以縱橫之事說之、自是兵交中國、無復寧⬚、六世而⬚、至太子丹不聽鞠武、而用田光欲以一匕首斃秦、此又蘇秦之所不取也、	見《評林》頁1202
備 註	一. **評林刪字**（原典字下畫線者） 1. 吳自大伯至壽夢十七世，不通諸侯，自巫臣入吳教吳，乘車戰射，與晉、楚力爭，七世而亡。燕、吳雖南北絕遠，而興亡之迹，大略相似。彼說客策士借人之國，以自快於一時可矣，而為國者，因而狗之，猖狂恣行以速滅亡，何哉？夫起於辟陋之中，而奮於諸侯之上，如商、周先王以德服人則可，不然皆禍也 2. 雖使荊軻能害秦王，亦何救秦之滅燕？而況不能哉！ 二. **評林某字原典作某**（字加框者） 1. 歲字作𢧄 2. 囚字作亡	

管蔡世家第三十五

	內　　　　容	出　　處
原典	曹叔鐸之後，共公、成公虜於晉，悼公囚於宋，隱、靖二公更弒迎立，已無以爲國矣。伯陽復好獵，用公孫彊，背晉，干宋，而宋滅之，使國人之夢遂符，叔鐸無所置力於冥冥中矣，悲夫！	（子部，儒家類，黃氏日抄，卷四十六，頁 14）
評林	黃震日、曹叔鐸之後、共公成公虜於晉、悼公囚於宋、隱靖二公更弒逆立、已無以爲國矣、伯陽復好獵、用公孫彊、背晉干宋、而宋滅之、使國人之夢遂符、叔鐸無所致力于冥冥矣、悲夫、	見《評林》頁 1212、頁 1213
備註	**一. 評林刪字**（原典字下畫線者） 1. 中 **二. 評林某字原典作某**（字加框者） 1. 逆字作迎 2. 已字作巳 3. 晋字作晉 4. 致字作置	

	內　　　　容	出　　處
原典	蘇子日： 世俗之說日：舜囚堯不得其死，禹逐舜終於蒼梧之野。周公將纂成王，二叔譏之，乃免於亂。彼以小人之情，度君子之心，亦何所不至哉！今夫聖人雖與世同處，而其中浩然與天地同量，彼其食粟衣帛，蓋有不得已耳，而況與人爭利哉！諸葛孔明受托昭烈以相孺子，雖使取而代之，蜀人安焉，然君臣之義沒身不替。孔明尚然，而況於聖人乎？彼小人何足以知之！	（史部，別史類，古史，卷十二，頁 5、頁 6）
評林	蘇子古史日、世俗之說日、舜囚堯不得其死、禹逐舜終於蒼梧之野、周公將纂成王、二叔譏之、乃免於亂、彼以小人之情、度君子之心、亦何所不至哉、今夫聖人雖與世同處、而其中浩然與天地同量、彼其食粟衣帛、蓋有不得已耳、而況與人爭利哉、諸葛孔明受託昭烈以相孺子、雖使取而代之蜀人安焉、然君臣之義沒身不替、孔明尚然、而況、於聖人乎、彼小人何足以知之、	見《評林》頁 1213
備註	**一. 評林某字原典作某**（字加框者） 1. 葢字作蓋 2. 託字作托	

陳杞世家第三十六

	內　　　容	出　　　處
原典	陳，舜後也，國微甚，然敬仲奔齊，子孫卒代齊有國，彊於天下，果符周太史之占，而晉太史趙亦謂：且盛德之後，必百世祀，豈不異哉？近世朱文公則謂太史之占，陳氏子孫設為之辭以欺世，蓋符命之類也。	（子部，儒家類，黃氏日抄，卷四十六，頁 14、頁 15）
評林	黃震曰、按 陳，舜後也，國微甚、然敬仲奔齊、子孫卒代齊有國、強于天下、果符周太史之占、而晉太史亦謂其盛德之後、必百世祀、豈不異哉、近世朱子則謂太史之占、陳氏子孫設為之辭以欺世、蓋符命之類也、	見《評林》頁 1221
備註	**一. 評林刪字**（原典字下畫線者） 1. 文公 **二. 評林增字**（評林字下畫線者） 1. 子 **三. 評林某字原典作某**（字加框者） 1.「強于」作「彊於」 2. 其字作且	

	內　　　容	出　　　處
原典	蘇子曰： 杞、宋皆天子之事守也，蓋禮樂車服在焉，故孔子曰：夏禮吾能言之，杞不足徵也；殷禮吾能言之，宋不足徵也，文獻不足故也。宋雖不足徵，然春秋之際，晉、楚大國有所不知，未嘗不問焉。如杞遂至於夷，無足言者。	（史部，別史類，古史，卷十三，頁 11）
評林	蘇子古史曰、 杞宋皆天子之事何也、蓋禮樂車服在焉、故孔子曰、夏禮吾能言之、杞不足徵也、殷禮吾能言之、宋不足徵也、文獻不足故也、宋雖不足徵、然春秋之際、晉、楚大國有所不知、未嘗不問焉、如杞遂至于夷、無足言者、	見《評林》頁 1226
備註	**一. 評林某字原典作某**（字加框者） 1. 何字作守 2. 蓋字作蓋 3. 于字作於	

衛世家第三十七

	內 容	出 處
原典	衛君多亂，文公處國家覆亡之後，獨能輕賦平徭，身自勞與百姓同苦，卒以治稱。一國以一人興，信夫！	（子部，儒家類，黃氏日抄，卷四十六，頁 15）
評林	黃震曰、按、君衛多亂、文公處國家覆亡之後、獨能輕賦平罪、身勞與百姓同苦、卒以治稱、一國以一人興信矣、	見《評林》頁 1233
備註	一. **評林刪字**（原典字下畫線者） 1. 自 二. **評林某字原典作某**（字加框者） 1. 「君衛」作「衛君」 2. 罪字作徭 3. 矣字作夫	

	內 容	出 處
原典	秦置東郡，徙衛野王縣，二世始廢。君角為庶人，而衛祀絕，然則衛雖微，其亡獨後于諸國，且子孫保首領，愈於戮辱者多矣。	（子部，儒家類，黃氏日抄，卷四十六，頁 15）
評林	黃震曰、按秦置東郡、徙衛野王縣、二世始廢君角為庶人、而衛祀絕、然則衛雖微、其亡獨後于諸國、且子孫保首領、愈於戮辱者多矣、	見《評林》頁 1240
備註	一. **評林與原典無異**	

	內 容	出 處
原典	蘇子曰： 衛之大亂者再，皆起於父子夫婦之際。宣公、靈公專欲以興禍，固無足言者。急子、壽子爭相為死，而莊公、出公父子相攻，出入二十餘年，不以為恥，賢愚之不同至此哉！然急、壽勇於義，惜其不為吳太伯，而蹈申生之禍以重父之過，可以為廉矣，未得為仁也。昔者孔子之門人季路、高柴皆事出公，孔子自陳反於衛，子路問曰：衛君待子而為政，子將奚先？孔子曰：必也正名乎。名不正則言不順，言不順則事不成，事不成則禮樂不興，禮樂不興則刑罰不中，刑罰不中則民無所措手足，故君子名之必可言也，言之必可行也。君子於其言無所苟而已矣。嗚呼！衛之名，於是可謂不正矣。靈公黜其子而子其孫，出公不父其父而祢其祖，人道絕矣，	（史部，別史類，古史，卷十四，頁 18、頁 19）

	孔子於是焉而欲正之。何爲而可？靈公之死也，衛人立公子郢，郢不可，則衛人立輒，使輒而知禮必辭，辭而不獲必逃，輒逃而郢立，則名正矣，雖以拒蒯聵可也。雖然孔子爲政，豈將廢輒而立郢邪？其亦將教輒避位而納蒯聵耳。蒯聵得罪於父，生不養死不喪，然於其入也，《春秋》書曰：晉趙鞅帥師納衛世子蒯聵于戚，非世子而以世子名之，以其子得立於衛，成其爲世子也。若輒避位而納其父，是世子爲君也，而名有不正乎？名正而衛定矣。	
評　　林	蘇子古史曰、 衛之大亂者再、皆起于父子夫婦之際、宣公靈公專欲以興禍、固無足言者、伋子壽子爭相爲死、而莊公出公父子相攻、出入二十餘年、不以爲恥、賢愚之不同至此哉、然伋壽勇於義、惜其不爲吳太伯、而蹈申生之禍以重父之過、可以爲廉矣、未得爲仁也、昔者孔子之門人季路高柴皆事出公、孔子自陳反於衛、子路問曰、衛君待子而爲政、子將奚先、孔子曰、必也正名乎、嗚呼衛之名、於是可謂不正矣、靈公黜其子而子其孫、出公不父其父而禰其祖、人道絕矣、孔子於是焉而欲正之、何爲而可、靈公之死也、衛人立公子郢、郢不可、則衛人立輒、使輒而知禮必辭、辭而不獲必逃、輒逃而郢立、則名正矣、雖以拒蒯聵可也、雖然孔子爲政、豈將廢輒而立郢邪、亦將教輒避位而納蒯聵耶、蒯聵得罪於父、生不養死不喪、然于其入也、春秋書曰、晉趙鞅帥師納衛世子蒯聵于戚、非世子而以世子名之、以其子得立于衛、成其爲世子也、若輒避位而納其父、是世子爲君也、而名有不正乎、名正而衛定矣、	見《評林》頁 1241
備　　註	**一. 評林刪字**（原典字下畫線者） 1. 名不正則言不順，言不順則事不成，事不成則禮樂不興，禮樂不興則刑罰不中，刑罰不中則民無所措手足，故君子名之必可言也，言之必可行也。君子於其言無所苟而已矣 2. 其 **二. 評林某字原典作某**（字加框者） 1. 伋字作急 2. 吳字作吳 3. 禰字作祢 4. 輒字作輒 5. 耶字作耳 6. 于字作於 7. 人字作入	

宋世家第三十八

	內　　　　　容	出　　　處
原典	此言《洛書》所爲出之意也。鯀、禹相繼治水，《洛書》必待禹而後出者，蓋天不愛道，地不愛寶，必得其人然後畀。鯀陻洪水逆水之性，所以五行皆汩亂其常，此帝之所以不畀鯀，而彝倫之所以不明也。禹則不然，故帝乃錫之書，出于洛，而禹得之遂推其類，以爲〈洪範〉九疇，彝倫之所以叙也。	（史部，編年類，資治通鑑前編，卷六，頁 35）
評林	金履祥曰、 此言洛書所爲出之意、蓋天必得其人然後畀、鯀逆水之性、所以五行皆汩亂其常、此帝之所以不畀鯀、而彝倫所以不明也、禹惟不然、故帝乃錫之書出于洛、而禹得之遂推其類、以爲洪範九疇、彝倫之所以叙也、	見《評林》頁 1246
備註	**一. 評林刪字**（原典字下畫線者） 1. 鯀、禹相繼治水，《洛書》必待禹而後出者，蓋天不愛道，地不愛寶 2. 陻洪水 **二. 評林增字**（評林字下畫線者） 1. 蓋天 **三. 評林某字原典作某**（字加框者） 1. 彝字作彝 2. 惟字作則	

	內　　　　　容	出　　　處
原典	凡厥庶民有猷、有爲、有守，汝則念之；不協於極、不罹於咎，皇則受之。云者則以言夫君既立極於上，而下之從化，或有淺深遲速之不同，其有謀者、有才者、有德者，人君固當念之而不忘，其或未能盡合，而未抵乎大戾者，亦當受之，而不拒也。其曰而康、而色、曰予攸好德，汝則錫之福，時人斯其惟皇之極。云者則以言夫人之有能革面從君，而以好德自名，則雖未必出於中心之實，人君亦當因其自名，而與之以善，則是人者，亦得以君爲極而勉其實也。	（集部，別集類，南宋建炎至德祐，晦庵集，卷七十二，頁 20）
評林	朱熹曰、 有猷有爲至惟皇之極、言民之有謀有才有德者、人君固當念之而不忘、其或未能盡合、而未底乎大戾者、亦當受之而不拒也、又或有能革面從君、而以好德自名、則雖未必出於中心之實、人君亦當因其自名而與之善則是人者、亦得以君爲極而勉其實也、	見《評林》頁 1248

備 註	一. 評林刪字（原典字下畫線者） 1. 凡厥庶民 2. 有守，汝則念之；不協於極、不罹於咎，皇則受之。云者則以言夫君既立極於上，而下之從化，或有淺深遲速之不同，其 3. 亦當受之，而不拒也。其曰而康、而色、曰予攸好德，汝則錫之福，時人斯其惟皇之極。云者則以言夫人之 4. 以 二. 評林增字（評林字下畫線者） 1. 至惟皇之極 2. 言民之 3. 又或 三. 評林某字原典作某（字加框者） 1. 底字作抵 四. 評林句讀待商榷者（字下畫粗虛線者）	

	內　　　　　　容	出　　　處
原 典	陳經曰： 三德之用，莫易于正直、莫難于剛柔。君道主剛，剛之失其過小，柔之失其過大，故又言威福玉食之柄在君，惟恐失之柔而柄下移，如漢元成也。	（經部，書類，尚書埤傳，卷十，頁26）
評 林	陳經曰、 三德之用、莫易於正直、莫難於剛柔、君道主剛、剛之失其過小、柔之失其過大、故又言威福玉食之柄在君、唯恐失之柔而柄下移、如漢元成也、	見《評林》頁1249、頁1250
備 註	一. 評林某字原典作某（字加框者） 1. 於字作于	

	內　　　　　　容	出　　　處
原 典	蓋卜筮者，天之所示也。必人事盡，然後可以求之天命。	（經部，書類，尚書全解，卷二十五，頁18）
評 林	（此段文字分二段校勘，此為第一） 林之奇曰、 卜筮、天所示也、人事盡然後可求之天、	見《評林》頁1250
備 註	一. 評林刪字（原典字下畫線者） 1. 蓋 2. 者	

	3. 之
	4. 必
	5. 命

	內　　　容	出　　　處
原典	故龜、筮稽疑，必在皇極三德之後。	（經部，書類，洪範正論，卷五，頁1）
評林	（此段文字分二段校勘，此爲第二） （林之奇曰、） 故龜筮稽疑必在皇極三德之後、	見《評林》頁1250
備註	**一. 評林與原典無異**	

	內　　　容	出　　　處
原典	五者之中，三從二逆，從之理多，吉之所在也，然<u>於</u>三從之中，必龜、筮皆從乃可。盖龜、筮無心<u>之物</u>，既已皆從，<u>它雖有逆</u>卿士、庶民，或<u>者</u>別有私心，未可知<u>也</u>。	（經部，書類，增修東萊書説，卷十七，頁17）
評林	（此段文字分四段校勘，此爲第一） 呂祖謙曰、 <u>龜筮君卿民</u>、五者之中、三從二逆、從之理多、吉之所在也、然三從之中、必龜筮之從乃可、盖龜筮無心、既已皆從、卿士庶民、或別有私心未可知、	見《評林》頁1250
備註	**一. 評林刪字**（原典字下畫線者） 1. 於 2. 之物 3. 它雖有逆 4. 者 5. 也 **二. 評林增字**（評林字下畫線者） 1. 龜筮君卿民 **三. 評林某字原典作某**（字加框者） 1. 葢字作盖 2. 之字作皆	

	內　　容	出　　處
原典	張氏曰：決疑主于蓍、龜，故進于卿士、庶民之上。龜、筮從，而臣民逆，亦吉者，以我心與鬼神合也。我與民雖逆，而亦吉者，以卿士與龜、筮同也；我與卿士逆，而亦吉者，以庶民與龜、筮同也。	（經部，書類，書集傳纂疏，卷四上，頁46）
評林	（此段文字分四段校勘，此爲第二） （呂祖謙曰、） 故龜筮從、而卿士庶民逆亦吉者、以我心與鬼神合也、我與庶民雖逆而亦吉者、以卿士與龜筮同也、我與卿士逆而亦吉者、以庶民與龜筮同也、	見《評林》頁1250、頁1251
備註	一. 評林刪字（原典字下畫線者） 1. 張氏曰：決疑主于蓍、龜 2. 進于卿士、庶民之上 二. 評林增字（評林字下畫線者） 1. 卿士 2. 庶 三. 評林某字原典作某（字加框者） 1. 庶字作臣	按：此段據元陳櫟：《書集傳纂疏》、元董鼎：《書傳輯錄纂註》、明胡廣：《書經大全》皆云「張氏曰」或恐凌氏誤置於呂祖謙之下。

	內　　容	出　　處
原典	若龜從而筮不從，必其尙有未盡者，故作內吉，如祭祀之事則可，作外凶，如征伐之事則不可。	（經部，書類，增修東萊書說，卷十七，頁18）
評林	（此段文字分四段校勘，此爲第三） （呂祖謙曰、） 苟龜從而筮不從、必尙有未盡者、故內事從可、外事則否。	見《評林》頁1251
備註	一. 評林刪字（原典字下畫線者） 1. 其 2. 作 3. 吉如祭祀之 4. 作 5. 凶如征伐之 二. 評林某字原典作某（字加框者） 1. 苟字作若 2. 從字作則 3. 否字作「不可」	

	內　　　　容	出　　　處
原典	呂氏曰： 汝與臣民皆從，而龜、筮皆違，則是於理必有未盡。靜而不爲則吉，動爲則凶矣，此義至精微。	（經部，書類，洪範正論，卷五，頁20）
評林	（此段文字分四段校勘，此爲第四） （呂祖謙曰、） 苟我與臣民皆從、而龜筮皆違、則是於理有未盡、靜而不爲則吉、動爲則凶矣、此理最精微、	見《評林》頁1251
備註	一. 評林刪字（原典字下畫線者） 1. 汝 2. 必 二. 評林增字（評林字下畫線者） 1. 苟我	

	內　　　　容	出　　　處
原典	一極備凶、一極無凶；多些子不得、無些子不得。	（子部，儒家類，朱子語類，卷七十九，頁44）
評林	朱熹曰、 一極備凶、一極無凶、多些子不得、無些子不得、	見《評林》頁1251
備註	一. 評林與原典無異	

	內　　　　容	出　　　處
原典	五福以人所尤好者爲先；六極以人所尤惡者爲先。	（經部，書類，尚書日記，卷九，頁82）
評林	朱熹曰、 五福以人所尤好者爲先、六極以人所尤惡者爲先、	見《評林》頁1252、頁1253
備註	一. 評林與原典無異	

	內　　　　容	出　　　處
原典	愚按：《書》十有三祀，則知箕子之不臣于武王，《書》訪于箕子，則知武王之不臣箕子。	（史部，編年類，資治通鑑前編，卷六，頁34）
評林	金履祥曰、 書洪範篇曰、惟十有三祀王訪于箕子、愚按書十有三祀、則知箕子之不臣子武王、書訪于箕子則知武王之不臣箕子、	見《評林》頁1253

備註	一. **評林增字**（評林字下畫線者） 1. 書洪範篇曰、惟十有三祀王訪于箕子、 二. **評林某字原典作某**（字加框者） 1. 子字作于	

	內　　　容	出　　　處
原 典	世家之首，併<u>敘</u>三仁，明微子歸周之本心<u>者</u>，善矣。宣公舍子與夷<u>而</u>立弟穆公，穆公不敢忘德，<u>將死</u>復立與夷爲殤公。<u>殤公立</u>，十年十一戰而宋始亂，是穆賢而殤不肖，甚明。<u>宣之讓賢也，甚公！亂不始于宣之讓也。</u>史譏宣公廢太子而立弟，國以不寧者十世，春秋之世<u>無</u>寧國，豈皆<u>讓</u>使之然歟？<u>其後襄公讓弟目夷不果，襄公卒以不用目夷之言而敗，向使目夷爲之君，宋未可量也，讓豈階亂之舉哉！</u>當是時，人君溺私愛，廢嫡立庶，或以弟弑兄而攘其國，子孫干戈相尋者總總也，史不之譏而譏宋宣之讓，何也？	（子部，儒家類，黃氏日抄，卷四十六，頁 15、頁 16）
評 林	黃震曰、按、 世家之首、併<u>敘</u>三仁、明微子歸周之本心、善矣、宣公舍子與夷立弟穆公、穆公不敢忘德、復立與夷爲殤公、十年十一戰而宋始亂、是穆賢而殤不肖甚明、史譏宣公廢太子而立弟、國以不寧者十世、春秋之世<u>无</u>寧國、豈皆<u>讓</u>使之然歟、當是時、人君溺私愛廢嫡立庶、或以弟弑兄而攘其國、子孫干戈相尋者總總也、史不之譏而譏宣公之讓何也、	見《評林》頁 1262
備 註	一. **評林刪字**（原典字下畫線者） 1. 者 2. 將死 3. 殤公立 4. 宣之讓賢也、甚公亂不始于宣之讓也、 5. 其後襄公讓弟目夷不果，襄公卒以不用目夷之言而敗，向使目夷爲之君，宋未可量也，讓豈階亂之舉哉！ 二. **評林某字原典作某**（字加框者） 1. 无字作無	

	內　　　容	出　　　處
原 典	襄公初欲讓國目夷不果，則相之，知其賢<u>於</u>已也，而卒不用，<u>知賢而不能用</u>，襄蓋安人耳！史反多其禮讓，<u>又</u>何歟？	（子部，儒家類，黃氏日抄，卷四十六，頁 16）

評林	黃震曰、按 襄公初欲讓國目夷不果、則相之知其賢<u>于</u>己也、而卒不用<u>其言</u>、襄蓋妄人耳、史多其禮讓何歟、	見《評林》頁 1262、頁 1263
備 註	**一. 評林刪字**（原典字下畫線者） 1. 知賢而不能用、 2. 反 3. 又 **二. 評林增字**（評林字下畫線者） 1. 其言 **三. 評林某字原典作某**（字加框者） 1. 于字作於	

	內　　　容	出　　處
原 典	蘇子曰： <u>宋</u>襄公欲求諸侯，與楚人戰于泓，不鼓不成列，不禽二毛，以此兵敗身死，而公羊嘉之，以爲文王之戰，不過於此。余窺笑之。夫襄公凌虐小國，至使邾人用鄫子于次且之社，雖桀紂有不爲矣，乃欲以不鼓不成列，不禽二毛，求爲文王，不亦過甚矣哉！<u>夫堯、舜、文、武其所以自爲者至矣，始於其身而至於其室家，仰不愧於天、俯不慚於人，夫是以干羽可以格三苗、因壘可以伏有崇，不然将敗折自救之不暇，而況以伏人哉</u>！嗚呼！儒者不原本末，而惑於虛名，将以盃水勝輿薪之火，悲夫！	（史部，別史類，古史，卷十五，頁 17）
評 林	蘇子古史曰、 襄公欲求諸侯、與楚人戰于泓、不鼓不成列、不禽二毛、以此兵敗身死、而公羊嘉之、以爲文王之戰、不過於此、余切笑之、夫襄公凌虐小國、至使邾人用鄫子于次睢之社、雖桀紂有不爲矣、乃欲以不鼓不成列、不禽二毛、求爲文王、不亦過甚矣哉、嗚呼、儒者不原本末、而惑于虛名、將以杯水勝輿薪之火悲夫、	見《評林》頁 1262
備 註	**一. 評林刪字**（原典字下畫線者） 1. 宋 2. 夫堯、舜、文、武其所以自爲者至矣，始於其身而至於其室家，仰不愧於天、俯不慚於人，夫是以干羽可以格三苗、因壘可以伏有崇，不然将敗折自救之不暇，而況以伏人哉！ **二. 評林某字原典作某**（字加框者） 1. 切字作窺 2. 睢字作且 3. 杯字作盃	

晉世家第三十九

	內　　　容	出　　　處
原典	按師服初意，蓋防奪嫡之漸耳。仇即文侯，異日受平王秬鬯圭瓚之命，兄固未遽替也。其後曲沃之封在昭侯之世，師服之言防微慮漸，始切事實，而曲沃終至奪宗，故後人服其先見，併記其初，命名之言云。	（史部，編年類，資治通鑑前編，卷九，頁 39）
評林	金履祥曰、 按師服初意、蓋防奪嫡之漸耳、仇即文矦、異日受平王秬鬯圭瓚之命、兄固未遽替也、其後曲沃之封在昭矦之世、師服之言、防微慮漸、始切事情、故後人服其先見、併記其初命名之言云、	見《評林》頁 1267
備　註	**一. 評林刪字**（原典字下畫線者） 1. 而曲沃終至奪宗 **二. 評林某字原典作某**（字加框者） 1. 矦字作侯 2. 瓚字作瓚 3. 情字作實	

	內　　　容	出　　　處
原典	履祥按： 晉自曲沃桓叔、莊伯奪宗，故其子孫亦忌宗族之。偪聚而殺之，桓莊之支無子遺矣，是亦可為世鑒哉！	（史部，編年類，資治通鑑前編，卷十一，頁 9）
評林	金履祥曰、 按晉自曲沃桓叔莊伯奪宗、故其子孫亦忌宗族之聚而殺之、桓莊之支無子遺矣、是亦可為世鑒哉、	見《評林》頁 1270
備　註	**一. 評林刪字**（原典字下畫線者） 1. 偪 **二. 評林某字原典作某**（字加框者） 1. 晋字作晉	

	內　　　容	出　　　處
原典	履祥按： 晉獻公方滅耿、滅霍、滅魏，同姓之國，而還卒殺其子趙魏之封，即種分晉之根，天理報應亦微而速也哉！	（史部，編年類，資治通鑑前編，卷十一，頁 14）
評林	金履祥曰、 按晋獻公方滅耿滅霍滅魏、同姓之國、而還卒殺其子趙魏之封、即種分晋之根、天理報應亦微而速哉、	見《評林》頁 1270、頁 1271

| 備註 | 一. **評林刪字**（原典字下畫線者）
1. 也
二. **評林某字原典作某**（字加框者）
1. 晋字作晉 | |

	內　　容	出　　處
原典	獻公嬖驪姬，殺適立庶，而荀息乃以身徇之。長君之惡，以成其亂，陷奚齊、卓子於死地，皆息之罪也。史乃許息不負其言，息固不負其言矣，如負國何？夫等死耳，使息能以死諫君，豈不忠且偉歟？	（子部，儒家類，黃氏日抄，卷四十六，頁18、頁19）
評林	黃震曰、 晋獻公嬖驪姬、殺適立庶、而荀息乃以身徇之、長君之惡、以成其亂、陷奚齊悼子于死地、皆息之罪也、史乃許息不負其言、息固不負其言矣、如負國何、夫等死耳、使息能以死諫君、豈不忠且偉歟、	見《評林》頁1277
備註	一. **評林增字**（評林字下畫線者） 1. 晋 二. **評林某字原典作某**（字加框者） 1. 悼字作卓 2. 陷字作陷	

	內　　容	出　　處
原典	履祥按： 惠公之殺里克，以掩奪國之嫌，後以防重耳之入，里克雖爲社稷立賢之計，拳拳于重耳，然與其弒二君而成重耳，孰若全申生以弭後患？因優施一言之誘，遂爲中立之謀，坐視申生之死于前，而卒蹈弒逆之名于後，惜哉！	（史部，編年類，資治通鑑前編，卷十一，頁25）
評林	金履祥曰、按、 惠公之殺里克、前以掩奪國之嫌、後以防重耳之入、克雖爲社稷立賢之計拳拳于重耳、然與其弒二君而成重耳、孰若全申生以弭後患、因優施一言之誘、遂爲中立之謀、坐視申生之死于前、而卒蹈弒逆之名于後、惜哉、	見《評林》頁1278、頁1279
備註	一. **評林刪字**（原典字下畫線者） 1. 里 二. **評林增字**（評林字下畫線者） 1. 前	

	內　　容	出　　處
原典	楊誠齋云： 人皆以饑寒爲患，不知所患者，正在於不饑不寒爾。此語殊有味。乞食於野人，晉重耳之所以霸；燔衣破竈而啜豆粥，漢光武之所以興，況下此者，其可不知饑寒之味哉！	（子部，類書類，鶴林玉露，卷十五，頁8、頁9）（善本）
評林	羅大經曰、楊誠齋云、 人皆以飢寒爲患、下知所患者、正在於不飢不寒而、此語殊有味、乞食於野、晉重耳之所以霸、燔衣破竈而啜豆粥、光武之所以興、況下此者、其可不知飢寒之味哉、	見《評林》頁1284
備註	一. 評林刪字（原典字下畫線者） 1. 人 2. 漢 二. 評林某字原典作某（字加框者） 1. 飢字作饑 2. 下字作不 3. 而字作爾 4. 晋字作晉	

	內　　容	出　　處
原典	晉文公以諸侯遇楚於城濮，楚人請戰，文公思楚人之惠，退而避之三舍，軍吏皆諫咎犯，曰：我退而楚還，我將何求？若其不還，君退臣犯，曲在彼矣。師退而楚不止，遂以破楚而殺子玉。使文公退而子玉止，則文公之服楚，亦與齊桓等無戰勝之功矣，故桓文之兵，非不得已不戰，此其所以全師保國無敵於諸侯者也。	（集部，別集類，宋金元，欒城集，後集卷七，頁6）（善本）
評林	蘇轍曰、 晉文公以諸侯遇楚于城濮、師退而楚不止、遂以破楚而殺子玉、使文公退而子玉止、則文公之服楚、亦無戰勝之功矣、故桓文之兵、非不得已不戰、此其所以全師而無敵于諸侯也、	見《評林》頁1292、頁1293
備註	一. 評林刪字（原典字下畫線者） 1. 楚人請戰，文公思楚人之惠，退而避之三舍，軍吏皆諫咎犯，曰：我退而楚還，我將何求？若其不還，君退臣犯，曲在彼矣 2. 亦與齊桓等 3. 師保國	

二. **評林增字**（評林字下畫線者）

1. 師而

三. **評林某字原典作某**（字加框者）

1. 矦字作侯

2. 于字作於

內　容	出　處
原典 晉文侯當周，東遷有功。平王錫文侯，有〈文侯之命〉，此一時也，其後晉文公入，周襄王及獻楚俘，天子使王子虎命晉侯爲伯，賜大路弓矢秬鬯，此又一時也。史遷乃取〈文侯命〉，屬之文公之下。義和者，文侯字也，注者又云能以義和我諸侯，誤益誤矣。	（子部，儒家類，黃氏日抄，卷四十六，頁18）
評林 黃震曰、按 晉文侯當周、東遷有功、平王錫文矦、有 文矦之命、此一時也、其後晉文公入周襄王、乃獻楚俘、天子使王子虎命晉矦爲伯、賜大路弓矢秬鬯、此又一時也、史遷乃取文矦命、屬之文公之下、義和者、文矦字也、註者又云能以義和我諸矦、誤益誤矣、	見《評林》頁1293
備註 一. **評林某字原典作某**（字加框者） 1. 晋字作晉 2. 矦字作侯 3. 属字作屬 4. 註字作注	

內　容	出　處
原典 履祥按： 左氏引孔子曰：<u>董狐古之良史也，書法不隱；趙宣子古之良大夫也，爲法受惡，惜也！越竟乃免</u>。此非夫子之言也。方靈公欲殺趙盾，至于伏甲攻之，盾力鬪而出，于是出亡，而趙穿攻靈公于後，穿何怨于公而爲此？是必有所受命矣。盾非果奔也，故未出山，實使穿也，故不討賊，夫子書法因董狐之舊，豈又爲是言乎？而反爲趙盾謀也，且盾成弒君之故矣。縱使越竟，又可免于弒逆之罪乎？以是知決非夫子之言也。	（史部，編年類，資治通鑑前編，卷十三，頁12）
評林 金履祥曰、 按左氏引孔子云云、此非夫子之言也、方靈公欲殺趙盾、至于伏甲攻之盾力鬪而出、于是出亡、而趙穿攻靈	見《評林》頁1301

	公于後、穿何怨于公而爲此、是必有所受命矣、盾非果奔也、故未出境、實使穿也、故不討賊、夫子書法困董狐之舊、豈又爲是言乎、而反爲趙盾謀也、曰盾成弑君之故矣、縱使越境、又何免于弑逆之罪乎、以是知決非夫子之言也、	
備 註	**一. 評林刪字**（原典字下畫線者） 1. 董狐古之良史也，書法不隱；趙宣子古之良大夫也，爲法受惡，惜也！越竟乃免。 **二. 評林某字原典作某**（字加框者） 1.「云云」作曰 2. 決字作决	

	內　　　　容	出　　　　處
原 典	伯宗好直言，而不容于晋；國武子好盡言，而不容于齊，小人衆而君子獨也。	（子部，雜家類，困學紀聞，卷六，頁 41）（善本）
評 林	王應麟曰、 伯宗好直言、而不容于晉、國武子好盡言、而不容于齊、小人眾而君子獨也、	見《評林》頁 1304
備 註	**評林某字原典作某**（字加框者） 1. 晉字作晋	

	內　　　　容	出　　　　處
原 典	悼公十四歲得國，一旦轉危爲安，功業赫然，漢昭帝流亞也。太史公乃言悼公以後日衰，語焉不詳，悼公稱屈九原矣！	（子部，儒家類，黄氏日抄，卷四十六，頁 19）
評 林	黃震曰、 晋悼公十四歲得國、一旦轉危爲安、功業赫然、漢昭帝流亞也、太史公例言悼公以後日衰、語焉不詳、悼公稱屈九原矣、	見《評林》頁 1311
備 註	**一. 評林增字**（評林字下畫線者） 1. 晉 **二. 評林某字原典作某**（字加框者） 1. 歲字作歲 2. 例字作乃	

	內　　　　容	出　　處
原 典	蘇子曰： 晉文公辟麗姬之難，處狄十有二年，奚齊、卓子相繼戮死，秦、晉之人歸心焉。文公深信舅犯，靖而待之，若將終焉者。至於惠公，起而赴之，如恐不及，於是秦人責報於外，而里丕要功於內，不能相忍，繼以敗滅，內外絕望，屬於文公，然後文公徐起而收之。無尺土之賂、一金之費，而晉人戴之，遂霸諸侯。彼其處利害之計誠審哉！夏、商之衰，湯、文王皆起於諸侯，積德深厚，天下歸之，不得已而後應，故雖取天下，而無取天下之患，其後皆數十世。若晉文公，德雖未足，而待其自至，則庶幾王者之事也。是以主盟中夏，幾二百年，其功業與齊桓等，而子孫過之遠甚。夫豈非其積之有厚薄故耶？晉悼公之復伯也，與楚爭鄭，三合諸侯之師，未嘗一與楚戰，卒以敝楚而服鄭。蓋古之善用兵者，皆以不戰屈人之兵，非不得已不戰。方鄭之未服也，中行偃、欒黶皆欲以戰勝楚，惟智罃知用兵之難，勝負之不可必，遷延稽故，而楚人自敝，不較而去，不然二子將為先縠，而罃將為林父，如罃可謂知兵矣。	（史部，別史類，古史，卷十六，頁41、頁42）
評 林	蘇子古史曰、 晉文公辟驪姬之難、處狄十有二年、奚齊卓子相繼戮死、秦晉之人歸心焉、文公深信咎犯、靖而待之、若將終焉者、至於惠公、起而赴之、如恐不及、於是秦人責報於外、而里丕要功於內、不能相忍、繼以敗滅、內外絕望、屬於文公、然後文公除起而收之、遂伯諸侯、彼其處利害之計誠審哉、夏商之衰、湯文皆起於諸侯、積德深厚、天下歸之、不得已而後應、故雖取天下、而無取天下之患、其後皆數十世、若晉文公、德雖未足、而待其自至、則庶幾王者之事也、是以主盟中夏、幾二百年、其功業與齊桓等、而子孫過之遠甚、夫豈非其積之有厚薄故耶、晉悼公之復伯也、與楚爭鄭、三合諸侯之師、未嘗一與楚戰、卒以敝楚而服鄭、蓋古之善用兵者、皆以不戰屈人之兵、非不得已不戰、方鄭之未服也、中行偃欒黶皆欲以戰勝楚、惟智罃知用兵之難、勝負之不可必、遷延稽故、而楚人自敝、不較而去、如罃可謂知用兵矣、	見《評林》頁1311、頁1312
備 註	**一. 評林刪字**（原典字下畫線者） 1. 無尺土之賂、一金之費，而晉人戴之 2. 王 3. 然二子將為先縠，而罃將為林父	

二. **評林某字原典作某**（字加框者）	
1. 驪字作麗	
2. 咎字作舅	
3. 除字作徐	
4. 伯字作霸	
5. 庆字作侯	
6. 盍字作盖	

楚世家第四十

	內　　　　　　容	出　　　處
原典	履祥按： 《史記》所載，當是薳章求成之辭爾。春秋之世，馮陵諸夏，惟楚爲甚，<u>然</u>觀熊通薳章所言，則諸夏固有以自取也。	（史部，編年類，資治通鑑前編，卷十，頁16）
評林	金履祥曰、按、 史記所載、當是薳章求成之辭爾、春秋之世馮陵諸夏、惟楚爲甚、觀熊通薳章所言、則諸夏固有以自取也、	見《評林》頁1318
備註	一. **評林刪字**（原典字下畫線者） 1. 然	

	內　　　　　　容	出　　　處
原典	履祥按： 春秋之中，凡篡弒之人必求列于諸[侯]之會盟，以定其位，或賂王室而請命焉。楚之不王久矣，熊惲弒其君兄而自立，故修好諸[侯]，入獻天子以自文也。其後十有五年，齊桓[責][苞]茅之不入，則[位定]之後，跋扈如故可知矣。	（史部，編年類，資治通鑑前編，卷十一，頁8）
評林	金履[詳]曰、按、 春秋之中、凡篡弒之人必求列于諸[庆]之會盟、以定其位、或賂王室而請命焉、楚之不王久矣、熊惲弒其君兄而自立、故修好諸[庆]、入獻天子以自文也、其後十有五年、齊桓[賣][包]茅之不入、則[定位]之後、跋扈如故可知矣、	見《評林》頁1319 （按：金履詳，詳爲祥之誤）
備註	一. **評林某字原典作某**（字加框者） 1. 庆字作侯 2. 責字作賣 3. 包字作苞 4. 「定位」作「位定」	

	內　　　　　　容	出　　　處
原典	履祥按： 諸家多謂禹鑄九鼎，然<u>於</u>經無所考，史亦不言九鼎之始。<u>觀方有德之辭似非指禹，當從墨子之說，然</u>象物神姦之說，滿盝設辭以神之。古之鐘鼎，猶今之碑碣，皆所以載事也，九州圖籍之說近是。	（史部，編年類，資治通鑑前編，卷三，頁12）
評林	金履祥曰、按、 諸家多謂禹鑄九鼎、然于經無所考、史亦不言九鼎之始、象物神姦之說、滿盝設詞以神之、古之鐘鼎、猶今之碑碣、皆所以載事也、九州圖籍之說近是、	見《評林》頁1322
備註	**一. 評林刪字**（原典字下畫線者） 1. 觀方有德之辭似非指禹，當從墨子之說，然 **二. 評林某字原典作某**（字加框者） 1. 于字作於 2. 詞字作辭	

	內　　　　　　容	出　　　處
原典	又按，傳稱夏啓有鈞臺之享，而書史不言其年歲。鈞臺在河南陽翟崵水之東南，<u>歷大陵西連山，亦曰啓筮亭，謂啓享諸神於大陵之上，或曰陽翟。夏始封之地，或曰禹都焉，然河南固天下中</u>，或者啓即位之後，羣后四朝，大會同於此與！	（史部，史評類，御批資治通鑑綱目前編，卷三，頁16）
評林	金履祥曰、按、 傳稱夏啓有鈞臺之享、而書史不言其年歲、鈞臺在河南陽翟崵水之東南、或者啓即位之後群后肆朝、大會同于此歟、	見《評林》頁1324、頁1325
備註	**一. 評林刪字**（原典字下畫線者） 1. 歷大陵西連山，亦曰啓筮亭，謂啓享諸神於大陵之上，或曰陽翟。夏始封之地，或曰禹都焉，然河南固天下中， **二. 評林某字原典作某**（字加框者） 1. 群字作羣 2. 肆字作四 3. 歟字作與	

	內　　　　　容	出　　　　處
原典	彪謂： 此策，雖其指爲齊，亦持勝之善。	（史部，雜史類，先秦兩漢之屬，戰國策校注，卷四，頁 20）（善本）
評林	鮑彪曰、 此策其指雖爲齊、亦持勝之善、	見《評林》頁 1340
備註	**一. 評林某字原典作某**（字加框者） 1.「其指雖」作「雖其指」	

	內　　　　　容	出　　　　處
原典	張儀商於之欺，雖豎子猶能知之。以陳軫之智，固不爲難也，儀之肆志而無忌者，知懷王之愚而軫之言必不入也，不然，他日楚之請儀，將懼其甘心焉，而儀請自往，卒不能害，豈非中其所料也哉？	（史部，雜史類，先秦兩漢之屬，戰國策校注，卷三，頁 19）（善本）
評林	吳師道曰、 張儀商於之欺、雖豎子猶能知之、以陳軫之智、固不爲難也、儀之肆意而無忌者、知懷王之愚而軫之言必不入也、不然、他日楚之請儀、將懼其甘心焉、而儀請自往、卒不能害、豈非中其所料也哉、	見《評林》頁 1343
備註	**一. 評林某字原典作某**（字加框者） 1. 意字作志	

	內　　　　　容	出　　　　處
原典	臣光曰： 楚自祝融鬻熊以來，其有國幾何年矣？方其盛也，奄有南海，憑陵諸夏，及懷王放廢忠良，親近讒慝，惑張儀之口，而耳目不能自守，見欺而不悟，亡師而不悔，以失濟失，客死於秦。使其子孫銜涕忍耻以事仇讎，強之女而不敢辭，陵廟焚而不敢怨，兔逃鼠伏，自屏於陳，束兵不戰而攻之不解，割地請和而侵之不止，卒不見赦而國以淪亡，不亦悲乎！	（史部，編年類，通代之屬，司馬溫公稽古錄，卷十一，頁 75、頁 76）（善本）
評林	司馬光曰、 楚自祝融鬻熊以來、其有國幾何年矣、方其盛也、奄有南國、憑陵諸夏、及懷王放廢忠良、親近讒慝、惑張儀之口、而耳目不能自守、見欺而不悟、亡師而不悔、以客死于秦、使其子孫銜涕忍耻以事仇讎、強之女而不敢辭、陵廟焚而不敢怨、兔逃鼠伏、自屏于陳、束兵不戰、而攻之不解、割地請和而侵之不止、卒不見赦而國以淪亡、不亦悲乎、	見《評林》頁 1355、頁 1356

| | 一. **評林刪字**（原典字下畫線者）
1. 以失濟失
二. **評林某字原典作某**（字加框者）
1. 國字作海
2. 敗字作欺
3. 銜字作衜
4. 恥字作耻
5. 兔字作兎
6. 鼠字作鼡
7. 于字作於
8. 解字作觧 | |
|備
註| | |

	內　　　容	出　　　處
原 典	秦惠王使張儀說楚懷王，欺而賣之，如劫嬰兒。昭王又誘而執之咸陽，加之以兵，遂分楚之半，<u>此其惡甚於楚靈王，然傳子孫累世，其禍乃應，夫國於天地有與立矣，一日爲惡，禍未即報也</u>。本弱者速斃，根深者徐拔，彼方以得爲幸，而不知天網之不失也。是故楚雖已滅，而楚之父老知秦之□，曰楚雖三戶，亡秦必楚。卒之滅秦者皆楚人也。楚莊王討陳夏徵舒，圍鄭及宋，力皆足以取之。□而不有，夫豈不欲？畏天故也。<u>莊王既伯諸侯，而楚遂以興</u>，天命之不僭如此，而可誣也哉！	（史部，別史類，古史，卷十七，頁49、頁50）
評 林	蘇子古史曰： 秦惠王使張儀說楚懷王、欺而賣之、如劫嬰兒、□王又誘而執之咸陽、加之以兵、遂分楚之半、本弱者速斃、根深者徐拔、彼方以得爲幸、而不知天網之不可失也、是故楚雖已滅、而楚之父老知秦之□、曰楚雖三戶亡秦必楚、卒之滅秦者皆楚人也、楚莊王討陳夏徵舒、圍鄭及宋、力皆足以取之、□而不有、夫豈不欲、畏天故也、天命之不僭如此、而可誣也哉、	見《評林》頁1356
備 註	一. **評林刪字**（原典字下畫線者） 1. 此其惡甚於楚靈王，然傳子孫累世，其禍乃應，夫國於天地有與立矣，一日爲惡，禍未即報也 2. 莊王既伯諸侯，而楚遂以興 二. **評林某字原典作某**（字加框者） 1. 禍字作旣 2. 弃字作棄	

越王句踐世家第四十一

	內　　　　容	出　　　　處
原典	范蠡、留侯雖非湯、武之佐，然亦可謂剛毅果敢、卓然不惑，而能有所必爲者也。觀吳王困於姑蘇之上，而求哀請命於勾踐。勾踐欲赦之，彼范蠡者，獨以爲不可，援枹進兵，卒刎其頸。項籍之解而東，高帝亦欲罷兵歸國。留侯諫曰：此天亡也，急擊勿失。此二人者，以爲區區之仁義，不足以易吾之大計也。	（集部，別集類，宋金元，東坡全集，卷四十三，頁3）（善本）
評林	蘇軾曰、 范蠡留侯雖非湯武之佐、然亦可謂剛毅果敢卓然不惑、而能有所必爲者也、觀吳王困于始蘇之上、而求哀請命于勾踐、勾踐欲赦之、彼范蠡者獨以爲不可援枹進兵、卒刎其頸、項籍之解而東、高祖亦欲罷兵歸國、留侯諫曰、此天亡也、急擊勿失、此二人者、以爲區區之仁義、不足以易吾之大計也、	見《評林》頁1363
備註	**一. 評林某字原典作某**（字加框者） 1. 于字作於	

	內　　　　容	出　　　　處
原典	范蠡知句踐可與共患難，則爲之滅吳，以致其功；知其不可與同安樂，則棄之浮江湖，如去仇讎。是以君臣免於惡名，可不謂賢哉！	（史部，別史類，古史，卷三十七，頁7、頁8）
評林	蘇軾曰、 范蠡知勾踐可與共患難、則爲之滅吳以致其功、知其不可與同安樂、則弃之浮江湖、如去仇讎、是以君臣免于惡名、可不謂賢哉、	見《評林》頁1369
備註	**一. 評林某字原典作某**（字加框者） 1. 吳字作吳 2. 弃字作棄	

	內　　　　容	出　　　　處
原典	蘇子曰： 吳以蠻夷爭盟上國，陵蔑齊、晉，結怨楚、越，再世而亡，何者？地遠而民勞，勢不順也。越王句踐既克夫差，雖號伯王，而實斂兵自守，無大征伐，分吳故土，以畀楚、宋、魯，遂以保國傳世。彼親見其害，知所以自監矣哉！至王無彊，無闔閭之知，而有夫差之愚，其	（史部，別史類，古史，卷十九，頁8、頁9）

	內　　　　容	出　　處
	殘國宜矣！昔楚莊王克陳、宋、鄭，力能取之，而不有，諸[侯]安之，而楚遂以興。靈王大城陳、蔡不羹，經營中夏，貪而不止，則身受其咎，[盇]東南之常勢，於是可見矣！自東[晉]以來，至於陳，皆國於吳、越之墟，成敗之迹，無不然者，雖桓溫、劉裕善用兵，或能一勝，而民以罷弊，訖於無成。至殷浩、庾亮，[盇]不足數也。如謝安之賢，猶勉彊北征，失[笑]而死，亦眩於其名，而未安其實故耶！嗟夫！謀國如蔡謨，吾有取焉。	
評林	蘇子古史曰、 吳以蠻夷爭盟上國、陵蔑齊[晉]、結怨楚越、再世而亡、何者地遠而民勞、勢不順也、越王勾踐既克夫差、雖號伯王、而實歛兵自守、無大征伐、分吳故土以畀楚宋魯、遂以保國傳世、彼親見其害、知所以自監矣哉、至王無彊無闔閭之知、而有夫差之愚、其殘國宜矣、昔楚莊王克陳宋鄭、力能取之、而不有、諸[侯]安之、而楚遂以興、靈王大城陳蔡不羹、經營中夏、貪而不止、則身受其咎、[盇]東南之常勢於是可見矣、自東[晉]以來、至於陳、皆國於吳越之墟、成敗之迹無不然者、雖桓溫劉裕善用兵、或能一勝、而民以罷弊、訖於無成、至殷浩庾亮、[盇]不足數也、如謝安之賢、猶勉彊北征、失[笑]而死、亦眩於其名、而未安其實故耶、嗟夫謀國如蔡謨、吾有取焉、	見《評林》頁1373
備註	**一. 評林某字原典作某**（字加框者） 1. 晉字作晋 2. 盇字作葢	

鄭世家第四十二

	內　　　　容	出　　　處
原典	履祥按： 周之東遷，[晉]、鄭焉依？而王奪鄭伯政，又嘗助曲沃伐翼，此所以失諸[侯]也。鄭伯不朝，固有罪；[今]其來朝，與其進可也。	（史部，編年類，資治通鑑前編，卷十，頁8）
評林	金履祥曰、 按周之東遷、[晉]鄭焉依、而王奪鄭伯政、又嘗助曲沃伐翼、此所以失諸[侯]也、鄭伯不朝固有罪、[今]其來朝、與其進可也、而桓王弗禮焉何哉、	見《評林》頁1378、頁1379
備註	**一. 評林增字**（評林字下畫線者） 1. 而桓王弗禮焉何哉	

	內　　　　　容	出　　　　　處
原典	子產能知實沈臺駘爲參汾之神，可謂博物矣！然推晉侯之疾，不歸之鬼神，而歸之飲食、哀樂之間，則可謂明理，而非但博物者也。晉侯獨以博物目之，豈知子產者邪！	（集部，總集類，通代之屬，西山先生眞文忠公文章正宗，卷五，頁13）（善本）
評林	眞德秀曰、 子產能知實沈臺駘爲參汾之神、可謂博物矣、然推晉侯之疾、不歸之鬼、而歸之飲食哀樂之間、則可謂明理而非但博物者也、晉侯徒以博物目之、豈知子產者耶、	見《評林》頁1389、頁1390
備註	**一. 評林刪字**（原典字下畫線者） 1. 神 **二. 評林某字原典作某**（字加框者） 1. 博字作愽 2. 歸字作歸 3. 耶字作邪	

	內　　　　　容	出　　　　　處
原典	鄭小國，介於晉、楚，服晉則楚伐，服楚則晉伐，至簡公世兩親晉、楚。及子產爲卿，國安靜者數十年，賢之有益於人國如此。夫此鄭人哭其死如親戚，而孔子亦泣其爲古之遺愛也。	（子部，儒家類，黃氏日抄，卷四十六，頁21）
評林	黃震曰、按 鄭小國介于晉楚、服晉則楚伐、服楚則晉伐、至簡公兩親晉楚、及子產爲卿、國安靜者數十年、賢之有益于人國如此、此鄭人哭其死如親戚、而孔子亦泣爲古之遺愛也、	見《評林》頁1391、頁1392
備註	**一. 評林刪字**（原典字下畫線者） 1. 世 2. 夫 3. 其 **二. 評林某字原典作某**（字加框者） 1. 于字作於 2. 靜字作靜	

	內　　容	出　　處
原典	蘇子曰： 鄭之諸公，桓武之後，惟莊公爲賢，然其爲人喜權而任數，桓武之風衰焉。叔段之亂，諸大夫皆欲早爲之所，莊公之明，足以制之，然釋而不問，俟其惡成，而後加之以大戮，此非不忍於弟，蓋忍之至也。孔子深探其心，故書曰：「鄭伯克段于鄢。」而[邱]明謂之鄭志，蓋謂此也。周平王、桓王貳於虢公，莊公既質王子，取麥禾矣，則又率齊而朝之，伐宋而說之，政不可得，[於]是兵交中原，射王中肩。[烏乎]！其忮心發[於]中，卒不可葢如此！鄭自莊公，始畏楚，穆、襄之後，無[崴]不被[晉]楚之兵，子駟、子展爲政，不知所出，惟其來者與之，鄭幾於亡。及[晉]悼公三帥諸[侯]以弊楚師，楚不能[爭]，而子產受之，以禮自固，雖[晉]，楚之暴，不能加焉。《詩》云：誰能執熱？逝不以濯。又曰：無競維人，四方其訓之。[吳]季札過鄭，謂子產政將及子，子爲政，必愼以禮，不然，鄭國將敗。子產用之，鄭以復安，如季子可謂知務矣哉！	（史部，別史類，古史，卷十八，頁18、頁19）
評林	蘇子古史曰、 鄭之諸公、桓武之後、惟莊公爲賢、然其爲人喜權而任數、桓武之風衰焉、叔段之亂、諸大夫皆欲早爲之所、莊公之明足以制之、然釋而不問、俟其惡成、而後加之以大戮、此非不忍于弟、蓋忍之至也、孔子深探其心、故書曰、鄭伯克段于鄢、而[丘]明謂之鄭志、蓋謂此也、周平王桓王貳于虢公、莊公既質王子、取麥禾矣、則又率齊而朝之、伐宋而說之、政不可得、[于]是兵交中原、射王中肩、[嗚呼]其忮心發[于]中、卒不可葢如此、鄭自莊公始畏楚、穆襄之後、無[歲]不被[晉]楚之兵、子駟子展爲政、不知所出、惟其來者與之、鄭幾于亡、及[晉]悼三帥諸[矦]以弊楚師、楚不能[爭]、而子產受之以禮自固、雖[晉]之暴、不能加焉、詩云、誰能執熱、逝不以濯、又曰、無競維人、四方其訓之、[吳]季札過鄭、謂子產政將及子、子爲政必愼以禮、不然鄭國將敗、子產用之、鄭以復安、如季子可謂知務矣哉、	見《評林》頁1393、頁1394
備註	**一. 評林某字原典作某**（字加框者） 1. 丘字作邱 2. 于字作於 3. 「嗚呼」作「烏乎」 4. 歲字作崴 5. 矦字作侯	

| 6. 晉字作晋 |
| 7. 吳字作吴 |

趙世家第四十三

	內　　容	出　　處
原典	簡子夢至帝所，襄子得霍太山朱書，將興之禎祥也；孝成王夢⬚乘⬚龍上而墜，將亡之妖孽也。	（子部，儒家類，黃氏日抄，卷四十六，頁 22、頁 23）
評林	黃震曰、按 簡子夢至帝所、襄子得霍太山朱書、將興之禎祥也、孝成王夢⬚乘⬚龍上<u>天</u>而墜、將亡之妖孽也、	見《評林》頁 1410
備註	**一. 評林增字**（評林字下畫線者） 1. 天 **二. 評林某字原典作某**（字加框者） 1. 乘字作乘	

	內　　容	出　　處
原典	烈⬚侯⬚好音，欲賜歌者田各萬畝，得牛畜、荀欣、徐越三子，而止歌者田，然則中主寧有常好，而賢者之能變化<u>人主</u>氣質，功亦大矣！顧恐戰國之言多誇爾。	（子部，儒家類，黃氏日抄，卷四十六，頁 22）
評林	黃震曰、按 烈⬚矦⬚好音、欲賜歌者田各萬畝、得牛畜荀欣徐越三子、而止歌者田、然則中主寧有常好、而賢者之能變化氣質、功亦大矣、顧恐戰國之言多誇爾、	見《評林》頁 1412
備註	**一. 評林刪字**（原典字下畫線者） 1. 人主 **二. 評林某字原典作某**（字加框者） 1. 矦字作侯	

	內　　容	出　　處
原典	卒世，猶舉世。言舉世無能察此。	（史部，雜史類，先秦兩漢之屬，戰國策校注，卷六，頁 19）（善本）
評林	按鮑彪云、 卒世、猶舉世、言舉世無能察此、	見《評林》頁 1419
備註	**一. 評林與原典無異**	

	內　　容	出　　處
原典	舞有苗，不用兵，而舞干羽，<u>欲以服人</u>亦異於俗，<u>而</u>禹袓<u>入</u>裸<u>國</u>，非中國之禮。	（史部，雜史類，先秦兩漢之屬，戰國策校注，卷六，頁19）（善本）
評林	按鮑彪云、 舞有苗、<u>謂舜</u>不用兵、而舞干羽、亦異于俗、禹<u>之</u>袓裸、<u>亦</u>非中國之禮<u>也</u>、	見《評林》頁1419
備註	**一. 評林刪字**（原典字下畫線者） 1. 欲以服人 2. 而 3. 入 4. 國 **二. 評林增字**（評林字下畫線者） 1. 謂舜 2. 之 3. 亦 4. 也 **三. 評林某字原典作某**（字加框者） 1. 于字作於	

	內　　容	出　　處
原典	<u>以兩臂交錯而立，言無禮容</u>，甌越<u>之民也</u>，即漢東甌、閩、粵。	（史部，雜史類，先秦兩漢之屬，戰國策校注，卷六，頁21）（善本）
評林	按鮑彪云 、甌越、即漢東甌閩粵、	見《評林》頁1421
備註	**一. 評林刪字**（原典字下畫線者） 1. 以兩臂交錯而立言無禮容、 2. 之民也	

	內　　容	出　　處
原典	彪謂： 拓地開邊，非有國之所先也。不得已而有攘却之事，嚴兵而已。兵嚴而士用命，雖其無胡服，<u>其無</u>成功，如其不然，雖易服變古，何救於敗哉？孟子曰：<u>行一不義而得天下，不爲也</u>。武靈之志，欲得中山胡地而已，<u>遂舉國而夷，甚矣！其不權於輕重小大之差也</u>？且其所稱	（史部，雜史類，先秦兩漢之屬，戰國策校注，卷六，頁25）（善本）

	古之說，皆鈎金一輿羽之類，古所謂以辯言亂舊政者也，何足取哉？而史無譏，故備論之。	
評 林	鮑彪曰、 拓地開邊、非有國之所先也、不得已而有攘卻之事、嚴兵而已、兵嚴而士用命、雖不胡服、罔不成功、如其不然、雖易服變古、何救於敗哉、且其所稱反古之說、皆鈎金一輿羽之類、古所謂以辨言亂舊政者也、而史无譏、故備論之、	見《評林》頁1424、頁1425
備 註	一. **評林刪字**（原典字下畫線者） 1. 孟子曰：行一不義而得天下，不爲也。武靈之志，欲得中山胡地而已，遂舉國而夷，甚矣！其不權於輕重小大之差也？ 2. 何足取哉 二. **評林某字原典作某**（字加框者） 1. 「罔不」作「其無」 2. 辨字作辯 3. 无字作無	

	內　　　　容	出　　　　處
原 典	如上文，則伐韓非秦所急也，此言實伐者，韓之在秦，掌握中物耳，故不急於伐。恐趙不以爲德，故終伐之。其伐之亦欲以吞周，而非愛趙也。正曰，實欲代空虛之韓。	（史部，雜史類，先秦兩漢之屬，戰國策校注，卷六，頁47）（善本）
評 林	鮑彪曰、 如上文則伐韓非秦所急也、此言實伐者、韓之在秦、掌握中物耳、故不急於伐、恐趙不以爲德、故終伐之、其伐之亦欲以吞周、而非愛趙也、正義曰、實欲代空虛之韓、	見《評林》頁1430
備 註	一. **評林增字**（評林字下畫線者） 1. 義	

	內　　　　容	出　　　　處
原 典	彪謂： 觸讋諒毅皆以從容納說而取成功，與夫強諫於廷，怒罵於坐，髮上衝冠，自待必死者，力少而功倍矣。	（史部，雜史類，先秦兩漢之屬，戰國策校注，卷六，頁58）（善本）
評 林	鮑彪曰、 觸龍諒毅從容納說而取成功、與夫強諫於廷、怒罵于坐、髮上衝冠、自待必死者、力少而功倍矣、	見《評林》頁1435

| 備 註 | 一. **評林刪字**（原典字下畫線者）
1. 皆以
二. **評林某字原典作某**（字加框者）
1. 龍字作𪉜
2. 于字作於 | |

	內　　容	出　　處
原 典	彪謂： 平陽嫁禍之言，豈不易曉？而孝成怒之，昏於利也。 勝禹入而順旨以濟其欲，不幾於一言而喪邦歟！故爲邦者，以遠佞人爲急。	（史部，雜史類，先秦兩漢之屬，戰國策校注，卷六，頁 61）（善本）
評 林	鮑彪曰、 平陽嫁禍之言、豈不易曉、而孝成怒之、昏于利也、 勝禹入而順旨以濟其欲、不幾于一言而喪邦歟、故爲邦者、以遠佞爲急、	見《評林》頁 1437
備 註	一. **評林某字原典作某**（字加框者） 1. 于字作於 2. 歟字作與 3. 佞字作侫	

	內　　容	出　　處
原 典	秦以白起易王齕，而趙乃以括代廉頗，不待於戰，而勝負之形見矣。	（子部，雜家類，容齋五筆，卷二，頁 9）（善本）
評 林	洪邁曰、 秦以白起易王齕、而趙乃以括代廉頗、不待于戰而勝負之形見矣、	見《評林》頁 1438
備 註	一. **評林某字原典作某**（字加框者） 1. 于字作於 4. 矣字作矣	

	內　　容	出　　處
原 典	蘇子曰： 趙於戰國，彊國也，非大失計，未遽亡也。孝成王貪上黨之利，不聽趙豹，而聽趙勝，以致秦怒，一失矣； 使廉頗拒秦長平，聽秦之間，而使趙括代頗，再失矣； 趙括既敗，邯鄲被圍，虞卿請以重寶附楚、魏，以援國	（史部，別史類，古史，卷二十，頁 34，頁 35）

	內　　　容	出　　　處
	示秦，則秦媾可合，王不能用而聽趙豹，使鄭朱入秦求媾，諸|侯|由此莫肯救趙，三失矣。<u>積此三失，以致大敗，僅能自存</u>，由此觀之，非秦獨能敗趙，而趙之所以自敗者，多矣！	
評 林	蘇子古史曰、 趙於戰國|強|也、非大失計未遽亡也、孝成王貪上黨之利、不聽趙豹、而聽趙勝、以致秦怒、一失矣、使廉頗拒秦長平、聽秦之間、而使趙括代頗、再失矣、趙括既敗、邯鄲被圍、虞卿請以重寶附楚魏、以援國示秦、則秦媾可合、王不能用而聽趙豹、使鄭朱入秦求媾、諸|戻|由此莫肯救趙、三失矣、由此觀之、非秦獨能敗趙、而趙之所以自敗者多矣、	見《評林》頁 1443
備 註	**一. 評林刪字**（原典字下畫線者） 1. 國 2. 積此三失，以致大敗，僅能自存 **二. 評林某字原典作某**（字加框者） 1. 強字作彊 2. 戻字作侯	

魏世家第四十四

	內　　　容	出　　　處
原 典	彪謂： 此申生伐|皐|落之例，晉國之覆轍也。里克之諫，惠王非忘之，而忍爲之，故孟|以爲|不仁。	（史部，雜史類，先秦兩漢之屬，戰國策校注，卷七，頁 10）（善本）
評 林	鮑彪曰、 此申生伐|皐|落之例、晉國之覆轍也、里克之諫、惠王非忘之、而忍爲之、故孟子|之謂|不仁、	見《評林》頁 1453
備 註	**一. 評林某字原典作某**（字加框者） 1. 皐字作皐 2. 「之謂」作「以爲」	

	內　　　容	出　　　處
原 典	彪謂： 此馮亭上黨之事也。|惠|文失之|於|魏，孝成失之|於|韓，雖所喪敗，有多寡之差，其貪而不明，|眞|父子也。	（史部，雜史類，先秦兩漢之屬，戰國策校注，卷七，頁 41）（善本）
評 林	鮑彪曰、 此馮亭上黨之事也、|惠|文失之|于|魏、孝成失之|于|韓、雖所喪敗有多寡之差、其貪而不明、|真|父子也、	見《評林》頁 1460

| 備註 | 一. 評林某字原典作某（字加框者）
1. 于字作於 | |

	內　　　　　容	出　　　處
原典	按：此書[於][秦]之情狀與當時形勢利害，若指諸掌，而文特奇妙，可爲論事之法。	（集部，總集類，文章正宗，卷六，頁 50）
評林	眞德秀曰、 此書[于][魏]之情狀與當時形勢利害、若指諸掌、而文特奇妙可爲論事之法、	見《評林》頁 1463、頁 1464
備註	一. 評林某字原典作某（字加框者） 1.「于魏」作「於秦」	

	內　　　　　容	出　　　處
原典	〈韓世家〉不載其事，必是時韓王少，母后用事<u>也</u>。	（史部，編年類，大事記＿大事記解題，卷五，頁 31）
評林	呂祖謙曰、按 韓世家不載其事、必是時韓王少、母后用事、	見《評林》頁 1464
備註	一. 評林刪字（原典字下畫線者） 1. 也	

	內　　　　　容	出　　　處
原典	信陵君之言，深切綜練，識天下之大勢。使魏王能用其計，糾率楚、趙，竭力助韓，則韓不至[於]失上黨，趙不至[於]敗長平，六國亦不至爲秦所呑矣。謀既不用，又以矯殺晉鄙，流落[於]外，秦巳滅周，六國[垂][亡]，魏始再用之，猶能收合諸[侯]，折強秦之[鋒]。若用之[於]上黨、長平未敗之前，天下雌雄之勢，<u>殆</u>未可量也。	（史部，編年類，通代之屬，大事記解題，卷五，頁 33、頁 34）（善本）
評林	呂祖謙曰、 信陵君之言深切綜練識天下之大勢、使魏王能用其計糾率楚趙、竭力<u>以</u>助韓、則韓不至[於]失上黨、趙不至[於]敗長平、六國亦不至爲秦所呑矣、謀既不用、又以矯殺[晉]鄙、流落[於]外、六國[垂][凶]、魏始再用之、猶能收合諸[疾]、折強秦之[鋒]、若用之於上黨長平未敗之前、天下雌雄之勢未可量也、	見《評林》頁 1467、頁 1468

	一. **評林刪字**（原典字下畫線者）	
	1. 秦巳滅周	
	2. 殆	
	二. **評林增字**（評林字下畫線者）	
備	1. 以	
	三. **評林某字原典作某**（字加框者）	
	1. 於字作扵	
	2. 晉字作晋	
註	3. 垂字作埀	
	4. 亾字作亡	
	5. 疾字作疾	
	6. 鋒字作鋒	

	內　　　　　容	出　　　　處
原 典	蘇子曰： 魏文侯，非戰國之君也。內師事卜子夏、友田子方、段干木，被服儒者，身無失德。用吳起、西門豹、李悝，盡力耕戰，民賴以富，而敵不敢犯；外以禮與信，交接諸侯，與韓、趙無怨，終其身，魏人不知戰國之患，雖非盛德之主，使當平世，得行其志，雖西漢文帝不能遠過也，一時諸侯無足言者矣。至子武侯，稍已侵暴鄰國，至孫惠王，藉父祖之業，結怨韓、趙，齊乘其弊，殺龐涓，虜太子申，秦人因之，遂取西河地，魏由此衰，不然，以全魏之力，據山河之利，秦豈能動之哉！	（史部，別史類，古史，卷二十一，頁 27）
評 林	蘇子古史曰、 魏文侯非戰國之君也、內師事卜子夏、友田子方段干木、被服儒者、身無失德、用吳起西門豹李悝盡力耕戰、民賴以富、而敵不敢犯、外以禮與信交接諸侯、與韓趙無怨、終其身魏人不知戰國之患、雖非盛德之主、使當平世得行其志、雖西漢文帝不能遠過也、一時諸侯無足言者矣、至子武侯、稍已侵暴鄰國、至孫惠王、藉父祖之業、結怨韓趙、齊乘其弊殺龐涓、虜太子申、秦人因之、遂取西河地魏由此衰、不然以全魏之力、據山河之利、秦豈能動之哉、	見《評林》頁 1469
備 註	一. **評林某字原典作某**（字加框者） 1. 侯字作侯 2. 遠字作逺 3. 乘字作乗 三. **評林句讀待商榷者**（字下畫粗虛線者）	

韓世家第四十五

	內　　容	出　　處
原典	彪謂： 二子，皆億中之材也。宣惠訹於甘言，惑於重幣，雖有公仲之謀，固難以入。至於非兄弟非素約，而以虗名救我，此言豈不明著矣乎？如之何弗聽也！	（史部，雜史類，鮑氏戰國策注，卷八，頁 10）
評林	鮑彪曰、 二子皆億中之材也、宣惠怵於耳言、惑於重幣、雖有公仲之謀、固難以入、至於非兄弟非素約、而以虗名救我、此言豈不明著矣乎、如之何弗聽也、	見《評林》頁 1476
備註	**一. 評林某字原典作某**（字加框者） 1. 怵字作訹 2. 耳字作甘 3. 虗字作虗 4. 聽字作聽	

	內　　容	出　　處
原典	先巳所見，後儀之故智，言欲秦之救巳，而不欲其勁韓也。徐注欲以為儀在之日而云，非也。	（史部，雜史類，鮑氏戰國策注，卷八，頁 29）
評林	鮑彪曰、 先巳所見、後儀之故智、徐註以為儀在之日而云、非也、	見《評林》頁 1479
備註	**一. 評林刪字**（原典字下畫線者） 1. 言欲秦之救巳，而不欲其勁韓也 2. 欲 **二. 評林某字原典作某**（字加框者） 1. 巳字作巳 2. 註字作注	

	內　　容	出　　處
原典	臣光曰： 韓以微弱之國，居天下之衝，首尾腹背，莫不受敵，然猶社稷血食，幾二百年，豈非昭侯奉法之謹！賞不加無功，罰不失有罪，後世雖不肖，猶得蒙遺烈以自存乎？	（史部，編年類，通代之屬，司馬溫公稽古錄，卷十一，頁 74）（善本）
評林	司馬光曰、 韓以微弱之國、居天下之衝、首尾腹背莫不受敵、然猶社稷血食幾二百年、豈非昭侯奉法之謹、賞不加無功、罰不失有罪、後世雖不肖、猶得蒙遺烈以自存乎、	見《評林》頁 1481、頁 1482

備註	一. 評林某字原典作某（字加框者）	
	1. 矦字作侯	

	內　　　　容	出　　　　處
原典	蘇子曰： 韓之先，獻子厥最賢，然春秋之際，諸矦之賢大夫，如獻子者，多矣，而子孫莫興，太史公以獻子存趙氏之孤，為天下之陰德，故冝有後。予以謂不然。韓之先與晉同祖，皆周武王之後也，史伯謂鄭桓公武實昭文之功，文之祚盡，武其嗣乎？武王之子，應韓不在，其在晉乎？晉自文公伯諸矦，至乎八世，猶未足以究武之烈，而繼之以韓，此天意也。獻子何足以當之？然周衰姬姓復興者三國，燕與韓、魏，皆據地千里，后稷播種百穀，以濟飢饉，其報固當然哉！	（史部，別史類，古史， 卷二十二，頁 11、頁 12）
評林	蘇子古史曰、 韓之先、獻子厥最賢、然春秋之際、諸矦之賢大夫、如獻子者多矣、而子孫莫興、太史公以獻子存趙氏之孤、為天下之陰德、故冝有後、余謂不然、韓之先與晉同祖、皆周武王之後也、晉自文公伯諸矦、至平公八世、猶未足以究武之烈、而繼之以韓、此天意也、獻子何足以當之、然周衰姬姓復興者三國、燕與韓魏、皆獲地千里、后稷播種百穀、以濟飢饉、其報固當然哉、	見《評林》頁 1482
備註	一. 評林刪字（原典字下畫線者） 1. 以 2. 史伯謂鄭桓公武實昭文之功，文之祚盡，武其嗣乎？武王之子，應韓不在，其在晉乎？ 3. 乎 二. 評林增字（評林字下畫線者） 1. 平公 三. 評林某字原典作某（字加框者） 1. 矦字作侯 2. 陰字作隂 3. 德字作徳 4. 宜字作冝 5. 余字作予 6. 獲字作據	

田敬仲完世家第四十六

	內　　　　　容	出　　　處
原典	田乞及常皆以大斗予、小斗收，愚齊民以結其心，再世弒逆，專其國政，而陰奪之。蓋不待田和遷康公自立，而太公之齊，已爲田氏有，久矣！	（子部，儒家類，黃氏日抄，卷四十六，頁23、頁24）
評林	黃震曰、按 田乞田常皆以大斗予、小斗收、愚齊民以結其心、再世弒逆、專其國政而陰奪之、蓋不待田和遷康公自立、而太公之齊已爲田氏有久矣、	見《評林》頁1490
備註	**一. 評林某字原典作某**（字加框者） 1. 田字作及 2. 陰字作陰 3. 已字作巳	

	內　　　　　容	出　　　處
原典	彪謂： 此策，自爲智則明，爲人謀則忠，蘇、張之巨擘也。	（史部，雜史類，先秦兩漢之屬，戰國策校注，卷四，頁46）（善本）
評林	鮑彪曰、 此策自爲智則明、爲人謀則忠、蘇張之巨擘也、	見《評林》頁1501
備註	**一. 評林與原典無異**	

	內　　　　　容	出　　　處
原典	秦遠交齊而善之，故齊事秦謹，不悟其計也。與諸侯信，此恐未然。史稱齊亦東邊海上，秦日夜攻三晉、燕、楚，五國各自救，以故四十餘年不受兵，此實錄也。齊與諸侯信，則安得不助五國乎？	（史部，雜史類，先秦兩漢之屬，戰國策校注，卷四，頁75）（善本）
評林	吳師道曰、 秦遠齊交齊而善之、故齊事秦謹不悟其計也、與諸侯信、此恐未然、史稱秦日夜攻三晉燕楚、五國各自救、以故不受兵、此實錄也、齊與諸侯信、安得不助五國乎、	見《評林》頁1505
備註	**一. 評林刪字**（原典字下畫線者） 1. 齊亦東邊海上 2. 四十餘年 3. 則	

	二. **評林增字**（評林字下畫線者）	
	1. 齊	
	三. **評林某字原典作某**（字加框者）	
	1. 矦字作侯	

	內　　　容	出　　　處
原典	齊爲三晉、燕、楚之根柢，三晉、燕、楚爲齊之藩蔽，秦雖强暴，百有餘年，不能一諸侯者，以其表裏相鈎帶也。及齊王建，用后勝之謀，信秦間之言，拱手以事秦，不救五國；五國已亡，而齊并爲虜，理勢然也。	（史部，編年類，通代之屬，司馬溫公稽古錄，卷十一，頁78）（善本）
評林	司馬光曰、 齊爲三晉燕楚根柢、三晉燕楚爲齊之藩蔽、秦雖强暴百餘年不能一諸矦、以表裡相鈎帶也、及齊王建用后勝之謀、信秦間之言、拱手以事秦不救五國、五國以亡、而齊爲虜、理勢然也、	見《評林》頁1505、頁1506
備 註	一. **評林刪字**（原典字下畫線者） 1. 之 2. 有 3. 者 4. 其 5. 并 二. **評林某字原典作某**（字加框者） 1. 矦字作侯 2. 以字作已 3. 虜字作虜	

	內　　　容	出　　　處
原典	蘇子曰： 蘇秦欲連諸侯以拒秦，此一時良籌也。公孫衍一說齊、魏，而蘇秦之約，不能期年以壞，衆志之不一，其勢固難成哉！然天方相秦，人謀雖善，將有不能支者。彼韓、魏、趙、楚，與秦壤地相接，雖欲勉强抗秦，而干戈日至，勢不可矣。如燕、齊負海，前有四國之限，燕弱不足言，如齊之强，使與四國合從，推其有餘，以補不足，時出而拯其匝，雖秦之暴，亦安能遂滅諸侯乎？然威、宣方以其力，攻伐諸侯；諸侯不親，湣王取宋破燕，求逞其欲，不暇及遠，而王建媮安自守，僥倖	（史部，別史類，古史，卷二十三，頁22，頁23）

	內　　　容	出　　處
原典	秦之見容，與五國相隨而亡，豈非天哉！然吾觀六國之亡，其君無一人可以守國者，楚考烈王死，李園專國；負芻與王猶[爭]立，僅能自定，而秦兵至，趙王遷信讒以誅李牧；魏景湣王，用秦間以廢信陵；韓王安制[於]韓玘；燕丹私怨始皇，欲以刺客斃秦，雖使秦寇不作，其勢亦不能久安矣，而[況]秦[乘]其弊乎！	
評林	蘇子古史曰、 蘇秦欲連諸[矦]以拒秦、此一時良[筭]也、公孫衍一說齊魏、而蘇秦[從]約不能期年以[壞]、眾志之不一、其勢固難成哉、然天方相秦、人謀雖善、將有不能支者、彼韓魏趙楚與秦壤地相接、雖欲勉強抗秦、而干戈日至、勢不可矣、如燕齊負海、前有四國之限、燕弱不足言、如齊之強、使與四國合從、推其有餘以補不足、時出而拯其[急]、雖秦之暴亦安能遂滅諸[矦]乎、然威宣方以其力攻伐諸[矦]、諸[矦]不親、湣王取宋破燕、求逞其欲、不暇及[遠]、而王建媮安自守、僥倖秦之見容、與五國相隨而亡、豈非天哉、然吾觀六國之亡、其君無一人可以守國者、楚考烈王死、李園專國、負芻與王猶[爭]立、僅能自定、而秦兵至、趙王遷信讒以誅李牧、魏景湣王、用秦間以廢信陵、韓王安制[于]韓玘、燕丹私怨始皇、欲以刺客斃秦、雖使秦寇不作、其勢亦不能久安矣、而[況]秦[乘]其弊乎、	見《評林》頁 1506
備註	**一. 評林某字原典作某**（字加框者） 1. 矦字作侯 2. 筭字作算 3. 從字作之 4. 壞字作壞 5. 急字作亟 6. 于字作於 7. 況字作况 8. 乘字作乘	

孔子世家第四十七

	內　　　容	出　　處
原典	孔子用[於]魯三月，而齊人畏其[霸]，以僖子之賢，而知夫子之爲聖人也。使[之未亡]，而授之以政，則魯作東周矣！故曰孟僖子之過，可悲也已。雖然夫子之道，充乎天下者，自僖子始。	（集部，別集類，宋金元，東坡全集，卷五十，頁 3、頁 4）（善本）

評 林	蘇軾日、 孔子用 于 魯 三月、而齊人懼其 伯 、以僖子之賢、而知 夫子之爲聖人也、使 其既亡 而授之以政、則魯作東周 矣、夫子之道充乎天下者、自僖子始、	見《評林》頁 1509
備 註	**一. 評林刪字**（原典字下畫線者） 1. 故日孟僖子之過，可悲也已。雖然 **二. 評林某字原典作某**（字加框者） 1. 于字作於 2. 魯字作魯 3. 伯字作霸 4. 「其既亡」作「之未亾」	

	內　　容	出　　處
原 典	履祥按： 晏嬰，賢者也。夫子亦每賢之。今景公將封 孔 子，而 晏子不可，其必有意。《史記》載其沮止之語；後 夾 谷 之會，《史記》亦謂晏子與有謀焉，朱子皆削不取，或 疑晏子心雖正，而其學墨，固自有不相爲謀者 與 ！然 論晏子者，惟當以 夫 子之言爲正，他書未可盡信也。	（史部，編年類，資治 通鑑前編，卷十六，頁 36）
評 林	金履祥日、按 晏嬰賢者也、夫子亦每賢之、今景公將封 夫 子、而晏 子不可、其必有意、史記載其沮止之語、後 夾 谷之會、 史記亦謂晏子與有謀焉、朱子皆削去不取、或疑晏子心 雖正而其學墨、固自有不相爲謀者 歟 、然論晏子者、 惟當以 孔 子之言爲正、他書未可盡信也、	見《評林》頁 1512
備 註	**一. 評林某字原典作某**（字加框者） 1. 夫字作孔 2. 夾字作夾 3. 歟字作與 4. 孔字作夫	

	內　　容	出　　處
原 典	剡日： 晏嬰忠信以有禮，愛君而樂善。於晉 悅 叔向，於鄭 悅 子 皮 ，於吳 悅 季札，豈於孔子獨不知而毀之乎？	（集部，別集類，宋金 元，司馬太師溫國文正 公傳家集，卷七十三， 頁 13）（善本）
評 林	司馬光日、 晏嬰忠信以有禮、愛君而樂善、於晉 悅 叔向、於鄭 悅 子 產 、於吳 悅 季札、豈以孔子獨不知而毀乎、	見《評林》頁 1512、頁 1513

備註	一. **評林刪字**（原典字下畫線者） 1. 之 二. **評林某字原典作某**（字加框者） 1.「司馬光」作剡 2. 悅字作悅 3. 產字作皮 4. 吳字作吳	

	內　　　容	出　　　處
原典	佛肸之不能爲東周亦明矣，然而用孔子，則有可以爲東周之道，故子欲往者，以其有是道也；卒不往者，知其必不能也。	（史部，史評類，史論之屬，歷代名賢確論，卷二十五，頁 4）（善本）
評林	蘇軾曰、 佛肸之不能爲東周亦明矣、然而用孔子、則有可以爲東周之道、故子欲往者、以其有是道也、卒不往者、知其必不能也、	見《評林》頁 1515、頁1516
備註	一. **評林某字原典作某**（字加框者） 1. 肸字作肸	

	內　　　容	出　　　處
原典	三家不臣，則魯無可治之理。孔子之用於世，其政無急於此者矣。彼晏嬰者亦知之曰：田氏之僭，唯禮可以已之。在禮家施不及國，大夫不收公利。齊景公曰：善哉！吾今而後，知禮之可以爲國也。嬰能知之，而莫能爲之，嬰非不賢也，其浩然之氣，以直養而無害，塞于天地之間者，不及孔、孟也。孔子以羈旅之臣得政，期月而舉治世之禮，以律亡國之臣，墮名城、出藏甲，而三家不疑其害已。此必有不言而信，不怒而威者矣。	（史部，史評類，史論之屬，歷代名賢確論，卷十五，頁 9）（善本）
評林	蘇軾曰、 三家不臣則魯无可治之理、孔子以羈旅之臣得政、期月墮其城出藏甲、而三家不疑其害已、此必有不言而信、不怒而威者矣、	見《評林》頁 1517
備註	一. **評林刪字**（原典字下畫線者） 1. 孔子之用於世，其政無急於此者矣。彼晏嬰者亦知之曰：田氏之僭，唯禮可以已之。在禮家施不及國，大夫不收公利。齊景公曰：善哉！吾今而後，知禮之可以爲國也。嬰能知之，而莫能爲之，嬰非不賢也，其浩然之氣，以直養而無害，塞于天地之間者，不及孔、孟也。	

2. 而舉治世之禮，以律亡國之臣

二. 評林某字原典作某（字加框者）

1. 魯字作魯
2. 无字作無
3. 羈字作羈
4. 其字作名

	內　　容	出　　處
原典	孔子爲<u>魯</u>司寇七日，<u>而</u>誅少正卯，或以爲太速。此叟蓋自知<u>其頭方命薄</u>，必不久在相位，故<u>汲汲</u>及其未去發之。使更遲疑，<u>兩三日</u>已爲少正卯所圖矣。	（集部，別集類，宋金元，東坡全集，卷一百四，頁 11）（善本）
評林	蘇軾曰、 孔子爲司寇七日、誅少正卯、或以爲太速、孔子蓋自知必不久在相位、故及其未去發之、使更遲疑、已爲少正卯所圖爾、	見《評林》頁 1519
備 註	**一. 評林刪字**（原典字下畫線者） 1. 魯 2. 而 3. 其頭方命薄 4. 汲汲 5. 兩三日 **二. 評林某字原典作某**（字加框者） 1. 寇字作冠 2. 「孔子」作「此叟」 3. 已字作巳 4. 爾字作矣	

	內　　容	出　　處
原典	三桓之無君，與晉之三大夫，齊之田氏一也。三桓終不敢篡魯，夫子之功也。	（史部，史評類，通鑑答問，卷一，頁 7、頁 8）
評林	王應麟曰、 三桓之無君、與晉之三大夫、齊之田氏一也、<u>孔子雖去位、而</u>三桓終不敢篡魯、孔子之功也、	見《評林》頁 1519
備 註	**一. 評林增字**（評林字下畫線者） 1. 孔子雖去位、而 **二. 評林某字原典作某**（字加框者） 1. 晋字作晉 2. 孔字作夫	

	內　容	出　處
原典	《春秋》者，天下之正法也。孔子有王天下之才，而不得位，故見其志於《春秋》，是以引天下之譽襃之，賢者不敢私；引天下之議貶之，姦人不敢亂，故漢人以《春秋》決獄，所以法仲尼也。	（子部，雜家類，雜說之屬，宋景文筆記，卷中，頁 10）
評林	宋祁曰、 春秋、天下之正法也、孔子有王天下之才而不得位、故見其志于春秋、是以引天下之譽襃之、賢者不敢私、一天下之議貶之、姦人不敢亂、故漢人以春秋決獄、所以法仲尼也、	見《評林》頁 1538
備註	**一. 評林刪字**（原點字下畫線者） 1. 者 2. 引 **二. 評林某字原典作某**（字加框者） 1. 于字作於 2. 決字作決	

	內　容	出　處
原典	愚曰： 居今日而贊孔氏，夫何言哉？以六家並論之，史遷似亦溺於流俗者，而能尊孔子於世家，置老子於列傳，其見不卓乎！先黃老後六經，意者固之論，特以時好觀遷史耳！	（集部，總集類，通代之屬，文選補遺，卷三十八，頁 1）（善本）
評林	陳仁子曰、 居今日而贊孔氏、夫何言哉、以六家並論之、史遷似亦溺於流俗者、而能尊孔子於世家、置老子於列傳、其見不亦卓乎、先黃老後六經、意者固之論、特以時好觀遷史耳、	見《評林》頁 1541
備註	**一. 評林某字原典作某**（字加框者） 1. 贊字作贊	

	內　容	出　處
原典	詩曰：高山仰止，景行行止。景，明也。謂所行之光明也。世俗有景仰、景慕之語，遂失其義，妄以景訓仰，多取前賢名姓，加景字扵上以爲字。如景周、景顏之類，失之矣。前史王景略、近世范仁，何嘗以景爲仰哉？眞西山舊字景元，後悟其非，乃改爲希元云。	（子部，類書類，鶴林玉露，卷十一，頁 15）（善本）

評林	羅大經曰、 詩[云]、高山仰止、景行行止、景明也、謂所行之光明也、世俗有景仰景慕之語、[遂]失其義、妄以景訓仰、多取前賢名姓、加景字於上以爲字、如景周景顏之類失之[矣]、前史王景[晷]、近世范景仁、何嘗以景爲仰哉、眞西山舊字景元、後悟其非、乃改爲希元云、	見《評林》頁 1541
備註	**一.評林某字原典作某**（字加框者） 1. 云字作日 2. 遂字作遂 3. 矣字作矢	

	內　　　　容	出　　處
原典	[穌]子曰： 孔子一用於魯，有成功矣，而魯定公、季桓子皆庸人，一爲女樂所誤，視[棄]孔子如脫弊屣。孔子去魯，而[游]諸[侯]，有意於擇君矣乎？當是時，諸[侯]無可言者，衛靈公雖無道，而善用人：仲叔圉治[賓]客、祝鮀治宗廟、王孫賈治軍旅，以無失其國，孔子疑可輔焉，是以去魯三年而往反於衛者四。及知其不用，然後適陳、適蔡皆再。孔子之於陳、蔡，無取焉耳。陳、蔡近於楚，而楚昭王、葉公諸梁，一時賢君臣也。[盤]桓以竢焉。前後六年，見葉公不合，卒見昭王，將用之矣，而子西間之，昭王亦死，知諸[侯]無復可與共事者，然後浩然有歸老之意，然猶反於衛五年，以[湏]魯人之招也，蓋翔而後集故歟！	（史部，別史類，古史，卷三十一，頁 21）
評林	[蘇]子古史曰、 孔子一用於魯、有成功矣、而魯定公季桓子皆庸人、一爲女樂所誤、視[弃]孔子如脫弊屣、孔子去魯而[游]諸[侯]、有意於擇君矣乎、當是時、諸[侯]無可言者、衛靈公雖無道、而善用人、仲叔圉治[賓]客、祝鮀治宗廟、王孫賈治軍旅、以無失其國、孔子疑可輔焉、是以去魯三年而往反於衛者四、及知其不用、然後適陳適蔡皆再、孔子之於陳蔡無取焉耳、陳蔡近於楚、而楚昭王葉公諸梁、一時賢君臣也、[盤]桓以竢焉、前後六年見葉公不合、卒見昭王、將用之矣、而子西間之、昭王亦死、知諸[侯]無復可與共事者、然後浩然有歸老之意、然猶反於衛五年、以[湏]魯人之招也、蓋翔而後集故歟、	見《評林》頁 1541、頁 1542

	一. 評林某字原典作某（字加框者）	
備 註	1. 蘇字作蔯 2. 弃字作棄 3. 游字作洀 4. 矦字作侯 5. 賓字作賔 6. 盤字作磐 7. 浬字作湏	

	內　　　　　容	出　　　處
原 典	古之人僕僕然勞其身，以求行道於世，而曰吾以學孔子者，惑矣！孔子之始也，食於魯，魯亂而適齊，齊大夫欲害已，則反而食乎魯。魯受女樂，不朝者三日，義不可以留也，則烏乎之，曰甚矣！衛靈公之無道也。其遇賢者庶乎其猶有禮耳。杉是之衛，衛靈公不可與處也。杉是不暇擇而之曹，以適于宋、鄭、陳、蔡、衛、楚之郊，其志猶去衛而之曹也。老矣，遂歸于魯以卒。孔子之行如此，烏在其求行道也？夫天子、諸侯不以身先杉賢人，其不足與有爲明也。孔子而不知，其何以爲孔子也！	（集部，別集類，宋金元，臨川先生文集，卷六十七，頁12）（善本）
評 林	（此段文字分二段校勘，此爲第一） 王安石曰、 古之人僕僕然勞其身、以求行道于世、而曰吾以學孔子者、惑矣、孔子之始也食于魯、魯亂而適齊、齊大夫欲害已、則反而食于魯、魯受女樂、不朝者三日、義不可以留也、則烏乎之、曰甚矣、衛靈公之無道也、其遇賢者庶乎其猶有禮爾、於是之衛、衛靈公不可與處也、于是不暇擇而之曹、以適于宋鄭陳蔡衛楚之郊、其志猶去衛而之曹也、老矣、遂歸于魯以卒、孔子之行如此、烏在其求行道也、夫天子諸矦不以身先于賢人、其不足與有爲明也、孔子而不知、其何以爲孔子也、	見《評林》頁1542
備 註	一. 評林某字原典作某（字加框者） 1. 于字作杉 2. 矣字作矣 3. 已字作已 4. 于字作乎 5. 衛字作衞 6. 靈字作靈	

	7. 遂字作遂
	8. 爾字作耳
	9. 庚字作侯

	內　　　　容	出　　　處
原 典	太史公叙帝王則曰本紀，公侯傳國則曰世家，公卿特起則曰列傳，此其例也。其列孔子爲世家，奚其進退無所據耶！孔子，旅人也。棲棲衰季之世，無尺土之柄，此列之以傳宜矣，曷爲世家哉！豈以仲尼躬將聖之資，其教化之盛，舄奕萬世，故爲之世家以抗之，又非極摯之論也。夫仲尼之才，帝王可也，何特公侯哉？仲尼之道，世天下可也，何特其家哉！處之世家，仲尼之道，不從而大；置之列傳，仲尼之道，不從而小，而遷也，自亂其例，所謂多所抵牾者也。	（集部，別集類，宋金元，臨川先生文集，卷七十一，頁 11、頁 12） （善本）
評 林	（此段文字分二段校勘，此爲第二） （王安石曰、） 又曰、太史公叙帝王則曰本紀、公侯傳國則曰世家、公卿特起則曰列傳、此其例也、其列孔子爲世家、奚其進退無所據耶、孔子旅人也、棲棲衰季之世、無尺土之柄、此列之以傳宜矣、曷爲世家哉、豈以仲尼躬將聖之資、其教化之盛、舄奕萬世、故爲之世家以抗之、又非極摯之論也、夫仲尼之才、帝王可也、何特公侯哉、仲尼之道、世天下可也、何特其家哉、處之世家、仲尼之道不從而大、置之列傳、仲尼之道不從而小、而遷也、自亂其例、所謂多所抵牾者也、	見《評林》頁 1542
備 註	一. 評林某字原典作某（字加框者） 1. 庚字作侯 2. 矣字作矣 3. 曷字作曷 4. 奕字作奕	

陳涉世家第四十八

外戚世家第四十九

	內　　　　容	出　　　處
原 典	愚曰： 叙述歷代，有勸有戒，正論也，而遷終歸之命焉，然則呂后之禍，其殆出於天而非人乎？	（集部，總集類，通代之屬，文選補遺，卷二十六，頁 7）（善本）

評林	陳仁子曰、 敘述歷代、有勸有戒、正論也、而遷終歸之命焉、然則呂后之禍、其殆出于天而非人乎、	見《評林》頁1562
備註	**一. 評林某字原典作某**（字加框者） 1. 敘字作叙	

	內　　　容	出　　處
原典	衛青本平陽公主家使令者，青一旦富貴振天下，卒尙公主，然謂非公主失身，不可也。	（子部，儒家類，黃氏日抄，卷四十六，頁25）
評林	黃震曰、 衛青本平陽公主家使令者、青一旦富貴振天下、卒尙公主然謂非公主失身、不可也、	見《評林》頁1575
備註	**一. 評林與原典無異**	

	內　　　容	出　　處
原典	衛青少服役平陽公主家，後爲大將軍，貴顯震天下，公主怩離擇配，左右以爲無如大將軍，公主曰：此我家馬前奴也，不可！已而遍擇羣臣貴顯無踰大将軍者，迄歸大将軍。丁晉公起甲第，鉅麗無比，軍卒楊呆宗躬負土之役，勞苦萬狀，後呆宗以外戚起家，晉公得罪貶海上，朝庭以其第賜呆宗，居之三十年，世事翻覆如此。古詩云：君不見河陽花，全如泥土昔如霞；又不見武昌柳，春作青絲秋作帚。人生馬耳射東風，柳色桃花豈長久？秦時東陵千户侯，華蟲被體腰蒼璆。漢初沛邑刀筆吏，折腰如磬頭搶地。蕭相厥初謁邵平，中庭百拜百不譍，邵平後來謁蕭相，故侯一拜一惆悵。萬事反覆何所無，二子豈是大丈夫？窮通流坎皆偶爾，搏扶未必賢搶榆。	（子部，類書類，鶴林玉露，卷九，頁13、頁14）（善本）
評林	羅大經曰、 衛青少服役平陽公主家、後爲大將軍、貴顯震天下、公主怩離擇配、左右以爲无如大將軍、迄歸大將軍、丁晉公起甲第、鉅麗無比、軍卒楊呆宗躬負土之役、勞苦萬狀、後呆宗以外戚起家、晉公得罪貶海上、朝廷以其第賜呆宗、居之三十年、世事翻覆如此、古詩云、秦時東陵千戶侯、華蟲被體腰蒼璆、漢初沛邑刀筆吏、折腰如磬頭搶地、蕭相厥初謁邵平、中廷百拜百不譍、邵平後來謁蕭相、故侯一拜一惆悵、萬事反覆何所無、二子豈是大丈夫、窮通流坎皆偶爾、搏扶未必賢搶榆、	見《評林》頁1575、頁1576

備	一. **評林刪字**（原典字下畫線者）
	1. 公主曰：<u>此</u>我家馬前奴也，不可！已而遍擇羣臣貴顯無踰大將軍者
	2. 君不見河陽花，今如泥土昔如霞；又不見武昌柳，春作青絲秋作帚。人生馬耳射東風，柳色桃花豈長久
	二. **評林某字原典作某**（字加框者）
註	1. 衞字作衞
	2. 无字作無
	3. 被字作被
	4. 體字作體
	5. 磬字作磬
	6. 鵰字作鵰
	7. 矦字作侯

	內　　　　　容	出　　　處
原典	爲武帝生子者，其<u>母</u>無不譴死，<u>褚</u>先生贊其爲聖賢事，雖曰有感之言，亦豈人情也哉！	（子部，儒家類，黃氏日抄，卷四十六，頁 26）
評林	黃震曰： 按爲武帝生子者、其<u>母</u>無不譴死、<u>褚</u>先生贊其爲聖賢、雖曰有感之言、亦豈人情也哉、	見《評林》頁 1578
備註	一. **評林刪字**（原典字下畫線者） 1. 事	

	內　　　　　容	出　　　處
原典	史於呂氏譏以非天命孰能當之！於薄氏稱仁善，於竇氏稱退讓；至王信好酒、田蚡勝貪巧，則武帝母王太后之戚；衛青號大將軍、霍去病號驃騎將軍，則武帝妃衛皇后之戚。勸戒昭然，而外戚之欲肆，亦係於時君矣！	（子部，儒家類，黃氏日抄，卷四十六，頁 25）
評林	黃震曰、 史於呂氏譏以非天命孰能當之、於薄氏稱仁善、於竇氏稱退讓、至王信好酒、田蚡勝貪巧、則武帝母王太后之戚、衛青號大將軍、霍去病號驃騎將軍、則武帝妃衛皇后之戚、勸戒昭然、而外戚之欲肆、亦係於時君矣、	見《評林》頁 1579
備註	一. **評林與原典無異**	

楚元王世家第五十

荊燕世家第五十一

	內　　容	出　　處
原典	生乃如長安，不見澤，而以計謁高后之所幸張子卿，使王諸呂以張本，而王劉澤於燕，然則田生所干劉澤之畫，即明年所施於張子卿之計，曰弗與云者，弗與我施行所畫，促之之辭爾。澤，劉氏也，而王諸呂，乃出其計，其罪大矣，故太史公之贊曰：劉澤之王，權激呂氏，而釋之者弗察，謂畫爲計畫，謂與爲黨與，夫於干劉澤，不言其所畫，而於干張子卿言之，文法之相爲先後如此，而釋之者弗能察，故夫史遷之文深遠矣！	（子部，儒家類，黃氏日抄，卷四十六，頁 26、頁 27）
評林	黃震曰、按 田生如長安不見澤、而以計謁高后之所幸張子卿、使王諸呂以張本、而王劉澤于燕、然則田生所干劉澤之畫、即明年所施于張子卿之計、曰弗與云者、弗爲我施行所畫、促之之詞爾、澤、劉氏也、而王諸呂、乃出其計、其罪大矣、故太史公之贊曰、劉澤之王、權激呂氏、而釋之者弗察、謂畫爲工畫、謂與爲黨與、夫於干劉澤、不言其所畫、而於干張子卿言之、文法之相爲先後如此、而釋之者弗能察、故夫史遷之文深遠矣、	見《評林》頁 1589、頁 1590
備註	**一. 評林某字原典作某**（字加框者） 1. 于字作於 2. 爲字作與 3. 詞字作辭 4. 工字作計 5. 遠字作遠	

齊悼惠王世家第五十二

	內　　容	出　　處
原典	趙隱王以鴆死，趙幽王以幽死，趙共王以憤死，燕王建有子亦見殺，惟齊王肥獻城呂氏之女，幸脫虎口，甚矣！呂氏之不仁也。肥子朱虛侯竟能手誅諸呂，復安社稷。嗚呼！眞高皇帝子孫哉！	（子部，儒家類，黃氏日抄，卷四十七，頁 10）
評林	黃震曰、 趙德王以鴆死、趙幽王以幽死、趙共王以憤死、燕王建有子亦見殺、惟齊王肥獻城呂氏之女、幸脫虎口、甚矣、呂氏之不仁也、肥子朱虛侯竟能手誅諸呂、復安社稷、嗚呼眞高祖子孫哉、	見《評林》頁 1592

備註	一. 評林某字原典作某（字加框者） 1. 祖字作「皇帝」	

	內　　　容	出　　　處
原典	主父偃求徐甲，欲入其女齊後宮不遂，則讒齊王殺之，亦卒以此坐誅，偃真小人哉！	（子部，儒家類，黃氏日抄，卷四十六，頁27）
評林	黃震曰、 主父偃求徐甲、欲入其女齊後宮不遂、則讒齊王殺之、偃卒以此坐誅、天道其好還哉、	見《評林》頁1599
備註	一. 評林某字原典作某（字加框者） 1. 偃字作亦 2. 「天道其好還」作「偃真小人」	

蕭相國世家第五十三

	內　　　容	出　　　處
原典	高帝起布衣，得天下，非有分義素服人心，故所與同起者，帝無不疑之至。如關中，天下根本。何每留守而帝自將，帝所任者，莫如何，所疑者亦莫如何也。方帝距京、索間，非用鮑生計，遣子孫詣軍，何幾族。及自將邯鄲，非用召平計，悉家財佐軍，何幾族。其後自將擊黥布，非用說客計，多買田宅自汙，何又幾族，然則何雖相帝定天下，嘗懷救死之不暇，縱何非刀筆吏，又何暇經綸之事乎？其後為民請死，稍欲展布而械繫已及，帝之赦何也，言我不過為桀、紂，而相國為明相，是正怒其掠主譽，以得民心也。嗚呼！其亦異於古人所以推誠共治之道哉！	（子部，儒家類，黃氏日抄，卷四十六，頁27、頁28）
評林	黃震曰、 高帝起布衣得天下、非有分義素服人心、故所與同起者、帝無不疑、如關中天下根本、何每留守而帝自將、帝所任者莫如何、所疑者亦莫如何也、方帝距京索間、非用鮑生計遣子孫詣軍、何幾族、及自將邯鄲、非用召平計悉家財佐軍、何幾族、其後自將擊黥布、非用說客計多買田宅自汙、何又幾族、然則何雖相帝定天下、嘗懷救死之不暇、縱何非刀筆吏、又何暇經綸之事乎、其後為民請苑、稍欲展布而械繫已及、帝之赦何也、言我不過為桀紂、而相國為賢相、是正怒其掠主譽以得民心也、嗚呼、其亦異於古人所以推誠共治之道哉、	見《評林》頁1612

| 備
註 | 一. **評林刪字**（原典字下畫線者）
1. 至
二. **評林某字原典作某**（字加框者）
1. 將字作将
2. 族字作族
3. 黥字作黥
4. 說字作說
5. 死字作死
6. 苑字作死
7. 賢字作明 | |

曹相國世家第五十四

	內　　　容	出　　　處
原 典	曹參天下甫定，遠相侯國，此所以獨不見疑於高帝也，然又安知非帝有心於遠之耶？	（子部，儒家類，黃氏日抄，卷四十七，頁 10）
評 林	黃震曰、按 曹參天下甫定、遠相齊國、此所以獨不見疑于高帝也、然又安知非帝有心于遠之耶、	見《評林》頁 1620
備 註	一. **評林某字原典作某**（字加框者） 1. 遠字作遠 2. 於字作于	

	內　　　容	出　　　處
原 典	曹參之宜為相，高祖以為可，惠帝以為可，蕭何以為可，參自以為可，故漢用之而興。	（子部，雜家類，容齋五筆，卷二，頁 8、頁 9） （善本）
評 林	洪邁曰、 曹參之宜為相、高帝以為可、惠帝以為可、蕭何以為可、參自以為可、以故漢用之而興也、	見《評林》頁 1624
備 註	一. **評林增字**（評林字下畫線者） 1. 以 2. 也	

	內　　　容	出　　　處
原 典	參自高帝起兵，無一戰不預，雖非赫赫功，而未嘗以敗聞。天下既平，猶從擊陳豨、黥布、益參與帝，終始兵間而不見疑。相齊，齊治；相漢，漢治，參有大過人者矣，而史論戰功，則謂之當信之滅；論治功，	（子部，儒家類，黃氏日抄，卷四十六，頁 28、頁 29）

	內　　　容	出　　　處
原典	則謂其當秦之後，若有抑揚之意焉！愚謂參明哲保身，雖信不能及，而立法易，守法難，參以人豪，一遵何約束？除吏皆木訥，而深刻者輒斥去，所以養成漢家寬厚之風，雖何無以尚之，參其可少哉！《書》稱斷斷猗無他技，參之謂矣。	
評林	黃震曰、 參自高帝起兵、無一戰不與、雖非赫赫功、而未嘗以敗聞、天下既平、猶從擊陳豨黥布、蓋參與帝、終始無間而不見疑、相齊齊治、相漢漢治、參有過人者矣、而史論戰功、則謂其當信之滅、論治功、則謂其當秦之後、若有抑揚之意焉、愚謂參明哲保身、雖信不能及、而立法易、守法難、參以人豪一遵何約束、除吏皆木訥、而深刻者輒斥去、所以養成漢家寬厚之風、雖何無以尚之、參其可少哉、書稱斷斷兮無他技、參之謂矣、	見《評林》頁 1624
備註	**一. 評林某字原典作某**（字加框者） 1. 與字作預 2. 蓋字作葢 3. 無字作兵 4. 其字作之 5. 輒字作輙 6. 兮字作猗	

留矦世家第五十五

	內　　　容	出　　　處
原典	張子房欲爲韓報讐，乃捐金募死士，於博浪沙中，以鐵椎狙繫始皇，誤中其副車，始皇大怒，索三日不獲。未逾年，始皇竟死，自此陳勝、吳廣、田儋、項梁之徒，始相尋而起，是祇祖龍之魄，倡群雄之心，皆子房一擊之力也，其關繫豈小哉！	（子部，類書類，鶴林玉露，卷九，頁 7、頁 8）（善本）
評林	羅大經曰、 子房欲爲韓報讎、乃捐金募死士、以鐵椎狙擊始皇、自此陳勝吳廣田儋項梁之徒、始相尋而起、是祇祖龍之魄、倡群雄之心、皆子房一擊之力也、其關繫豈小哉、	見《評林》頁 1628
備註	**一. 評林刪字**（原典字下畫線者） 1. 張 2. 於博浪沙中 3. 誤中其副車，始皇大怒，索三日不獲。未逾年，始皇竟死 **二. 評林某字原典作某**（字加框者） 1. 讎字作讐	

	內　　　容	出　　　處
原典	老<u>氏</u>之學最忍，它閒時似箇虗，無卑弱底人<u>莫教</u>，緊要處，發出來更教你支梧不住，如張子房是也。子房<u>皆老氏之學</u>，如嶢關之戰，與秦將連和了，忽乘其懈擊之；鴻溝之約，與項羽講解了，忽回軍殺之，這箇便是<u>他</u>柔弱之發處，可畏！可畏！	（子部，儒家類，朱子語類，卷一百二十五，頁3）
評林	楊時曰、 老子之學最忍、他閑時似箇虗、无單弱底人、到緊要處、發出來令人支吾不住、如張子房是也、子房如嶢關之戰、與秦將連和了、忽乘其懈擊之、鴻溝之約、與項羽講解了、忽回軍殺之、這便是柔弱之發處可畏可畏、	見《評林》頁1629
備註	一. **評林刪字**（原典字下畫線者） 1. 莫教 2. 皆老氏之學 3. 箇 4. 他 二. **評林增字**（評林字下畫線者） 1. 到 三. **評林某字應作某**（字加框者） 1. 子字作氏 2. 「他閑」作「它閒」 3. 无字作無 4. 單字作卑 5. 「令人」作「更教你」 6. 吾字作梧 7. 將字作将 8. 乘字作乘 9. 回字作囬	

	內　　　容	出　　　處
原典	刻印銷印，<u>有同兒嬉</u>，何嘗累高祖之知人？適足明聖人之<u>無</u>我。	（集部，別集類，宋金元，東坡全集，卷五十一，頁19）（善本）
評林	蘇軾曰、 刻印銷印、何嘗累高祖之知人、適足明聖人之无我、	見《評林》頁1636

備註	一. **評林刪字**（原典字下畫線者） 1. 有同兒嬉 二. **評林某字原典作某**（字加框者） 1. 无字作無	

	內　　　　容	出　　　處
原 典	張子房，<u>蓋俠士之知義、策士之知幾者，要非儒也，故</u>早年頗似荊軻，晚歲頗似魯仲連，得老氏不敢爲天下先之術，不代大匠斲，故不傷手，善於打乖。荊公詩云：漢業存亡俯仰中，留侯於此每從容，固陵始議韓、彭地，復道方謀雍齒封。蓋因機乘時，與之斡旋，未嘗自我發端，故消沮事變，全不費力。朱文公云：子房只是占便宜，不肯自犯手做，如爲韓報秦，擁掇高祖入關，及項羽殺韓王成，又使高祖平項羽。兩次報仇，皆不自做，後來定太子事，他亦自處閒地，又只教四老人出來做，後來誅戮功臣時，更討他不着。邵康節之學，亦與子房相似，康節本是要出來有爲之人，又不肯深犯手做，凡事直待可做處，方試爲之，纔覺難便抽身退，如《擊壤集》中以道觀道等語，是物各付物之意。蓋自家都不犯手，又凡事只到半中央便止，如看花切勿看離披，是也。	（子部，類書類，鶴林玉露，卷四，頁8、頁9） （善本）
評 林	羅大經曰、 子房早年頗似荊軻、晚頗似仲連、得老氏不敢爲天下先之術、荊公詩云、漢業存亡俯仰中、留侯於此每從容、固陵始議韓彭地、復道方謀雍齒封、蓋因機乘時與之斡旋、未嘗自我發端、故消沮事變全不費力晦翁云、子房只是占便宜、不肯自犯手做、又凡只到半中央而止、如看花切勿看離披、是也、	見《評林》頁 1638
備 註	一. **評林刪字**（原典字下畫線者） 1. 蓋俠士之知義、策士之知幾者，要非儒也，故 2. 歲 3. 魯 4. 不代大匠斲，故不傷手，善於打乖。 5. 如爲韓報秦，擁掇高祖入關，及項羽殺韓王成，又使高祖平項羽。兩次報仇，皆不自做，後來定太子事，他亦自處閒地，又只教四老人出來做，後來誅戮功臣時，更討他不着。邵康節之學，亦與子房相似，康節本是要出來有爲之人，又不肯深犯手做，凡事直待可做處，方試爲之，纔覺難便抽身退，如《擊壤集》中以道觀道等語，是物各付物之意。蓋自家都不犯手	

二. 評林某字原典作某（字被框者）
1. 似字作佀
2. 亡字作亾
3. 矦字作侯
4. 乗字作乘
5. 甞字作嘗
6. 復字作複
7. 葢字作蓋
8. 沮字作弴
9. 「晦翁」作「朱文公」
10. 兵字作只
11. 犯字作犯
12. 而字作便

	內　　　　容	出　　　處
原典	張良所[畫]計[策]，高祖用之以成漢業。及招四皓，<u>以安太子</u>，則高祖亦墮其計中矣。良欲從赤松子遊，[蓋]婉其辭，以脫世綱，所謂鴻飛冥冥，弋人何慕焉？	（集部，別集類，宋金元，屏山集，卷四，頁10、頁11）（善本）
評林	劉子翬曰、 張良所[畫]計高祖用以成漢業、及招四皓、則高祖亦墮計中矣、良欲從赤松子遊、[蓋]婉其辭以脫世綱、所謂鴻飛冥冥、弋人何慕焉、	見《評林》頁1643
備註	一. 評林刪字（原典字下畫線者） 1. 策 2. 之 3. 以安太子 二. 評林某字原典作某（字被框者） 1. 畫字作畫 2. 所字作所	

	內　　　　容	出　　　處
原典	利啗秦將，旋破[嶢]關，漢以是先入關；勸還霸上，固要項伯，漢以是[脫]鴻門；燒絕棧道，激項攻齊，漢以是得還定三秦。敗[於]彭城，則勸連布、越；將立六國，則借箸銷印；韓信自王，則躡足就封，此漢所以卒取天下；勸封雍齒，銷變未形；勸都關中，垂安後世；勸迎四皓，卒定太子，又所以維持漢室[於]天下。既得之後，凡良一謀一畫，無不[繫]漢得失安危，良又三傑之冠也哉！然董公仁義正大之說，則良不及之。使以良之智，兼董公之識，而為漢謀，伊、周何尚焉！	（子部，儒家類，黃氏日抄，卷四十六，頁29）

	內　　　　　容	出　　　處
評 林	黃震曰、 利啗秦將、旋破嶢關、漢以是先入關、勸還霸上、固要項伯、漢以是脫鴻門、燒絕棧道、激項攻齊、漢以是還定三秦、敗于彭城、則勸連布越、將立六國、則借箸銷印、韓信自王、則躡足就封、此漢所以卒取天下、勸封雍齒、銷變未形、勸都關中、垂安後世、勸迎四皓、卒定太子、又所以維持漢室于天下既得之後凡良一謀一畫、無不繫漢得失安危、良又三傑之冠也哉、然董公仁義正大之說、則良不及之、使以良之智、兼董公之識、而爲漢謀、伊周何尚焉、	見《評林》頁1643
備 註	**一. 評林某字原典作某**（字被框者） 1. 嶢字作巇 2. 于字作於 3. 繫字作繫 **二. 評林句讀待商榷者**（字下畫粗虛線者）	

	內　　　　　容	出　　　處
原 典	愚曰： 始以天斷，見漢之締刱也不偶；終以貌論，見高帝之用人也不錯。	（集部，總集類，通代之屬，文選補遺，卷三十八，頁2）（善本）
評 林	陳仁子曰、 始以天斷見漢之締創也不偶、終以貌論、見高帝之用人也不錯、	見《評林》頁1644
備 註	**一. 評林某字原典作某**（字被框者） 1. 創字作刱	

陳丞相世家第五十六

	內　　　　　容	出　　　處
原 典	使單于閼氏，此張儀愚鄭袖之故智也，何奇之云？使平早計，而帝毋窘平城，雖不奇，猶奇矣。	（子部，儒家類，黃氏日抄，卷四十六，頁29、頁30）
評 林	黃震曰、 此使單于閼氏、即張儀愚鄭袖之故智也、何奇之云、使平早計、而帝无窘平城、雖不奇、猶奇矣、	見《評林》頁1652
備 註	**一. 評林增字**（評林字下畫線者） 1. 此 **二. 評林某字原典作某**（字被框者） 1. 即字作此	

	內　　　容	出　　　處
	2. 奇字作奇	
	3. 无字作毋	

	內　　　容	出　　　處
原典	平與太尉勃合謀，卒誅諸呂，然使諸呂逆者，平阿意太后之過也。縱火人之家，而隨以撲滅，言功，功耶？罪耶？	（子部，儒家類，黃氏日抄，卷四十六，頁 30）
評林	黃震曰、 陳平與太尉勃卒誅諸呂、然使諸呂謀逆者、平阿意太后之過也、縱火焚人之家、而隨以撲滅、其功耶、罪耶、	見《評林》頁 1655
備註	一. 評林刪字（原典字下畫線者） 1. 合謀 2. 言功 二. 評林增字（評林字下畫線者） 1. 陳 2. 焚 3. 其	

絳侯世家第五十七

	內　　　容	出　　　處
原典	軍中夜驚，內相攻擊擾亂，至於帳下，亞夫堅臥不起，頃之復定。吳奔壁東南陬，亞夫使備西北，已而果奔西北不得入。漢史書之，以爲亞夫能持重。按亞夫軍細柳時，天子先驅至不得入，文帝稱其不可得而犯，今乃有軍中夜驚相攻之事，安在其能持重乎？	（子部，雜家類，容齋五筆，卷二，頁 5）（善本）
評林	洪邁曰、 軍中夜驚之事、漢史書之、以爲亞夫能持重、按亞夫軍細柳時、天子先驅至不得入、文帝稱其不可得而犯、今乃有軍中夜驚之事、安在其能持重乎、	見《評林》頁 1668
備註	一. 評林刪字（原典字下畫線者） 1. 內相攻擊擾亂，至於帳下，亞夫堅臥不起，頃之復定。吳奔壁東南陬，亞夫使備西北，已而果奔西北不得入。 2. 相攻 二. 評林增字（評林字下畫線者） 1. 之事	

	內　　容	出　　處
原典	周亞[父]彊直自信，當文帝而顯名，遇景帝而殺身，非有幸不幸，其操術然也。方[凶][奴][冠]邊，文帝遣亞夫屯細柳，細柳在長安西，當時非臨敵之地，文帝以萬乘臨之，先過棘門霸上，則軍中豈不預知哉！萬弩持滿，向帝先驅，帝至又不得入；既入，又禁馳驅，[此]亞夫欲以軍威示文帝[爾]。如穰苴之斬[莊]賈、孫武之斬吳姬，有意爲之也。文帝因[此]重之，亞夫之名遂顯。後[屢]諫景帝，帝怒下吏，又不對，竟殺之。夫行[己]恭、事上敬，[此]大臣之節也。亞夫不知遵[此]，姑以強直自信不移，文帝寬仁，故推成其美；景帝忌刻，故陷[於][僇]辱，然則景帝之殺亞夫，雖曰濫刑，固有以招之矣。	（集部，別集類，宋金元，屏山集，卷三，頁5）（善本）
評林	劉子翬曰、 周亞[夫]彊直自信、當文帝而顯名、遇景帝而殺身、非有幸不幸、其操術然也、方[匈][奴][寇]邊、文帝遣亞夫屯細柳、細柳在長安西、當時非臨敵之地、文帝以萬乘臨之、先過棘門霸上、則軍中豈不預知哉、萬弩持滿、向帝先驅、帝至又不得入、既入又禁馳驅、此亞夫欲以軍威示文帝[耳]、如穰苴之斬[莊]賈、孫武之斬[吳]姬、有意爲之也、文帝因此重之、亞夫之名遂顯、後[屢]諫景帝、帝怒下吏、又不對、竟殺之、夫行[己]恭、事上敬、此大臣之節也、亞夫不知遵[此]、姑以強直自信不移、文帝寬仁、故推成其美、景帝忌刻、故陷[于][僇]辱、然則景帝之殺亞夫、雖曰濫刑、固有以招之矣、	見《評林》頁1672
備註	**一. 評林某字原典作某**（字被框者） 1. 匈字作凶 2. 寇字作冠 3. 耳字作爾 4. 莊字作莊 5. 己字作已 6. 于字作於 7. 僇字作僇	

	內　　容	出　　處
原典	亞夫之爲人，[班]、[馬]雖不明言，然必悻直行行者。方其將屯細柳，秖以備胡，且近在長安[數]十里[間]，非若出[臨]邊塞，與敵對壘，有呼吸不可測知之事。[全]天子勞軍[至]，不得入，及[遣][使]持節詔之，始開壁門，又[使]不得[驅][馳]；以軍禮見，自言介冑之士，不拜天子，改容	（子部，雜家類，容齋五筆，續筆卷六，頁8、頁9）（善本）

	稱謝，然後去，是乃王旅萬騎，乘輿黃屋，顧制命於將帥，豈人臣之禮哉！則其傲睨帝尊，習與性成，故賜食不設箸，有不平之意。鞅鞅非少主臣，必已見於辭氣之間，以是隕命，其可惜也。	
評 林	黃震曰、 周亞夫之爲人、太史公雖不明言、然必悻直行行者、方其將屯細柳、秪以備胡、且近在長安數十里間、非若出臨邊塞、與敵對壘、有呼吸不可測知者、何至天子勞軍不得入、及持節詔之、始開壁門、又不得馳驅、而以軍禮見、王旅萬騎、乘輿黃屋、欲制命于將帥、豈人臣之禮哉、則其傲睨帝尊、習與性成、故賜食不設箸、即有不平之意、鞅鞅非少主臣、必已見于辭氣間矣、以是隕身、其可惜也夫、	見《評林》頁 1672、頁 1673
備 註	一. **評林刪字**（原典字下畫線者） 1. 今 2. 至 3. 遣使 4. 使 5. 自言介冑之士，不拜天子，改容稱謝，然後去，是乃 6. 之 二. **評林增字**（評林字下畫線者） 1. 周 2. 何至 3. 而 4. 即 5. 矣 6. 夫 三. **評林某字原典作某**（字被框者） 1. 「太史公」作「班馬」 2. 數字作數 3. 間字作閒 4. 臨字作臨 5. 者字作「之事」 6. 「馳驅」作「驅馳」 7. 欲字作顧 8. 于字作於 9. 身字作命	

梁孝王世家第五十八

	內　　容	出　　處
原典	漢於諸王不教以禮義，而乃大其封邑，適所以禍之。	（子部，儒家類，黃氏日抄，卷四十七，頁 3）
評林	黃震曰、按 漢于諸王不□以禮義、而乃大其封邑、適所以禍之、	見《評林》頁 1675 （按：□表空白）
備註	**一. 評林刪字**（原典字下畫線者） 1. 教 **二. 評林某字原典作某**（字被框者） 1. 于字作於	

	內　　容	出　　處
原典	孝王既僭侈矣，景帝復失言千秋萬歲後，傳於王，入則同輦，出則同車，卒之梁王賊殺袁盎等大臣，幾至變逆者，景帝之失也。	（子部，儒家類，黃氏日抄，卷四十六，頁 31）
評林	黃震曰、 孝王既僭侈矣、景帝復失言千秋万歲後傳于王、入則同輦、出則同車、卒之梁王賊殺袁盎等大臣、幾至變逆者、景帝之失也、	見《評林》頁 1676
備註	**一. 評林某字原典作某**（字被框者） 1. 僭字作僭 2. 于字作於	

五宗世家第五十九

	內　　容	出　　處
原典	景十三王，惟河間王最賢，其學甚正，雖當時士大夫亦鮮及之，餘率驕恣自滅。大率漢之封建，非特城邑過制，亦失雖有周親，不如仁人之意，故適足以禍之耳。	（子部，儒家類，黃氏日抄，卷四十七，頁 6）
評林	黃震曰、 景帝十三王惟河間最賢、其學甚正、雖當時士大夫亦鮮及之、餘率驕恣自滅、大率漢之封建非特城邑過制、亦失雖有周親、不如仁人之意、故適足以禍之耳、	見《評林》頁 1689
備註	**一. 評林增字**（評林字下畫線者） 1. 帝	

	內　　容	出　　處
原典	景帝殺臨江閔王，燕數萬銜土置塚上；王莽掘丁姬塚，燕數千銜土投窠中，史書如此非志怪也，以言禽鳥猶哀憐之，人不如也。	（子部，雜家類，雜考之屬，猗覺寮雜記，卷下，頁 16）
評林	朱翌曰、景帝殺臨江閔王、燕數萬銜土置塚上、王莽掘丁姬塚、燕數千銜土投穿中、史書如此非志怪也、以言禽獸哀憐之人不如也、	見《評林》頁 1690、頁 1691
備註	**一. 評林刪字**（原典字下畫線者） 1. 猶 **二. 評林某字原典作某**（字被框者） 1. 塚字作塚 2. 數字作数 3. 穿字作窠 4. 獸字作鳥	

	內　　容	出　　處
原典	景帝之待五宗，削其恩數者乃全之也。於是可見漢初之無制矣。	（集部，總集類，通代之屬，文選補遺，卷三十八，頁 2）（善本）
評林	陳仁子曰、景帝之待五王、奪之權者乃全之也、于是可見漢初之無制矣、	見《評林》頁 1699
備註	**一. 評林某字原典作某**（字被框者） 1. 王字作宗 2. 「奪之權」作「削其恩數」 3. 于字作於	

三王世家第六十

	內　　容	出　　處
原典	愚曰：《書》載〈誥命〉，所以可傳萬世者，雖以其詞，亦以其人。武帝子凡五，齊懷王、燕剌王、廣陵厲王三子，同日受封。今讀策命詞語，申以風土之宜，教以輔佐之義，語言溫厚，直有成周訓誥風度。班史謂號令文章粲然可述者，此其尤也。惜數子或夭、或自殺，竟無伯禽、康叔之業，三復策書，吾重為三子愧。	（集部，總集類，通代之屬，文選補遺，卷三，頁 15）（善本）

評林	陳仁子曰、 書[稱]誥命、所以可傳萬世者、雖以其詞、亦以其人、武帝子凡五、齊王燕王廣陵王三子、同日受封、今讀[其]策命詞語、申以風土之宜、教以輔佐之義、語言溫厚、直有成周訓誥風度、班史謂號令文章粲然可[觀]者、此其尤也、惜[三]子或夭或自殺、竟無伯禽康叔之業、三復策書、吾重爲三子愧、	見《評林》頁 1707、頁 1708
備註	**一. 評林刪字**（原典字下畫線者） 1. 懷 2. 刺 3. 厲 **二. 評林增字**（評林字下畫線者） 1. 其 **三. 評林某字原典作某**（字被框者） 1. 稱字作載 2. 觀字作述 3. 三字作數	

	內　　　容	出　　　處
原典	太史公備述[羣]臣，奏[請]皇帝恭讓，始終啓復之辭，以及三王封[策]之辭，爛然可觀也，而不載其行事。褚先生條釋其後：謂齊王之國，左右維持以禮義，不幸早夭；謂廣陵王，果作威福，謀反自殺；謂燕王，謀爲叛逆，亦自殺，皆如其策指云。愚按：齊王策曰：允執其中，天祿永終。永終者，堯戒舜之反辭云：四海困窮，則天絕其祿，不執中者也。[今]乃用爲期望之辭，屬之執中之下，[誤]矣，豈亦王早夭，國絕之先兆[耶]？	（子部，儒家類，黃氏日抄，卷四十六，頁 31、頁 32）
評林	黃震曰、 太史公備述[群]臣、奏[辭]皇帝恭讓、始終啓復之辭、以及三王封[策]之辭、爛然可觀也、而不載其行事、褚先生條釋其後、謂齊王之國、左右維持以禮義、不幸早夭、謂廣陵王果作威福、謀反自殺、謂燕王謀爲叛逆、亦自殺、皆如其策指云、愚按齊王策曰、允執其中、天祿永終、永終者、堯戒舜之反辭云、四海困窮、則天絕其祿不執中者也、[今]乃用爲期望之辭、屬之執中之下[誤]矣、豈亦王早夭、國絕之先兆[耶]、	見《評林》頁 1717
備註	**一. 評林某字原典作某**（字被框者） 1. 群字作羣 2. 辭字作請	

第五節 列傳部分

伯夷列傳第六十一

	內　　　容	出　　處
原典	傳體，前敘事、後議論，獨坏者〈王承福傳〉，敘事、論議相間，頗有太史公〈伯夷傳〉之風。	（集部，詩文評類，文章精義，文章精義，頁4）
評林	李塗曰、 傳體、前敘事、後議論、獨韓退之王承福傳、敘事議論相間、頗有伯夷傳之風、	見《評林》頁1720
備註	**一. 評林刪字**（原典字下畫線者） 1. 太史公 **二. 評林某字原典作某**（字加框者） 1. 敘字作叙 2. 「韓退之」作「坏者」 3. 「議論」作「論議」	

	內　　　容	出　　處
原典	太史公〈伯夷傳〉，蘇東坡〈赤壁賦〉，文章絕唱也。其機軸畧同〈伯夷傳〉，以求仁得仁又何怨之語設問。謂夫子稱其不怨，而采薇之詩，猶若未免怨，何也？蓋天道無親，常與善人，而達觀古今，操行不軌者，多富樂；公正發憤者，每遇禍，是以不免於怨也。雖然富貴何足求，節操爲可尚，其重在此，其輕在彼，況君子疾没世而名不稱，伯夷、顏子得夫子而名益彰，則所得亦已多矣，又何怨之有？	（子部，類書類，鶴林玉露，卷十六，頁7、頁8）（善本）
評林	羅大經曰、 太史公伯夷傳、文章絕唱也、以求仁得仁又何怨之語設問、謂夫子稱其不怨、而采薇之詩、猶若未免怨何也、蓋天道無親、常與善人、而達觀古今、操行不軌者、多富樂、公正發憤者、每遇禍、是以不免于怨也、雖然富貴何足求、節操爲可尚、其重在此、其輕在彼、況君子病没世而名不稱、伯夷顏子得夫子而名益彰、則所得亦已多矣、何怨之有、	見《評林》頁1722
備註	**一. 評林刪字**（原典字下畫線者） 1. 蘇東坡〈赤壁賦〉 2. 其機軸畧同〈伯夷傳〉 **二. 評林某字原典作某**（字加框者） 1. 蓋字作蓋 2. 怨字作怨 3. 薇字作薇	

	內　　　　　容	出　　　　處
原典	天道之大，安可以一人之故，妄意窺測，如曰顏何爲而殀？跖何爲而壽？皆指一人計較天理，非知天也。	（子部，儒家類，二程遺書，卷十八，頁56）
評林	王應麟曰、 程子云、天道甚大、安可以一人之故、妄意窺測知如顏何爲而夭、跖何爲而壽、此皆指一人計較天理、非知天也、	見《評林》頁1724、頁1725
備　　註	**一. 評林刪字**（原典字下畫線者） 1. 曰 **二. 評林增字**（評林字下畫線者） 1. 程子云 2. 知 3. 此 **三. 評林某字原典作某**（字加框者） 1. 甚字作之 2. 夭字作殀	

	內　　　　　容	出　　　　處
原典	蘇子曰： 武王以大義伐商，而伯夷、叔齊亦以義非之，二者不得兩立，而孔子與之，何哉？夫文、武之王，非其求而得之也，天下從之，雖欲免而不得，紂之存亡，不復爲損益矣。文王之置之，知天命之不可先也；武王之伐之，知天命不可後也，然湯以克夏爲慙，而孔子謂武未盡善，則伯夷之義，豈可廢哉！宋昭公以無道弒，《春秋》雖書曰「宋人弒其君杵臼」，然晉荀林父、衛孔達、陳公孫寧、鄭石楚伐宋，以不討賊稱人；晉靈公爲之會諸侯於扈，以不討賊不叙，明君臣之義，不以無道廢也。	（史部，別史類，古史，卷二十四，頁3、頁4）
評　　林	蘇子由古史曰、 武王以大義伐商、而伯夷叔齊亦以義非之、二者不得兩立、而孔子與之、何哉、夫文武之王、非其求而得之也、天下從之、雖欲免而不得、紂之存亡、不復爲損益矣、文王之置之、知天命之不可先也、武王之伐之、知天命不可後也、然湯以克夏爲慙、而孔子謂武未盡善、則伯夷之義、豈可廢哉、宋昭公以無道弒、春秋雖書曰宋人弒其君杵臼、然晉荀林父衛孔達陳公孫寧鄭石楚伐宋、以不討賊稱人、晉靈公爲之會諸侯于扈、以不討賊不叙、明君臣之義不以無道廢也、	見《評林》頁1726

| 備註 | 一. **評林增字**（評林字下畫線者）
1. 由古史
二. **評林某字原典作某**（字加框者）
1. 矣字作侯
2. 于字作於 | |

	內　　　　容	出　　　處
原典	太史公疑許由非夫子所稱不述，而首述伯夷，且悲其餓<u>死</u>，為舉顏子、盜<u>跖</u>，反覆嗟嘆，卒歸之各從其志，幸伯夷得夫子而名益彰，其<u>趣遠</u>、其文逸，意在言外，詠味無窮，然豈知其心之無怨<u>耶</u>？	（子部，儒家類，黃氏日抄，卷四十六，頁 32）
評林	（此段文字分二段校勘，此為第一） 黃震曰、 太史公疑許由非夫子所稱不述、而首述伯夷、且悲其餓<u>死</u>、為舉顏子盜<u>蹠</u>反覆嗟嘆、卒歸之各從其志、幸伯夷得夫子而名益彰、其<u>旨遠</u>、其文逸、意在言外、詠味無窮、然豈知其心之無怨<u>耶</u>、	見《評林》頁 1726
備註	一. **評林某字原典作某**（字加框者） 1. 死字作死 2. 蹠字作跖 3. 旨字作趣 4. 遠字作遠 5. 耶字作耶	

	內　　　　容	出　　　處
原典	太史公載伯夷采薇<u>首陽</u>之歌，為之反覆嗟傷，遺音餘韻，<u>拱</u>挹莫盡，君子謂此太史公<u>託</u>以自傷其不遇，故其情到而<u>辭</u>切，然非伯夷怨是用希之心也，故後世<u>高</u>其文，而非其<u>旨</u>。	（子部，儒家類，黃氏日抄，卷五十一，頁 19）
評林	（此段文字分二段校勘，此為第二） （黃震曰、） <u>又曰</u>、太史公載伯夷采薇之歌、為之反覆嗟傷、遺音餘韻、<u>把</u>挹莫盡、君子謂此太史公<u>托</u>以自傷其不遇、故其情到而<u>詞</u>切、然非伯夷怨是用希之心也、故後世<u>高</u>其文、而非其<u>旨</u>、	見《評林》頁 1726
備註	一. **評林刪字**（原典字下畫線者） 1. 首陽 二. **評林增字**（評林字下畫線者） 1. 又曰	

	三. 評林某字原典作某（字加框者）	
	1. 把典作拱	
	2. 托字作託	
	3. 詞字作辭	
	4. 高字作髙	
	5. 旨字作旨	

管晏列傳第六十二

	內　　容	出　　處
原典	世之人，見賢而稱其賢，見智而稱其智，未足言知人。惟其人方困窮時，其迹有甚於不賢不智者而已。獨有以察其心，若鮑叔之於管仲，千古一人耳，然愚謂此管仲之為管仲也，君子固窮，窮視其所不為；貧視其所不取，何至蒙不賢不智之迹耶？其令論卑而易行，其政善因禍而為福，太史公此論，固切中其相齊之要領，實則苟於濟事，已占於貧賤之時矣！晏平仲功業不及管氏，而相三君，妾不衣帛，則廉節過之。越石父稱詘於不知已，而信於知已，蓋名言也，宜晏子之敬待，然景公欲相孔子，嬰實沮之，石父豈賢於孔子哉？	（子部，儒家類，黃氏日抄，卷四十六，頁33）
評林	黃震曰、 今世之人、見賢而稱其賢、見智而稱其智、未足言知人、惟其方困窮時、其迹有甚於不賢不智者而已、獨以察其心、若鮑叔之于管仲、千古一人耳、然愚謂此管仲之為管仲也、君子固窮、窮視其所不為、貧視其所不取、何至蒙不賢不智之迹耶、其令論卑而易行、其政善因禍而為福、太史公此論、固切中其相齊之要領、實則苟于濟事、不暇顧在我之正守、已占于貧賤之時矣、晏平仲功業不及管氏、而相三君、妾不衣帛、則廉節過之、越石父稱詘于不知已而信于知已、蓋名言也、宜晏子之敬待、然景公欲相孔子、嬰實沮之、石父豈賢于孔子哉、	見《評林》頁1734
註備	一. 評林刪字（原典字下畫線者） 1. 人 2. 有 二. 評林增字（評林字下畫線者） 1. 今 三. 評林某字原典作某（字加框者） 1. 于字作於 2. 耶字作耶 3. 卑字作卑	

	內　　　　容	出　　　處
	4. 子字作於 5. 已字作己 6. 矣字作矣	

老子韓非列傳第六十三

	內　　　　容	出　　　處
原 典	老子、孔子皆布衣也。太史公列孔子世家，贊其爲至聖，至老子則傳之管、晏之次，而窮其弊<u>於</u>申、韓，豈不以申、韓<u>刑名</u>之學，又在管、晏功利之下？而老子則申、韓之發源歟？班固謂遷論大道，則先黃老而後六經，或者未之深察也。	（子部，儒家類，黃氏日抄，卷四十六，頁34）
評 林	黃震曰、 <u>按</u>老子孔子皆布衣也、太史公列孔子世家、贊其爲至聖、至老子則傳之管晏之次、而窮其弊<u>于</u>申韓、豈不以申韓之學、又在管晏功利下、而老子則申韓之發源歟、班固謂遷論大道、則先黃老而後六經、或者未之深察也、	見《評林》頁 1737
備 註	**一. 評林刪字**（原典字下畫線者） 1. 刑名 **二. 評林增字**（評林字下畫線者） 1. 按 **三. 評林某字原典作某**（字加框者） 1. 于字作於	

	內　　　　容	出　　　處
原 典	老子體道而不嬰於物，孔子至以龍比之，然卒不與共斯世也。<u>捨</u>禮樂政刑，而欲行道於世，孔子固知其難哉！	（集部，別集類，宋金元，欒城集，後集卷十，頁 10）（善本）
評 林	蘇轍曰、 <u>梁武帝曰</u>、老子體道而不嬰於物、孔子至以龍比之、然卒不與共斯世也、<u>拾</u>禮樂政刑、而欲行道於世、孔子固知其難哉、	見《評林》頁 1739
備 註	**一. 評林增字**（評林字下畫線者） 1. 梁武帝曰	

	內　　　　容	出　　　處
原 典	論申、韓之慘，而歸之老子，遷之論確<u>矣</u>，而世乃議之曰先黃、老焉，何邪？	（集部，總集類，通代之屬，文選補遺，卷三十八，頁 3）（善本）

評林	陳仁子曰、 論申韓之慘、而歸之老子、遷之論確[矣]、而世乃議之曰先黃老焉何耶、	見《評林》頁 1750
備註	一. 評林某字原典作某（字加框者） 1. 矣字作矣	

內　　　　容	出　　　處
原　**典** 孔子以仁義教人，而以禮樂治天下。仁、義、禮、樂之變無窮，而其稱曰：吾道一以貫之。苟無以貫之，則因變而行義，必有支離而不合者[矣]。《易》曰：形而上者，謂之道；形而下者，謂之器。語曰：君子上達，小人下達，而孔子自謂下學而上達者，[洒埽]應對，詩、書、禮、樂，皆所從學也，而君子由是以達其道；小人由是以得其器。達其道，故萬變而致一；得其器，故有守而不蕩，此孔子之所以兩得之也。[蓋]孔子之爲人也周，故示人以器而晦其道，使達者有見，而未達者不眩也；老子之自爲也深，故示人以道而略其器，使達者易入，而不恤其未達也。要之，其實皆志於道，而所從施之有先後耳。三代之後，釋氏與孔、老[並]行於世，其所以異者，體道愈遠，而立於世之表，指天下之所不見以示人，而不憂其不悟。曰要[將]有悟者，其說又老氏之[耶]也，《老子》八十一章，予[嘗]爲之解，其說如此。	（史部，別史類，古史，卷三十三，頁 2、頁 3）
評　**林** （此段文字分三段校勘，此爲第一） 蘇子古史曰、 孔子以仁義教人、而以禮樂治天下、仁義禮樂之變無窮、而其稱曰、吾道一以貫之、苟無以貫之、則因變而行義、必有支離而不合者[矣]、易曰、形而上者、謂之道、形而下者、謂之器、語曰、君子上達、小人下達、而孔子自謂下學而上達者、[灑掃]應對詩書禮樂、皆所從學也、而君子由是以達其道、小人由是以得其器、達其道、故萬變而致一、得其器、故有守而不蕩、此孔子之所以兩得之也、[蓋]孔子之爲人也周、故示人以器而晦其道、使達者有見而未達者不眩也、老子之自爲也深、故示人以道而略其器、使達者易入、而不恤其未達也、要之其實皆志於道、而所從施之有先後耳、三代之後、釋氏與孔老[並]行於世、其所以異者、體道愈遠、而立於世之表、指天下之所不見以示人、而不憂其不悟、曰要[將]有悟者、其說又老氏之[耶]也、老子八十一章、予[嘗]爲之解、其說如此、	見《評林》頁 1750、頁 1751

	一. 評林某字原典作某（字加框者）	
備　　註	1. 矣字作夨 2. 「灑掃」作「洒埽」 3. 盍字作盖 4. 竝字作並 5. 將字作将 6. 眇字作耺 7. 嘗字作甞	

	內　　　　　容	出　　　處
原 典	蘇子曰： 吾聞之子（闕）兄子瞻曰：太史公言莊子作〈漁父〉〈盜跖〉〈胠篋〉，以詆訾孔子之徒，以明老子之術，此知莊子之粗者。予以爲莊子盍助孔子者，要不可以爲法耳。楚公子微服出亡，而門者難之，其僕操箠而罵曰：隸也不力。門者出之，事固有倒行而逆施者，以僕爲不愛公子，則不可，以爲事公子之法，亦不可，故莊子之言，皆文予而實不予，陽擠而陰助之，其正言也，盍無幾。至於詆訾孔子，未嘗不微見其意。其論天下道術，自墨翟、禽滑氂、彭蒙、愼到、田駢、關尹、老聃之徒，以至於其身，皆以爲一家，而孔子不與，其尊之也至矣。	（史部，別史類，古史，卷三十三，頁 5）
評 林	（此段文字分三段校勘，此爲第二） （蘇子古史曰、） 予聞之吾兄子瞻曰、太史公言莊子作漁父 盜蹠胠篋、以詆訾孔子之徒、以明老子之術、此知莊子之麤者、予以爲莊子盍助孔子者、要不可以爲法耳、楚公子微服出凶、而門者難之、其僕操箠而罵曰、隸也不力、門者出之、事固有倒行而逆施者、以僕爲不愛公子、則不可、以爲事公子之法、亦不可、故莊子之言、皆文予而實不予、陽擠而陰助之、其正言也、盍無幾、至於詆訾孔子、未嘗不微見其意、其論天下道術、自墨翟禽滑氂彭蒙愼到田駢關尹老聃之徒、以至於其身、皆以爲一家、而孔子不與、其尊之也至矣、	見《評林》頁 1750、頁 1751
備 註	一. 評林某字原典作某（字加框者） 1. 莊字作莊 2. 蹠字作跖 3. 麤字作粗	

| | 4. 葢字作蓋 |
| 5. 微字作微 |
| 6. 亾字作亡 |
| 7. 筴字作策 |
| 8. 隷字作隸 |
| 9. 陰字作陰 |
| 10. 葢字作盆 |
| 11. 幾字作幾 |
| 12. 嘗字作甞 |
| 13. 微字作微 |
| 14. 關字作關 |
| 15. 與字作與 |
| 16. 矣字作矣 |
| **二. 評林摘取原典大意**（文字反黑者） |

	內　　　　容	出　　　處
原 典	商鞅以法治秦，而申不害以術治韓。憲令著於官府，刑罰必於民心；賞存乎愼法，罰加乎奸令，所謂法也。因任而授官，循名而責實；操生殺之柄，課羣臣之能，所謂術也。法者，臣之所師，而術者，君之所執也。及韓非之學，並取申、商而兼用。法、術，法之所止，雖有聖智不用也。術之所操，雖有父子不信也。使人君據法術之自然，而無所復爲，此申、韓所謂老子之道，而實非也。	（史部，別史類，古史，卷三十三，頁10、頁11）
評 林	（此段文字分三段校勘，此爲第三） （蘇子古史曰、） 商鞅以法治秦、而申不害以術治韓、憲令著於官府、刑罰必於民心、賞存乎愼法、罰加乎奸令、所謂法也、因任而授官、循名而責實、操生殺之柄、課羣臣之能、所謂術也、法者、臣之所師、而術者、君之所執也、及韓非之學、竝取申商而兼用、法之所止、雖有聖智不用也、術之所操、雖有父子不信也、使人君據法術之自然、而無所復爲、此申韓所謂老子之道、而實非也、	見《評林》頁1750、頁1751
備 註	**一. 評林刪字**（原典字下畫線者） 1. 法術 **二. 評林某字原典作某**（字加框者） 1. 術字作術 2. 兼字作蒹	

	內　　容	出　　處
原典	老子與韓非同傳，論者非之，然余觀太史公之旨意，豈苟然哉？於老子曰，無爲自化。於莊子曰，其要本歸於老子之言。於申不害曰，本於黃、老而主刑名。於韓非曰，喜刑名法術之學，而其歸本於黃、老。夫無爲自化去刑名，固霄壤也，然聖人所以納天下於善者，政教也，世非太古矣，無爲安能自化？政教不施，則其弊不得不出於刑名，此太史公自源徂流，詳著之爲後世戒也。	（子部，儒家類，黃氏日抄，卷四十六，頁33、頁34）
評林	黃震曰、 按老子與韓非同傳、論者非之、然余觀太史公之旨意、豈苟然哉、于老子曰、無爲自化、于莊子曰、其要本歸于老子之言、于申不害曰、本于黃老而主刑名、于韓非曰、喜刑名法術之學、而其歸本于黃老、夫無爲自化去刑名、固霄壤也、然聖人所以納天下于善者、政教也、世非太古矣、無爲安得自化、政教不施、則其弊不得不出于刑名、此太史公自源徂流、詳著之爲後世戒也、	見《評林》頁1751
備註	一. 評林某字原典作某（字加框者） 1. 旨字作旨 2. 于字作於 3. 壞字作壤 4. 矣字作矣	

司馬穰苴列傳第六十四

	內　　容	出　　處
原典	《史記》司馬穰苴，齊景公時人也。其事至偉，而左氏不載。予嘗疑之。《戰國策》：司馬穰苴爲政者也，閔王殺之，大臣不親，則其去景公也遠矣。太史公取《戰國策》作《史記》，當以《戰國策》爲信。	（集部，別集類，宋金元，東坡全集，卷九十二，頁13）（善本）
評林	蘇軾曰、 史記司馬穰苴、齊景公時人也、其事甚偉、然戰國策云、司馬穰苴爲政者也、湣王殺之、大臣不親、則其去景公遠矣、太史公取戰國策而作史記、當以戰國策爲信、	見《評林》頁1753
備註	一. 評林刪字（原典字下畫線者） 1. 而左氏不載。予嘗疑之 二. 評林增字（評林字下畫線者） 1. 然	

	三. 評林某字原典作某（字加框者）	
	1. 甚字作至	
	2. 潛字作閔	

	內　　　容	出　　　處
原 典	古史曰： 太史公爲〈司馬穰苴傳〉，言齊景公拔以爲將，遂以成功。歸爲大司馬，大夫高國害之，譖而殺之，其言甚美，世皆信之。予以《春秋左氏》考之，未有燕、晉伐齊者也，而《戰國策》稱司馬穰苴執政者也，潛王殺之，故大臣不附，意者穰苴，潛王之臣，嘗爲潛王邲燕、晉，而戰國雜說，遂以爲景公時耶！	（史部，正史類，史記，卷六十四考證，頁1）
評 林	蘇子古史曰、 太史公爲司馬穰苴傳、言齊景公拔以爲將、遂以成功、歸爲大司馬、大夫高國害之、譖而殺之、其言甚美、世皆信之、予以春秋左氏考之、未有燕晉伐齊者也、而戰國策稱司馬穰苴執政者也、潛王殺之、故大臣不附、意者穰苴潛王之臣、嘗爲潛王卻燕晉、而戰國雜說、妄以爲景公時耶、	見《評林》頁1756
備 註	一. 評林某字原典作某（字加框者） 1. 遂字作遂 2. 卻字作邲 3. 妄字作遂	

孫子吳起列傳第六十五

	內　　　容	出　　　處
原 典	穰苴之斬莊賈，孫子之斬二姬，蓋號令嚴肅，雖素卑賤者可將，雖素不知兵者可使也，太史公譏孫臏策龐涓明矣，然不能蚤救患於被刑。吳起說武侯，以形勢不如德，然行於楚，卒以刻暴亡其軀。嗚呼！不仁而善用兵，亦烏有自全者哉！	（子部，儒家類，黃氏日抄，卷四十六，頁34）
評 林	黃震曰、 按穰苴之斬莊賈、孫子之斬二姬、蓋號令嚴整、雖素卑賤者可將、雖素不知兵者可使也、太史公譏孫臏策龐涓明矣、然不能蚤救患于被刑、吳起說武侯、以形勢不如德、然行于楚、卒以刻慕亡其軀、嗚呼不仁而善用兵、亦烏有自全者哉、	見《評林》頁1765

備 註	一. 評林某字原典作某（字加框者） 1. 整字作蕭 2. 卑字作甼 3. 矣字作关 4. 于字作於 5. 矦字作侯 6. 慕字作暴	

伍子胥列傳第六十六

	內　　　容	出　　處
原 典	勾踐賂太宰嚭求和于吳，卒滅吳，乃誅嚭。以不忠於君，而外之受重賂與己比周也。漢高與楚戰，丁公窘高祖，祖急顧謂丁公曰：兩賢豈相戹哉？丁公領兵避平楚，丁公一謁，乃斬丁公以殉以不忠于主。使人臣無效丁公，此二事可以爲賣國無狀者之戒。	（子部，雜家類，猗覺寮雜記，卷中，）（善本）
評 林	朱翌曰、 勾踐誅伯嚭、以不忠于君、高祖斬丁公以狗不忠于主、此二事可以爲賣國者之戒、	見《評林》頁1777
備 註	一. 評林刪字（原典字下畫線者） 1. 賂太宰嚭求和于吳，卒滅吳，乃 2. 使人臣無效丁公 3. 無狀 二. 評林增字（評林字下畫線者） 1. 高祖 三. 評林某字原典作某（字加框者） 1. 狗字作殉 2. 于字作於 四. 評林摘取原典大意（文字反黑者）	

	內　　　容	出　　處
原 典	蘇子曰： 伍員以父兄之怨，破楚入郢，鞭平王之墓，世皆憐其志，多其才，然士不幸至此，不足以言功名矣，而員至鞭舊君以逞，逆天而傷義，卒以盡忠而喪其軀，豈非天哉？	（史部，別史類，古史，卷三十五，頁5）
評 林	蘇子古史曰、 伍員以父兄之怨、破楚入郢、鞭平王之墓、世皆憐其志多其才、然士不幸至此、不足以言功名矣、而員至鞭舊君以逞、逆天而傷義、卒以盡忠而喪其軀、豈非天哉、	見《評林》頁1779

	內　　　容	出　　　處
備註	一. **評林某字原典作某**（字加框者） 1. 員字作貟 2. 怨字作怨 3. 矣字作矣	

	內　　　　　容	出　　　處
原典	予观子胥出死亡逋竄之中，以客寄之一身，卒以說吳，折不測之楚，仇枳恥雪，名震天下，豈不壯哉！及其危疑之際，能自慷慨，不顧萬死，畢諫枔所事，此其志与夫自恕以偷一時之利者異也。孔子論古之士大夫，若管夷吾、臧武仲之屬！苟志枔善，而有補於當世者，咸不廢也，然則子胥之義，又曷可少耶？	（集部，別集類，宋金元，臨川先生文集，卷八，頁7）（善本）
評林	王安石曰、 予觀子胥出死亡逋竄之中、以客寄之一身、卒以說吳折不測之楚、仇報恥雪、名振天下、豈不壯哉、及其危疑之際、能自慷慨不顧萬死、畢諫於所事、此其志與夫自恕以偷一時之利者異也、孔子於古之士大夫、若管夷吾臧武仲之屬、苟志於善、而有補於當世者、咸不廢也、然則子胥之父子、又曷可少耶、	見《評林》頁1779
備註	一. **評林某字原典作某**（字加框者） 1. 觀字作观 2. 寄字作寄 3. 報字作枳 4. 振字作震 5. 異字作異 6. 於字作論 7. 於字作枔 8. 廢字作廢 9. 「父子」作義	

仲尼弟子列傳第六十七

	內　　　　　容	出　　　處
原典	昔夫子以簞食瓢飲賢顏子，而韓子乃以爲哲人之細事，何哉？蘇子曰：古之觀人也，必於小者，觀之其大者，容有僞焉。人能碎千金之璧，不能無失聲於破金；能搏猛虎，不能無變色於蜂蠆，孰知簞食瓢飲之爲哲人之大事乎？	（集部，別集類，北宋建隆至靖康，東坡詩集註，卷二十八，頁38）

評林	蘇軾曰、 昔孔子以簞食瓢飲賢顏子、而韓子乃以爲哲人之細事 何哉、蘇子曰、古之觀人也、必于其小焉、觀之其大者 容有僞焉、人能碎千金之璧、不能無失聲于破釜、能 搏猛虎、不能無變色于蜂蠆、孰知簞食瓢飲不爲哲人 之大事乎、	見《評林》頁1785、頁1786
備 註	**一. 評林某字原典作某**（字加框者） 1. 孔字作夫 2. 于字作於 3. 蜂字作蠭 4. 不字作之 **二. 評林摘取原典大意**（文字反黑者）	

	內　　　　容	出　　處
原 典	謂賜而爲之，何足爲賜？謂非賜所爲，其辨說之辭，雖 儀秦不之及，何物史臣能僞爲此？是當闕疑。	（子部，儒家類，黃氏 日抄，卷五十三，頁14）
評 林	黃震曰、 謂賜而爲之、何足爲賜、謂非賜所爲、其辨說之辭、雖 儀泰不之及、何物史臣僞爲此書、是當闕疑、	見《評林》頁1796
備 註	**一. 評林刪字**（原典字下畫線者） 1. 能 **二. 評林增字**（評林字下畫線者） 1. 書 **三. 評林某字原典作某**（字加框者） 1. 泰字作秦	

	內　　　　容	出　　處
原 典	孔子之道如天然，在人賢者識其大者，不賢者識其小 者，顏子識其大者也，故仰之而知其有高者存焉，鑽之 而知其有堅者存焉，故曰語之而不惰者，其回也歟！ 此孔子所以獨稱其好學也。人誠有見於此，譬如爲山， 雖覆一簣，未有能止之者也。苟誠無見矣，雖既九仞， 不復能進也，此顏子與衆弟子之辨也。	（史部，別史類，古史， 卷三十二，頁3）
評 林	（此段文字分十一段校勘，此爲第一） 蘇子古史曰、 孔子之道如天然、在人賢者識其大者、不賢者識其小 者、顏子識其大者也、故仰之而知其有高者存焉、鑽之	見《評林》頁1811、頁1812

而知其有堅者存焉、故日語之而不惰者、其囘也歟、此孔子所以獨稱其好學也、人誠有見于此、譬如爲山、雖覆一簣、未有能止之者也、苟誠無見矣、雖既九仞、不復能進也、此顏子與眾弟子之辨、	
備 註	**一. 評林刪字**（原典字下畫線者） 1. 也 **二. 評林某字原典作某**（字加框者） 1. 囘字作回 2. 于字作於 3. 矣字作矣	

	內　　　容	出　　處
原 典	古之君子，其躬無所不敬。其於人也，<u>則不然</u>。平易近民，而後民安之，太公之所以治齊，則居敬而行簡者也；伯禽之所以治魯，則居敬而行敬者也，雖周公亦憂魯之不競，則仲弓之言，周、孔<u>之</u>所許也。	（史部，別史類，古史，卷三十二，頁4）
評 林	（此段文字分十一段校勘，此爲第二） （蘇子古史曰、） 古之君子其躬無所不敬、其於人也、平易近民、而後民安之、太公之所以治齊、則居敬而行簡者也、伯禽之所以治魯、則居敬而行敬者也、雖周公亦憂魯之不競、則仲弓之言、周孔所許也、	見《評林》頁1811、頁1812
備 註	**一. 評林刪字**（原典字下畫線者） 1. 之 2. 則不然	

	內　　　容	出　　處
原 典	太史公言宰我爲臨菑大夫，與田恒作亂，夷其族，孔子囷之。余以爲宰我之賢，列於四科，其師友淵源所從來遠矣。雖爲不善，不至於從畔逆弑君父也。宰我不幸平居有晝寢、短喪之過，儒者因遂信之。囷田恒之亂，本與闞止爭政，闞止亦子我也。田恒囷殺闞止，而宰我蒙其惡名，豈不哀哉！且使宰我信與田恒之亂，恒囷殺闞止，弑簡公，<u>則</u>向誰族宰我者，事囷必不然矣。	（史部，別史類，古史，卷三十二，頁5、頁6）
評 林	（此段文字分十一段校勘，此爲第三） （蘇子古史曰、） 太史公言宰我爲臨菑大夫、與田恒作亂夷其族、孔子囷之、余以爲宰我之賢列於四科、其師友淵源所從來	見《評林》頁1811、頁1812

	內　　　　容	出　　　處

| | 遠矣、雖爲不善、不至於從叛逆弒君父也、宰我不幸平居有晝寢短喪之過、儒者因遂信之、葢田恒之亂、本與闞止爭政、闞止亦子我也、田恒既殺闞止、而宰我蒙其惡名、豈不哀哉、且使宰我信與田恒之亂、恒既殺闞止弒簡公、尚誰族宰我者、事葢必不然矣、 | |
| 備

註 | **一. 評林刪字**（原典字下畫線者）
1. 則
二. 評林某字原典作某（字加框者）
1. 耻字作恥
2. 遠字作逺
3. 叛字作畔
4. 葢字作蓋
5. 既字作既 | |

	內　　　　容	出　　　處
原 典	太史公稱子貢一出，存魯、亂齊、破吳、強晉、伯越。予觀《春秋左氏傳》，齊之伐魯，本於悼公之怒季姬而非陳恒；吳之伐齊，本怒悼公之反覆而非子貢。吳、齊之戰，陳乞猶在而恒未任事，凡太史公所記皆非也。葢戰國說客設爲子貢之辭，以自託於孔氏，而太史公信之耳。	（史部，別史類，古史，卷三十二，頁10）
評 林	（此段文字分十一段校勘，此爲第四） （蘇子古史曰、） 太史公稱子貢一出、存魯亂齊破吳強晉伯越、予觀春秋左氏傳、齊之伐魯、本於悼公之怒季姬而非陳恒、吳之伐齊、本怒悼公之反覆而非子貢、吳齊之戰、陳乞猶在而恒未任事、凡太史公所記皆非也、葢戰國說客設爲子貢之辭、自託於孔氏、而太史公信之耳、	見《評林》頁1811、頁1812
備 註	**一. 評林某字原典作某**（字加框者） 1. 吳字作吳 2. 晋字作晉 3. 葢字作蓋	

	內　　　　容	出　　　處
原 典	冉有、季路皆以政事稱於孔氏，冉有才有餘而志不足，其於季氏委曲從之，不能有所立也。至於季路，志厲而識闇，事衛出公，雖父子爭國，而不知其危也。方其攻莊公於臺上，使幸而莊公舍孔悝，季路與悝皆出，猶可言也。莊公方質孔悝以取衛，其不釋悝明矣。孔悝不	（史部，別史類，古史，卷三十二，頁17）

	內　　容	出　　處
	出，遂攻而勝之，則爲臣弒君，季路雖生，將安所容身乎？烏乎！學於孔子，而其慮害曾不若召獲，悲夫！	
評 林	（此段文字分十一段校勘，此爲第五） （蘇子古史曰、） 冉有季路皆以政事稱孔門、冉有才有餘而志不足、其於季氏委曲從之、不能有所立也、至於季路志屬而識闇、事衛出公、雖父子爭國、而不知其危也、方其攻莊公於臺上、使幸而莊公舍孔悝、季路與悝皆出、猶可言也、莊公方質孔悝以取衛、其不釋悝明矣、孔悝不出、遂攻而勝之、則爲臣弒君、季路雖生、將安所容身乎、嗚呼學於孔子、其慮害曾不若召獲悲夫、	見《評林》頁 1811、頁 1812
備 註	**一．評林刪字**（原典字下畫線者） 1. 而 **二．評林某字原典作某**（字加框者） 1. 矣字作矣 2. 嗚呼作烏乎 3. 曾字作曾	

	內　　容	出　　處
原 典	善乎子夏之教人也，始於洒埽應對進退，而不急於道，使其來者自盡於學，日引月長而道自至，故曰百工居肆以成其事，君子學以致其道。譬如農夫之殖草木，既爲之區，溉種而時耨之。風雨既至，小大甘苦，莫不咸得其性，而農夫無所用巧也。孔子曰：君子上達，小人下達。達之有上下，出乎其人，而非教者之力也。異哉！今世之教者，聞道不明，而急於夸世，非性命道德，不出於口，雖禮樂政刑，有所不言矣，而況於洒掃應對進退也哉！教者未必知，而學未必信，務爲大言以相欺，天下之僞，自是而起，此子貢所謂誣也。	（史部，別史類，古史，卷三十二，頁 19、頁 20）
評 林	（此段文字分十一段校勘，此爲第六） （蘇子古史曰、） 善乎子夏之教人也、始於洒掃應對進退、而不急於道、使其來者自盡於學、日引月長而道自至、譬如農夫之植草木、既爲之區、溉種而時耨之、風雨既至、小大甘苦、莫不咸得其性、而農夫無所用巧也、異哉今世之教者、聞道不明、而急於夸世、非性命道德、不出於口、雖禮樂刑政、有所不言矣、而況於洒掃應對進退也哉、教者未必知、而學未必信、務爲大言以相欺、天下之僞自是起、此子夏所謂誣也、	見《評林》頁 1811、頁 1812

| 備註 | 一. **評林刪字**（原典字下畫線者）
1. 故曰百工居肆以成其事，君子學以致其道
2. 孔子曰：君子上達、小人下達。達之有上下，出乎其人，而非教者之力也
3. 而
二. **評林某字原典作某**（字加框者）
1. 掃字作埽
2. 植字作殖
3. 旣字作既
4. 異字作異
5. 「刑政」作「政刑」
6. 矣字作矣
7. 夏字作貢 | |

	內　　　容	出　　處
原典	道有不可以名言者，古之聖人，命之曰一，寄之曰中。舜之禪禹，曰「人心惟危，道心惟微，惟精惟一，允執厥中」。聖人之欲以道相詔者，至於一與中盡<u>矣</u>。昔者，孔子與諸弟子言，無所不至，然而未嘗及此也。<u>蓋嘗與子貢言之矣，曰：賜也，汝以予爲多學而識之者歟？曰：然，非歟？曰：非也，予一以貫之</u>。雖與子貢言之，而孔子之言之也難，而子貢之受之也未信。至於曾子，<u>不然</u>。孔子曰：參乎！吾道一以貫之。曾子曰：唯。<u>曾子出</u>，門人問，曾子曰：夫子之道，忠恕而已矣！<u>蓋孔子之告之也不疑，而曾子之受之也不惑，則與子貢異矣，然曾子以一爲忠恕，則知門人之不足告也夫</u>！及孔子旣沒，曾子傳之子思，子思因其說而廣之曰：喜怒哀樂之未發，謂之中；發而皆中節，謂之和。<u>中者，天下之大本也</u>；和者，<u>天下之達道也，致中和，天地位焉，萬物育焉</u>。子思之說既出，而天下始知一與中之在是矣，然子思以授孟子，孟子又推之，以爲性善之論。性善之論出，而一與中始枝矣。烏乎！<u>孔子之所以不告諸弟子者，蓋爲是歟！</u>	（史部，別史類，古史，卷三十二，頁23、頁24）
評林	（此段文字分十一段校勘，此爲第七） （蘇子古史曰、） 道有不可以名言者、古之聖人、命之曰一、寄之曰中、舜之禪禹、曰人心惟危、道心惟微、惟精惟一、允執厥中、聖人之欲以道相詔者、至於一與中盡矣、昔者孔子與諸弟子言、無所不至、然而未嘗及此也、雖與子貢言之、而孔子之言之也難、而子貢之受之也未信、至於	見《評林》頁1811、頁1812

	曾子、則孔子之告之也不疑、而曾子之受之也不惑、與子貢異矣、及孔子既沒、曾子傳之子思、子思因其說而廣之曰、喜怒哀樂之未發謂之中、發而皆中節謂之和、子思之說既出、而天下始知一與中之在是矣、然子思以授孟子、孟子又推之、以爲性善之論、性善之論出、而一與中始枝矣、嗚呼孔子所以不告諸弟子者、葢爲是歟、	
備 註	**一. 評林刪字**（原典字下畫線者） 1. 蓋嘗與子貢言之矣，曰：賜也，汝以予爲多學而識之者歟？曰：然，非歟？曰：非也，予一以貫之 2. 不然。孔子曰：參乎！吾道一以貫之。曾子曰：唯。曾子出，門人問，曾子曰：夫子之道，忠恕而已矣 3. 則 4. 然曾子以一爲忠恕，則知門人之不足告也夫 5. 中者，天下之大本也；和者，天下之達道也，致中和天地位焉，萬物育焉 6. 之 **二. 評林某字原典作某**（字加框者） 1. 則字作蓋 2. 異字作異 3. 矣字作矣 4. 既字作既 5. 「嗚呼」作「烏乎」 6. 葢字作蓋	

	內　　容	出　　處
原 典	四子之言，皆其志也。夫子之哂由也，以其不讓，而其與點也，以其自知之明與！如曾晳之狂，其必有不可施於世者矣。苟不自知而強從事焉，禍必隨之。其欲從弟子風乎舞雩，樂以忘老，則其處已也審矣，不然，孔子豈以不仕爲貴者哉！	（史部，別史類，古史，卷三十二，頁27）
評 林	（此段文字分十一段校勘，此爲第八） （蘇子古史曰、） 四子之言皆其志也、夫子之哂由也、以其不讓、而其與點也、以其自知之明歟、如曾晳之狂、其必有不可施於世者矣、苟不自知而強從事焉、禍必隨之、其欲從弟子風乎舞雩樂以忘老、則其處已審矣、不然孔子豈以不仕爲貴者哉、	見《評林》頁1811、頁1812

| 備

註 | 一. 評林某字原典作某（字加框者）
1. 歟字作與
2. 晢字作晢
3. 矣字作矣
4. 己字作巳 | |

	內　　　　容	出　　　處
原 典	蘇子曰： 樊遲之學爲農圃，[蓋]將與民並耕而食歟！此孟子所謂許行之學也。孟子曰：有大人之事，有小人之事，堯以不得舜爲[己]憂，舜以不得皐陶爲[己]憂，以百畝之不易，爲[己]憂者，農夫也。此孔子所謂樊遲小人也。	（史部，別史類，古史，卷三十二，頁30、頁31）
評 林	（此段文字分十一段校勘，此爲第九） （蘇子古史曰、） 樊遲之學爲農圃、[蓋]將與民並耕而食歟、此孟子所謂許行之學也、孟子曰、有大人之事、有小人之事、堯以不得舜爲[己]憂、舜以不得禹皐陶爲[己]憂、以百畝之不易、爲[己]憂者農夫也、此孔子謂樊遲小人也、	見《評林》頁1811、頁1812
備 註	一. 評林刪字（原典字下畫線者） 1. 所 二. 評林增字（評林字下畫線者） 1. 禹 三. 評林某字原典作某（字加框者） 1. 蓋字作蓋 2. 己字作巳	

	內　　　　容	出　　　處
原 典	太史公稱孔子[既]沒，弟子以有若貌類孔子，師之如孔子時，及問而不能答，乃斥去之。夫以[益]有若之賢，而其無恥至此極歟！且月宿[於]畢而雨不應，商瞿四十而生五子，此卜祝之事，而鄙儒所以謂孔子聖人者，戰國雜說類此者多[矣]！	（史部，別史類，古史，卷三十二，頁32）
評 林	（此段文字分十一段校勘，此爲第十） （蘇子古史曰、） 太史公稱孔子[既]沒、弟子以有若貌類孔子、師之如孔子時、及問而不能答、乃斥去之、夫以有若之賢、而其無恥至此極歟、且月宿[于]畢而雨不應、商瞿四十而生五子、此卜祝之事、而鄙儒所以謂孔子聖人者、戰國雜說類此多[矣]、	見《評林》頁1811、頁1812

備 註	一. **評林刪字**（原典字下畫線者） 1. 益 2. 者 二. **評林某字原典作某**（字加框者） 1. 旣字作既 2. 于字作於 3. 矣字作矣	

	內　　　容	出　　　處
原 典	孔子弟子高[弟]七十七人，余以《太史公書》及《孔子家語》考之皆同。秦冉、顏何不載於《家語》，而琴牢、陳亢不錄於《史記》，二書[旣]不可偏廢，而琴張、陳亢又見於《論語》，<u>故</u>并錄之，凡七十九人。	（史部，別史類，古史，卷三十二，頁 37、頁 38）
評 林	（此段文字分十一段校勘，此爲第十一） （蘇子古史曰、） 孔子弟子高[第]七十七人、余以太史公書及孔子家語考之皆同、秦冉顏何不載於家語、而琴牢陳亢不錄於史記、二書[旣]不可偏廢、而琴張陳亢又見於論語、并錄之、凡七十九人云、	見《評林》頁 1811、頁 1812
備 註	一. **評林刪字**（原典字下畫線者） 1. 故 二. **評林某字原典作某**（字加框者） 1. 第字作弟 2. 旣字作既	

	內　　　容	出　　　處
原 典	孔子門人七十子之徒，天下皆知其賢焉，或爲邑宰，<u>或爲家臣</u>，或不願仕，[蓋]顯[於]諸[侯]者寡[矣]，然則七十子之徒，與孔子語而未嘗<u>及</u>怨，何哉？君子之道，[充]乎已加乎人，窮與達[外]也。彼戰國豪士，不由孔子之門者，則有脫賤貧、逐貴高，弗奪弗厭，滅身覆宗而不悔，何哉！	（集部，別集類，北宋建隆至靖康，范文正集，卷十三，頁 31、頁 32）
評 林	范仲淹曰、 孔子門人七十子之徒、天下皆知其賢焉、或爲邑宰、或不願仕、[蓋]顯[于]諸[侯]者寡[矣]、然則七十子之徒、與孔子語而未嘗怨何哉、君子之道、[克]乎己加乎人、窮與達[一]也、彼戰國豪士、不由孔子之門者、則有脫貧賤逐高貴、弗奪弗厭、滅身覆宗而不悔、何哉、	見《評林》頁 1812

	內　　　容	出　　　處
備 註	一. **評林刪字**（原典字下畫線者） 1. 或爲家臣 2. 及 二. **評林某字原典作某**（字加框者） 1. 葢字作蓋 2. 于字作於 3. 矦字作侯 4. 矣字作戾 5. 充字作克 6. 外字作一 7. 「貧賤」作「賤貧」 8. 「高貴」作「貴高」	

商君列傳第六十八

	內　　　容	出　　　處
原 典	凡爲社稷之臣，計安危之事者，在任賢、去不肖而已。且鞅果賢也，可固請用之；果不肖也，可固請殺之，用則爲國之⬚寶⬚，殺則去國之蠹，烏有始請用，中請殺，而終使逃者，⬚淂⬚爲忠乎？⬚且⬚先君後臣之⬚說⬚，⬚非⬚無稽之言⬚乎⬚？	（集部，別集類，宋金元，小畜集，卷十五，頁 11、頁 12）（善本）
評 林	王元之（王禹偁）曰、 凡爲社稷之臣、計安危之事者、在任賢去不肖而已、且鞅果賢也、可固請用之、果不肖也、可固請殺之、用則爲國之⬚寶⬚、殺則去國之蠹、烏有始請用、中請殺、而終使逃者、⬚得⬚爲忠乎、⬚由是知⬚先君後臣之⬚說⬚、⬚誠⬚無稽之言⬚也⬚、	見《評林》頁 1814
備 註	一. **評林某字原典作某**（字加框者） 1. 寶字作宝 2. 誠字作非 3. 也字作乎 4. 「由是知」作且	

	內　　　容	出　　　處
原 典	極言其上，以要之<u>耳</u>。	（史部，別史類，古史，卷三十九，頁 8）
評 林	蘇子由曰、 極言其上以要之、<u>此言是也</u>、	見《評林》頁 1817

備註	一. **評林刪字**（原典字下畫線者） 1. 耳 二. **評林增字**（評林字下畫線者） 1. 此言是也	

	內　　　容	出　　　處
原典	商君之術能彊秦，亦秦之所以亡；能顯其身，亦身之所以滅，然則何益矣？	（子部，儒家類，黃氏日抄，卷四十六，頁 36）
評林	黃震曰、 按商君之術能強秦、亦秦之所以亡、能顯其身、亦身之所以滅、然則何益哉、	見《評林》頁 1823
備註	一. **評林增字**（評林字下畫線者） 1. 按 二. **評林某字原典作某**（字加框者） 1. 強字作彊 2. 哉字作矣	

	內　　　容	出　　　處
原典	解牛之技，恥於屠狗；禦人之盜，恥於穿窬，衛鞅有帝王之術，而肯以強國之事說孝公乎？蓋鞅之志，本於強國而已，恐孝公之不能用，是以極言其上，以要之耳。鄭子華欲以鄭爲市於齊，管仲不受而諸侯歸之。鞅欺公子卬，以取魏河西，利之所在，無所復顧。鞅而知帝王之術，其肯爲此哉？古之制刑，輕重必與事麗，殺人者死，傷人及盜抵罪，故人雖死而無憾。今鞅使不告姦者腰斬，告姦者與斬敵首同賞，匿姦者與降敵同罰，民有二男不分異者倍賦，事末利及怠而貧者，舉爲收孥。刑之輕重，豈復與事麗哉？其後始皇之世，有子而嫁者有刑，夫爲寄豭者殺之無罪，妻爲逃嫁者，子不得母，法皆與情不應。至於偶語《詩》、《書》者弃市，以古非今者族，其端皆自鞅發之。	（史部，別史類，古史，卷三十九，頁 8、頁 9）
評林	蘇子古史曰、 解牛之技、恥於屠狗、禦人之盜、恥於穿窬、衛鞅有帝王之術、而肯以強國之事說孝公乎？蓋鞅之志本於強國而已、恐孝公之不能用、是以極言其上以要之耳、鞅欺公子卬以取魏河西、利之所在、無所復顧、鞅而知帝王之術、其肯爲此哉、古之制刑、輕重必與事麗、殺人者死、傷人及盜抵罪、故人雖死而無憾、今鞅使不告姦者腰斬、告姦者與斬敵首同賞、匿姦者與降敵	見《評林》頁 1824、頁 1825

同罰、民有二男不分異者倍賦、事末利及怠而貧者、舉爲收孥、刑之輕重、豈復與事麗哉、其後始皇之世、有子而嫁者有刑、夫爲寄猳者殺之無罪、妻爲逃嫁者、子不得母、法皆與情不應、至於偶語詩書者棄市、以古非今者族、其端皆自軹發之、	
備 註	一. **評林刪字**（原典字下畫線者） 1. 鄭子華欲以鄭爲市於齊，管仲不受而諸侯歸之 二. **評林某字原典作某**（字加框者） 1. 耻字作恥 2. 蓋字作盖 3. 顧字作顧 4. 入字作人 5. 與字作與 6. 收字作收 7. 棄字作弃	

蘇秦列傳第六十九

	內　　　容	出　　處
原 典	彌，猶亙。	（史部，雜史類，鮑氏戰國策注，卷九，頁2）
評 林	按鮑彪云、 彌、猶亙也、	見《評林》頁1830
備 註	一. **評林增字**（評林字下畫線者） 1. 也	

	內　　　容	出　　處
原 典	陰陽，言事止有兩端，指謂從、橫。	（史部，雜史類，先秦兩漢之屬，戰國策校注，卷六，頁11）（善本）
評 林	按鮑彪云、 陰陽、言事止有兩端、指從橫也、	見《評林》頁1831
備 註	一. **評林刪字**（原典字下畫線者） 1. 謂 二. **評林增字**（評林字下畫線者） 1. 也 三. **評林某字原典作某**（字加框者） 1. 陰字作陰	

	內　　容	出　　處
原典	彪謂： 五國之聽蘇子也，革面而已，非能深究橫從之利害也。唯威王雅有難秦之心，念之熟矣，異夫患諸國之不可合，徒稱從命者也。	（史部，雜史類，先秦兩漢之屬，戰國策校注，卷五，頁9）（善本）
評林	鮑彪曰、 五國之聽蘇子也、革面而已、非能深窮橫從之利害也、惟威王雅有難秦之心、然亦深患諸國之不可合、徒稱從命者也、	見《評林》頁1844、頁1845
備註	**一. 評林刪字**（原典字下畫線者） 1. 念之熟矣 **二. 評林某字原典作某**（字加框者） 1. 已字作已 2. 窮字作究 3. 惟字作唯 4. 「然亦深」作「異夫」	

	內　　容	出　　處
原典	秦之自刺，可謂有志矣，而志在於金玉卿相，故其所成就，適足誇嫂婦耳，而此史極口稱頌之，是亦利祿徒耳。惡睹所謂大丈夫之事哉！	（史部，雜史類，先秦兩漢之屬，戰國策校注，卷三，頁7）（善本）
評林	鮑彪曰、 秦之自刺可謂有志矣、而志止于金玉卿相、故其所成就適足誇嫂婦耳、而此史極口稱頌之、是亦利祿徒耳、惡覩所謂太丈夫之事哉、	見《評林》頁1845
備註	**一. 評林增字**（評林字下畫線者） 1. 耳 **二. 評林某字原典作某**（字加框者） 1. 止字作在 2. 嫂字作嫂 3. 覩字作睹 4. 太字作大	

	內　　容	出　　處
原典	蘇子曰： 蘭以芳自燒，膏以明自炳、翠以羽殃身、蚌以珠致破，蘇秦能為此言，而不能保其身。	（子部，雜家類，困學紀聞，卷十，頁33）（善本）

		按：宋王應麟《困學紀聞》曾就《太平御覽》引該語。
評林	王應麟曰、 蘇子<u>云</u>、蘭以芳自燒、膏以明自<u>焚</u>、翠以羽殃身、蚌以珠自破、<u>惜乎</u>蘇秦能為此言、而不能保其身<u>也</u>、	見《評林》頁1849
備註	**一. 評林增字**（評林字下畫線者） 1. 惜乎 2. 也 **二. 評林某字原典作某**（字加框者） 1. 云字作曰 2. 焚字作炳 3. 自字作致	

	內　　　　　容	出　　　處
原典	燕昭之舉，實自代發之。	（史部，雜史類，鮑氏戰國策注，卷九，頁9）
評林	鮑彪曰、 燕昭之舉、實自代發之、	見《評林》頁1851
備註	**一. 評林與原典無異**	

	內　　　　　容	出　　　處
原典	王噲，七國之愚主也。惑蘇代之淺說，貪堯之名，惡禹之實，自令身死國破，蓋無足算。齊閔所以請太子者，近於興滅繼絕矣，而天下不以其言信其心。蓋名實者，天下之公器也。豈可以虛稱矯舉而得哉？故齊閔之勝，適足以動天下之兵，而速臨菑之敗也。	（史部，雜史類，鮑氏戰國策注，卷九，頁14）
評林	鮑彪曰、 燕王噲、七國之愚主也、惑蘇代之淺說、貪堯之名、惡禹之實、自令身死國破、蓋無足筭、齊閔所以請太子者、近于興滅繼絕矣、而天下不以其言信其心、蓋名實者、天下之公器也、豈可以虛稱矯舉而得哉、故齊閔之勝、適足以動天下之兵而速臨溜之敗也、	見《評林》頁1851
備註	**一. 評林增字**（評林字下畫線者） 1. 燕	

二. **評林某字原典作某**（字加框者）

1. 葢字作蓋
2. 筭字作算
3. 于字作於
4. 淄字作菑

	內　　容	出　　處
原典	蘇代之<u>於</u>燕、齊，皆嘗隙而復善，<u>其</u>情禮均也，而獨爲燕圖齊之深，何哉？昭王，賢也，雖然糜爛人之民人，以行其説，而奉其所賢，仁者不爲也，獨不念嘗委質<u>於</u>齊乎？	（史部，雜史類，鮑氏戰國策注，卷九，頁30）
評林	鮑彪曰、 蘇代之<u>于</u>燕齊、皆嘗隙而復善<u>之</u>、情禮均也、而獨爲燕圖齊之深何哉、昭王賢也、雖然糜爛人之民人、以行其說、而奉其所賢仁者不爲也、獨不念嘗委質齊乎、	見《評林》頁1855
備註	一. **評林刪字**（原典字下畫線者） 1. 於 2. 其 二. **評林某字原典作某**（字加框者） 1. 于字作於 2. 之字作其 三. **評林句讀待商榷者**（字下畫粗虛線者）	

	內　　容	出　　處
原典	秦之所以正告諸<u>侯</u>，及其用詐，皆愚弄之也，而諸<u>侯</u>莫省。獨一燕昭知之，然亦不久死<u>矣</u>。彪故曰：秦橫之成，天幸也。	（史部，雜史類，鮑氏戰國策注，卷九，頁34）
評林	鮑彪曰、 秦之所以正告諸<u>侯</u>、及其用詐、皆愚弄之也、而諸<u>侯</u>莫省、獨一燕昭知之、然亦不久死<u>矣</u>、彪故曰、秦橫之成、天幸也、	見《評林》頁1858、頁1859
備註	一. **評林某字原典作某**（字加框者） 1. 矦字作侯 2. 矣字作矣	

	內　　　　　容	出　　處
原典	秦約從六國，忠於六國者也，齊、魏首敗從約伐趙，秦以利害忠告，齊、魏不可而去之，則身名始終⬚矣。乃請使燕以報齊，食齊之祿而反⬚誤之，不忠孰甚焉！又豈約從之初意哉？嗚呼！茲其所以及歟？蘇代私⬚於子之，⬚誤燕已甚！復欲爲燕約諸⬚侯，宜其終不逮秦也！	（子部，儒家類，黃氏日抄，卷四十六，頁 36）
評林	黃震曰、按蘇秦約從六國、忠於六國者也、齊魏首敗從約伐趙、蘇秦以利害忠告、齊魏不可而去之、則身名始終⬚矣、乃請使燕以報齊、食齊之祿而反⬚誤之、不忠孰甚焉、又豈約從之初意哉、蘇代私⬚于子之⬚誤燕已甚、復欲爲燕約諸⬚侯、宜其終不逮秦也、	見《評林》頁 1859
備註	一. **評林刪字**（原典字下畫線者） 1. 嗚呼！茲其所以及歟？ 二. **評林增字**（評林字下畫線者） 1. 按蘇 2. 蘇 三. **評林某字原典作某**（字加框者） 1. 矣字作矣 2. 誤字作誤 3. 于字作於 4. 侯字作侯	

	內　　　　　容	出　　處
原典	蘇子曰： 秦強而諸⬚侯弱，游談之士，爲橫者易爲功，而爲從者難爲力，然而從成則諸⬚侯利而秦病；橫成則秦帝而諸⬚侯虜，要之，二者皆出於權譎，而從爲愈歟！蘇秦本⬚說秦爲橫，不合，而激於燕、趙，甘心於所難。爲之期年，而⬚歃血於洹水之上，可不謂能乎？然口血未乾，犀首一出，而齊、趙背盟，從約皆破。⬚蓋諸⬚侯⬚離心，譬如連雞不能俱⬚飛，勢固然矣，而太史公以爲約書入秦，秦人爲之閉函谷者十五年，此說客之浮語，而太史公信之，過矣！	（史部，別史類，古史，卷四十，頁 23、頁 24）
評林	蘇子古史曰、秦強而諸⬚侯弱、游談之士、爲橫者易爲功、而爲從者難爲力、然而從成則諸⬚侯利而秦病、橫成則秦帝而諸	見《評林》頁 1859

	庲虜、要之二者皆出於權譎、而從為愈歟、蘇秦本說秦為橫、不合而激於燕趙、甘心於所難、為之期年而歃血於洹水之上、可不謂能乎、然口血未乾、犀首一出而齊趙背盟、從約皆破、盍諸庲異心、譬如連雞不能俱棲、勢固然矣、而太史公以為約書入秦、秦人為之閉函谷者十五年、此說客之浮語、而太史公信之過矣、	
備 註	一. 評林某字原典作某（字加框者） 1. 庲字作侯 2. 歃字作歃 3. 盍字作蓋 4. 異字作異 5. 棲字作飛 6. 說字作説	

張儀列傳第七十

	內　　　容	出　　　處
原 典	按〈甘茂傳〉云：張儀西并巴蜀。當儀與錯議不同，故紀、表並言錯定蜀，而〈茂傳〉之言如此，何也？《水經》云：秦自石牛道使張儀、司馬錯尋路伐蜀滅之。《華陽國志》云：蜀王伐苴侯，苴侯奔巴，求救於秦，惠文王使張儀、司馬錯伐蜀滅之，是二人同往也。	（史部，雜史類，先秦兩漢之屬，戰國策校注，卷三，頁 17）（善本）
評 林	鮑彪曰、 按甘茂傳云、張儀西并巴蜀、當儀與錯議不同、故使錯定蜀、而與甘茂傳、異何也、水經云、秦自石牛道使張儀司馬錯尋路伐蜀滅之、華陽國志云、蜀王伐苴侯、苴侯奔巴、求救於秦、惠文王使張儀司馬錯伐蜀滅之、是二人同往也、	見《評林》頁 1866
備 註	一. 評林摘取原典大意（文字反黑者）	

	內　　　容	出　　　處
原 典	魏遍秦而無阻，固凡橫人之辭，若可聽唯魏也，故儀先之，魏一搖而諸國動矣。	（史部，雜史類，先秦兩漢之屬，戰國策校注，卷七，頁 28）（善本）
評 林	鮑彪曰、 魏遍秦而無阻固、凡橫人之辭若可聽唯魏也、故儀先之、魏一搖而諸國動矣、	見《評林》頁 1868

備註	一. **評林某字原典作某**（字加框者）
	1. 搖字作摇

	內　　　容	出　　　處
原典	楚[懷]貪[商]於之地，輕與齊絕，屈匄[興]無名之師，輕與秦戰，卒之[商]於之地不可得，而屈匄亦不免俘虜，爲楚者亦可已[矣]。忿不思難，又復襲秦，果何義耶？內喪師徒之衆，外召韓、魏之兵，利之不可狥也如此！	（史部，史評類，御批資治通鑑綱目，卷一下，頁4）
評林	朱熹曰、 楚[懷]貪[商]於之地、輕與齊絕、屈匄[經]無名之師輕與秦戰、卒之[商]於之地不可得、而屈匄亦不免俘虜、爲楚者亦可已[矣]、忿不思難、又復襲秦、果何義耶、內喪師徒之眾、外召韓魏之兵、利之不可狥也如此、	見《評林》頁1870
備註	一. **評林某字原典作某**（字加框者） 1. 懷字作懷 2. 商字作商 3. 經字作興 4. 矣字作矣	

	內　　　容	出　　　處
原典	橫人之辭，眞所謂虛喝者，韓之兵信弱，食信寡[矣]，獨不曰「從合則能以弱爲強，以寡爲多乎」！惜乎！世主不少察[於]此也。	（史部，雜史類，鮑氏戰國策注，卷八，頁12）
評林	鮑彪曰、 橫人之辭、眞所謂虛喝者、韓之兵信弱、食信寡[矣]、獨不曰從合則能以弱爲強、以寡爲多乎、惜乎世主不少察[于]此也、	見《評林》頁1876
備註	一. **評林某字原典作某**（字加框者） 1. 矣字作矣 2. 于字作於	

	內　　　容	出　　　處
原典	據此，則[說]趙，當在齊前。	（史部，雜史類，先秦兩漢之屬，戰國策校注，卷四，頁29）（善本）
評林	鮑彪曰、 據此則[說]趙、當在齊前、	見《評林》頁1877

備註	一. 評林與原典無異	

	內　　容	出　　處
原典	約從以難秦者，趙也。使秦得諸侯力足以制趙，不告趙也，告之者，是力不足也。此時諸侯惑於橫人之說，皆辭屈貌從，心不與也。使季子可作，則三國橫約可立解，而坐破也。武靈此時血氣未定，而蘇氏兄弟適不在趙，故儀得以售其恐喝之說。加之數年，如議服之時，其必以折儀矣！	（史部，雜史類，先秦兩漢之屬，戰國策校注，卷六，頁 18）（善本）
評林	鮑彪曰、 約從以難秦者趙也、使秦得諸侯力、足以制趙、不告趙也、告之者、是力不足也、此時諸侯惑於橫人之說、皆辭屈貌從心不與也、使季子可作、則三國橫約可立解而坐破也、武靈此時血氣未定、而蘇氏兄弟適不在趙、故儀得以售其恐喝之說、加之數年、如議服之時、其必有以折儀矣、	見《評林》頁 1879
備註	一. 評林某字原典作某（字加框者） 1. 矦字作侯	

	內　　容	出　　處
原典	燕昭，賢智主也。非儀此說能震動，且人之性稟，有父子不相肖者，自襄至武靈，七、八傳矣！而欲以其狼戾無親例之，人豈信之哉？然而燕之聽之也卑卑甚！蓋拊摩新附之民，勢未可以有事，又諸國從之者眾，故為卑辭以紓其國，是儀之橫有天幸也。加之數年，收集繕治有其緒，則若云者，固昭王之所唾而棄者，史言蘇代復重燕，燕使約從如初，此昭王之素所蓄積也。	（史部，雜史類，鮑氏戰國策注，卷九，頁 16）
評林	鮑彪曰、 燕昭賢智主也、非儀此說震動、蓋拊摩新附之民、勢未可以有事、又諸國從之者眾、故為卑詞以紓其國、是儀之橫有天幸也、加之數年、收集繕治有其緒、則若云者、固昭王之所唾而弃者、史言蘇代復重燕、燕使約從如初、此昭王之素所蓄積也、	見《評林》頁 1880、頁 1881
備註	一. 評林刪字（原典字下畫線者） 1. 且人之性稟，有父子不相肖者，自襄至武靈，七、八傳矣！而欲以其狼戾無親例之，人豈信之哉？然而燕之聽之也卑卑甚！	

二. 評林某字原典作某（字加框者）		
1. 眾字作衆		
2. 卑字作甼		
3. 妝字作收		
4. 弃字作棄		

	內　　　容	出　　　處
原典	縱而散者，蘇秦負其責；橫而合者，張儀任其咎，然天下之勢故不一，要之合散必不可以一定。夫操不可以一定之勢，而身當其任，故曰縱橫危道也。陳軫之智，不逮二子，而不主縱、橫之任，乘勢伺變而行其說，故其爲不勞，而其身處安故，軫者說士之巨擘者也。	（集部，別集類，北宋建隆至靖康，柯山集，卷三十六，頁16）
評林	張耒曰、 從而散者、蘇秦負其責、橫而合者、張儀任其咎、陳軫之智不逮二子、而不主從橫之任、乘勢伺變而行其說、故其說不勞、而身處于佚、軫其說士之巨擘哉、	見《評林》頁1882、頁1883
備註	**一. 評林刪字**（原典字下畫線者） 1. 然天下之勢故不一，要之合散必不可以一定。夫操不可以一定之勢，而身當其任，故曰縱橫危道也。 **二. 評林某字原典作某**（字加框者） 1. 從字作縱 2. 說字作爲 3. 「于佚」作「安故」 4. 其字作者 5. 哉字作也	

	內　　　容	出　　　處
原典	軫之辯類捷給，而其所稱譬，皆當於人心，不詭於正論。周衰辯士，未有若軫之絕倫離羣者也。	（史部，雜史類，先秦兩漢之屬，戰國策校注，卷三，頁13）（善本）
評林	鮑彪曰、 軫之辨類捷給、而其所稱譬、皆當于人心、不詭於正論、周捷辨士、未有若軫之絕倫離羣者也、	見《評林》頁1883
備註	**一. 評林某字原典作某**（字加框者） 1. 辨字作辯 2. 于字作於 3. 「捷辨」作「衰辯」	

	內　　　　　容	出　　處
原典	秦爲[無]道，魯仲連不肯帝，孔子順義不入，彼誠豪傑之士[巳]。軫往來其間，其居秦也，又與張儀爭寵，鄙哉！雖其爲楚謀也多，而終不能以善楚也，之楚之對辨給，不詭於正，猶爲彼善於此耳！	（史部，雜史類，先秦兩漢之屬，戰國策校注，卷三，頁 13）（善本）
評林	吳師道曰、 秦爲[无]道、魯仲連不肯帝、孔子順義不入、彼誠豪傑之士[也]、軫往來其間、其居秦也、又與張儀爭寵鄙哉、雖其爲楚謀也多、而終不能以善楚也、之楚之對辨給、不詭於正、猶爲彼善於此耳、	見《評林》頁 1883
備註	**一. 評林某字原典作某**（字加框者） 1. 无字作無 2. 也字作巳	

	內　　　　　容	出　　處
原典	軫爲楚嬌[於]秦，而勸秦[收]齊、楚之敝，豈所以忠爲主哉？或疑史作韓、[魏]者是。考秦惠時<u>唯十</u>[三]年，韓舉趙護帥師與[魏]戰，敗績，去楚絕齊時[遠甚]，他不見韓、[魏]相攻事，且策言<u>甚明</u>，竊意楚已遣人解齊，軫之嬌秦，欲其不助齊耳，當識其意，不[同]泥[於]辭也。	（史部，雜史類，先秦兩漢之屬，戰國策校注，卷三，頁 21）（善本）
評林	吳師道曰、 軫爲楚嬌[于]秦、而勸秦[收]齊楚之敝、豈忠于爲主者哉、或疑史作韓[魏]者是、考秦惠時唯十[二]年、韓舉趙護帥師與[魏]戰敗績、去楚絕齊時[甚遠]、他不見韓[魏]相攻事、且策言竊意楚已遣人解齊、軫之嬌秦、欲其不助齊耳當識其意、不[可]泥[于]辭也、、	見《評林》頁 1883、頁 1884
備註	**一. 評林刪字**（原典字下畫線者） 1. 甚明 **二. 評林某字原典作某**（字加框者） 1. 于字作於 2. 收字作收 3. 魏字作魏 4. 二字作三 5. 「甚遠」作「遠甚」 6. 可字作司 **三. 評林摘取原典大意**（文字反黑者）	

	內　　　容	出　　　處
原 典	戰國之爲[從]橫者，皆傾危反覆之士也，然而[汙]賤無[恥]，莫如張儀，而其成功，莫如儀之多。儀之未信於楚也，辭而之晉，謂[懷]王曰：王無求於晉國乎？王曰：黃金、珠璣、犀、象，楚[産]也。吾何求於晉？儀曰：王獨不好色耳。周、鄭之女，粉白墨[黑]立於衢閭，不知而見者以爲神也，王獨不好色耳？王説，資之珠玉而遣之。南后鄭袖聞而憂之，奉之以千金。儀將行，謂王曰：天下[關]閉不通，未知見日也。願王觴臣，中飲，儀請王召所便習，王召鄭袖，儀見之，跪請罪曰：儀行天下，未嘗見人如此其美也，而儀言得美人，是欺王也。王與后大喜，而儀言得行。儀之所以求用者，其術至此，此所以言必信而功多也，可不悲乎！	（史部，別史類，古史，卷四十一，頁 23、頁 24）
評 林	蘇子古史曰、 戰國之爲[縱]橫者、皆傾危反覆之士也、然而[汚]賤無[恥]、莫如張儀、而其成功莫如儀之多、儀之未信於楚也、辭而之晉、謂[懷]王曰、王無求於晉國乎、王曰、黃金珠璣犀象、楚[産]也、吾何求於晉、儀曰、王獨不好色耳、周鄭之女、粉白墨[黑]立於衢閭、不知而見者以爲神也、王獨不好色耳、王說資之珠玉而遣之、南后鄭袖聞而憂之、奉之以千金、儀將行、謂王曰、天下[關]閉不通、未知見日也、願王觴臣、中飲儀請王召所便習、王召鄭袖、儀見之跪請罪曰、儀行天下、未嘗見人如此其美也、而儀言得美人、是欺王也、王與后大喜、而儀言得行、儀之所以求用者、其術至此、此所以言必信而功多也、可不悲乎、	見《評林》頁 1887
備 註	**一. 評林某字原典作某**（字加框者） 1. 縱字作從 2. 汚字作汙 3. 恥字作恥 4. 懷字作懷 5. 産字作産 6. 黑字作黑 7. 關字作關	

	內　　　容	出　　　處
原 典	秦已死矣，而儀且暴其短，其不恕也，可畏哉！且史遷直謂當時事之相類者，率附之秦，未必非儀實爲之。	（集部，總集類，通代之屬，文選補遺，卷三十八，頁 3）（善本）

評林	陳仁子曰、 秦已死矣、而儀且暴其短、其不恕也、可畏哉、且史遷直謂當時事之相類者、率附之秦、未必非儀實為之、	見《評林》頁 1886
備註	**一. 評林與原典無異**	

	內　　　容	出　　　處
原 典	蘇秦之說六國，為六國也；張儀之說六國，非為六國，為秦也。欺詐諸侯，如侮嬰兒，雖均之捭闔，而儀又秦之罪人矣，然儀之入秦，蘇秦實使之，雖欲止秦兵於一時，而卒以伐從約於異日，智者不為也。夫儀，秦友也。儀始謁蘇秦，以故人求益也。秦不以情告儀，使共謀六國以緩秦兵，而直以權詭，激之入秦，自貽後患，何耶？將儀之多詐，不可告以情，抑秦自以不及儀，與之共謀六國，慮軋己耶！夫縱橫之士，固不可以常情槩之也。	（子部，儒家類，黃氏日抄，卷四十六，頁36、頁37）
評 林	黃震曰、 蘇秦之說六國、為六國也、張儀之說六國、為秦也、欺詐諸侯、如侮嬰兒、雖均之捭闔、而儀又秦之罪人矣、然儀之入秦、蘇秦實使之、雖欲止秦兵於一時、而卒以伐從約於異日、智者不為也、夫儀秦友也、儀始謁蘇秦、以故人求益也、秦不以情告儀、使其謀六國以緩秦兵、而直以權詭激之入秦、自貽後患何耶、將儀之多詐不可告以情、抑秦自以不及儀、與之共謀六國、慮軋己耶、夫縱橫之士、固不可以常情槩之也、	見《評林》頁 1887
備 註	**一. 評林刪字**（原典字下畫線者） 1 非為六國 **二. 評林某字原典作某**（字加框者） 1. 侯字作侯 2. 捭字作捭 3. 矣字作矣 4. 其字作共 5. 耶字作耶	

樗里甘茂列傳第七十一

	內　　容	出　　處
原典	古稱得道至人，能知城邑宮殿從何福業生，此非虛語也。凡物成就，本非一時之所能爲，至其變滅，亦非一時之能廢，業凝而成，既泮而敗，其所由來遠矣。世無至人，故莫識其所從也。若樗里子者，豈足名得道哉？彼不過以數知之耳！蓋萬物本於道，故道能知之，不外於數，故數亦能知之。戰國之士，大抵皆深於數，故知來事如此，至詰其所從來，彼亦不能言也。	（集部，別集類，北宋建隆至靖康，眉山集__眉山文集，卷二，頁1、頁2）
評林	唐庚曰、 按古稱得道至人、能知城邑宮殿從何福業生、此非虛語也、凡物成就本非一生之所能爲、至其變滅、亦非一事之所能廢、業既而成、既泮而敗、其所由來遠矣、世无至人、故莫識其所從也、若樗里子者、豈足名得道哉、彼不過以數知之耳、葢萬物本于道、故道能知之、不外于數、故數亦能知之、戰國之士、大抵皆深於數、故知來事如此、至詰其所從來、彼亦不能知也、	見《評林》頁1892
備註	**一. 評林增字**（評林字下畫線者） 1. 所 **二. 評林某字原典作某**（字加框者） 1. 虛字作虛 2. 事字作時 3. 既字作凝 4. 既字作既 5. 遠字作遠 6. 矣字作矣 7. 无字作無 8. 樗字作樗 9. 葢字作蓋 10. 于字作於 11. 知字作言	

	內　　容	出　　處
原典	甘羅以稚子名顯於世，非有佗商略，正以勢力恐張唐耳。雖云慧敏，然君子治世無所取焉。	（集部，別集類，宋金元，司馬太師溫國文正公傳家集，卷六十七，頁1）（善本）

評林	司馬光曰、 甘羅以稚子名顯于世、非有他奇畧、正以勢力恐張唐耳、雖云慧敏、然君子治世無所取焉、	見《評林》頁 1899
備 註	一. 評林某字原典作某（字加框者） 1. 于字作於 2. 他自作佗 3. 奇字作奇 4. 畧字作略 5. 雖字作錐	

	內　　容	出　　處
原 典	蘇秦爲諸侯弱秦，而張儀爲秦弱諸侯，其說猶可言也。如樗里疾公孫奭黨於韓，甘茂黨於魏，向壽黨於楚，皆借秦之強以搖動諸侯，而成其私。民生其間，其受害可勝言乎！今世雖無戰國相傾之勢，然士居其間，其以喜怒成敗天下事者多矣。人主誠得其情，其罪可勝誅乎？	（史部，紀傳類，先秦兩漢之屬，先秦，古史，卷四十二，頁9）（善本）
評 林	蘇子古史曰、 蘇秦爲諸侯弱秦、而張儀爲秦弱諸侯、其說猶可言也、如樗里疾公孫奭黨於韓、甘茂黨於魏、向壽黨於楚、皆借秦之彊以搖動諸侯、而成其私、民生其間、其受害可勝言乎、今世雖無戰國相傾之勢、然士居其間、其以喜怒成敗天下事者多矣、人主誠得其情、其罪可勝誅乎、	見《評林》頁 1902
備 註	一. 評林某字原典作某（字加框者） 1. 蘇字作蘓 2. 矦字作侯 3. 樗字作檘 4. 彊字作強 5. 搖字作揺 6. 矣字作㸃	

穰矦列傳第七十二

	內　　容	出　　處
原 典	苟爲人所間，而欲奪其位，國戚羈旅一也，何必范睢之於魏冉乎？	（集部，總集類，通代之屬，文選補遺，卷三十八，頁3）（善本）

評林	陳仁子曰、 苟為人所間、而欲奪其位、國戚羇旅一也、何必范雎之于魏冉乎、	見《評林》頁 1909、頁 1910
備註	**一. 評林某字原典作某**（字加框者） 1. 于字作於 2. 羇字作羈	

	內　　　容	出　　　處
原典	秦誅商君逐穰侯，君臣皆失之矣。彼二子者，知得而不知喪，雖智能伯秦，而不能免其身，蓋無足言者，而惠王以怨誅鞅，至誣以畔逆，昭王以偪遷冉，至出老母，逐弱弟而不顧，甚矣！其少恩也。彼公子虔方欲報怨，固不暇為國慮矣，而范雎將毀人以自成，而至於是，可畏也哉！	（史部，別史類，古史，卷四十三，頁 6、頁 7）
評林	蘇子古史曰、 秦誅商君逐穰侯、君臣皆失之矣、彼二子者、知得而不知喪、雖智能伯秦、而不能免其身、蓋無足言者、而惠王以怨誅鞅、至誣以畔逆、昭王以偪遷冉、至出老母逐弱弟而不顧甚矣、其少恩也、彼公子虔方欲報怨、固不暇為國慮矣、而范雎將毀人以自成、而至於是、可畏也哉、	見《評林》頁 1910
備註	**一. 評林某字原典作某**（字加框者） 1. 穰字作穰 2. 庆字作侯 3. 矣字作矣 4. 怨字作怨 5. 將字作将	

白起王翦列傳第七十三

	內　　　容	出　　　處
原典	白起以穰侯薦為秦將，其斬殺之數多，而載於史者，九百萬，不以數載者不預焉。長平之後，秦民年十五以上皆詣之，而死者過半，以此類推，秦之死於兵者，又不可以數計也。蘇代說應侯間之，起不復為秦用，而賜之死，自秦而言，雖殺之，非其罪；自公理而言，一死何以盡其罪哉！	（子部，儒家類，慈溪黃氏日抄分類，卷四十六，頁 32）（善本）

評林	黃震日、 按白起爲秦將、其斬殺之數多、而載於史者、凡百萬、不以數載者不預焉、長平之役、秦民年十五以上皆詣之、而死者過半、以此類推、秦民之死於兵者、又不可以數計也、後起不復爲秦用、而賜之死、自秦而言、雖殺之非其罪、自公理而言、一死何以盡其罪哉、	見《評林》頁 1914、頁 1915
備註	**一. 評林刪字**（原典字下畫線者） 1. 以穰侯薦 2. 蘇代說應侯間之 **二. 評林增字**（評林字下畫線者） 1. 按 2. 後 **三. 評林某字原典作某**（字加框者） 1. 死字作死	

	內　　　　容	出　　　處
原典	起之策秦、楚、三晉、可謂明切，然人臣無以有巳，故孔子不俟駕行矣。長平之敗屬耳，趙何遽能益強？以起之材智，知巳知彼，而得筭多，不幸至於無功極矣，何破國辱軍之有？三請不行，此自抽杜郵之劍也。	（史部，雜史類，先秦兩漢之屬，戰國策校注，卷三，頁 68）（善本）
評林	鮑彪日、 起之策秦楚三晉、可謂明切、然人臣無以有已、故孔子不俟駕而行、長平之敗屬耳、趙何遽能益強、以起之材智、知已知彼、而得算多、不幸至于無功極矣、何破國辱軍之有、三請不行、此自抽杜郵之劍也、	見《評林》頁 1916
備註	**一. 評林刪字**（原典字下畫線者） 1. 矣 **二. 評林某字原典作某**（字加框者） 1. 已字作巳 2. 算字作筭 3. 于字作於 4. 矣字作矣	

	內　　　　容	出　　　處
原典	秦初遣李信，以二十萬人取楚，不克，乃使王翦以六十萬攻之，蓋空國而戰也。使齊有中主具臣，知亡之無日，而掃境以伐秦，以久安之齊，而入厭兵空虛之秦，覆秦如反掌也。吾故日：拙於取楚，然則奈何曰：古之取	（集部，別集類，宋金元，東坡全集，卷一百五，頁 6）（善本）

	國者，必有數，如取齠齒也，必以漸，故齒脫而兒不知。今秦易楚，以爲是齠齒也，可拔，遂抉其口，一拔而取之，兒必傷，吾指必齧，故秦之不亡者幸也，非數也。	
評林	蘇軾曰、 秦初遣李信、以二十萬人取楚不克、乃使王翦以六十萬人攻之、蓋空國而戰也、使齊有中主具臣、知亡之無日、而掃境以伐秦、以久安之齊、而入厭兵空虛之秦、覆秦如反掌也、吾故曰、秦之不亡者幸也、非數也、	見《評林》頁 1919
備註	**一. 評林刪字**（原典字下畫線者） 1. 拙於取楚，然則奈何曰：古之取國者，必有數，如取齠齒也，必以漸，故齒脫而兒不知。今秦易楚，以爲是齠齒也，可拔，遂抉其口，一拔而取之，兒必傷，吾指必齧，故 **二. 評林某字原典作某**（字加框者） 1. 虛字作虚 2. 久字作夂 3. 幸字作㚔	

	內　　容	出　　處
原典	王翦爲始皇伐楚，靣請美田宅。旣行，使使請美田者五輩。後有勸蕭何田宅自汙者，其計無乃出於此歟！	（子部，儒家類，慈溪黃氏日抄分類，卷四十六，頁 32）（善本）
評林	黃震曰、 按王翦爲始皇伐楚、面請美田宅、既行使使請美田者五輩、後有勸蕭何田宅自汙者、其計無乃出於此歟、	見《評林》頁 1921
備註	**一. 評林增字**（評林字下畫線者） 1. 按 **二. 評林某字原典作某**（字加框者） 1. 面字作靣 2. 既字作旣 3. 輩字作輩	

	內　　容	出　　處
原典	予讀太史公〈白起傳〉，秦之再攻邯鄲也，起與范睢有怨，稱病不行，以亡其軀，慨然歎曰：起以武夫無所屈信，而困於游談之士，使起勉強一行，兵未必敗，而免於死矣。及覽《戰國策》，觀起自陳成敗之蹟，乃知邯鄲，法不可再攻，而起非特以怨不行。蓋爲之流涕也。趙充國征西羌，守便宜不肯奉詔出兵，辛武賢雖	（史部，紀傳類，先秦兩漢之屬，先秦，古史，卷四十四，頁 6、頁 7）（善本）

	內　　　容	出　　處
	兵出有功，充國竟爲漢宣明其非是，武賢[怨]之至骨，雖不能害充國，而卒陷其子[卬]。嗚呼！循道而不阿，自古而難之歟！	
評 林	（此段文字分二段校勘，此爲第一） 蘇子古史曰、 予讀太史公白起傳、秦之再攻邯鄲也、起與范雎有[怨]、稱病不行、以亡其軀、慨然嘆曰、起以武夫無所屈信、而困於游談之士、使起勉強一行、兵未必敗、而免於死[矣]、及覽戰國策觀起自陳成敗之蹟、<u>乃知邯鄲法不可再攻而起非特以</u>[怨]<u>不行</u>、蓋爲之流涕也、趙充國征西[羌]、守便宜不肯奉詔出兵、辛武賢雖兵出有功、充國竟爲漢宣明其非是、武賢[怨]之至骨、雖不能害充國、而卒陷其子[卬]、嗚呼循道而不阿、自古而難之歟、	見《評林》頁1922
備 註	一. **評林某字原典作某**（字加框者） 1. 怨字作怨 2. 矣字作关 3. 羌字作羗 二. **評林句讀待商榷者**（字下畫粗虛線者）	

	內　　　容	出　　處
原 典	王翦與始皇議滅[楚]，非六十萬不行。予始疑其過。及觀田單與趙奢論兵，乃知老將之言不妄也。趙以齊田單爲相，單語趙奢曰：吾非不說將軍之兵法，所不服者，將軍之用眾也。帝王之兵，不過三萬，而天下服[矣]。今將軍必負十萬、二十萬而後用之，使民不得耕作，糧食輓費，不可給也。奢曰：君非徒不達兵，又不明時勢[矣]。夫吳干之劍，肉試則斷牛馬，金試則截盤匜，薄之柱上而擊之，則絕爲三；質之石上而擊之，則碎爲百，今以三萬之眾，而應強國之兵，是薄柱擊石之類也。且夫劍之爲用，無脊之厚則鋒不入；無[胛]之薄則刃不斷，無鉤[罕]鐔蒙湏之便，操其刃而刺，則未入而手斷。今君無十萬、二十萬之眾，以爲鉤[罕]鐔蒙湏之便，焉能以三萬行於天下乎？古者四海萬國，城大不過三百丈，人雖多無過三千家，則以三萬距之足[矣]。今取古萬國分爲戰國七，兵能具數十萬，食能支數歲，千丈之城，萬家之邑相望也，君[柰]何以三萬[眾]攻之？田單喟然歎息曰：單未至也。由此觀之，攻千里之國，[毀]百年之業，不乘大隙，非大[眾]不可；彼決機兩陳之間，爲一日成敗之計，乃可以少擊[眾]耳。	（史部，紀傳類，先秦兩漢之屬，先秦，古史，卷四十四，頁9、頁10） （善本）

	內　　　　　　　容	出　　　處
評 林	（此段文字分二段校勘，此爲第二） （蘇子古史曰、） 王翦與始皇議滅⬚楚、非六十萬不行、予始疑其過、及觀田單與趙奢論兵、乃知老將之言不妄也、趙以齊田單爲相、單語趙奢曰、吾非不說將軍之兵法、所不服者、將軍之用眾也、帝王之兵不過三萬、而天下服⬚矣、今將軍必負十萬二十萬而後用之、使民不得耕作、糧食輓費、不可給也、奢曰、君非徒不達兵、又不明時勢矣、夫吳干之劍、肉試則斷牛馬、金試則截盤匜、薄之柱上而擊之、則絕爲三、質之石上而擊之、則碎爲百、今以三萬之眾、而應強國之兵、是薄柱擊石之類也、且夫劍之爲用、無脊之厚則鋒不入、無⬚脾之薄則刃不斷、無鈎⬚罕鐔蒙須之便、操其刃而刺、則未入而手斷、今君無十萬二十萬之眾、以爲鈎⬚罕鐔蒙須之便、焉能以三萬行于天下乎、古者四海萬國、城大不過三百丈、人雖多無過三千家、則以三萬拒之足⬚矣、今取古萬國分爲戰國七、兵能具數十萬、食能支數歲、千丈之城、萬家之邑相望也、君奈何以三萬⬚眾攻之、田單喟然嘆息曰、單未至也、由此觀之、攻千里之國、⬚毀百年之業、不乘大隙、非大⬚眾不可、彼決機兩陳之間、爲一日成敗之計、乃可以少擊⬚眾耳、	見《評林》頁 1922
備 註	**一. 評林某字原典作某**（字加框者） 1. 楚字作楚 2. 矣字作㒰 3. 脾字作脾 4. 罕字作罕	

孟子荀卿列傳第七十四

	內　　　　　　　容	出　　　處
原 典	蘇子曰： 孟子生於戰國，知仁義可以化服暴彊，<u>以此游說諸</u>⬚<u>侯</u>，諄諄言之⬚<u>冀</u>其或信，而諸⬚<u>侯</u>皆習於鄙詐，莫以爲然者，梁襄王問孟子：天下烏乎定？孟子對曰：定于一。曰：孰能一之？曰：不嗜殺人者能一之。當是時，<u>諸侯皆將以多殺人一天下</u>，誠有不嗜殺人之君，招而撫之，天下必將歸之。孟子之言，非苟爲大<u>而已也，然不深厚其意而詳究其實</u>，未有不以爲迂者矣。予觀戰國之後，更始皇、項籍殺人愈多而天下愈亂。及漢高帝，雖以兵取天下而心不在殺人，然後乃定子孫，享國二百餘年。王	（史部，紀傳類，先秦兩漢之屬，先秦，古史，卷三十四，頁 2、頁 3） （善本）

	莽之亂，盜賊蜂起，光武復以不嗜殺人收之。及桓、靈之禍，曹公、孫、劉皆有蓋世之略而以喜怒殺人，故天下卒於三分，司馬父子力能一之而殺心益熾，故既一復散裂爲五胡，離爲南北。隋文帝又能合之矣，而好殺不已，至子而敗。及唐太宗始復不嗜殺人，天下乃定。其後五代之君，出於盜賊夷虜，屠戮生靈，如恐不及，數十年之間，天下五禪皆不能有天下之半。及宋，受命藝祖皇帝，雖以神武誅鉏僭僞而不嗜殺人之心，神民信之，未及十年，而削平之功，比於漢、唐，天下既定，輕刑厲禁，凡所誅戮，一附於法，匹夫匹婦，無冤死之獄，其仁過於前代，是以百有餘年，兵革不試，戶口充溢，有死於癘疫，而無死於兵亂。蓋自孟子以來，能一天下者四君，皆以不嗜殺人致之，由此觀之。孟子之言，豈偶然而已哉！		
評 林	蘇子古史曰、 孟子生戰國、知仁義可以化服強暴、游說諸矦、諄諄之言冀或信、而諸矦習其鄙詐、莫以爲然、孟子之言、非苟爲大也、不深原其意詳其實、未有不以爲迂者、不嗜殺人者能一之、由孟子以來、漢高帝光武唐太宗藝祖皇帝四君、孟子之言、豈偶然哉、性有習、習有美惡、譬之火能熟能焚、孟子謂之善、火能熟者、荀卿謂惡、火能焚者、荀之失遠矣、		見《評林》頁 1930
備 註	**一. 評林刪字**（原典字下畫線者） 1. 以此 2. 其 3. 皆 4. 者 5. 梁襄王問孟子：天下烏乎定？孟子對曰：定于一。曰：孰能一之？曰：不嗜殺人者能一之。當是時，諸侯皆將以多殺人一天下，誠有不嗜殺人之君，招而撫之，天下必將歸之 6. 然 7. 矣 8. 予觀戰國之後，更始皇、項籍殺人愈多而天下愈亂。及漢高帝，雖以兵取天下而心不在殺人，然後乃定子孫，享國二百餘年。王莽之亂，盜賊蜂起，光武復以不嗜殺人收之。及桓、靈之禍，曹公、孫、劉皆有蓋世之略而以喜怒殺人，故天下卒於三分，司馬父子力能一之而殺心益熾，故既一復散裂爲五胡，離爲南北。隋文帝又能合之矣，而好殺不已，		

至子而敗。及唐太宗始復不嗜殺人，天下乃定。其後五代之君，出於盜賊夷虜，屠戮生靈，如恐不及，數十年之間，天下五禪皆不能有天下之半。及宋，受命藝祖皇帝，雖以神武誅鉏僭僞而不嗜殺人之心，神民信之，未及十年，而削平之功，比於漢、唐，天下既定，輕刑屬禁，凡所誅戮，一附於法，匹夫匹婦，無冤死之獄，其仁過於前代，是以百有餘年，兵革不試，户口充溢，有死於癘疫，而無死於兵亂。蓋自孟子以來，能一天下者四君，皆以不嗜殺人致之，由此觀之。

二. 評林增字（評林字下畫線者）

1. 性有習、習有美惡、譬之火能熟能焚、孟子謂之善、火能熟者、荀卿謂惡、火能焚者、荀之失遠矣

三. 評林某字原典作某（字加框者）

1. 「強暴」作「暴彊」
2. 矣字作侯
3. 「之言」字作「言之」
4. 冀字作冀
5. 「詳其實」作「而詳究其實」

	內　　容	出　　處
原典	太史公之傳（孟子），首舉不言利之對，嘆息以先之，然後爲之傳，而傳自受業子思之外，復無他語，惟詳述一時富國強兵之流，與騶衍迂怪，不可究詰，以取重當世之說，形孟子之守道不變，與仲尼榮色陳、蔡者同科，奇哉遷之文！卓哉遷之識歟！蓋傳申、韓於老、莊之後者，所以譏老、莊，而傳淳于髡諸子於孟、荀之間者，所以表孟、荀也。（荀卿）年五十，始自趙學於齊，三爲齊祭酒，後爲楚蘭陵令，春申君死而卿廢，卒死於蘭陵葬焉。嫉世之濁，而鄙儒小拘，如莊周等，又滑稽亂俗，於是著書數萬言，此亦能守道不變者，故太史公進之與孟子等。	（子部，儒家類，慈溪黄氏日抄分類，卷四十六，頁 32、頁 33）（善本）
評林	黄震曰、 太史公之傳孟子、首舉不言利之對、嘆息以先之、然後爲之、傳、而傳自受業子思之外復無他語、惟詳述一時富國強兵之流、與騶衍迂怪不可究詰、以取重當世之說、形孟子之守道不變、與仲尼榮色陳蔡者同科、奇哉遷之文、卓哉遷之識歟、蓋傳申韓於老莊之後者、所以譏老莊、而傳淳于髡諸子於孟荀之間者、所以長孟荀也、荀卿年五十、始自趙學于齊、三爲齊祭酒、後爲楚	見《評林》頁 1931

蘭陵令、春申君死而卿廢、卒死於蘭陵葬焉、嫉世之濁、而鄙儒小拘、如莊周等、又滑稽亂俗、於是著書數萬言、此亦能守道不變者、故太史公進之與孟子等、	

備 註	**一. 評林某字原典作某**（字加框者） 1. 嘆字作歎 2. 奇字作奇 3. 死字作死 **二. 評林句讀待商榷者**（字下畫粗虛線者）

	內　　　容	出　　　處
原 典	漢初不知尊孟子，夫孟子接孔氏之正傳，仁義七篇，杲杲行世，豈可與諸子同科？遷也以孟、荀同傳，已不倫矣，而更以騶子、淳于髡等出處實之，何卑孟邪？蓋至揚雄，始以孔、孟並稱，韓愈始以孟氏配禹，何孟子之見知於世若是其晚邪？	（集部，總集類，通代之屬，文選補遺，卷二十六，頁 14）（善本）
評 林	陳仁子曰、 漢初不知尊孟子、遷也以孟荀同傳、已不倫矣、而更以騶子淳于髡等出處實之、何卑孟耶、蓋至揚雄始以孔孟並稱韓愈始以孟氏配禹、何孟子之見知於世若是其晚耶、	見《評林》頁 1931
備 註	**一. 評林刪字**（原典字下畫線者） 1. 夫孟子接孔氏之正傳，仁義七篇，杲杲行世，豈可與諸子同科？ **二. 評林某字原典作某**（字加框者） 1. 卑字作卑 2. 耶字作邪 3. 禹字作禹 **三. 評林句讀待商榷者**（字下畫粗虛線者）

孟嘗君列傳第七十五

	內　　　容	出　　　處
原 典	田文所實禮者，至杙狗盜皆以客禮食之。其取士亦陋矣，然微此二人，幾不脫於死。當是之時，雖道德禮義之士，無所用之，然道德禮義之士，當救之杙未危，亦無用此士也。	（史部，史評類，史論之屬，歷代名賢確論，卷二十九，頁 11）（善本）

評 林	蘇軾曰、 田文所 賓 禮者、至 于 狗 盜 皆以客禮食之、其取士亦陋矣、然微此二人、幾 不脫 于 死、當是之時、雖道德禮義之士、無所用之、然道德禮義之士、當救之 于 未危、亦無用此士也、	見《評林》頁 1937
備 註	**一. 評林某字原典作某**（字加框者） 1. 賓字作賔 2. 于字作扵 3. 盜字作盜 4. 幾字作幾	

	內　　　　　容	出　　處
原 典	<u>平原君好客</u>，僅得一毛遂；<u>孟嘗君好客，僅得一馮驩</u>，而二君者其始皆不能知之，尚何以好客為哉？愚謂二君者，不足以知二子，而二子歸之者，以貧無聊，如祿仕於亂世，免死而已。其後因事而顯，殆非二子初心所期也，二君其亦幸而得此二子歟！	（子部，儒家類，慈谿黃氏日抄分類，卷四十六，頁 34）（善本）
評 林	黃震曰、 <u>按孟嘗君好客僅得一馮驩、平原君好</u> 士 、<u>僅得一毛遂</u>、而二君者其始皆不能知之、尚何以好 士 為哉、愚謂二君者不足以知二子、而二子歸之者以貧無聊、如祿仕於亂世免死而已、其後因事而顯、殆非二子初心所期、二君其亦幸而得此二子歟、	見《評林》頁 1942
備 註	**一. 評林增字**（評林字下畫線者） 1. 按 **二. 評林某字原典作某**（字加框者） 1. 士字作客 2. 死字作死 3. 遂字作遂 **三. 評林調換字句**（文字反黑並字下畫線者）	

	內　　　　　容	出　　處
原 典	戰國以詐力相侵伐二百餘年，兵出未嘗有名。秦昭王欺楚懷王而囚之，要以割地，諸 侯 孰視無敢以一言問秦者，惟田文免相於秦，幾 不得脫，歸 而怨之，乃借楚為名，與韓、魏 伐秦。兵至函谷，秦人震 恐 ，割地以	（史部，別史類，古史，卷四十五，頁 12、頁 13）

	內　　　容	出　　　處

予韓、魏，僅乃得免，自小東難秦，未有若此其壯者也。夫兵直為壯、曲為老，有名之兵，誰能禦之？使田文能奮其威，則是役也，齊可以伯。惜其聽蘇代之計，臨函谷而無攻，以求楚東國，而出師之名，索然以盡，東國既不可得，而懷王卒死於秦。由此觀之，秦惟不遇桓、文，是以橫行而莫之制耳。世豈有以大義而屈於不義者哉？

| 評

林 | 蘇子古史曰、
戰國以詐力相侵伐二百餘年、兵出未嘗有名、秦昭王欺楚懷王而囚之、要以割地、諸矦孰視無敢以一言問秦者、惟田文免相于秦、幾不得脫、歸而怨之、乃借楚為名、與韓魏伐秦、兵至函谷、秦人震恐、割地以予韓魏、僅乃得免、自山東難秦、未有若此其壯者也、夫兵直為壯、曲為老、有名之兵、誰能禦之、使田文能奮其威、則是役也、齊可以伯、惜其聽蘇代之計、臨函谷而無攻、以求楚東國、而出師之名、索然以盡、東國既不可得、而懷王卒死於秦、由此觀之、秦惟不遇桓文、是以橫行、而莫之制耳、世豈有以大義而屈于不義者哉、 | 見《評林》頁 1946 |
| 備

註 | **一. 評林某字原典作某**（字加框者）
1. 矦字作侯
2. 于字作於
3. 幾字作幾
4. 歸字作歸
5. 怨字作怨
6. 魏字作魏
7. 恐字作恐
8. 山字作小
9. 壯字作壯
10. 旣字作旣
11. 死字作死 | |

	內　　　容	出　　　處
原 典	客之稱四海一君之世無是也，故在春秋時，百里奚虞人也，而客於秦；苗賁皇楚人也，而客於晉。欒盈之去晉而客也，為晉之憂；子胥之去楚而客也，為楚之患。大抵皆客也。浸淫至戰國，談天雕龍，蜂起泉湧，猶空言爾。儀、秦以從橫、為劍佩，其禍生民何限哉？而四公子之徒，直以取數之多，爭為雄長，要其所得，不過	（集部，總集類，通代之屬，文選補遺，卷三十八，頁 4）（善本）

	內　　　　容	出　　處
	雞鳴狗盜之輩爾！夫何益於大故乎？誠使當時之客，如孟氏焉，在梁曰仁義，在齊又曰仁義，執吾之正論，以活天下，則四公子之禮遇，不爲虛設，其亦庶乎有補也，而奈之何？其不然也，是以史遷於田文也，斷之曰自喜，夫固斥其爲一己之私好，非天下之公好焉耳！然則客之爲禍，他日浸浸不已，非田文之徒實漲其波而誰哉？至若秦皇之興，以囊括四海，包舉宇宙之志，非戰國角立比也，而猶曰逐客，不知是客也，將何歸乎？是必如晉之范粲寢所乘車，足不履地乃可，良用一慨！	
評 林	陳仁子曰、 客之稱四海一君之世無是也、故在春秋時、百里奚虞人也、而客於秦、苗賁皇楚人也、而客於晉、欒盈之去晉而客也、爲晉之憂、子胥之去楚而客也、爲楚之患、大抵皆客也、浸淫至戰國、談天雕龍、蜂起泉湧、猶空言爾、儀秦以從橫、爲劍佩、其禍生民何限哉、而四公子之徒、直以取數之多、爭爲雄長、要其所得、不過雞鳴狗盜之輩爾、夫何益于大故乎、誠使當時之客如孟氏焉、在梁曰仁義、在齊又曰仁義、執吾之正論、以治天下、則四公子之禮遇、不爲虛設、其亦庶乎有補也、而奈之何、其不然也、是以史遷於田文也、斷之曰自喜、夫固斥其爲一己之私好、非天下之公好焉耳、然則客之爲禍、他日浸浸不已、非田文之徒實漲其波而誰哉、至若秦王之興以囊括四海、包舉宇宙之志、非戰國爭立比也、而猶曰逐客、不知是客也、將何歸乎、是必如晉之范粲寢所乘車足不履地乃可、良用一慨、	見《評林》頁1947
備 註	一. **評林某字原典作某**（字加框者） 1. 劍字作劒 2. 治字作活 3. 虛字作虛 4. 奈字作柰 5. 爭字作角 6. 乘字作乘	

平原君虞卿列傳第七十六

	內　　　　容	出　　處
原 典	平原失計於馮亭，以挑秦禍，幾喪趙國之半，馴致邯鄲之圍，何功之足論哉？然因人成事，亦又桑榆之收，不可忘也。虞卿之請，帝王懸賞之舉；公孫龍之辭，明哲讓功之誼，皆君子之善言也。	（史部，雜史類，先秦兩漢之屬，戰國策校注，卷六，頁72）（善本）

評林	鮑彪曰、 平原失計于馮亭、以挑秦禍、幾喪趙國之半、馴致邯鄲之圍、何功之足論哉、然因人成事、亦又桑榆之收、不可忘也、虞卿之請、帝王懋賞之舉、公孫龍之辭、明哲讓功之誼、皆君子之善言也、	見《評林》頁 1954
備註	**一. 評林某字原典作某**（字加框者） 1. 于字作於 2. 收字作收	

	內　　容	出　　處
原典	趙嘗親秦，而復負之，故秦攻之。	（史部，雜史類，鮑氏戰國策注，卷六，頁 59）
評林	鮑彪曰、 趙嘗親秦而負之、故秦來攻、	見《評林》頁 1957
備註	**一. 評林刪字**（原典字下畫線者） 1. 之 **二. 評林增字**（評林字下畫線者） 1. 來	

	內　　容	出　　處
原典	虞卿可謂見善明者矣。當趙以四十萬覆於長平之下，凡在趙庭之臣，孰不魄奪氣喪，願講秦以偷須臾之寧？卿獨為之延慮，却顧折樓緩之口，挫強秦之心，反使秦人先趙而講，於此亦足以見從者天下之勢：七國辨士，策必中、計必得，而不失其正，唯卿與陳軫有焉，賢矣哉！	（史部，雜史類，先秦兩漢之屬，戰國策校注，卷六，頁 65、頁 66） （善本）
評林	鮑彪曰、 虞卿可謂見明者矣、當趙以四十萬覆于長平之下、凡在趙庭之臣、孰不魄奪氣喪、願講秦以偷須臾之寧、卿獨為之延慮、却顧折樓緩之口、挫強秦之心、反使秦人先趙而講、於此亦足以見從者天下之勢、七國辨士、策必中、計必得、而不失其正、惟卿與陳軫有焉、賢矣哉、	見《評林》頁 1959、頁 1960
備註	**一. 評林某字原典作某**（字加框者） 1. 于字作於 2. 惟字作唯	

	內　　　　容	出　　處
原 典	秦攻長平，虞卿勸趙，附楚、魏以和秦，<u>而後秦可和</u>，趙不聽，故秦卒不和，而趙大敗。其後趙將割六城事秦，虞卿使<u>於</u>齊以謀秦，而秦反和趙。及魏欲與趙約從，則卿亟勸成之，卿無言不効，□無□謀不忠，大要歸□於□結和鄰國以自重，而使秦反輕，此至當<u>不易</u>之說也，與一時東西□捭□闔之士異矣。□棄□趙卿相，而與故交魏齊俱困大梁，以著《虞氏春秋》，其必有決烈之見，而豈其愚也哉！	（子部，儒家類，慈溪黃氏日抄分類，卷四十六，頁 34、頁 35）（善本）
評 林	黃震曰、 秦攻長平、虞卿勸趙、附楚魏以和秦、趙不聽、故秦卒不和、而趙大敗、其後趙將割六城事秦、虞卿使□于□齊以謀秦、而秦反和趙、及魏欲與趙約從、則卿亟勸成之、卿無言不効、□无□謀不忠、大要歸□于□結和鄰國以自重、而使秦反輕、此至當之說也、與一時東西□捭□闔之士異□矣□、□弃□趙卿相、而與故交魏齊俱困大梁、以著虞氏春秋、其必有決烈之見、而豈其愚也哉、	見《評林》頁 1960、頁 1961
備 註	**一. 評林刪字**（原典字下畫線者） 1. 而後秦可和 2. 不易 **二. 評林某字原典作某**（字加框者） 1. 于字作於 2. 无字作無 3. 捭字作捭 4. 矣字作矣 5. 弃字作棄	

	內　　　　容	出　　處
原 典	趙勝傾身下士，以竊一時之聲可耳。至□於□爲國計慮，勝不知也。趙欲距燕，有廉頗、趙奢不能用，而割地與齊，以借田單，知單之賢，而不知其不爲趙用也。及韓馮亭以上黨嫁禍□於□趙，趙豹明其不可，而勝貪取之，長平之禍，成□於□勝一言，此皆貴公子不知務之禍也。乃欲使之相危國拒強秦，難□矣□哉！	（史部，紀傳類，先秦兩漢之屬，先秦，古史，卷四十六，頁 5、頁 6）（善本）
評 林	（此段文字分二段校勘，此爲第一） 蘇子古史曰、 趙勝傾身下士、以竊一時之聲可耳、至□于□爲國計慮、勝不知也、趙欲距燕、有廉頗趙奢不能用、而割地與齊、	見《評林》頁 1961

	以借田單、知單之賢、而不知其不爲趙用也、及韓馮亭 以上黨嫁禍于趙、趙豹知其不可、而勝貪取之、長平 之禍、成于勝一言、此皆貴公子不知務之禍也、乃欲 使之相危國拒強秦、難矣哉、	
備 註	**一. 評林某字原典作某**（字加框者） 1. 于字作於 2. 矣字作矣	

	內　　　　容	出　　處
原 典	游說之士，皆歷抵諸侯，以左右網其利，獨虞卿始終 事趙，專持從說，其言前後可攷，無翻覆之病。觀其 赴魏齊之急，捐相印，棄萬戶侯而不顧，此固義俠之 士，非說客也哉！然太史公記虞卿與趙謀事，皆秦破長 平後，而卿爲魏齊棄相印、走大梁，則前此矣，意者魏 齊死，卿自梁還，復相趙，而太史公失不言之耳。	（史部，紀傳類，先秦 兩漢之屬，先秦，古史， 卷五十四，頁5）（善本）
評 林	（此段文字分二段校勘，此爲第二） （蘇子古史曰、） 然游說之士、皆歷詆諸侯、以左右網其利、獨虞卿始 終事趙、專持從說、其言前後可考、無反覆之病、觀 其赴魏齊之急、捐相印、棄萬戶侯而不顧、此固義俠 之士、非說客也哉、然太史公記虞卿與趙謀事、皆秦破 長平後、而卿爲魏齊棄相印走梁、則前此矣、意者魏齊 死、卿自梁還復相趙、而太史公失不言之耳、	見《評林》頁1961
備 註	**一. 評林刪字**（原典字下畫線者） 1. 大 **二. 評林增字**（評林字下畫線者） 1. 然 **三. 評林某字原典作某**（字加框者） 1. 詆字作抵 2. 侯字作侯 3. 反字作翻	

	內　　　　容	出　　處
原 典	去讒而遠色，固尊賢之道也。平原君以賓客稍引去， 乃斬笑躄者美人頭，雖曰人情所難，然已甚矣！邯鄲 之急，得毛遂以合楚之從，得李同募死士，以須楚、 魏之救，邯鄲之獲全，固平原君力也，然向使不受上黨	（子部，儒家類，黃氏 日抄，卷四十六，頁41）

	之嫁禍，則趙必無長平之敗，亦必無邯鄲之圍，平原之功，於是不足贖[誤]國之罪[矣]！太史公謂使趙[陷]長平兵四十餘萬，邯鄲幾亡，非歟！而譙周乃稱長平之[陷]，易將之咎，何[怨]平原？吁！何惑也？	
評　林	黃震曰、 按去讒而[遠]色、固尊賢之道也、平原君以[賓]客稍引去、乃斬笑躄者美人頭、雖曰人情所難、亦已甚[矣]、邯鄲之急、得毛[遂]以合楚之從、得李同募[死]士以須楚魏之救、邯鄲之獲全、固平原君力也、然向使不受上黨之嫁禍、則趙必無長平之敗、亦必無邯鄲之圍、平原之功、于是不足贖[誤]國之罪[矣]、太史公謂使趙[陷]長平兵四十餘萬、邯鄲幾亡、非歟、而譙周乃稱長平之[陷]、易將之咎、何[怨]平原、吁何惑哉、	見《評林》頁 1961、頁 1962
備　註	**一. 評林某字原典作某**（字加框者） 1. 遠字作逺 2. 賓字作賔 3. 矣字作矣 4. 遂字作遂 5. 死字作死 6. 誤字作誤 7. 陷字作陷 8. 怨字作怨	

魏公子列傳第七十七

	內　　　容	出　　　處
原　典	無忌去而[魏]輕，還而[魏]重，安[僖]王猶以為疑，無忌死而[魏]亡，賢者之[於]國，何如哉？	（史部，編年類，通代之屬，司馬溫公稽古錄，卷十一，頁 75）（善本）
評　林	司馬光曰、 無忌去而[魏]輕、還而[魏]重、安[釐]王猶以為疑、無忌死而魏亡、賢者之[于]國家何如哉、	見《評林》頁 1971、頁 1972
備　註	**一. 評林某字原典作某**（字加框者） 1. 魏字作魏 2. 釐字作僖 3. 于字作於	

	內　　容	出　　處
原典	魏公子始用侯嬴之計，盜兵符、殺晉鄙，而奪其軍，擊秦以全趙，成桓、文之功矣，然兄弟自是相失，十年不敢還，魏幾無以安其身，殆哉！其後秦兵攻魏，無忌無還魏之心，毛、薛甚之，翻然而歸，合諸侯，破秦軍，使宗廟復安，兄弟如故，然後得明目以立於世。蓋無忌之名，發於侯生，而全於毛、薛。侯生之奇，毛、薛之正，廢一不可，而正之所全者多矣。	（史部，紀傳類，先秦兩漢之屬，先秦，古史，卷四十七，頁7）（善本）
評林	蘇子古史曰、 魏公子始用侯嬴之計、盜兵符、殺晉鄙、而奪其軍、擊秦以全趙、成桓文之功矣、然兄弟自是相失、十年不敢還、魏幾無以安其身、殆哉、其後秦兵攻魏、無忌無還魏之心、毛薛甚之、翻然而歸合諸侯、破秦軍、使宗廟復安、兄弟如故、然後得明目以立於世、蓋無忌之名、發於侯生、而全於毛薛、侯生之奇、毛薛之正、廢一不可、而正之所全者多矣、	見《評林》頁1972
備註	**一. 評林某字原典作某**（字加框者） 1. 侯字作侯 2. 盜字作盜 3. 忌字作忌 4. 蓋字作蓋	

	內　　容	出　　處
原典	孟嘗、平原、信陵，皆稱賢君，善養士，士至三千人，然孟嘗以讒廢，惟馮生從車一乘入秦，使孟嘗復重于齊。平原背千里之趙與楚約從，非毛遂幾不定。信陵最賢矣，得侯嬴，乃能成功，士亦安在多哉？然不多養士，亦失此三人。此三人，非特百十之雄也，乃在三千之一也。以彼其折節慕義，貧賤無所遺，卒得其用者，三千而一耳，況乎不養士，士無所歸者乎？其不困辱幸矣，何功名之望哉？	（集部，別集類，北宋建隆至靖康，公是集，卷四十八，頁1）
評林	劉敞曰、 孟嘗平原信陵、皆稱賢君、善養士、士至三千人、然孟嘗以讒廢、唯馮生從車一乘入秦、使孟嘗復重於齊、平原與楚約從、非毛遂幾不定、信陵最賢矣、待侯嬴、乃能成功、士亦安在多哉、然不多養士、亦失此三人、此三人者、非特百十之雄也、乃在三千之一也、以彼之折節慕學、貧賤無所遺、平生得其用者、三千之一耳、而況乎不善養士、士無所歸者乎、其不困辱幸矣、何功名之望哉、	見《評林》頁1972、頁1973

備 註	一. **評林刪字**（原典字下畫線者） 1. 背千里之趙 二. **評林增字**（評林字下畫線者） 1. 而 2. 善 三. **評林某字原典作某**（字加框者） 1. 乘字作乘 2. 於字作于 3. 遂字作遂 4. 幾字作幾 5. 矣字作矣 6. 侯字作侯 7. 之字作其 8. 學字作義 9. 「平生」作「卒得」 10. 之字作而 11. 況字作況 12. 歸字作歸	

	內　　　容	出　　處
原 典	無忌用侯嬴、朱亥之力，竊符矯命，以赴平原之急。其後在趙，用朱公、薛公之諫，趣駕歸魏，以却強秦之圍。此四人者，皆隱於屠沽博徒，無忌獨能察而用之。五國賓從，威振天下，雖非正道，而能爲國家之重，過平原、孟嘗遠矣！然侯生、朱亥之詐力，又非毛公、薛公之正論比也，安釐王受秦反間用無忌，不終十八歲而魏亡，悲夫！	（子部，儒家類，慈溪黃氏日抄分類，卷四十六，頁35）（善本）
評 林	黃震曰、 按無忌用侯生朱亥之力、竊符矯命、以赴平原之急、其後在趙、用毛公薛公之諫、趣駕歸魏、以却彊秦之圍、此四人者、皆隱於屠沽博徒、無忌獨能察而用之、五國賓從、威振天下、雖非正道、而能爲國家之重、過平原孟嘗遠矣、然毛公薛公之正論、又非侯生朱亥之詐力比也、安釐王受秦反間廢無忌、不終十八歲而魏亡、悲夫、	見《評林》頁1973
備 註	一. **評林增字**（評林字下畫線者） 1. 按 二. **評林某字原典作某**（字加框者） 1. 忌字作忌	

| 2. 庺字作侯 |
| 3. 賓字作寔 |
| 4. 遠字作遝 |
| 5. 矣字作夊 |
| 6. 廢字作用 |
| **三. 評林調換字句**（文字反黑並字下畫線者） |

春申君列傳第七十八

	內　　容	出　　處
原典	橋，秦人。守，猶待也。	（集部，總集類，御選古文淵鑒，卷八，頁 5）
評林	按鮑彪云、 橋、秦人、守、猶待也、	見《評林》頁 1976
備註	**一. 評林與原典無異**	

	內　　容	出　　處
原典	逸詩：武，足迹。宅，猶居也。言地之居遠者，雖有<u>大</u>足不涉之也。	（史部，雜史類，先秦兩漢之屬，戰國策校注，卷三，頁 45）（善本）
評林	按鮑彪云、 逸詩、武足跡、宅、猶居也、言地之居遠者、雖有大足不涉之也、	見《評林》頁 1978
備註	**評林與原典無異**	

	內　　容	出　　處
原典	說秦昭王不伐楚，而出身脫楚太子於秦，可謂智能之士<u>矣</u>。一策不謹，而卒<u>死</u>李園之手，與嫪毐同<u>歸</u>。惜夫有朱英之謀，而不能用，何必珠履其客為也？	（子部，儒家類，慈溪黃氏日抄分類，卷四十六，頁 35、頁 36）（善本）
評林	黃震日、 說秦昭王不伐楚、而出身脫楚太子于秦、可謂智能之士<u>矣</u>、一策不謹、而卒<u>死</u>李園之手、與嫪毐同、惜夫有朱英之謀、而不能用、何必珠履其客為也、	見《評林》頁 1986

	備 註	一. 評林刪字（原典字下畫線者） 1. 歸 二. 評林某字原典作某（字加框者） 1. 矣字作矣 2. 死字作死	

		內　　　　　容	出　　　處
	原 典	黃歇相楚王，患王無子，而以已子<u>盜</u>其後，雖使聽朱英殺李園，終擅楚國，亦將不免大咎。何以言之？秦、楚立國，僅千歲矣。無功<u>於</u>民，而獲罪<u>於</u>天，天以不韋、歇陰亂其嗣，而與之俱斃，豈區區朱英所能爲哉？不然，以黃歇之智，而朱英之言，獨無<u>槩</u>於中乎？	（史部，紀傳類，先秦兩漢之屬，先秦，古史，卷四十八，頁7、頁8）（善本）
	評 林	蘇子古史曰、 黃歇相楚王、患王無子、而以己子<u>盜</u>其後、雖使聽朱英殺李園、終擅楚國、亦將不免大咎、何以言之、秦楚立國僅千歲矣、無功<u>于</u>民、而獲罪<u>于</u>天、天以不韋歇陰亂其嗣而與之俱斃、豈區區朱英所能爲哉、不然以黃歇之智、而朱英之言、獨無<u>概</u>于中乎、	見《評林》頁1986
	備 註	一. 評林某字原典作某（字加框者） 1. 盜字作盜 2. 于字作於 3. 概字作槩	

范雎蔡澤烈傳第七十九

		內　　　　　容	出　　　處
	原 典	遠交近攻，雎之策當矣。語未卒而復欲親之。<u>既</u>親之，又欲伐之，立談之間，矯亂如此，使人主何適從乎？若曰某策爲上，某次之，其可也。	（史部，雜史類，先秦兩漢之屬，戰國策校注，卷三，頁54）（善本）
	評 林	鮑彪曰、 遠交近攻、雎之策當矣、語未卒而復欲親之、<u>既</u>親之、又欲伐之、立談之間、矯亂如此、使人主何<u>所</u>適從乎、若曰某策爲上某次之其可也、	見《評林》頁1998
	備 註	一. 評林增字（評林字下畫線者） 1. 所 二. 評林某字原典作某（字加框者） 1. 既字作既	

	內　　　　容	出　　　處
原典	晉、楚之爭霸在鄭，秦之爭天下在韓、魏。林少穎謂：六國卒并於秦，出於范雎遠交近攻之策，取韓、魏以執天下之樞也。其遠交也，二十年不加兵於楚，四十年不加兵於齊；其近攻也，今年伐韓，明年伐魏，更出迭入無寧歲，韓、魏折而入於秦，四國所以相繼而亡也。秦取六國，謂之蠶食，蓋蠶之食葉，自近及遠。古史云：范雎自爲身謀，未見有益於秦。愚謂此策不爲無益，然韓不用韓玘，魏不廢信陵，則國不亡。	（子部，雜家類，困學紀聞，卷十一，頁 5）（善本）
評林	王應麟曰、 晉楚之爭霸在鄭、秦之爭天下在韓魏、林少穎謂六國卒并于秦出於范雎遠交近攻之策、蓋謂取韓魏以執天下之樞也、古史云、范雎自爲身謀、愚謂此策不爲無益、然韓不用韓玘、魏不廢信陵、則國不亡、	見《評林》頁 1998、頁 1999
備註	**一. 評林刪字**（原典字下畫線者） 1. 其遠交也，二十年不加兵於楚，四十年不加兵於齊；其近攻也，今年伐韓，明年伐魏，更出迭入無寧歲，韓、魏折而入於秦，四國所以相繼而亡也。秦取六國，謂之蠶食，蓋蠶之食葉，自近及遠。 2. 未見有益於秦 **二. 評林某字原典作某**（字加框者） 1. 于字作於 2. 玘字作玘	

	內　　　　容	出　　　處
原典	范雎辱於魏齊、賴鄭安平、王稽竊載入秦，離昭王母子、兄弟、舅甥之親，而居相位，以快一已之恩讎，蓋亦勞矣，然卒以任鄭安平、王稽二人，敗事而罷。夫爵祿非酬恩之具也，顧材所堪耳，況竊之君以私所恩耶？	（子部，儒家類，慈溪黃氏日抄分類，卷四十六，頁 36）（善本）
評林	黃震曰、 范雎辱于魏齊、賴鄭安平王稽竊載入秦、離昭王母子兄弟舅甥之親、而居相位以快一己之恩讎、蓋亦勞矣、然卒以任二人敗事、夫爵祿非酬恩之具也、顧材所堪、況竊之君以私所恩耶、	見《評林》頁 2006
備註	**一. 評林刪字**（原典字下畫線者） 1. 鄭安平王稽 2. 而罷	

```
3. 耳
二. 評林某字原典作某（字加框者）
1. 于字作於
2. 矣字作矣
3. 況字作況
```

	內　　　　容	出　　　　處
原典	周裹辯士皆矜材角智，趣於利而已，唯澤爲近道德明哲保身之策，故其得位不數月引去，優游於秦，以封君令終，美矣。非苟知之，亦允蹈之，澤之謂乎正！	（史部，雜史類，先秦兩漢之屬，戰國策校注，卷三，頁86）（善本）
評林	鮑彪曰、 周裹辯士皆矜材角智、趣於利而已、唯澤爲近道德明哲、保身之策、故其得位不數月引去、優游於秦、以封君令終、美矣、非苟知之、亦允蹈之、澤之謂乎、	見《評林》頁2015、頁2016
備註	**一. 評林某字原典作某**（字加框者） 1. 唯字作惟 2. 裹字作裹 **二. 評林刪字**（原典字下畫線者） 1. 正 **三. 評林句讀待商榷者**（字下畫粗虛線者）	

	內　　　　容	出　　　　處
原典	范雎相秦，其所以利秦者少，而害秦者多。以魏冉之專，忘其舊勳，而逐之可也，而并逐宣太后，使昭王以子絕母，不已甚乎？宣太后之於秦，非有鄭武姜、莊襄后之惡也。鄭武姜、莊襄后，猶不可絕，而雎勇絕之，獨不愧潁考叔、茅焦乎？及雎任秦事，殺白起而用王稽、鄭安平，使民怨於內、兵折於外，會不若魏冉之一二。以予觀之，范雎、蔡澤自爲身謀取卿相可耳，未見有益於秦也。	（史部，紀傳類，先秦兩漢之屬，先秦，古史，卷四十九，頁18、頁19）（善本）
評林	蘇子古史曰、 范雎相秦、其所以利秦者少、而害秦者多、以魏冉之專、忘其舊勳、而逐之可也、并逐宣太后、使昭王以子絕母、不已甚乎、宣太后之於秦、非鄭武姜莊襄后之惡也、鄭武姜莊襄后、猶不可絕、而雎絕之、獨不愧潁考叔茅焦乎、及雎任秦事、殺白起而用王稽鄭安平、使民怨於內、兵折於外、會不若魏冉之一二、以予觀之、范雎蔡澤自爲身謀取卿相可耳、未見有益于秦也、	見《評林》頁2016

備 註	**一. 評林刪字**（原典字下畫線者） 1. 而 2. 勇 **二. 評林某字原典作某**（字加框者） 1. 曾字作會 2. 于字作於	

樂毅列傳第八十

	內　　容	出　　處
原 典	可以見燕昭王、樂毅君臣相與之際，略似蜀昭烈、諸葛武侯，書詞明白，洞見肺腑。	（集部，總集類，崇古文訣，卷一，頁1）
評 林	樓昉曰、 此書可以見燕昭王樂毅君臣相與之際、畧似蜀昭烈諸葛武矦、書詞明白、洞見肺腑、	見《評林》頁2022
備 註	**一. 評林增字**（評林字下畫線者） 1. 此書 **二. 評林某字原典作某**（字加框者） 1. 畧字作略 2. 矦字作侯	

	內　　容	出　　處
原 典	世稱毅曰王佐。以今觀之，毅亦戰國詭詐之士而已。士不貴以（闕）　　　　　　　　。夫戰國之習，於周不合，則之魯，於魯不合，則之齊、之宋、之晉、之秦無擇也。毅恃材以驕列國，而不拘節以全大義，知去國不潔其名，獨不知忠臣不事二君乎？若曰避讒，則辨明心迹，舉賢者以自代可也，何乃飄然而去，至使惠王懼其伐國而致書焉？此固中行說之流耳，夏矦玄尚以微子為論，何哉？	（集部，總集類，文選補遺，卷十三，頁2）
評 林	陳仁子曰、 世稱毅曰王佐、以今觀之、毅亦戰國詭詐之士而已、夫戰國之習、于周不合、則之魯、于魯不合、則之齊之宋之晉之秦無擇也、毅恃材以驕列國、而不徇節以全大義、知去國不潔其名、獨不知忠臣不事二君乎、若曰避讒、則辨明心述、舉賢者以自代可也、何乃飄然而去、至使惠王懼其伐國而致書焉、此固中行說之流耳、夏矦玄尚以微子為論何哉、	見《評林》頁2025、頁2026

| 備註 | 一. **評林刪字**（原典字下畫線者）
1. 士不貴以（闕）＿＿＿＿＿＿＿＿＿＿
二. **評林某字原典作某**（字加框者）
1. 于字作於
2. 徇字作拘
3. 矦字作侯 | |

	內　　　　　　容	出　　　處
原 典	齊湣王出死於莒，何者？無德而有功，諸侯之所共疾。<u>兵之招也，故非有功之難，而有以保其功之難耳。</u>樂毅爲燕合諸侯，破齊殺湣王，舉全齊之富，而歸之燕。徇齊五年，下七十餘城，惟莒、即墨未服，兵久於外，而燕人無怨心，諸侯無異議，其所以鎮撫內外必有道矣。<u>湣王之暴，神人之所共棄，而伐齊之利，諸侯之所共有，此固毅之本計歟！</u>至與莒、即墨相持，田單拒之，五年而不決，此非戰之罪，勇智相敵，勢固然耳！<u>廉頗拒王齕於長平，司馬懿拒諸葛亮於岐山，智均力敵，雖有小負，莫肯先決而要之以久，使毅不遭惠王之隙，以燕、齊之衆而臨二城，磨以歲月，雖田單之智，將何能爲乎？其勢如燕將之守聊，愈久而愈困耳。</u>至夏侯元不達兵勢，以謂毅不下二城，將以成王者之業，此書生之論，非其實也。	（史部，別史類，古史，卷五十，頁7、頁8）
評 林	蘇子古史曰、 齊湣王無德而有功、諸矦之所共疾、樂毅爲燕合諸矦、破齊殺湣王、舉全齊之富、而歸之燕、徇齊五年、下七十餘城、唯莒即墨未服、兵久於外、而燕人無怨心、諸矦無異議、其所以鎮撫內外必有道矣、至與莒即墨相持、田單拒之、五年而不決、此非戰之罪、勇智相敵、勢固然耳、夏矦玄不達兵勢、以謂毅不下二城、將以成王者之業、此書生之論、非其實也、	見《評林》頁2028
備 註	一. **評林刪字**（原典字下畫線者） 1. 出死於莒，何者？ 2. 兵之招也，故非有功之難，而有以保其功之難耳。 3. 湣王之暴，神人之所共棄，而伐齊之利，諸侯之所共有，此固毅之本計歟 4. 廉頗拒王齕於長平，司馬懿拒諸葛亮於岐山，智均力敵，雖有小負，莫肯先決而要之以久，使毅不遭惠王之隙，以燕、齊之衆而臨二城，磨以歲月，雖田單之智，將何能爲乎？其勢如燕將之守聊，愈久而愈困耳。至	

	內　　容	出　　處
	二. 評林某字原典作某（字加框者） 1. 戻字作侯 2. 唯字作惟 3. 異字作異 4. 玄字作元	

	內　　容	出　　處
原典	樂毅爲燕報齊，誠師出有名矣，而盡取寶物祭器輸之燕，仁義之師不爲也。狥齊五歲，下七十餘城，而莒、即墨猶未下者。齊王保於莒，有困獸覆車之勢，齊方發憤，而毅之師已老，彊弩之末，不能穿魯縞，其勢然也。夏侯玄許以湯、武之事，何甚耶？然毅以讒去適趙。趙，父母國也。報燕惠王書稱：忠臣去國，不潔其名，不效戰國反覆，復爲趙而讐燕，去就無慊，傳之子樂閒亦然，故高帝過趙，復封其孫樂叔者於樂鄉，信義之入於人深矣，然則樂毅非戰國之士也。	（子部，儒家類，黃氏日抄，卷四十六，頁 43、頁 44）
評林	黃震曰、 樂毅爲燕報齊、誠師出有名矣、而盡取寶物祭器輸之燕、仁義之師不爲也、狥齊五歲、下七十餘城、而莒即墨猶未下者、齊王保於莒、有困獸覆車之勢、齊方憤發、而毅之師已老、強弩之末、不能穿魯縞、其勢然也、夏侯玄許以湯武之事、何甚耶、然毅以讒去適趙、趙父母國也、報燕惠王書稱、忠臣去國、不潔其名、不效戰國反覆、復爲趙而讎燕、去就無慊、傳之子孫亦然、高帝過趙、復封其孫樂叔者於樂鄉、信義之入于人深矣、然則樂毅非戰國之士也、	見《評林》頁 2029
備註	一. 評林刪字（原典字下畫線者） 1. 故 二. 評林某字原典作某（字加框者） 1. 矣字作矣 2. 歲字作歲 3. 「憤發」作「發憤」 4. 強字作彊 5. 戻字作侯 6. 耶字作耶 7. 讎字作讐 8. 慊字作慊 9. 孫字作「樂閒」 10. 于字作於	

廉頗藺相如列傳第八十一

	內　　　容	出　　　處
原典	遷之傳廉頗也，議救閼與之失，不載焉，見之〈趙奢傳〉；傳酈食其也，謀撓楚權之繆，不載焉，見之〈留侯傳〉。固之傳周勃也，汗出洽背之恥，不載焉，見之〈王陵傳〉；傳董仲舒也，議和親之疏，不載焉，見之〈匈奴傳〉。夫頗、食其、勃、仲舒皆功十而過一者也。苟列一以疵十，後之庸人，必曰：智如廉頗、辯如酈食其、忠如周勃、賢如董仲舒，而十功不能贖一過，則將苦其難而怠矣。是故本傳晦之，而他傳發之，則其與善也，不亦隱而 章 乎！	（集部，別集類，宋金元，重編嘉祐集，卷九，頁3、頁4）（善本）
評林	蘇洵曰、 遷之傳廉頗也、議救閼與之失不載焉、見之趙奢傳、其與善也、不亦隱而 彰 乎、	見《評林》頁2038
備註	**一. 評林刪字**（原典字下畫線者） 1. 傳酈食其也，謀撓楚權之繆，不載焉，見之〈留侯傳〉。固之傳周勃也，汗出洽背之恥，不載焉，見之〈王陵傳〉；傳董仲舒也，議和親之疏，不載焉，見之〈匈奴傳〉。夫頗、食其、勃、仲舒皆功十而過一者也。苟列一以疵十，後之庸人，必曰：智如廉頗、辯如酈食其、忠如周勃、賢如董仲舒，而十功不能贖一過，則將苦其難而怠矣。是故本傳晦之，而他傳發之，則 **二. 評林某字原典作某**（字加框者） 1. 彰字作章	

	內　　　容	出　　　處
原典	趙括之不宜爲將，其父以爲不可，母以爲不可，大臣以爲不可。秦王知之，相應侯知之，將白起知之，獨趙王以爲可，故用之而敗。	（子部，雜家類，容齋五筆，卷二，頁9）（善本）
評林	洪邁曰、 趙括之不宜爲將、其父以爲不可、其母以爲不可、大臣以爲不可、秦王知之、相應侯知之、將白起知之、獨趙王以爲可、以故用之而敗也、	見《評林》頁2040
備註	**一. 評林增字**（評林字下畫線者） 1. 其 2. 以 3. 也	

	內　　容	出　　處
原典	趙使樂乘代廉頗，頗怒攻樂乘；使趙葱、顏聚代李牧，牧不受命。此非爲將之法。頗、牧特戰國之將爾。《易》之師曰：行險而順。	（子部，雜家類，困學紀聞，卷十二，頁1）（善本）
評林	王應麟曰、 趙使樂乘代廉頗、頗怒攻樂乘、使趙葱顏聚代李牧、牧不受命、此非爲將之法、頗牧特戰國之將耳、易之師曰、行險而順、	見《評林》頁2044
備註	一. 評林某字原典作某（字加框者） 1. 乘字作乘 2. 耳字作爾	

	內　　容	出　　處
原典	蘇子曰： 藺相如，非戰國之士也。以死行義，不屈於强秦；以禮爲國，不校於廉頗。其處剛柔進退之際，類學道者。使居平世，可以爲大臣矣，非戰國之士也。廉頗、李牧皆以將亡之趙，抗方興之秦，其爲力艱矣，卒以其用捨，爲趙之存亡。趙能用之，而不能終，悲夫！	（史部，別史類，古史，卷五十一，頁11、頁12）
評林	蘇子古史曰、 藺相如非戰國之士也、以死行義不屈於强秦、以禮爲國、不校於廉頗、其處剛柔進退之際、類學道者、使居平世、可以爲大臣矣、非戰國之士也、廉頗李牧皆以將亡之趙、抗方興之秦、其爲力艱矣、卒以其用舍、爲趙之存亡、趙能用之、而不能終之、悲夫、	見《評林》頁2045
備註	一. 評林增字（評林字下畫線者） 1. 之 二. 評林某字原典作某（字加框者） 1. 舍字作捨 三. 評林句讀待商榷者（字下畫粗虛線者）	

	內　　容	出　　處
原典	藺相如庭辱强秦之君，而引車避廉頗；廉頗以勇氣聞諸侯，而肉袒謝相如，先公後私，各棄前憾，皆烈丈夫也。勇、怯各得其所矣，然先之者相如也。趙奢治賦，不少貸平原君之家，而平原君因薦之王用之，君	（子部，儒家類，黃氏日抄，卷四十六，頁44、頁45）

	子不多奢之 行 法自近，而多平原君之以公滅私也。括輕易取敗，無足道；括母言父子異心之狀，可謂得觀人之法；李牧養威持重，戰無不勝，與頗齊名，而頗、牧皆廢於讒人郭開之口，趙之 亡 忽焉，悲夫！	
評 林	（此段文字分兩段校勘、此為第一） 黃震曰、 藺相如 庭 辱強秦之君、而引車避 廉 頗、 廉 頗以勇氣聞諸 矦 、而肉袒謝相如、先公後私、 分 弃 前憾、皆烈丈夫也、勇怯各得其所 矣 、然先之者相如也、趙奢治賦、不少貸平原君之家、而平原君因薦之王、而用之、君子不多奢之 刑 法自近、而多平原君之以公滅私也、括輕易取敗無足道、括母言父子異心之狀、可謂得觀人之法、李牧養威持重、戰無不勝、與頗齊名、而頗牧皆廢於讒人郭開之口、趙之 凶 忽焉、悲夫、	見《評林》頁 2045
備 註	**一. 評林某字原典作某**（字加框者） 1. 庭字作庭 2. 廉字作廉 3. 矦字作侯 4. 「分弃」作「各棄」 5. 矣字作矣 6. 刑字作行 7. 凶字作亡	

	內　　　　容	出　　處
原 典	太史公作廉頗、藺相如傳，而附之趙奢、李牧，趙之興亡著焉。一時烈丈夫英風偉槩，令人千載興起，而史筆之妙，開合變化，又足以曲盡形容， 眞奇事哉 ！古史因之，不敢易一字亦宜矣。	（子部，儒家類，黃氏日抄，卷五十一，頁 28）
評 林	（此段文字分兩段校勘、此為第二） （黃震曰、） 又曰、太史公作廉頗藺相如傳、而附之趙奢李牧、趙之興亡著焉、一時烈丈夫英風偉槩、令人千載興起、而史筆之妙、開合變化、又足以曲盡形容、 奇哉 、	見《評林》頁 2045
備 註	**一. 評林刪字**（原典字下畫線者） 1. 古史因之，不敢易一字亦宜矣。 **二. 評林某字原典作某**（字加框者） 1. 「奇哉」作「眞奇事哉」	

田單列傳第八十二

	內　　　容	出　　　處
原典	田單使人食必祭，以致烏鳶，又誤為神師，皆近兒戲，無益於事。蓋先以疑似置齊人心中，則夜見火牛龍文，足以駭動。取一時之勝，此其本意也。	（子部，雜家類，雜說之屬，東坡志林，卷五，頁8）
評林	蘇軾曰、 田單使人食必祭、以致烏鳶、又設為神師、皆近兒戲、無益于事、蓋先以疑似置人心腹中、則夜見火牛龍文、足以駭動、取一時之勝、此其本意也、	見《評林》頁2048
備註	一. **評林刪字**（原典字下畫線者） 1. 齊 二. **評林增字**（評林字下畫線者） 1. 腹 三. **評林某字原典作某**（字加框者） 1. 設字作誤 2. 戲字作戲 3. 于字作於 4. 蓋字作盖	

	內　　　容	出　　　處
原典	田單守即墨，使妻妾編於行伍間，此李同教平原君之故智也。	（子部，儒家類，黃氏日抄，卷四十六，頁45）
評林	黃震曰、 田單守即墨、使妻妾編于行伍間、此李同教平原君之故智也、	見《評林》頁2049
備註	一. **評林某字原典作某**（字加框者） 1. 于字作於	

	內　　　容	出　　　處
原典	樂毅以全燕之兵，兼強齊之眾。樓田單於即墨，諸侯之救不至，使天胙燕，昭王不死，樂毅不亡，田單雖智，要之歲月，兵殘食盡，齊之亡，可立而待也，然單兵不滿萬人，堅守二城，以抗百倍之師，相持五年，而無可乘之際，遷延稽故，以須天命之復，可不謂智過人哉！	（史部，別史類，古史，卷五十二，頁5、頁6）

評林	蘇子古史曰、 樂毅以全燕之兵、兼強齊之衆、棲田單于即墨、諸侯之救不至、使天祚燕、昭王不死、樂毅不亡、田單雖智、要之歲月兵殘食盡、齊之亡、可立而待也、然單兵不滿萬人、堅守二城、以抗百倍之師、相持五年、而無可乘之隙、遷延稽故、以須天命之復、可不謂智過人哉、	見《評林》頁 2051
備註	一. 評林某字原典作某（字加框者） 1. 于字作於 2. 侯字作侯 3. 祚字作胙 4. 死字作死 5. 滿字作滿	

魯仲連鄒陽列傳第八十三

	內　　　容	出　　　處
原典	稱謚，非當時語。補曰：追書之辭。	（史部，雜史類，先秦兩漢之屬，戰國策校注，卷六，頁 66）（善本）
評林	鮑彪曰、 稱謚非當時語、此必追書之辭、	見《評林》頁 2054
備註	一. 評林某字原典作某（字加框者） 1. 「此必」作「補曰」	

	內　　　容	出　　　處
原典	是三者重沓熟復，如駿馬下駐千丈坡，其文勢正爾。風行於上，而水波，真天下之至文也。	（子部，雜家類，容齋五筆，五筆卷五，頁 12）（善本）
評林	洪邁曰、 此等重沓文法、如駿馬下千丈坡、其文勢正爾、風行于上、而水波自生、天下之至文也、若如今人減省其詞、便不見得當時反覆諄諄然稱先生、尊崇仲連氣象、	見《評林》頁 2055
備註	一. 評林刪字（原典字下畫線者） 1. 駐 2. 真	

內　　　容	
二. **評林增字**（評林字下畫線者）	
1. 自生	
2. 若如今人減省其詞、便不見得當時反覆諄諄然稱先生、尊崇仲連氣象	
三. **評林某字原典作某**（字加框者）	
1. 爾字作爾	
2. 于字作於	
四. **評林摘取原典大意**（文字反黑者）	

	內　　　　容	出　　　處
原典	不知者，以其抱才死，爲無以自養，不知其非世也。	（史部，雜史類，先秦兩漢之屬，戰國策校注，卷六，頁67）（善本）
評林	鮑彪曰、 不知者、以其抱木死、爲無以自養、不知其非世也、	見《評林》頁2055
備註	一. **評林某字原典作某**（字加框者） 1. 木字作才	

	內　　　　容	出　　　處
原典	按魯仲連之語不皆粹，以其反復言帝秦之害，有功於當時，而雄俊明辯，可爲論事之法，故取焉。	（集部，總集類，文章正宗，卷六，頁38）
評林	眞德秀曰、 魯仲連反覆言帝秦之害、有功于當時、而雄俊明辨、可爲論事之法、	見《評林》頁2056
備　　註	一. **評林刪字**（原典字下畫線者） 1. 按 2. 之語不皆粹，以其 3. 故取焉 二. **評林某字原典作某**（字加框者） 1. 覆字作復 2. 于字作於 3. 辨字作辯	

	內　　　　　容	出　　處
原典	魯仲連關新垣衍帝秦之說，引鄒魯不肯納齊潛王之事爲證，可謂深切著明矣。	（子部，儒家類，黃氏日抄，卷四十六，頁 45）
評林	黃震曰、 魯連關新垣衍帝秦之說、引鄒魯不肯納齊潛王之事爲證、可謂深切著明、	見《評林》頁 2058
備註	**一. 評林刪字**（原典字下畫線者） 1. 仲 2. 矣	

	內　　　　　容	出　　處
原典	補曰： 秦將聞仲連之言，爲却軍五十里。說者以爲辯士夸辭，愚竊以爲信。蓋仲連毅然不肯帝秦，則魏救必至，聲天下之大義，以作三軍之氣，不戰而自倍矣。是時公子無忌且至，連之，智足以知其事之克濟，不然，則且有俶儻非常之畫，以佐趙之急。彼秦將者，必聞其言，而憚其謀故爾，不然，豈爲虛言却哉！	（史部，雜史類，先秦兩漢之屬，戰國策校注，卷六，頁 70）（善本）
評林	吳師道曰、 秦將爲却軍五十里、說者以爲辨士夸辭、愚謂仲連毅然不肯帝秦、則魏救必至、聲天下之大義、以作三軍之氣、不戰而自倍矣、不然則且有俶儻非常之畫、以佐趙之急、彼秦將者、必聞其言、而憚其謀故爾、豈爲虛言却哉、	見《評林》頁 2059
備註	**一. 評林刪字**（原典字下畫線者） 1. 聞仲連之言 2. 竊以爲信。蓋 3. 時公子無忌且至，連之，智足以知其事之克濟 4. 不然 **二. 評林增字**（評林字下畫線者） 1. 謂 **三. 評林某字原典作某**（字加框者） 1. 卻字作却 2. 夸字作夸 3. 辨字作辯 4. 虛字作虛	

	內　　　容	出　　　處
原典	按：燕將堅守聊城，此人臣之節也。魯連子特爲齊計耳，故勸之以休兵歸燕，又勸之以叛燕歸齊，皆非所以爲訓，讀者不可眩於其文而不察也。	（集部，總集類，文章正宗，卷六，頁20）
評林	眞德秀曰、 按燕將堅守聊城、此人臣之節也、仲連子特爲齊計耳、故勸之以休兵歸燕、又勸之以叛燕歸齊、皆非所以爲訓、讀者不可眩於其文而不察、	見《評林》頁2060
備註	**一.評林刪字**（原典字下畫線者） 1. 也 **二.評林某字原典作某**（字加框者） 1. 仲字作魯	

	內　　　容	出　　　處
原典	按：此篇用事大多，而文亦寖趍於偶儷，蓋其病也，然其論讒毀之禍至痛切，可以爲世戒，故取焉。	（集部，總集類，文章正宗，卷十一，頁60）
評林	眞德秀曰、 按此篇用事太多、而文亦寢趨于偶儷、然其論讒毀之禍至痛切、可爲世戒、	見《評林》頁2063
備註	**一.評林刪字**（原典字下畫線者） 1. 蓋其病也 2. 以 3. 故取焉 **二.評林某字原典作某**（字加框者） 1. 太字作大 2.「寢趨于」作「寖趍於」	

	內　　　容	出　　　處
原典	史遷論仲連，謂指意不合大義，固未當。鮑以爲孔子所謂逸民，連雖貧賤肆志，然時出而救時，亦非逸也。《大事記》引蘇氏曰：辯過儀、秦、氣凌髠、衍，從橫之利不入於口；因事放言，切中機會，排難解紛，不終日而成功。逃避爵賞，脫屣而去，戰國一人而已。斯言茂以加矣。愚謂仲連事皆可稱，而不肯帝秦一節尤偉，戰國之士，皆以勢爲強弱，而連獨以義爲重輕，此其所以異耳！	（史部，雜史類，先秦兩漢之屬，戰國策校注，卷六，頁71）（善本）

評林	吳師道曰、 史遷論仲連、謂指意不合大義、固未當、鮑彪以爲孔子所謂逸民、連雖貧賤肆志、然時出而救□之□、亦非逸也、□予□謂仲連事皆可稱、而不肯帝秦一節尤偉、戰國之士皆以勢爲強弱、而連獨以義爲重輕、此其所以□載耳□、	見《評林》頁 2070、頁 2071
備 註	一. **評林刪字**（原典字下畫線者） 1. 《大事記》引蘇氏曰：辯過儀、秦，氣凌髡、衍，從橫之利不入於口；因事放言，切中機會，排難解紛，不終日而成功。逃避爵賞，脫屣而去，戰國一人而已。斯言茂以加矣 二. **評林增字**（評林字下畫線者） 1. 彪 三. **評林某字原典作某**（字加框者） 1. 之字作時 2. 予字作愚 3.「載耳」作「異耳」	

	內　　　　容	出　　　處
原 典	戰國游談之士，非從即衡，說行交合，而寵□祿□附之，故事不厭詭詐，爭走□於□利。魯仲連辯過秦、儀，氣凌髡、衍，而從□橫□之利，不入□於□口；因事放言，切中機會，排難解紛，如決潰堤，不終日而成功。逃避爵賞，脫屣而去，戰國以來，一人而已。	（史部，別史類，古史，卷五十四，頁 13、頁 14）
評 林	蘇子古史曰、 戰國游談之士、非從即衡、說行交合、而寵□祿□附之、故事不厭詭詐、爭走□于□利、魯仲連辯過秦儀、氣凌髡衍、而從□橫□之利、不入□于□口、因事放言、切中機會、排難解紛、如決潰堤、不終日而成功、逃避爵賞、脫屣而去、戰國以來一人而已、	見《評林》頁 2071
備 註	一. **評林某字原典作某**（字加框者） 1. 祿字作禄 2. 于字作於 3. 橫字作横	

	內　　　　容	出　　　處
原 典	魯仲連闢新垣衍帝秦之說，引鄒魯不肯納齊湣王之事爲證，可謂深切著明□矣□，然解邯戰之圍者，平原君力也，非仲連口舌之所能□介□也。射書聊城，使其將自殺而城	（子部，儒家類，黃氏日抄，卷四十六，頁 45、頁 46）

	見屠，此不過為田單謀耳。縱當時無仲連書，聊城無救，勢亦必亡，亦非甚有功於田單也，射書何為哉？使連能說單無屠聊，而射書於城，約其將善降，或說燕無殺其將，而使其將歸燕，以救聊城之命，皆可也。連釋此不為，射書何為哉？彼不預吾事而預之，是為出位，惟不以爵賞自累，而輕世肆志焉，故得優游天下，如飛鳥翔空然，然直以為天下士則未也。鄒陽自陷縲紲，諄諄求哀，以此得位，不其羞哉！	
評　　　林	黃震曰、 魯仲連闢新垣衍帝秦之說、引鄒魯不肯納齊湣王之事為證、可謂深切著明矣、然解邯鄲之圍者、平原君力也、非仲連口舌之所能解也、射書聊城、使其將自殺而城見屠、此不過為田單謀耳、縱當時無仲連書、聊城無救、勢亦必亡、亦非甚有功於田單也、射書何為哉、使連能說單無屠聊、而射書于城、約其將善降、或說燕無殺其將、而使其將歸燕、以救聊城之命、皆可也、連釋此不為、射書何為哉、彼不預吾事而預之、是為出位、惟不以爵賞自累、而輕世肆志焉、故得優游天下、如飛鳥翔空然、然直以為天下士未也、鄒陽自陷縲紲、諄諄求哀、以此得位、不甚羞哉、	見《評林》頁2071
備　　　註	**一. 評林刪字**（原典字下畫線者） 1. 則 **二. 評林某字原典作某**（字加框者） 1. 矣字作矣 2. 介字作解 3. 于字作於 4. 陷字作過 5. 甚字作其	

屈原賈生列傳第八十四

	內　　　　容	出　　　　處
原典	漁父，蓋亦當時隱遁之士。或曰，亦原之設詞耳。	（子部，類書類，楚辭集注，卷五，頁11）
評林	朱熹曰、 漁父、蓋亦當時隱遁之士、或曰、亦原之設詞耳、	見《評林》頁2077
備註	**一. 評林某字原典作某**（字加框者） 1. 隱字作隱	

	內　　容	出　　處
原典	誼謫長沙，不得意，投書弔屈原，而因以自諭，然譏議時人太分明，其才甚[高]，其志甚大，而量亦狹矣！	（集部，總集類，崇古文訣，卷三，頁1）
評林	樓昉曰、 誼謫長沙、不得意、投書弔屈原、而因以自諭、然譏議時人太分明、其才甚[高]、其志甚大、而量亦狹矣、	見《評林》頁2083
備註	一. **評林某字原典作某**（字加框者） 1. 高字作髙	

	內　　容	出　　處
原典	世降俗薄，貪濁成風，反相與非笑[廉]者；諛佞成風，反相與非笑直者；軟熟成風，反相與非笑剛者；競進成風，反相與非笑恬退者；侈靡成風，反相與非笑儉約者；傲誕成風，反相與非笑[謙]默者。賈子云：莫邪爲鈍[兮]，鉛刀爲銛。<u>東坡云：變丹青於玉瑩兮，乃反謂子爲非智。</u>風俗<u>至於</u>如此，豈不可哀！	（子部，類書類，鶴林玉露，卷七，頁5）（善本）
評林	羅大經曰、 世降俗薄、貪濁成風、反相與非笑[廉]者、諛佞成風、反相與非笑直者、軟熟成風、反相與非笑剛者、競進成風、反相與非笑恬退者、侈靡成風、反相與非笑儉約者、傲誕成風、反相與非笑[謙]默者、賈子云、莫邪爲鈍[兮]、鉛刀爲銛、風俗如此、豈不可哀乎、	見《評林》頁2083、頁2084
備註	一. **評林刪字**（原典字下畫線者） 1. 東坡云：變丹青於玉瑩兮，乃反謂子爲非智。 2. 至於 二. **評林增字**（評林字下畫線者） 1. 乎 三. **評林某字原典作某**（字加框者） 1. 廉字作亷 2. 兮字作丂	

	內　　容	出　　處
原典	<u>賈誼賦，</u> 見細德之險微。顏注云：見苟細之人，險陂之證，則微當作徵。見險證而去，色斯舉矣，見幾而作。	（子部，雜家類，困學紀聞，卷十二，頁7）（善本） 按：宋王應麟《困學紀聞》曾引該語。

評林	王應麟曰、 見細德之險微、顏注云、見苛細之人、險陂之證、則微 當作徵、見險證而去、<u>所謂</u>色斯舉矣、見幾而作<u>也</u>、	見《評林》頁 2085
備 註	一. **評林刪字**（原典字下畫線者） 1. 賈誼賦 二. **評林增字**（評林字下畫線者） 1. 所謂 2. 也	

	內　　　容	出　　　處
原 典	其詞汗漫恍惚、盖皆遺世忘形之說。此太史公讀之， 而有同死生、齊物我，令人爽然自失之歎也。誼謫長 沙，抑爵不自得，適有鵬入之異，長沙地卑濕，恐壽 不得長，故為此賦，推原死生之理，以自遣也。	（集部，總集類，崇古 文訣，卷三，頁 4）
評 林	樓昉曰、 其汗詞漫恍惚、葢皆遺世忘形之說、此太史公讀之、 而有同死生齊物我、令人爽然自失之嘆也、誼謫長沙、 抑鬱不自得、適有鵬入之異、長沙地卑濕、恐壽不得 長、故為此賦、推原死生之理、以自遣也、	見《評林》頁 2085
備 註	一. **評林某字原典作某**（字加框者） 1. 「汗詞」作「詞汗」 2. 葢字作盖 3. 嘆字作歎 4. 鬱字作爵 5. 卑字作甼 6. 遣字作遣	

	內　　　容	出　　　處
原 典	凡誼所稱，皆列禦寇、莊周之常言，又為傷悼無聊之 故，而藉之以自誑者。夫豈真能原始反終，而得夫朝聞 夕死之實哉？誼有經世之才，文章蓋其餘事，其奇偉 卓絕，亦非司馬相如輩所能彷彿，而揚雄之論常高彼而 下此，韓退之亦以馬、揚廁於孟子、屈原之列，而無 一言以及誼，余皆不能識其何說也。	（集部，楚辭類，楚辭 集注，卷八，頁 3）（善 本）
評 林	朱熹曰、 凡誼所稱、皆列禦寇莊周之寓言、又為傷悼亡聊之故 而藉之以自誑者、夫豈真能原始反終、而得夫朝聞夕死	見《評林》頁 2086

之實哉、然誼有經世之才、文章<u>盍</u>其餘事、其<u>奇</u>偉卓絕、亦非司馬相如輩能彷彿、而揚雄常高彼下此、韓<u>愈</u>亦以馬揚厠於<u>孟屈</u>、而無一言及誼、余<u>又不知</u>其何說也、	
備 註	一. **評林刪字**（原典字下畫線者） 1. 所 2. 之論 3. 而 4. 以 二. **評林某字原典作某**（字加框者） 1. 寓字作常 2. 亡字作無 3. 盍字作蓋 4. 奇字作竒 5. 愈字作「退之」 6. 「孟屈」作「孟子屈原之列」 7. 「又不知」作「皆不能識」	

	內　　　　　　容	出　　　處
原 典	文帝曰：吾<u>久</u>不見賈生，自以爲<u>過</u>之，今不及也。武帝曰：吾<u>久</u>不聞汲<u>黯</u>之言，又復安發。成帝曰：<u>吾久不見班生，今日復聞讜言</u>。武帝之怒，不如文帝之<u>謙</u>也。	（子部，雜家類，猗覺寮雜記，卷中）（善本）
評 林	朱翌曰、 文帝曰、吾<u>久</u>不見賈生、自以爲<u>過</u>之、今不及也、武帝曰、吾久不聞汲<u>黯</u>之言、又復安發<u>矣</u>、武帝之怒不如文帝之<u>謙</u>也、	見《評林》頁2089
備 註	一. **評林刪字**（原典字下畫線者） 1. 成帝曰：吾久不見班生，今日復聞讜言 二. **評林增字**（評林字下畫線者） 1. 矣 三. **評林某字原典作某**（字加框者） 1. 久字作乆 2. 過字作過 3. 黯字作黯 4. 謙字作謙	

	內　　容	出　　處
原典	漢賈誼爲長沙傅，過汨羅爲賦，以弔屈原曰：歷九州而相君，何必懷此故都？誼之言，或一道也，而非原志。原楚同姓，不忍棄其君而之四方，而誼教之以孔子、孟軻，歷聘諸侯，以求行道，勢必不從矣。柳下惠爲士師，三黜而不去，曰：直道而事人，何往而不三黜？枉道而事人，何必去父母之邦？惜乎！屈原廉直而不知道，殉節以死，然後爲快，此所以未合於聖人耳！使原如柳下惠，用之則行，舍之則藏，終身於楚，優游以卒歲，庶乎其志也哉！	（史部，別史類，古史，卷五十三，頁5）
評林	蘇子古史曰、 漢賈誼爲長沙傅、過汨羅爲賦、以弔屈原曰、歷九州而相君、何必懷此故都、誼之言、或一道也、而非原志、原楚同姓、不忍弃其君而之四方、而誼教之以孔子孟軻歷聘諸侯、以求行道、勢必不從矣、柳下惠爲士師、三黜而不去、曰、直道而事人、何往而不三黜、枉道而事人何必去父母之邦、惜乎屈原廉直而不知道、殉節以死、然後爲快、此所以未合于聖人耳、使原如柳下惠、用之則行、舍之則藏、終身於楚、優游以卒歲、庶乎其志也哉、	見《評林》頁2089、頁2090
備註	一. **評林某字原典作某**（字加框者） 1. 弃字作棄 2. 柳字作栁 3. 于字作於	

呂不韋列傳第八十五

	內　　容	出　　處
原典	巨賈呂不韋見秦子異人質於趙曰：此奇貨可居。遂不吝千金，爲之經營於秦。異人卒有秦國，而不韋爲相，此其事固不足道，而其以予爲取，則亦商賈之權也。漢高帝捐四萬斤金與陳平，不問其出入；裂數千里地封韓、彭，無愛惜心，遂能滅項氏有天下。劉晏造船，合費五百緡者，給千緡，使吏胥工匠皆有贏餘，由是舟船堅好，漕運無虧，是以唐之中興是皆得廉賈之術者也。東坡曰：天下之事，成於大度之士，而敗於寒陋之小人。	（子部，類書類，鶴林玉露，卷十六，頁3、頁4）（善本）
評林	羅大經曰、 巨賈呂不韋見秦子異人質於趙曰、此奇貨可居、遂不	見《評林》頁2093

	吝千金、爲之經營於秦、異人卒有秦國、而不韋爲相、此其事固不足道、而其以予爲取、則亦商賈之權也、漢高帝捐四萬斤金與陳平、不問其出入、裂數千里地封韓彭、無愛惜心、遂能滅項有天下劉晏造船、合費五百緡者、給千緡、使吏胥工匠皆有贏餘、是皆以予爲取之術也、東坡曰、天下之事、成於大度之士、而敗於塞陋之小人、
備　註	**一. 評林刪字**（原典字下畫線者） 1. 氏 2. 由是舟船堅好，漕運無虧，是以唐之中興 **二. 評林某字原典作某**（字加框者） 1. 呂字作吕 2. 異字作異 3. 奇字作奇 4. 逐字作遂 5. 捐字作揖 6. 贏字作巖 7. 「以予爲取之術」原典作「得廉賈之術者」 8. 塞字作寒 **三. 評林句讀待商榷者**（字下畫粗虛線者）

	內　　　容	出　　　處
原典	不韋，賈人也，彼安能知義？欲圖贏而奪嫡立庶，秦國之不亂敗者幸也！以是得贏而飲酖於蜀，於是知有天道矣。	（史部，雜史類，先秦兩漢之屬，戰國策校注，卷三，頁88）（善本）
評林	鮑彪曰、 不韋賈人也、彼安能知義、欲圖贏而奪嫡立庶、秦國之不亂敗者幸也、以此得贏而飲酖于蜀、於是知有天道矣、	見《評林》頁2098、頁2099
備註	**一. 評林某字原典作某**（字加框者） 1. 此字作是 2. 于字作於	

	內　　　容	出　　　處
原典	呂不韋，大賈也。以君之子爲商貨而居之，竊寵利既多，禍敗乃宜。太史公以爲此孔子之所謂聞者，誤矣。	（子部，儒家類，黃氏日抄，卷五十一，頁30）

評林	黃震曰、 呂不韋大賈也、以君之子爲 奇 貨而居之、竊寵 既 多、禍敗 允當、太史公以爲此孔子之所謂聞者誤 矣 、	見《評林》頁 2099
備 註	**一. 評林某字原典作某**（字加框者） 1. 奇字作奇 2. 既字作既 3. 「允當」作「乃宜」 4. 矣字作矣	

	內　　容	出　　處
原 典	戰國惟秦、楚、燕爲故國，取之非逆，而守之則 暴 矣。若三晉及齊，皆以篡奪得之，所以取守者，皆非義也。天方厭喪亂，欲假手於秦，而秦亦淫虐，無以受之，於是不韋 乘 釁納妾於子楚，以亂其後，六國未亡，而嬴氏已先亡矣。及至二世，屠戮諸公子殆盡，而後授首於劉、項。老子曰：天網 恢恢 ，疏而不失。不觀其 微 ，孰知其故哉！	（史部，別史類，古史，卷五十五，頁 6）
評 林	蘇子古史曰、 戰國惟秦楚燕爲故國、取之非逆、而守之則 暴 矣、若三晉及齊、皆以篡奪得之、所以取守者、皆非義也、天方厭喪亂、欲假手於秦、而秦亦淫虐、無以受之、於是不韋 乘 釁納妾於子楚、以亂其後、六國未亡、而嬴氏已先亡矣、及至二世、屠戮諸公子殆盡、而後授首於劉項、老子曰、天網恢恢、疏而不失、不觀其 微 、孰知其故哉、	見《評林》頁 2099
備 註	**一. 評林某字原典作某**（字加框者） 1. 暴字作暴 2. 乘字作乘 3. 「恢恢」作「恢恢」 4. 微字作微	

刺客列傳第八十六

	內　　容	出　　處
原 典	智伯雖滅亡 無後 ，然 知開知寬 ，尚據邑未下也。以 豫 子 之勇， 相與殊死 ，豈不足以興復智 氏 哉！而顧死于刺客之 麼邪 ？邵子 有言 ：死 天下 之事易，成 天下之事難。 既能成之，何憚于死乎？豫子可謂能死事而已。	（史部，編年類，資治通鑑前編，卷十八，頁26）

評 林	金履祥曰、 智伯雖滅亡无後、然如開如寬、尙據邑未下也、以讓 之勇、豈不足以興復智伯哉、而顧死于刺客之靡耶、 邵子云、死事易、成事難、若讓者可謂能死事而已、	見《評林》頁 2107、頁 2108
備 註	一．評林刪字（原典字下畫線者） 1. 相與殊死 2. 天下之 3. 既能成之，何憚于死乎？ 二．評林增字（評林字下畫線者） 1. 若讓者 三．評林某字原典作某（字加框者） 1. 无字作無 2. 「如開如寬」作「知開知寬」 3. 讓字作「豫子」 4. 伯字作氏 5. 耶字作邪 6. 云字作「有言」	

	內　　　　容	出　　處
原 典	姊嫈之死，蓋兄弟之義。《策》述其言，以爲不愛身， 以揚弟之名，而説者徒知論名，而不及義，此皆戰國之 習也。《史記》云：使政知姊無惲忍之志，不重暴骸之 難，必絶險千里，以列其名。姊弟俱僇於韓市者，亦未 必敢以身許仲子也。《列女傳》云：嫈仁而有勇，不怯 死以滅名。《詩》云：死喪之威，兄弟孔懷云云，此之 謂也。愚謂：子長得政之情，子政得嫈之志，然一則 曰列其名、一則曰不滅名，猶免世俗之失也。	（史部，雜史類，戰國 策校注，卷八，頁 6、頁 7）
評 林	鮑彪曰、 姊榮之死、蓋兄弟之義、國策述其言、以爲不愛身以 揚弟之名、而說者徒知論名、而不及義、此皆戰國之習 也、史記云、向政知姊無濡忍之志、不重暴骸之難、 必絶險千里以列其名、姊弟俱僇於韓市、亦未必敢以身 許仲子也、列女傳云、榮仁而有勇、不怯死以滅名、 詩云、死喪之處兄弟孔懷、此之謂也、愚謂子長得政 之情、子政得榮之志、然一則曰列其名、一則曰不滅 名、猶未免世俗之失也、	見《評林》頁 2111、頁 2112
備 註	一．評林刪字（原典字下畫線者） 1. 者 2. 云云	

二. 評林增字（評林字下畫線者）
1. 國
2. 未

三. 評林某字原典作某（字加框者）
1. 榮字作嬰
2. 蓋字作盖
3. 「向政」作「使政」
4. 濡字作惴
5. 處字作處
6. 懷字作懷

	內　　容	出　　處
原典	人之居此，不可不知人，亦不可妄爲人知也。遂唯知政，故得行其志。惜乎！遂福徧狷細人耳。政不幸謬爲所知，故死於是。使其受知明主賢將相，則其所成就，豈不有萬萬於此者乎？哀哉！	（史部，雜史類，鮑氏戰國策注，卷八，頁4）
評林	鮑彪曰、 人之居世、不可不知人、亦不可妄爲人知也、遂唯知政、故得行其志、惜乎遂徧徧狷細人耳、政不幸謬爲所知、故死于是、使其受知明主賢將相、則其所成就、豈不有萬萬于此者乎、哀哉、	見《評林》頁2112、頁2113
備註	**一. 評林某字原典作某**（字加框者） 1. 世字作此 2. 「徧徧」作「福徧」 3. 于字作於	

	內　　容	出　　處
原典	苗劉之亂，張魏公在秀州議舉勤王之師，一夕獨坐，從者皆寢，忽一人持刃立燭後，公知爲刺客，徐問曰：豈非苗傅劉正彥遣汝來殺我乎？曰：然。公曰：若是則取吾首以去可也。曰：我亦知書，寧肯爲賊用！況公忠義如此，豈忍害公！恐公防閑不嚴，有繼至者，故來相告爾。公問：欲金帛乎？笑曰：殺公何患無財！然則留事我乎？曰：我有老母在河北，未可留也。問其姓名，俛而不答，攝衣躍而登屋，屋瓦無聲，時方月明，去如飛。明日，公命取死囚斬之。曰：夜來獲姦細。公後嘗於河北物色之，不可得，此又賢於鉏麑矣。孰謂世間無奇男子乎？殆是唐劍客之流也。	（子部，類書類，鶴林玉露，卷十三，頁6）（善本）

評 林	羅大經曰、 苗劉之亂、張魏公議舉勤王之師、一夕獨坐、從者皆寢、 忽一人持刄立燭後、公知為刺客、徐問曰、豈非苗傅 劉正彥遣汝來殺我乎、曰然、公曰、若是則取吾首以去 可也、曰我亦知書、寧忍害忠義、恐公防閑不嚴、有繼 至者、故來相告耳、公問欲金帛乎、咲曰、殺公何患 無財、然則留事我乎、曰我有老母在河北、未可留也、 問其姓名、俛而不荅、遂去、明日公命取死囚斬之、 曰夜來獲奸細、公後嘗於河北物色之不可得、此又賢 於鉏麑矣、孰謂世間無奇男子乎、若太史公所傳刺客、 視此何如、	見《評林》頁 2114、頁 2115
備 註	一. **評林刪字**（原典字下畫線者） 1. 在秀州 2. 攝衣躍而登屋，屋瓦無聲，時方月明，去如飛。 3. 殆是唐劍客之流也。 二. **評林增字**（評林字下畫線者） 1. 遂去 2. 若太史公所傳刺客、視此何如 三. **評林某字原典作某**（字加框者） 1. 刄字作刃 2. 耳字作爾 3. 咲字作笑 4. 荅字作答 5. 奸字作姦 6. 矣字作矣 7. 奇字作奇 四. **評林摘取原典大意**（文字反黑者）	

	內　　　　容	出　　　處
原 典	太史公傳曹沫、專諸、豫讓、聶政、荊軻五人。謂：介 然不欺其志。愚謂惟豫讓為君報仇之志，為可悲，餘皆 在愚殺身，非人情也。荊軻所交田光、高漸離之流， 多慷慨輕生，至今讀易水之歌，使人悲惋，軻視諸子材 氣殆優焉，雖然，果何哉？其所謂志而足稱道哉！	（子部，儒家類，黃氏 日抄，卷四十六，頁 47）
評 林	黃震曰、 太史公謂五人介然不欺其志、愚謂惟豫讓為君報仇之 志、為可悲、餘皆非人情也、荊軻所交田光高漸離之 流、多慷慨輕生、至今讀易水之歌、使人悲惋、軻視諸 子材氣殆優焉、雖然果何哉、其所謂志而足稱道哉、	見《評林》頁 2123、頁 2124

| | 備 註 | 一.**評林刪字**（原典字下畫線者）
1. 傳曹沫、專諸、豫讓、聶政、荊軻五人。謂：
2. 在愚殺身
二.**評林增字**（評林字下畫線者）
1. 謂五人
三.**評林某字原典作某**（字加框者）
1. 荊字作荆
2. 高字作髙 | |

	內　　容	出　　處
原 典	周衰禮義不明，而小人奮身以犯上，相夸以爲賢，孔子疾之。齊豹以衞司寇殺衞侯之兄縶，蔡公孫翩以大夫弑其君申，《春秋》皆以盜書而不名，所謂求名而不得者也。太史公傳刺客凡五人，皆豹、翩之類耳，而其稱之不容口，失《春秋》之意矣。獨豫讓爲舊君報趙襄子，有古復讎之義。如荊軻刺秦始皇，雖始皇以強暴失天下心，聞者快之，要以盜賊乘人主不意，法不可長也。至曹沫之事，予以左氏考之，<u>魯莊公十年，沫始以謀干莊公，公用之，敗齊於長勺，自是魯未嘗敗，十三年而會齊侯於柯安，得所謂三戰三敗。沫以匕首刼齊桓求侵地者哉！始公羊高采異說，載沫事於《春秋》，後戰國游士，多稱沫以爲口實，而實非也。</u>莊公之禦齊，沫問所以戰，以小惠、小信爲不足恃，唯忠爲可以一戰，沫葢知義者也，而肯以其身爲刺客之用乎？	（史部，別史類，古史，卷五十九，頁 16）
評 林	蘇子古史曰、 周衰禮義不明、而小人奮身以犯上相夸以爲賢、孔子疾之、齊豹以衞司寇殺韓侯之兄縶、蔡公孫翩以大夫弑其君申、春秋皆以盜書而不名、所謂求名而不得者也、太史公傳刺客凡五人、皆豹翩之類耳、而其稱之不容口、失春秋之意矣、獨豫讓爲舊君報趙襄子、有古復讐之義、如荊軻刺秦始皇、雖始皇以強暴失天下心、聞者快之、要以盜賊乘人主不意、法不可長也、至曹沫之事、予以左氏攷之、實非也、莊公之禦齊、沫問所以戰、以小惠小信爲不足恃、惟忠爲可以一戰、沫葢知義者也、而肯以其身爲刺客之用乎、	見《評林》頁 2124
備 註	一.**評林刪字**（原典字下畫線者） 1. 魯莊公十年，沫始以謀干莊公，公用之，敗齊於長勺，自是魯未嘗敗，十三年而會齊侯於柯安，得所謂三戰三敗。沫以匕首刼齊桓求侵地者哉！始公羊	

	內　　容	出　　處

高采異說，載沫事於《春秋》，後戰國游士，多稱沫以爲口實，而

二. 評林某字原典作某（字加框者）
1. 犯字作犯
2. 寇字作寇
3. 盜字作盜
4. 刺字作刺
5. 讐字作雛
6. 荊字作荆
7. 乘字作乗
8. 攷字作考
9. 惟字作唯

	內　　容	出　　處
原典	曹沫將而亡人之城，又劫天下盟主。管仲因勿倍，以市信一時，可也。予獨怪智伯國上豫讓，豈顧不用其策耶？讓，誠國士也。曾不能逆策三晉，救智伯之亡，一死區区，尙足校哉？其亦不欺其意者也。聶政售於嚴仲子、荆軻豢於燕太子丹，此兩人者，汙隱困約之時，自貴其身不妄，願知亦日有待焉，彼挾道德，以時世者，何如哉？	（集部，別集類，宋金元，臨川先生文集，雜著，卷七十一，頁 10）（善本）
評林	王安石日、 曹沫將而亡人之城、又劫天下盟主、管仲日勿倍、以市信一時可也、予獨怪智伯國士豫讓、豈顧不用此策耶、讓誠國士也、曾不能逆策三晉救智伯之亡、一死區區尙足校哉、其亦不欺其意者也、聶政售于嚴仲子、荆軻豢于燕太子丹、此兩人者、汙隱困約之時、自貴其身不妄願知、亦日有待焉、彼挾道德以待世者何如哉、	見《評林》頁 2124
備註	**一. 評林某字原典作某**（字加框者） 1. 日字作因 2. 士字作上 3. 讓字作讓 4. 此字作其 5. 策字作策 6. 晉字作晉 7. 校字作校 8. 于字作於 9. 待字作時	

李斯列傳第八十七

	內　　容	出　　處
原典	李斯上秦始皇書，論逐客起句，即見事實宆妙。中間論物不出扵秦而秦用之，獨人才不出扵秦而秦不用，反覆議論痛快，深得作文之法，未易以人廢言也。	（集部，詩文評類，文章精義，文章精義，頁1）
評林	李塗曰、 李斯上秦始皇書、論逐客起句、便見實事最妙、中間論物不出于秦而秦用之、獨人才不出于秦而秦不用、反覆議論痛快、深得作文之法、未易以人廢言也、	見《評林》頁2129
備註	**一. 評林某字原典作某**（字加框者） 1. 便字作即 2. 最字作宆 3. 于字作扵	

	內　　容	出　　處
原典	此先秦古書也。中間兩三節，一反一覆、一起一伏，略加轉換數个字，而精神愈出、意思愈明，無限曲折變態。誰謂文章之妙，不在虛字助詞乎！	（集部，總集類，崇古文訣，卷一，頁3）
評林	樓昉曰、 此先秦古書也、中間兩三節、一反一覆一起一伏、畧加轉換數个字、而精神愈出、意思愈明、無限曲折變態、誰謂文章之妙、不在虗字助詞乎、	見《評林》頁2130
備註	**一. 評林某字原典作某**（字加框者） 1. 畧字作略 2. 虗字作虛	

	內　　容	出　　處
原典	觀李斯逐客之書，則秦固以客興；觀齊人松栢之歌，則齊人又以客亡，客何所不有哉？在吾所擇耳，子思、孟子、荀卿、子順亦當時之客也，如時君之不用，何用之？則秦之客，又何足道？	（子部，類書類，鶴林玉露，卷十三，頁3）（善本）
評林	羅大經曰、 觀李斯逐客之書、則秦固以客興、觀齊人松栢之歌、則齊人又以客亡、客何所不有哉、在君所擇、耳子思孟子荀卿子順亦當時之客也、如時君之不用何如用之則秦之客又何足道、	見《評林》頁2133

| 備註 | 一. **評林某字原典作某**（字加框者）
1. 柏字作栢
2. 君字作吾
二. **評林句讀待商榷者**（字下畫粗虛顯者） | |

	內　　　　容	出　　　處
原典	斷而敢行，鬼神避之。見末而知本，觀指而覩歸，秋霜降者，草花落，水搖動者，萬物作，此戰國諸子之言，而趙高誦之爾，高非能爲此言也。	（子部，雜家類，困學紀聞，卷十二，頁3）（善本）
評林	王應麟曰、 斷而敢行、鬼神避之、見末而知本、觀指而覩歸、秋霜降、此戰國諸子之言、而趙高誦之耳、	見《評林》頁2138
備註	一. **評林刪字**（原典字下畫線者） 1. 者，草花落，水搖動者，萬物作 2. 高非能爲此言也 二. **評林某字原典作某**（字被框者） 1. 耳字作爾	

	內　　　　容	出　　　處
原典	夫以法毒天下者，未有不反中其身及其子孫者也。漢武與始皇皆果於殺者也，故其子如扶蘇之仁，則寧死而不請；如戾太子之悍，則寧反而不訴，知訴之必不察也。戾太子豈欲反者哉？計出於無聊也，故爲二君之子者，有死與反而已。李斯之智，蓋足以知扶蘇之必不反也。	（集部，別集類，宋金元，東坡全集，卷一百五，頁19）（善本）
評林	蘇軾曰、 夫以法毒天下者、未存不反中其身及其子孫、漢武始皇皆果於殺者也、故其子如扶蘇之仁、則寧死而不請、如戾太子之悍、則寧反而不訴、故爲二君之子者、有死與反而已、李斯之智、蓋足以知扶蘇之必不反也、	見《評林》頁2139、頁2140
備註	一. **評林刪字**（原典字下畫線者） 1. 者也 2. 與 3. 知訴之必不察也。戾太子豈欲反者哉？計出於無聊也 二. **評林某字原典作某**（字加框者） 1. 存字作有 2. 死字作死	

	內　　容	出　　處
原典	宦寺以廢立之事持其君者，鮮不爲患。昔豎牛殺嫡立庶，而立叔孫昭子。昭子即位，朝其家衆，數其罪而殺之，仲尼以爲不賞私勞不可能也。若趙高立二世，而卒挾其恩以殺二世，視呂伋逆釗之事，何如也？夫立君，大事也。不顧命大臣，而聽之宦官，其禍遲而大，二世無昭子殺豎牛之勇，李斯又無呂伋逆子釗之規，反爲所陷焉。佗日，孫程以策立欺順帝，王守澄以策立誤文宗，皆自高始矣。	（集部，總集類，通代之屬，文選補遺，卷十三，頁4、頁5）（善本）
評林	陳仁子曰、 宦寺以廢立之事持其君者、鮮不爲患、昔豎牛殺嫡庶、而立叔孫昭子、昭子既位、朝其家衆、數其罪而殺之、仲尼以爲不賞私勞不可能也、若趙高立二世、而卒挾其恩以殺二世、視呂伋逆子釗之事何如也、夫立君大事也、不顧命大臣而聽之宦官、其禍遲而大、二世無昭子殺豎牛之勇、李斯又無呂伋逆子釗之規、反爲所陷焉、他日孫程以策立欺順帝、王守澄以策立誤文宗、皆自高始矣、	見《評林》頁2140、頁2141
備註	**一. 評林某字原典作某**（字加框者） 1. 旣字作既 2. 他字作佗	

	內　　容	出　　處
原典	始皇以詐力兼天下，志得意滿，諱聞過失。李斯燔《書》、《詩》、誦功德，以成其氣。至其晚節，不可告語。君老、太子在外，履危亂之機，而莫敢以一言，合其父子之親者，雖始皇之暴，非斯養之不至此也。及其事二世，知趙高之姦，復婾合取容，使高勢已成，天下已亂，乃欲力諫，不亦晚乎？至於國破家滅，非不幸也！	（史部，別史類，古史，卷五十六，頁22）
評林	蘇子古史曰、 始皇以詐力兼天下、志得意滿、諱聞過失、李斯燔書詩、誦功德、以成其氣、至其晚節不可告語、君老太子在外、履危亂之機、而莫敢以一言合其父子之親者、雖始皇之暴、非斯養之不至此也、及其事二世、知趙高之奸、復偷合取容、使高勢已成、天下已亂、乃欲力諫不亦晚乎、至於國破家滅非不幸也、	見《評林》頁2154
備註	**一. 評林某字原典作某**（字加框者） 1. 暴字作暴 2. 奸字作姦 3. 偷字作婾 4. 高字作高	

蒙恬列傳第八十八

	內　　　容	出　　　處
原典	蒙氏為秦吞滅諸侯，其所殘暴多矣，子孫以無罪戮[死]，此天意也。恬以長城之役，竭民力、斷地脉，自知當[死]，而毅以忠信事上，自[許]無罪，[死]而不厭。夫[媮]合取容，咎亞李斯，此其所以不免者哉！然始皇病於琅邪，使毅還禱山川，至沙丘而崩。使毅尚從，則趙高李斯廢適之謀，殆不能發。嗚呼！天之所廢，人謀固無所復施耶！	（史部，別史類，古史，卷五十七，頁5、頁6）
評林	蘇子古史曰、 蒙氏為秦吞滅諸侯、其所殘暴多矣、子孫以無罪戮[死]、此天意也、恬以長城之役、竭民力、斷地脉、自知當[死]、而毅以忠信事上、自[計]無罪死而不厭、夫[偷]合取容、咎亞李斯、此其所以不免者哉、然始皇病[于]琅邪、使毅還禱山川、至沙丘而崩、使毅尚從、則趙高李斯廢適之謀、殆不能發、嗚呼、天之所廢、人謀固無所復施耶、	見《評林》頁2163
備註	**一. 評林某字原典作某**（字加框者） 1. 死字作死 2. 計字作許 3. 偷字作媮 4. 于字作於	

張耳陳餘列傳第八十九

	內　　　容	出　　　處
原典	耳之見，過餘遠[矣]。餘卒敗死泜水上，而耳事漢，富貴壽考，福流子孫，非偶然也。大智、大勇，必能忍小[恥]、小忿，彼其雲[烝]龍變，欲有所會，豈與[瑣瑣]者[校]乎？	（子部，類書類，鶴林玉露，卷十三，頁8）（善本）
評林	羅大經曰、 耳之見過餘遠[矣]、餘卒敗死泜水、而耳事漢高、富貴壽考、福流子孫、非偶然也、大智大勇、必能忍小[恥]小忿、彼其雲[蒸]龍變、欲有所會、豈與[瑣瑣]者[較]乎、	見《評林》頁2166
備註	**一. 評林某字原典作某**（字加框者） 1. 矣字作矣 2. 恥字作恥 3. 蒸字作烝 4. 「瑣瑣」作「瑣瑣」 5. 較字作校	

	內　　容	出　　處
原典	耳、餘號刎頸交，其爲交可知矣，後卒如其[說]云。	（子部，儒家類，黃氏日抄，卷四十七，頁 8）
評林	黃震曰、 初耳餘號刎頸交、後卒如其[說]云、	見《評林》頁 2173、頁 2174
備註	**一. 評林摘取原典大意**	

	內　　容	出　　處
原典	[高]祖驕以失臣，貫高[很]以亡[君]。使貫[高]謀逆者，[高]祖之過也；使張敖亡國者，貫[高]之罪也。	（史部，編年類，通代之屬，資治通鑑，卷十二，頁 3）（善本）
評林	司馬光曰、 [高]祖驕以失臣貫高[狠]以亡[國]使貫[高]謀逆者、[高]祖之過也、使張敖亡國者、貫[高]之罪也、	見《評林》頁 2177
備註	**一. 評林某字原典作某**（字加框者） 1. 高字作髙 2. 狠字作很 3. 國字作君 **二. 評林句讀待商榷者**（字下畫粗虛線者）	

魏豹彭越列傳第九十

	內　　容	出　　處
原典	彭越有大功，無反意，[既]以疑間掩捕論罪，遷蜀青衣[矣]。呂氏又詐使人告其反，[族]之，何忍哉！	（子部，儒家類，黃氏日抄，卷四十六，頁 49）
評林	黃震曰、 彭越有大功無反意、[旣]以疑間掩捕論罪、遷蜀青衣[矢]、呂氏又詐使人告其反[族]之、何忍哉、	見《評林》頁 2188
備註	**一. 評林某字原典作某**（字加框者） 1. 旣字作既 2. 矢字作矣 3. 族字作族	

黥布列傳第九十一

	內　　　容	出　　　處
原典	布起麗山之徒，以兵屬項氏，嘗爲軍鋒，得國九江，南面稱孤矣。漢使隨何説之歸漢，遂滅楚垓下，王淮南。及信、越誅，而布大恐，幸姬啓釁，竟以反誅。愚謂：布非反漢，漢非少恩，勢使然耳。夫越於漢，非蕭、曹素臣服者比也。羣起逐鹿，成者帝、敗者族。方雌雄未決，不得已資之，以濟吾事；事濟矣，同起事者猶在，則此心不能一日安，故其勢不盡族之不止也，故夫乘時徼危者，未有不滅其身，惟嬰母之賢，爲不可及也已。	（子部，儒家類，黃氏日抄，卷四十六，頁49）
評林	黃震曰、 布起驪山之徒、以兵屬項氏、嘗爲軍鋒、得國九江、南面稱孤矣、漢使隋何說之歸漢、遂滅楚垓下、王淮南、及信越誅、而布大恐、幸姬啓釁、竟以反誅、愚謂布非反漢、漢非少恩、勢使然耳、夫布於漢非蕭曹素臣服者比也、羣起逐鹿、成者帝、敗者族、方雌雄未決、不得已資之以濟吾事、事濟矣、同起事者猶在、則此心不能一日安、其勢不盡族之不止也、故夫乘時徼危者、未有不滅其身、惟嬰母之賢、爲不可及也已、	見《評林》頁2201
備註	一. 評林刪字（原典字下畫線者） 1. 故 二. 評林某字原典作某（字加框者） 1. 驪字作麗 2. 面字作面 3. 矣字作矣 4. 隋字作隨 5. 布字作越 6. 族字作族 7. 乘字作乘	

淮陰矦列傳第九十二

	內　　　容	出　　　處
原典	韓信未遇時，識之者，惟蕭何及淮陰漂母爾。何之英傑，固足以識信。漂母一市媼，乃亦識之，異哉！故嘗謂子房狙擊祖龍，意氣過於輕銳，故圯上老人抑之；韓信俛出市胯，意氣鄰於消沮，故淮陰漂母揚之。一翁一媼，皆異人也。	（子部，類書類，鶴林玉露，卷十六，頁10）（善本）

評林	羅大經曰、 韓信<u>于</u>未遇時、識之者惟蕭何及淮⬜漂母爾、何之英傑、固足以識信、漂母一市嫗、乃亦識之異哉、故嘗謂子房狙擊祖龍、意氣過<u>于</u>輕銳、故坦上老人抑之、韓信俛出市⬜、意氣⬜于消沮、故淮⬜漂母揚之、一翁一嫗、皆異人也、	見《評林》頁 2204
備 註	**一. 評林增字**（評林字下畫線者） 1. 于 **二. 評林某字原典作某**（字加框者） 1. 陰字作陰 2. 于字作於 3. 袴字作胯 4. 憐字作鄰	

	內　　　　　容	出　　　　處
原 典	李左車<u>說</u>餘，<u>曰：信乘勝而去國遠鬪，其鋒不可當，願假奇兵，從閒道絕其輜重，而</u>深溝高壘，勿與戰，<u>彼前不得鬪，退不得還，不至十日，信之頭可致麾下。餘</u>不聽，一戰成擒。<u>七國反，周亞夫將兵徃擊，會兵滎陽，鄧都尉曰：吳、楚兵銳甚，難與爭鋒，願以梁委之，而東北壁昌邑，深溝高壘，使輕兵塞其饟道，以全制其極。</u>亞夫從之，吳果敗亡。李、鄧之策一也，而用<u>與</u>不用<u>則</u>⬜耳。	（子部，雜家類，容齋五筆，續筆卷九，頁3） （善本）
評 林	洪邁曰、 李左車⬜餘、深溝高壘勿與戰餘不聽、一戰成擒、<u>鄧都尉說亞夫、深溝高壘待其自斃</u>、亞夫從之、吳果敗亡、李鄧之策一也、而用不用⬜耳、	見《評林》頁 2209
備 註	**一. 評林刪字**（原典字下畫線者） 1. 曰：信乘勝而去國遠鬪，其鋒不可當，願假奇兵，從閒道絕其輜重，而 2. 彼前不得鬪，退不得還，不至十日，信之頭可致麾下。餘 3. 七國反，周亞夫將兵徃擊，會兵滎陽，鄧都尉曰：吳、楚兵銳甚，難與爭鋒，願以梁委之，而東北壁昌邑，深溝高壘，使輕兵塞其饟道，以全制其極 4. 與 5. 則 **二. 評林增字**（評林字下畫線者） 1. 鄧都尉說亞夫、深溝高壘待其自斃	

	三. 評林某字原典作某（字加框者）	
	1. 說字作説	
	2. 異字作異	

	內　　　容	出　　處
原典	高祖與雍齒有故怨，嘗欲殺之，後諸将欲反，用張良計，乃封雍齒。王陵坐與雍齒善，亦最後封。噫！以高祖寬仁大度，猶未能忪此釋然，乃知不念舊惡亦是難事。韓信王楚，召辱己少年令出跨下者，以爲中尉，曰此壯士也，觀此，則信豈庸庸武夫耶？	（集部，別集類，宋金元，屏山集，卷四，頁11）（善本）
評林	劉子翬曰、 高祖與雍齒有故怨、嘗欲殺之、後諸将欲反、用張良計乃封雍齒、以高祖寬仁大度、猶未能於此釋然、乃知不念舊惡亦難事也、韓信王楚、召辱己少年令出跨下者以爲中尉、曰此壯士也、觀此則信豈庸庸武夫耶、	見《評林》頁2221、頁2222
備註	一. 評林刪字（原典字下畫線者） 1. 王陵坐與雍齒善，亦最後封。噫！ 二. 評林某字原典作某（字加框者） 1. 怨字作怨 2. 將字作将 3. 念字作念 4. 跨字作跨 5. 壯字作壯	

	內　　　容	出　　處
原典	韓信料敵制勝，可謂明矣，而不知高祖之疑已，是天奪其鑒也。高祖兵敗成皋，自稱漢使，晨馳入信軍，信未起，即其臥內，奪其印符，麾召諸将易置之，信乃知獨漢王來，大驚，則高祖疑信之跡彰矣。及封齊王，會垓下，項羽死，高祖襲奪信軍，徙信爲楚王，則高祖疑信之跡又昭昭矣。信殊不覺，故武涉、蒯通之言，如水投石焉。初謂漢王親信我，不奪我齊，既奪齊，又謂我無罪，既見縛，始知漢王畏惡其能，遂稱疾不朝。嗚呼！何信知之晚也！奪軍徙地，出其不意，相疑甚矣！三尺童子亦湏覺悟，而信不知，信豈暗昧至此哉？天奪其鑒也！	（集部，別集類，宋金元，屏山集，卷四，頁11、頁12）（善本）

評林	劉子翬曰、 韓信料敵制勝、可謂明矣、而不知帝之疑⬚己⬚、是天奪其鑒也、⬚帝⬚兵敗成皋、自稱漢使晨馳入信軍、即其臥內奪其印符、則⬚帝⬚疑信之⬚迹⬚彰矣、及封齊王會垓下、項羽死、⬚帝⬚襲奪信軍、徙信爲楚王、則⬚帝⬚疑信之⬚迹⬚又⬚彰⬚、信殊不覺、故武涉蒯通之言、如水⬚投⬚石焉、初謂漢王不奪我齊、⬚既⬚奪又謂我無罪、⬚既⬚縛始知漢王畏惡其能、遂稱疾不朝、何信知之晚也、夫豈暗昧至此哉、殆天奪其⬚鑒⬚⬚耳⬚、	見《評林》頁2222
備註	**一. 評林刪字**（原典字下畫線者） 1. 信未起 2. 麾召諸將易置之，信乃知獨漢王來，大驚 3. 昭矣 4. 親信我 5. 齊 6. 見 7. 嗚呼 8. 奪軍徙地，出其不意，相疑甚矣！三尺童子亦須覺悟，而信不知，信 **二. 評林增字**（評林字下畫線者） 1. 夫 2. 殆 **三. 評林某字原典作某**（字加框者） 1. 己字作已 2. 帝字作「高祖」 3. 迹字作跡 4. 彰字作昭 5. 投字作按 6. 既字作既 7. 鑒字作鑑 8. 耳字作也	

	內　　　容	出　　　處
原典	信虜魏，破代平趙，下燕定⬚齊⬚南，摧楚兵二十萬，殺龍且，而楚隨滅，漢并天下，皆信力也。武涉、蒯通說信背漢，而信終不忍，自以功多，漢終不奪我齊也。不知功之多者罪之尤。今日破楚，<u>明日襲奪齊王軍，方信爲漢取天下</u>，漢之心己未嘗一日不在取信也。<u>高帝平生親信無過蕭何者矣，而且疑之，況信耶？信有必誅之勢，而無人教之以蕭何避禍之策。</u>張良爲帝謀臣，使其	（子部，儒家類，黃氏日抄，卷四十六，頁49、頁50）

	內　　　　　　容	出　　處
原典	爲之畫善後計，猶庶幾焉，而躡足之諫，召信會兵垓下之策，皆所以甚帝之疑，而置信於死者也。失職怏怏，謀反見誅，雖信之罪，而夷三族，嗚呼甚矣！	
評林	黃震曰、 韓信虜魏、破代平趙、下燕定南齊、摧楚兵二十萬殺龍且、而楚隨滅、漢并天下皆信力也、武涉蒯通說信背漢、而信終不忍、自以功多漢終不奪我齊也、不知功之多者忌之尤、今日破楚、明日奪齊王信、方爲漢天下、漢之心已未嘗一日不在取信也、張良爲帝謀臣、使其爲之畫善計、猶庶幾焉、而躡足之謀、召信會兵垓下之策、皆所以疑帝之甚、而置信于死者也、失職怏怏、謀反見誅、雖信之罪、而夷三族、嗚呼甚矣、	見《評林》頁 2225
備註	一. 評林刪字（原典字下畫線者） 1. 高帝平生親信無過蕭何者矣，而且疑之，況信耶？信有必誅之勢，而無人教之以蕭何避禍之策 2. 後 二. 評林增字（評林字下畫線者） 1. 韓 三. 評林某字原典作某（字加框者） 1. 「南齊」作「齊南」 2. 忌字作罪 3. 謀字作諫 4. 「疑帝之甚」作「甚帝之疑」 5. 于字作於 6. 死字作死 7. 族字作族 8. 矣字作矣 四. 評林摘取原典大意（文字反黑者）	

韓王信盧綰列傳第九十三

	內　　　　　　容	出　　處
原典	信雖失職守邊，然舍晉陽內地之安，而請治馬邑，亦非偷惰者也。高祖猜怒，迨釁之，使其以國外叛，爲敵鄉導，遂有平城之圍。自是匈奴輕漢，爲世大患，閱百年而未息。雖冒頓方興，邊吏莫能枝梧，苟非信啓其端，寇賊亦未必如是之甚也，然則人主心量不宏，所繫豈少哉！	（子部，雜家類，雜考之屬，續古今攷，卷二十六，頁7）

| 評林 | 呂祖謙曰、
信雖失職守邊、然舍晉陽內外之妥、而請治馬邑、亦非偷惰者也、高祖猜疑責讓、使其以國外叛爲虜向導、遂有平城之圍、自是匈奴輕漢爲世大患、閱百年而未息、苟非信啓其端、亦未必如是之甚、然則人主心量不宏、所係豈小哉、 | 見《評林》頁2229 |
| 備 註 | **一. 評林刪字**（原典字下畫線者）
1. 雖冒頓方興，邊吏莫能枝梧
2. 寇賊
3. 也
二. 評林某字應作某（字加框者）
1. 邊字作邊
2. 妥字作安
3. 「爲虜向導」作「爲敵鄉導」
4. 係字作繫
三. 評林摘取原典大意（文字反黑者） | |

	內　　容	出　　處
原 典	信以韓王庶孽從漢，復封韓，既而漢疑之。徙王太原，數被匈奴兵，遣使和解，漢又責讓之，遂走匈奴，高帝是以有白登之圍，疑之爲患如此。盧綰與帝居同里，生同日，學同師，平生至相得，非有大功而王之燕，帝之於綰厚矣！亦以貳心自成疑懼而走匈奴，此則綰之罪也，然信稱且暮乞貸，蠻夷僕之，綰亦爲蠻夷所侵，嘗思復歸，二人者皆非有大惡，而疎遠取疑，失身至此，不亦悲夫！此信之子頹當、信之孫嬰，與綰之孫他之，皆脫身匈奴，而復列侯漢廷也。陳豨慕魏公子之爲人，監趙代邊兵，而賓客千餘乘，卒於見疑，而以反誅，此尤庸妄可爲戒矣。	（子部，儒家類，黃氏日抄，卷四十六，頁50、頁51）
評 林	黃震曰、 信以王庶蘗從漢、復封韓、既而漢疑之、徙王太原、數被匈奴兵、遣使求和解、漢又責讓之、遂走匈奴、高帝是以白登之圍、疑之爲患如此、盧綰與帝居同里、生同日、學同師、平生至相得、非有大功而王之燕、帝之于綰厚矣、亦以貳心自成疑懼而走匈奴、此則綰之罪也、然信稱且暮乞貸蠻夷、綰亦爲蠻夷所侵、嘗思復歸、二人者皆非有大惡、而疎遠致疑、失身至此、不亦悲夫、此信之子頹當、信之孫嬰、與綰之孫他之、	見《評林》頁2237

皆脫身匈奴、而復列<u>庆</u>漢廷也、陳豨慕魏公子之爲人、監趙代邊兵、而<u>賓</u>客餘千<u>乘</u>、卒<u>于</u>見疑、而以反誅、此尤庸妄可爲戒<u>矣</u>、	
備 註	**一.評林刪字**（原典字下畫線者） 1. 韓 2. 僕之 **二.評林某字原典作某**（字加框者） 1.「庶糵」作「庶孽」 2. 旣字作既 3. 遂字作遂 4. 高字作髙 5. 于字作於 6. 矣字作矢 7. 疏字作踈 8. 遠字作遝 9. 致字作取 10. 庆字作侯 11. 賓字作賔 12. 乘字作椉	

田儋列傳第九十四

	內　　　容	出　　處
原 典	<u>乃</u>知田橫兄弟能得士<u>也</u>。余謂死溢美之言也。五百人時在海中，聞橫死，懼而逃散耳！或有與橫同死生者，亦不過數人，海上遼邈，因遂傳以爲皆死，未可知也。橫竄海中，其徒五百人，若果能皆爲橫死，則方其盛時，據三齊之地，<u>所</u>得死士，可勝論哉！以橫兄弟之賢，得死士如此之眾，夫孰能當之？然橫兄弟亦屢與諸侯兵戰<u>矣</u>，未嘗一勝，則所謂死士者皆安在耶？史<u>臣</u>欲成田橫得士之名，因世俗之傳，遂實其說。	（集部，別集類，宋金元，屏山集，卷四，頁9、頁10）（善本）
評 林	劉子翬曰、 <u>人</u>謂田橫兄弟能得士、余謂五百人果能皆爲橫死、則方其盛時、據三齊之地、所得死士、可勝論哉、然橫兄弟亦屢與諸侯戰、未嘗一勝、則所謂死士者安在、史<u>遷</u>欲成田橫得士之名、故實世俗之傳如此、或者未必盡然也、	見《評林》頁2243、頁2244
備 註	**一.評林刪字**（原典字下畫線者） 1. 也	

	內　　　　容	出　　　處
	2. 以橫兄弟之賢，得死士如此之眾，夫孰能當之	
	3. 兵	
	4. 矣	
	5. 皆	
	6. 耶	
	二. 評林某字原典作某（字加框者）	
	1. 人謂作乃知	
	2. 遷字作臣	
	三. 評林摘取原典大意（文字反黑者）	

樊酈滕灌列傳第九十五

	內　　　　容	出　　　處
原典	灌嬰起自販繪，從 高祖， 騎 射 戰功居多，其後不爲諸呂擊齊，而共立文帝， 遂 致位宰相，蓋武健而有定識云。	（子部，儒家類，黃氏日抄，卷四十六，頁 52）
評林	黃震日、 灌嬰起自販繪從 高祖、 騎 將 戰功居多、其後不爲諸呂擊齊、而共立文帝、 遂 致位宰相、蓋勇健而有定識云、	見《評林》頁 2265
備註	**一. 評林某字原典作某**（字加框者） 1. 高字作髙 2. 騎字作騎 3. 將字作射 4. 遂字作遂	

張丞相列傳第九十六

	內　　　　容	出　　　處
原典	嘉言肅朝廷之禮，是也；言幸愛羣臣則富貴之， 非也 。	（集部，別集類，南宋建炎至德祐，東萊集，別集卷十五，頁 26）
評林	呂祖謙日、 嘉言肅朝廷之禮是也、言幸愛羣臣則富貴之 悲矣 、	見《評林》頁 2275
備註	**一. 評林某字原典作某**（字加框者） 1. 「悲矣」作「非也」	

	內　　容	出　　處
原典	景帝之世，丞相備位僅存名氏，太史公不復爲傳，而褚先生直取韋賢以下繼之。於魏相稱好武，於邴吉稱有大智，於黃霸稱以禮義爲治，其後韋元成父子相繼，匡衡十年至丞相，皆歸之命，有概歎不滿之意矣。	（子部，儒家類，黃氏日抄，卷四十六，頁 52）
評林	黃震日、 景帝之世丞相備位僅有、名氏、太史公不復爲傳而褚先生直取韋賢以下繼之、於魏相稱好武、於邴吉稱有大智、於黃霸稱以禮義爲治、其後韋元成父子相繼、匡衡十年至丞相皆歸之命、有慨嘆不滿之意矣、	見《評林》頁 2277
備註	**一. 評林某字原典作某**（字加框者） 1. 有字作存 2. 嘆字作歎 3. 矣字作矣 **二. 評林句讀待商榷者**（字下畫粗虛線者）	

酈生陸賈列傳第九十七

	內　　容	出　　處
原典	劉攽日： 此時，何緣更有田間？據〈田橫傳〉乃是田解。	（史部，紀傳類，先秦兩漢之屬，西漢，漢書評林，卷四十三，頁 3）（善本）
評林	劉攽日、 此時何緣更有田間、按田橫傳乃是田解、	見《評林》頁 2286
備註	**一. 評林某字原典作某**（字加框者） 1. 緣字作緣 2. 按字作據 3. 解字作解	

	內　　容	出　　處
原典	班孟堅裁《史記》冗語，極簡健，亦有所改字，不若遷者，陸賈謂五子日：與汝約過女，女給人爲酒食，極欲十日，而更所死家，得瑤劍、車騎、侍從者。說者謂：賈所死之子家得此物。考上文云：賈常乘安車駟馬，從歌鼓臥侍者十人，瑤劍直百金，謂其子云云，何待死而後與？以遷史考之，乃從字，謂十日後，遷徙別之一子，或過他客去，則以所携之物與之爾，若作死字恐無義味。	（子部，雜家類，猗覺寮雜記，卷中）（善本）

評 林	朱翌曰、 史遷傳陸賈、語其子以所死家、得寶劍車騎侍從者、說者謂賈所死之子家得此物、考上文賈常乘安車駟馬云云、則下文謂其子云云、何待死而後與、以遷史考之、乃徙字、謂十日後遷別子、或過他客處、則以所携之物與之耳、	見《評林》頁 2292
備 註	一. **評林刪字**（原典字下畫線者） 1. 若作死字恐無意味 二. **評林某字原典作某**（字加框者） 1. 寶字作瑤 2. 騎字作騎 3. 說字作說 4. 乘字作乘 5. 徙字作從 6. 過字作過 7. 處字作去 8. 耳字作爾 三. **評林摘取原典大意**（文字反黑者）	

	內　　　　容	出　　　　處
原 典	酈生爲高帝下陳留，高帝賴其兵食，遂以入關，所繫大矣，然以善其令而夜半賊殺之，與之善者，不亦難乎？此戰國傾危之餘習，宜其卒窮於辨也。陸賈兩使尉他，使漢、越無兵爭，天下陰受其賜，多矣。時時稱說《詩》、《書》，一新高帝馬上之習，社稷靈長，終必賴之矣。其後知太后將王諸呂不可爭，迺病免家居，及諸呂將危劉氏，則出爲陳平畫策誅之，動靜合時措之宜，而功烈泯無形之表，漢初儒生未有賈比也，而太史公屈與酈生同傳，豈以其辨說歟？朱建以母死，無以爲喪，而受辟陽侯金，所謂行不苟合者安在？嗚呼！此其所以惡也！	（子部，儒家類，黃氏日抄，卷四十六，頁 53）
評 林	黃震曰、 酈生爲高帝下陳留、高帝賴其兵食、遂以入關、所繫大矣、然以善其令而夜半賊殺之、與之善者不亦難乎、此戰國傾危之餘習、宜其卒窮於辨也、陸賈兩使尉佗、使漢越無兵爭、天下陰受其賜多矣、時時稱說詩書、以祛高帝馬上之習、社稷靈長終必賴之矣、其後知太后將王諸呂不可爭、迺病免家居、及諸呂將危劉氏、	見《評林》頁 2298、頁 2299

	內　　　　　容	出　　處
	則出爲陳平畫策誅之、動靜合時措之宜、而功列泯無形之表、漢初儒生未有賈比也、而太史公屈與酈生同傳、豈以其辨說歟、朱建以母死無以爲喪、而受辟陽侯金、所謂行不苟合者安在、而與二生同傳何耶、	
備 註	**一. 評林刪字**（原典字下畫線者） 1. 嗚呼！此其所以惡也 **二. 評林增字**（評林字下畫線者） 1. 而與二生同傳何耶 **三. 評林某字原典作某**（字加框者） 1. 高字作髙 2. 矣字作矢 3. 他字作佗 4. 陰字作隂 5. 「以袪」作「一新」 6. 呂字作吕 7. 酒字作廸 8. 策字作筞 9. 靜字作静 10. 泯字作泯 11. 死字作死	

傅靳蒯成列傳第九十八

劉敬叔孫通列傳第九十九

	內　　　　　容	出　　處
原 典	婁敬脫輓輅、羊裘見天子，曰：衣帛衣帛見、衣褐衣褐見，此其質直，不徇流俗，已可覘其胷中之所挾持者矣。勸都長安，逆覘敵情，皆磊落出人意表，惟結和親約，雖能寬一時之急，未免遺萬世之弊耳。	（子部，儒家類，黃氏日抄，卷四十六，頁54）
評 林	黃震曰、 按劉敬脫輓輅、羊裘見天子、曰衣帛衣帛見、衣褐衣褐見、此其質直不徇流俗、已可覘其胷中之所挾持者矣、勸都長安、逆覘虜情、皆磊落出人意表、惟結和親約、雖能寬一時之急、未免遺萬世之弊耳、	見《評林》頁2307
備 註	**一. 評林增字**（評林字下畫線者） 1. 按	

	二. **評林某字原典作某**（字加框者）
	1. 劉字作婁
	2. 狗字作徇
	3. 矣字作矣
	4. 虜字作敵
	5. 免字作免

	內　　　　容	出　　　處
原典	敬所談秦之形勢，乃周之形勢也。	（史部，編年類，大事記__大事記解題，卷九，頁 11）
評林	呂祖謙曰、 敬所談秦之形勢、乃周之形勢也、<u>蓋豐鎬本文武之西周、而秦竊據之耳</u>、	見《評林》頁 2309
備註	一. **評林增字**（評林字下畫線者） 1. 蓋豐鎬本文武之西周、而秦竊據之耳、	

	內　　　　容	出　　　處
原典	叔孫通所事且十主，皆面諛取親貴。既起朝儀，得高帝心，然後出直言，諫易太子，然向使高帝未老，呂后不彊，度如意可攘太子位，又安知其不反其說以阿意耶？隨時上下，委曲取容，名雖爲儒，非婁敬比矣。	（子部，儒家類，黃氏日抄，卷四十六，頁 54）
評林	黃震曰、 <u>按</u>叔孫通所事且十主、皆面諛取親貴、既起朝儀得高帝心、然後出直言諫易太子然向使高帝未老、呂后不強、度如意可攘太子位、又安知不反<u>其</u>說以阿意耶、隨時上下委曲取容、名雖爲儒非婁敬比矣、	見《評林》頁 2316、頁 2317
備註	一. **評林刪字**（原典字下畫線者） 1. 其 二. **評林增字**（評林字下畫線者） 1. 按 三. **評林某字原典作某**（字加框者） 1. 面字作面 2. 諛字作諛 3. 既字作既 4. 高字作高 5. 呂字作呂 6. 強字作彊	

季布欒布列傳第一百

	內　　　容	出　　　處
原典	季布回折廷爭，欲斬樊噲，殿上皆恐。呂后罷朝，遂不復議擊匈奴，其剛直可知矣。曹丘生數招權，顧金錢，事貴人趙談等，與竇長君善。布以書諫長君，使勿與通，其始固亦善矣。及曹丘來見，初無他說止，進諂辭以悅之，謂其得聲梁、楚間，欲游揚其名於天下。其姦佞取媚，亦猶所以待趙談、竇長君耳。爲布者，當罵而弗與通，如袁盎之絕富人可也。顧乃大悅，引爲上客，布至此何謬邪！	（子部，類書類，梁溪漫志，卷五，論季布，頁 18、頁 19）（善本）
評林	費袞曰、 季布面折廷爭欲斬樊噲、殿上皆恐、其剛直可知矣、曹丘生數招權顧金錢、事貴人趙談等、與竇長君善、布以書諫長君、使勿與通、其始固亦善矣、及曹丘來見、進諂辭以悅之、謂其得聲梁楚間、欲游揚其名于天下、其姦佞取媚、亦猶所以待趙談竇長君耳、爲布者當罵而勿與通、如袁盎之絕富人可也、顧乃大悅、引爲上客、布至此何謬哉、	見《評林》頁 2324
備註	一. **評林刪字**（原典字下畫線者） 1. 呂后罷朝，遂不復議擊匈奴 2. 初無他說止 二. **評林某字原典作某**（字加框者） 1. 面字作回 2. 矣字作矣 3. 招字作招 4. 于字作於 5. 勿字作弗 6. 哉字作邪	

	內　　　容	出　　　處
原典	一則不輕死，一則不顧死，要皆奢有見於義者，而遷且謂賤妾感慨自殺，非能勇也。計畫無復之者，乃借以自述其隱忍苟活，以成史書之意。	（集部，總集類，通代之屬，文選補遺，卷三十八，頁 4）（善本）
評林	陳仁子曰、 一則不輕死、一則不顧死、要皆奢有見於義者、而遷且謂賤妾感慨自殺非能勇也、計畫無復之者、乃借以自述其隱忍苟活、以成史書之意、	見《評林》頁 2327

備註	一. **評林增字**（評林字下畫線者） 1. 皆畧	

	內　　容	出　　處
原典	季布庭斥樊噲橫行之說，使高后不復事兵，然則孝惠、高后之世，海內無事，衣食滋殖，季布力也。布故勇將，不爲技癢，而有老成安靜之言，斯可尚矣。欒布挺身就烹，以雪彭王之冤，所以警悟高帝何如哉！嗚呼！非烈丈夫，其孰能與於此！	（子部，儒家類，黃氏日抄，卷四十六，頁54）
評林	黃震日、 按季布廷斥樊噲橫行之說、使高后不復事兵、然則孝惠高后之世、海內無事、衣食滋殖、季布力也、布故勇將、不爲技癢、而有老成安靜之言、斯可尚矣、欒布挺身就烹、以雪彭王之冤、所以警悟高帝何如哉、嗚呼非烈丈夫、其孰能與於此、	見《評林》頁2327
備註	一. **評林增字**（評林字下畫線者） 1. 按 二. **評林某字原典作某**（字加框者） 1. 廷字作庭 2. 高字作高 3. 靜字作靜 4. 矣字作矣	

袁盎晁錯列傳第一百一

	內　　容	出　　處
原典	漢文欲任賈誼爲公卿，絳、灌之屬皆害之。毀誼曰：「洛陽之人，年少初學，專欲擅權，紛亂諸事」，天子後亦疎之。其後人告絳侯謀反，繫長安獄。誼專以廉恥勵臣下，爲言以譏文帝，誼不懷前怨，而卒言待大臣無礼，以感悟上，此君子用心也。及觀袁盎爲文帝言「絳侯功臣，非社稷臣」，且言「臣主失禮」，自是上益莊，丞相益畏。絳侯常以毀我責盎，其後繫請室，諸公莫敢爲言，唯盎明絳侯無罪，絳侯得釋，盎無言其言正，故前不阿絳侯，後不遂非。誼不懷前怨，盎不遂前非，皆勃之幸也。	（子部，雜家類，猗覺寮雜記，卷下）（善本）
評林	朱翌日、 漢文欲任賈誼公卿、絳侯之屬皆害之、其後人告絳侯反繫獄、誼言待大臣無禮、以感悟文帝、及視袁盎爲	見《評林》頁2329

<table>
<tr><td colspan="2">文帝言絳侯功臣非社稷臣、且言臣主失禮、其後係清
室、諸公莫敢爲言、惟盎明絳侯無罪、誼固不懷前怨、
盎亦不遂前非、皆勃之幸也、</td><td></td></tr>
</table>

備 註	一. **評林刪字**（原典字下畫線者） 1. 爲 2. 毀誼曰：「洛陽之人，年少初學，專欲擅權，紛乱諸事」，天子後亦踈之 3. 謀反，繫長安獄 4. 此君子用心也 5. 專以廉恥勵臣下，爲言以譏文帝，誼不懷前怨 6. 自是上益莊，丞相益畏。絳侯常以毀我責盎 7. 絳侯得釋，盎無言其言正，故前不阿絳侯，後不遂非。誼 二. **評林增字**（評林字下畫線者） 1. 反繫獄 2. 固 3. 亦 三. **評林某字應作某**（字加框者） 1. 欲字作歆 2. 「絳侯」作「絳灌」 3. 絳字作絳 4. 「文帝」作上 5. 視字作觀 6. 袁字作表 7. 「係清室」作「繫請室」 8. 遂字作遂

	內　　　容	出　　　處
原 典	絳侯，元勳也。准南王，帝親弟也。盎晚出爲郎，皆斥其驕，既而明絳侯無罪。諫止准南王遷蜀者亦盎也。盎以故名重朝廷，下趙同之參乘，却夫人之同坐，申屠相稍不爲禮，則折脅之，盎殆以強直自矜者歟！沮梁王之謀，雖以忠見賊，迹其平昔，亦非自全之道矣。	（子部，儒家類，黃氏日抄，卷四十六，頁55）
評 林	黃震曰、 絳侯、元勳也、准南王、帝親弟也、盎晚出爲郎、皆斥其失、既而明絳侯無罪、止准南王遷蜀者亦盎也、盎以故名重朝廷、下趙同之參乘、却夫人之同坐、申屠相稍不爲禮則折脅之、盎殆以、強直自矜者歟、沮梁王之謀、雖以忠見賊、迹其平昔、亦非自全之道矣、	見《評林》頁2340

備 註	**一.評林刪字**（原典字下畫線者） 1. 諫 **二.評林某字原典作某**（字加框者） 1. 矦字作侯 2. 失字作驕 3. 旣字作既 4. 延字作廷 5. 乘字作乗 6. 矣字作关 **三.評林句讀待商榷者**（字下畫粗虛線者）	

	內　　　容	出　　　處
原 典	爰盎眞小人，每事皆借公言，而報私怨，初非盡忠一意爲君上者也。嘗爲呂祿舍人，故怨周勃。文帝禮下勃，何豫盎事？乃有非社稷臣之語，謂勃不能爭呂氏之事，適會成功耳。致文帝有輕勃心，旣免使就國，遂有廷尉之難。嘗謁丞相申屠嘉，嘉弗爲禮，則之丞相舍折困之。爲趙談所害，故沮止其參乘。素不好鼂錯，故因吳反事請誅之。蓋盎本安陵羣盜，宜其忮心忍戾如此，死於刺客，非不幸也。	（子部，雜家類，容齋五筆，卷十，頁2、頁3） （善本）
評 林	洪邁曰、 袁盎每借公言、而報私怨、初非盡忠一意爲君上者也、嘗爲呂祿舍人、故怨周勃、乃有非社稷臣之語、致文帝有輕勃心、嘗謁申屠嘉、嘉弗爲禮、則之丞相舍折困之、爲趙同所害、故沮止其驂乘、素不好鼂錯、故因吳反事誅之、蓋盎本安陵羣盜、宜其忮心忍戾如此、死于刺客非不幸也、	見《評林》頁2340
備 註	**一.評林刪字**（原典字下畫線者） 1. 文帝禮下勃，何豫盎事？ 2. 謂勃不能爭呂氏之事，適會成功耳 3. 旣免使就國，遂有廷尉之難 4. 丞相 5. 請 **二.評林某字原典作某**（字加框者） 1. 「呂祿」作「呂祿」 2. 舍字作舍 3. 同字作談 4. 「驂乘」作「參乘」	

	內　　　容	出　　處
	5. 吳字作吳 6. 葢字作蓋 **三. 評林摘取原典大意**（文字反黑者）	

張釋之馮唐列傳第一百二

萬石張叔列傳第一百三

	內　　　容	出　　處
原典	萬石君家謹厚而已，而父子皆致二千石已過[矣]。慶備位丞相[於]孝武<u>多事</u>之世，何哉？	（子部，儒家類，黃氏日抄，卷四十六，頁55、頁56）
評林	黃震曰、 萬石君家謹厚而已、而父子皆致二千石已過[矣]、慶備位丞相[于]孝武之世何哉、	見《評林》頁2355
備註	**一. 評林刪字**（原典字下畫線者） 1. 多事 **二. 評林某字原典作某**（字加框者） 1. 矣字作吳 2. 于字作於	

	內　　　容	出　　處
原典	衛綰<u>車戲士</u>天資偶[亦]謹厚，而景帝相之，且謂其可輔幼主。夫帝謂亞夫非少主臣，宜綰之見取歟！	（子部，儒家類，黃氏日抄，卷四十六，頁56）
評林	黃震曰、 衛綰天資偶[爾]謹厚、而景帝相之、且謂其可輔幼主、夫帝謂亞夫非少主臣、宜綰之見取歟、	見《評林》頁2356
備註	**一. 評林刪字**（原典字下畫線者） 1. 車戲士 **二. 評林某字原典作某**（字加框者） 1. 爾字作亦	

	內　　　容	出　　處
原典	石慶、衛綰，皆所謂忠信之人，特未學耳，以之爲三老，助教化，屬薄俗可也，宰相非其任矣。直不疑之償金，周仁之[尿]袴類，不近[於]人情，而仁以密見狎，出入宮禁。殆闇官之靡，又非不疑比也。若張歐雖刑名學，而有仁心，其庶乎！	（子部，儒家類，黃氏日抄，卷四十七，頁3）

	評林	
評林	黃震曰、 石慶衛綰、皆所謂忠信之人、特未學耳、以之爲三老、助教化、厲薄俗可也、宰相非其任矣、直不疑之償金、周仁之[溺]袴類、不近[于]人情、而仁以密見狎、出入宮禁、殆閹官之靡、又非不疑比也、若張歐雖刑名學、而有仁心其庶乎、	見《評林》頁 2361
備註	**一. 評林某字原典作某**（字加框者） 1. 溺字作尿 2. 于字作於	

田叔列傳第一百四

	內　容	出　處
原典	叔以[死]事趙王敖，既仕漢，薦孟舒案梁王，燒其籍，使景帝母子相安；相魯，能格其君之非。叔蓋堅忍有用之才，非如萬石[輩]，徒曰長者而已。	（子部，儒家類，黃氏日抄，卷四十六，頁 56）
評林	黃震曰、 田叔以[死]事趙王敖、既仕漢薦孟舒案梁王燒其籍、使景帝母子相安、相魯能格其君之非、叔蓋堅忍有用之才、非如萬石[君]徒曰長者而已、	見《評林》頁 2364
備註	**一. 評林增字**（評林字下畫線者） 1. 田 **二. 評林某字原典作某**（字加框者） 1. 死字作死 2. 君字作輩	

	內　容	出　處
原典	褚先生附載田仁、任安，事衛將軍不見知，而趙禹遴選[於]一臨問之頃，[兩]人皆立名天下。夫衛青，后戚家，徒以衣裝取士，而以將百萬衆何哉！	（子部，儒家類，黃氏日抄，卷四十六，頁 56）
評林	黃震曰、 按褚先生附載田仁任安、事衛將軍不見知、而趙禹遴選[于]一臨問之頃、[両]人皆立名天下、夫衛青后戚家、徒以衣裝取士、而以將百萬衆何哉、	見《評林》頁 2369、頁 2370
備註	**一. 評林增字**（評林字下畫線者） 1. 按 **二. 評林某字原典作某**（字加框者） 1. 于字作於 2. 両字作兩	

扁鵲倉公列傳第一百五

	內　　　　容	出　　　處
原 典	蘇子曰： 予於〈趙世家〉，削簡子之夢，黜扁鵲之說，以爲爲國不可以語怪，及〈扁鵲列傳〉，則具載其說，曰世或有是，不足怪也。蓋孔子作《春秋》，非人事不書，而左丘明所記，鬼神變怪，世所共傳者，錄之無疑。世有達者，當辨此耳。	（史部，別史類，古史，卷五十八，頁6）
評 林	蘇子古史曰、 予於趙世家、削簡子之夢、黜扁鵲之說、以爲爲國不可以語怪、及扁鵲列傳、則具載其說、曰世或有是、不足怪也、蓋孔子作春秋、非人事不書、而左丘明所記、鬼神變怪、世所共傳者、錄之無疑、世有達者、當辨此耳、	見《評林》頁2407
備 註	**一. 評林刪字**（原典字下畫線者） 1. 蘇子曰 **二. 評林某字原典作某**（字加框者） 1. 鬼字作鬼 2. 錄字作録	

吳王濞列傳第一百六

	內　　　　容	出　　　處
原 典	錯之議曰：削之亦反，不削亦反。愚則曰：亟削則必反，緩削則可以亡反。濞以壯年受封，至是垂老矣，寬之數年，濞之木拱，則首難無其人，七國雖強，皆可以勢恐之也。錯不忍十年之緩假，欲急其攻，而蹢躅爲之，身殞國危，取笑天下。俚語曰：貪走者蹶，貪食者噎。其錯之謂耶！	（集部，總集類，十先生奧論註，續集卷十，頁2）
評 林	陳傅良曰、 按錯之議曰、削之亦反、不削亦反、愚則曰亟削則必反、緩削則可以不反、濞以壯年受封、至是垂老矣、寬之數年、濞之木拱則首難無人、七國雖強皆可以勢恐之也、錯不忍數年之緩暇、欲急其攻、而蹢躅爲之、身殞國危、取笑天下、俚語曰、貪走者蹶、貪食者噎、其錯之謂耶、	見《評林》頁2413
備 註	**一. 評林刪字**（原典字下畫線者） 1. 其 **二. 評林增字**（評林字下畫線者） 1. 按	

	內　　　容	出　　　處
	三. 評林某字原典作某（字加框者）	
	1. 不字作亡	
	2. 數字作十	
	3. 暇字作假	

	內　　　容	出　　　處
原 典	吳王濞之謀反也，其志[盖]萌於太子博局之死，而停蓄含忍於文帝几杖之賜，西向之心，未[始]不欲逞也。<u>景帝之立，濞之側目京師，猖然而噬者屢矣，而</u>晁錯以削地之[策]，適犯其怒，而泄其不[逞]之謀，<u>卒死讒鋒，爲</u>言事者戒，錯誠可悲也[哉]！	（集部，總集類，十先生奧論註，續集卷十，頁1）
評 林	陳傅良曰、 吳王濞之謀反也、其志[益]萌於太子博局之死、而停蓄含忍於文帝几杖之賜、西向之心、未[嘗]不欲逞也、晁錯以削地之[策]、適犯其怒、而泄其不[遏]之謀、<u>迺卒以讒見誅</u>、錯誠可悲也[夫]、	見《評林》頁2419
備 註	一. 評林刪字（原典字下畫線者） 1. 景帝之立，濞之側目京師，猖然而噬者屢矣，而 2. 卒死讒鋒，爲言事者戒 二. 評林增字（評林字下畫線者） 1. 迺卒以讒見誅 三. 評林某字原典作某（字加框者） 1. 益字作盖 2. 嘗字作始 3. 策字作策 4. 遏字作逞 5. 夫字作哉	

魏其武安列傳第一百七

	內　　　容	出　　　處
原 典	解人之怒<u>者</u>，他人正說彼不是，我方且以爲是，是宜激其怒而趣其禍也。如田蚡正怒灌夫，竇嬰乃言夫[勇]冠三軍；宣帝正怒[盖]寬饒，鄭昌乃言猛[虎]在山，蓋藿[爲]之不採，二人卒不免死。	（子部，儒家類，麗澤論說集錄，卷八，頁20）
評 林	呂祖謙曰、 解人之怒、<u>須是委曲順其意、說彼不是、然後徐以言語解之、其怒方釋</u>、若他人正說彼不是、我却以爲是、是激之也、田蚡正怒灌夫、<u>而</u>竇嬰乃言夫[名]冠三軍、宣帝正怒[益]寬饒、<u>而</u>鄭昌乃言猛[獸]在山、蓋藿不採[故]二人卒不免死、	見《評林》頁2439

	內　　　容	出　　　處
備 註	一. **評林刪字**（原典字下畫線者） 1. 者 2. 爲之 二. **評林增字**（評林字下畫線者） 1. 須是委曲順其意、說彼不是、然後徐以言語解之、其怒方釋 2. 而 3. 而 4. 故 三. **評林某字原典作某**（字加框者） 1. 名字作勇 2. 葢字作盖 3. 獸字作虎	

韓長孺列傳第一百八

	內　　　容	出　　　處
原 典	安國長厚好靖，武帝好大喜功，故帝雖器之而卒困焉。	（子部，儒家類，黃氏日抄，卷四十七，頁6）
評 林	黃震曰、 韓安國長厚好靜、武帝好大喜功、故帝雖器之而卒困焉、	見《評林》頁2453
備 註	一. **評林增字**（評林字下畫線者） 1. 韓 二. **評林某字原典作某**（字加框者） 1. 靜字作靖	

李將軍列傳第一百九

	內　　　容	出　　　處
原 典	廣邊將材，於守右北平見之，使武帝志在息民，專任李廣足矣。	（子部，儒家類，黃氏日抄，卷四十七，頁7）
評 林	黃震曰、 李廣邊將才、于守右北平見之、使武帝志在息民、專任李廣足矣、	見《評林》頁2460
備 註	一. **評林增字**（評林字下畫線者） 1. 李 二. **評林某字原典作某**（字加框者） 1. 才字作材 2. 于字作於	

	內　　　容	出　　　處
原典	看〈衛、霍傳〉，須合〈李廣傳〉。衛、霍深入二千里，聲震夷夏，今看其傳，不直一錢。李廣每戰輒北，困躓終身，今看其傳，英風如在。史氏抑揚予奪之妙，豈常手（關）＿＿＿＿！	（子部，儒家類，黃氏日抄，卷四十七，頁8）
評林	黃震曰、 凡看衛霍傳、須合李廣看、衛霍深入二千里、聲振華夷、今看其傳不直一錢、李廣每戰輒北困躓終身、今看其傳英風如在、史氏抑揚予奪之妙、豈常手可望哉、	見《評林》頁2461
備註	**一. 評林增字**（評林字下畫線者） 1. 凡 2. 可望哉 **二. 評林某字原典作某**（字加框者） 1. 看字作傳 2. 振字作震 3.「華夷」作「夷夏」	

	內　　　容	出　　　處
原典	治廣欲居前，青既不聽，以東道回遠固辭，則人固遣之。既受上指，毋使廣當單于，乃責其失道，使自殺，青真人奴也哉！宜乎廣子敢恨殺其父，擊傷青也。	（子部，雜家類，猗覺寮雜記，卷中）（善本）
評林	朱翌曰、 始廣欲居前、青既不聽、以東道回遠固辭、則又固遣之、既受上指毋令廣當單于、乃責其失道使自殺、青真人奴也哉、宜乎廣子敢恨殺其父擊傷青也、	見《評林》頁2464
備註	**一. 評林某字原典作某**（字加框者） 1. 始字作治 2. 既字作既 3. 聽字作聽 4. 回字作囬 5. 令字作使 6. 恨字作恨	

	內　　　容	出　　　處
原典	漢武殺文成，而曰文成食馬肝死；霍去病射殺李廣之子敢，武帝又為之諱曰鹿觸死。賞罰，國之紀綱。既以自欺，又為人欺何也？	（子部，雜家類，猗覺寮雜記，卷中）（善本）

評林	朱翌曰、 漢武殺文成、而曰文成食馬肝死、霍去病射殺敢、而武帝又爲之諱曰鹿觸死、賞罰國之紀綱、既巳自欺、又爲人欺何也、	見《評林》頁 2465
備 註	一. **評林刪字**（原典字下畫線者） 1. 李廣之子 二. **評林增字**（評林字下畫線者） 1. 而 三. **評林某字原典作某**（字加框者） 1. 死字作死 2. 紀字作紀 3. 既字作既 4. 巳字作以	

	內　　　　　容	出　　　處
原典	陵降匈奴，隴西之士皆用爲恥，亦可想見其俗之風節矣。	（子部，儒家類，黃氏日抄，卷四十六，頁 59）
評林	黃震曰、 陵降匈奴、隴西之士皆用爲恥、亦可想見其俗之風節矣、	見《評林》頁 2466
備註	一. **評林某字原典作某**（字加框者） 1. 矣字作矣	

	內　　　　　容	出　　　處
原典	愚曰： 廣之數奇，而忠信見於身後，夫何憾者！	（集部，總集類，通代之屬，文選補遺，卷三十八，頁 8）（善本）
評林	陳仁子曰、 廣之數奇、而忠信見于身後、夫何憾者、	見《評林》頁 2466
備 註	一. **評林刪字**（原典字下畫線者） 1. 愚曰 二. **評林某字原典作某**（字加框者） 1. 奇字作奇 2. 于字作於	

匈奴列傳第一百十

	內　　容	出　　處
原典	按：此書先責匈奴違約，次論以事在赦前勿深誅。又云：單于若能明告諸吏，使無負約，然後可和。使單于所言誠耶，固不逆其善意；使所言偽耶，亦不墮其詐謀。抑揚開闔，皆有法焉。至遺之以物，又以其自將苦兵爲辭，非畏而賂之也。即此一書，可見文帝御夷狄之道矣。	（集部，總集類，文章正宗，卷三，頁49）
評林	眞德秀曰、 按此書先責匈奴違約、次論以事在赦前勿深誅、又云單于若能明告諸吏無負約、然後可和、使匈奴所言誠邪、固不逆其善意、使所言偽耶、亦不墮其詐謀、抑揚開闔皆有法焉、至遺之以物、又以其自將苦兵爲辭、非畏而賂之也、即此一書、可見文帝御夷狄之道矣、	見《評林》頁2485
備註	一. 評林與原典無異	

	內　　容	出　　處
原典	按：此書，皆大哉！王者之言。非後世所及也。	（集部，總集類，通代之屬，文選補遺，卷三，頁12）（善本）
評林	眞德秀曰、 文帝遺匈奴書、皆大哉王者之言、非後世所及也、	見《評林》頁2489
備註	一. 評林摘取原典大意（文字反黑者）	

	內　　容	出　　處
原典	愚曰： 遷之贊此也，以定、哀之時自比，而獨責將帥焉，夫豈獨責將帥哉！	（集部，總集類，文選補遺，卷三十八，頁6）
評林	陳仁子曰、 遷之贊此也、以定哀之時自比、而獨責將帥焉、夫豈獨責將帥哉、	見《評林》頁2507
備註	一. 評林與原典無異	

衛將軍驃騎列傳第一百一十一

	內　　　容	出　　　處
原典	「人奴之」爲一句，「生得無笞罵足矣」爲一句，生讀如生，乃與噲等爲伍之生。謂人方奴我，平生得無笞罵已足矣，安敢望封侯事！則語有意味，而句法雄健，今人或以「人奴之生」爲一句，只移一字在上，句便凡近矣。	（子部，雜家類，雜說之屬，梁谿漫志，卷五，頁9）
評林	費袞曰、 人奴之爲一句、生得毋笞罵即足矣爲一句，生讀如生乃與噲等爲伍之生同、謂人方奴我，平生得无笞罵已足矣，安敢望封侯事，則語有意味，而句法雄健，今人或以人奴之生爲一句，只移一字在上，便凡近矣。	見《評林》頁2510
備註	一. 評林刪字（原典字下畫線者） 1. 句 二. 評林增字（評林字下畫線者） 1. 即 2. 同 三. 評林某字原典作某（字加框者） 1. 毋字作無 2. 已字作已 3. 矦字作侯 4. 使字作便	

	內　　　容	出　　　處
原典	看〈衛、霍傳〉，須合〈李廣傳〉。衛、霍深入二千里，聲震夷夏。今看其傳，不直一錢。李廣每戰輒北，困躓終身。今看其傳，英風如在。史氏抑揚予奪之妙，豈常手（闕）＿＿＿＿＿＿＿＿＿＿！	（子部，儒家類，黃氏日抄，卷四十七，頁8）
評林	（此段文字分二段校勘，此爲第二） （黃震曰、） 又曰、看衛霍傳、須合李廣看、衛霍深入二千里、聲震夷夏、今看其傳、殊無奇績、李廣每戰輒北、困躓終身、今看其傳、英風如在、史氏抑揚予奪之妙如此、豈常手可望哉、	見《評林》頁2533
備註	一. 評林增字（評林字下畫線者） 1. 又曰 2. 可望哉	

	二. 評林某字原典作某（字加框者） 1. 看字作傳 2. 「殊無奇績」作「不直一錢」	

平津矦列傳第一百一十二

	內容	出處
原典	發十策，弘不得一。弘非不能得也，希旨而僞屈耳，弘亦姦哉！	（子部，儒家類，黃氏日抄，卷四十七，頁 12）
評林	黃震曰、 按發十策弘不得一、弘非不能也、希旨而僞屈耳、弘亦姦哉、	見《評林》頁 2537
備註	**一. 評林刪字**（原典字下畫線者） 1. 得 **二. 評林增字**（評林字下畫線者） 1. 按	

	內容	出處
原典	夫帝之心，內多欲而外仁義者也；仁義不勝，故私欲橫生，徐樂於聲色之奉、游獵之娛、俳優侏儒之歡，不直止之，而勸以王道，幾若陳善而不閉其邪者。使帝誠如樂言，以天下爲務，而游心禹、湯、成、康之事，吾知私欲不待言而自止，深得諷諫之術。吁！樂言雖是，而同時若偃者，一歲四遷，安雖不用，而爲騎馬令。至樂竟不見用，毋乃以樂言爲迂，而不相入邪！	（集部，總集類，通代之屬，文選補遺，卷十三，頁 27）（善本）
評林	陳仁子曰、 帝之心內多欲而外仁義者也、仁義不勝、故私欲橫生、徐樂于聲色之奉、游獵之娛、俳優侏儒之歡、不直止之、而勸以王道、幾若陳善而閉其邪者、亦善于諷諫者也、卒之同時若偃者、一歲四遷、安雖不用、而爲騎馬令、至樂竟不見用、毋乃以樂言爲迂而不入耶、	見《評林》頁 2544、頁 2545
備註	**一. 評林刪字**（原典字下畫線者） 1. 不 2. 使帝誠如樂言，以天下爲務，而游心禹、湯、成、康之事，吾知私欲不待言而自止，深得諷諫之術。吁！樂言雖是，而 3. 相 **二. 評林增字**（評林字下畫線者） 1. 亦善于諷諫者也、卒之	

三. **評林某字原典作某**（字加框者）
1. 于字作於
2. 娛字作娯
3. 耶字作邪

	內　　　容	出　　　處
原典	嚴安上書，與主父偃不同。主父偃皆隨其末而救之，嚴安則探其本而救之，本正則末自正矣。凡安所言曰「薄賦斂」，則箴帝之利心也；曰「省刑罰」，則藥帝之慘心也；曰「省繇役」，則約帝之侈心也。夫帝之欲，不但窮兵一事，大本既立，數者既除，則兵可片言而止。至於「用兵乃人臣之利，非天下之長策」二語，可以關要功生事者之口。噫！一將功成萬骨枯，其言蓋本諸安。	（集部，總集類，通代之屬，文選補遺，卷十三，頁21）（善本）
評林	陳仁子曰、 嚴安上書、與主父偃不同、主父偃皆隨其末而救之、嚴安則探其本而救之本正則末自正矣、凡安所言曰薄賦斂、則箴帝之利心也、曰省刑罰、則藥帝之慘心也、曰省繇役、則約帝之侈心也、夫帝之欲、不但窮兵一事、大本既立、數者既除則兵可片言而止、至于用兵乃人臣之利、非天下之長策二語、可以關要功生事者之口、噫一將功成萬骨枯、其言蓋本諸安、	見《評林》頁2547、頁2548
備註	**評林某字原典作某**（字加框者） 1. 葢字作蓋	

	內　　　容	出　　　處
原典	嚴安一書，言武帝靡敝中國，結怨夷狄，而其後則謂：郡守之權，非特六卿，豈慮根本既耗，或有乘時而起者耶？	（子部，儒家類，黃氏日抄，卷四十七，頁14）
評林	黃震曰、 嚴安言郡守之權、非特六卿、豈慮根本既耗、或有乘時而起者耶、	見《評林》頁2548
備註	**評林刪字**（原典字下畫線者） 1. 一書 2. 武帝靡敝中國，結怨夷狄，而其後則謂	

	內　　　容	出　　　處
原典	班固叙武帝名臣，李延年、桑弘羊亦與焉。若儒雅，則列董仲舒於公孫弘、倪寬之間。汲黯之直，豈卜式之儔哉！史筆之褒貶，萬世之榮辱，而薰蕕渾殽如此，謂之比良遷、董可乎？	（子部，雜家類，困學紀聞，卷十二，頁5）（善本）

評林	王應麟曰、 班固叙武帝名臣、李延年桑弘羊亦與焉、若儒雅、則列董仲舒于公孫弘兒寬之間、汲黯之直、豈卜式之儔哉、史筆褒貶、萬世榮辱所關、而薰蕕如此、謂之比良遷董可乎、	見《評林》頁 2553
備 註	**一. 評林刪字**（原典字下畫線者） 1. 之 2. 渾觳 **二. 評林增字**（評林字下畫線者） 1. 所關 **三. 評林某字原典作某**（字加框者） 1. 寬字作寬	

	內　　　容	出　　處
原 典	臣始讀《孟子》，見孟子言王政之易行，心則以爲誠然，及見與慎子論齊、魯之地，以爲先王之制國，大抵不過百里者，以爲今有王者起，則凡諸侯之地，或千里或五百里，皆將損之。至於數十百里而後止，於是疑孟子雖賢，其仁智足以一天下，亦安能毋刼之以兵革，而使數百千里之強國，一旦肯損其地之十八九，比於先王之諸侯。至其後觀漢武帝用主父偃之策，令諸侯王地悉得推恩封其子弟，而漢親臨定其號名，輒別屬漢，於是諸侯王之子弟各有分土，而勢強地大者，卒以分析弱小，然後知慮之以謀，計之以數，爲之以漸，則大者固可使小，強者固可使弱，而不至乎傾駭變亂，敗傷之釁，孟子之言不爲過。	（集部，別集類，宋金元，臨川先生文集，卷三十九，頁 17）（善本）
評 林	王安石曰、 始讀孟子、見言王政之易行、心則以爲誠然、及見與慎子論齊魯之地、以爲先王之制國大抵不過百里、今有王者起、則凡諸侯之地踰制者、皆將損之、疑孟子之言爲過、得觀漢武帝用主父偃之策、令諸侯王地悉得推恩分其子弟、而漢親臨定其號名、輒別屬漢、於是諸侯王之子弟各有分土、而勢強地大者、卒以分析弱小、然後知慮之以謀、計之以數、爲之以漸、則大者固可使小、強者固可使弱、而不至於傾駭變亂、無敗傷之釁、孟子之言不爲過、	見《評林》頁 2554
備 註	**一. 評林刪字**（原典字下畫線者） 1. 孟子 2. 者 3. 以爲	

4. 或千里或五百里

5. 至於數十百里而後止，於是疑孟子雖賢，其仁智足以一天下，亦安能毋刼之以兵革，而使數百千里之強國，一旦肯損其地之十八九，比於先王之諸侯。

6. 至其

二. 評林增字（評林字下畫線者）

1. 無

三. 評林某字原典作某（字加框者）

1. 損字作搵

2. 策字作筞

3. 侯字作矦

4. 得字作後

5. 分字作封

6. 於字作乎

7. 羼字作羼

	內　　　容	出　　處
原 典	父[偃]、嚴安、徐樂引危亡之事，諫之甚切。帝[曰]：公輩皆安在，何相見之晚[也]？悉拜爲郎，然征伐竟不已。又包南山民田爲上林苑，東方[朔]陳三不可，帝拜[朔]爲[大]中大夫給事中，賜黃金[百]，然遂起[上]林苑。蓋武帝知受諫爲人君之美，故不吝爵祿，以旌寵之也，然有[賞]諫之名，無受諫之實，何益於治乎？孔子曰：法語之言，能無從乎？改之爲貴，此之謂也。	（集部，別集類，宋金元，屏山集，卷四，頁1、頁2）（善本）
評 林	劉子翬曰、父[偃][等]諫甚切、帝[嘆]相見之晚、悉拜爲郎、然征伐竟不已、又爲上林苑、東方[朔]陳三不可、帝拜朔爲[大]中大夫、賜以黃金、然遂起苑、蓋武帝知受諫爲人君之美、故不吝爵祿以旌寵之也、然有[受]諫之名、無受諫之實、何益於治乎、此法語之言改之爲貴、	見《評林》頁2554
備 註	**一. 評林刪字**（原典字下畫線者） 1. 嚴安、徐樂引危亡之事 2. 公輩皆安在，何 3. 包南山民田 4. 給事中 5. 百 6. 上林 7. 孔子曰 8. 能無從乎	

	二. **評林增字**（評林字下畫線者）
	1. 等
	2. 此
	三. **評林某字原典作某**（字加框者）
	1. 偃字作傿
	2. 嘆字作日
	3. 朔字作拐
	4. 受字作賞

	內　　容	出　　處
原典	主父偃姦險無賴小人，其致身青雲，特自速族滅之禍耳，何足汙齒頰哉！惟諫伐匈奴一書，不當以人廢言，然它日勸築朔方，俾襲蒙恬故步者，即今日舉秦事，以諫伐匈奴之偃也何耶？其勸分王諸侯，則掇拾賈生之緒餘也；其勸徙豪民實茂陵，則剽竊婁敬之陳言也，何能爲漢庭決一\boxed{策}耶？而取大臣金、取諸侯金，自謂日暮途\boxed{遠}；自分倒行暴施，以\boxed{生}於齊而\boxed{剢}齊王殺之，以游於燕而陷燕王殺之。召平日昆弟\boxed{實}客，戒其毋入偃門，以一切\boxed{踈}絕之何哉？偃之爲人也，其自取覆滅也固宜，爲偃之族者，可悲耳。	（子部，儒家類，黃氏日抄，卷四十六，頁61、頁62）
評林	黃震曰、 主父偃姦險無賴小人、其致身青雲、特自速族滅之禍耳、何足汙齒頰哉、惟諫伐匈奴一書、不當以人廢言、然他日勸築朔方、俾襲蒙恬故步者、即今日舉秦事、以諫伐匈奴之偃也何耶、其勸分王諸侯、則掇拾賈生之緒餘也、其勸徙豪民實茂陵、則剽竊婁敬之陳言也、何能爲漢庭決一\boxed{策}耶、而取大臣金、取諸侯金、自謂日暮途\boxed{遠}、自分倒行暴施、以\boxed{至}於齊而\boxed{劫}齊王殺之、以游於燕而陷燕王殺之、召平日昆弟\boxed{賓}客、戒其毋入偃門、以一切\boxed{踈}絕之何哉、偃之爲人也、其自取覆滅也固宜、爲偃之族者、可悲耳、	見《評林》頁2554
備註	一. **評林某字原典作某**（字加框者） 1. 策字作策 2. 遠字作遠 3. 至字作生 4. 劫字作剢 5. 賓字作實 6. 踈字作踈	

南越列傳第一百一十三

	內　　容	出　　處
原典	圖天下者，貴識天下之大**埶**。**高**帝**善**有天下，**蓋**識其**埶**者也。當時吏民新附，叛者九起，故北不刷白登之**恥**、南不貪百粵之臣，直以一身爲天下之**埶**。虜**臧**荼，破利幾，執淮陰，繼而貫**高**反洛陽，陳豨反代，**黥**布又反淮南，所幸兵力不分，旋起旋定，若窮征**遂**伐，變不旋踵，恐鞭長不及馬腹，天下匈匈非吾有也。	（集部，總集類，通代之屬，文選補遺，卷一，頁9）（善本）
評林	陳仁子曰、 圖天下者、貴識天下之大**勢**、**高**帝有天下、**蓋**識其**勢**者也、當時吏民新附、叛者九起、故北不刷白登之**恥**、南不貪不粵之臣、直以一身爲天下之**勢**、虜**臧**荼執淮陰、繼而貫**高**反洛陽、陳豨反代、**黥**布又反淮南、所幸兵力不分、旋起旋定、若窮征**遠**伐、變不旋踵、恐鞭長不及馬腹、天下匈匈非吾有也	見《評林》頁2556、頁2557
備註	一. **評林刪字**（原典字下畫線者） 1. 善 2. 破利幾 二. **評林某字原典作某**（字加框者） 1. 高字作髙 2. 葢字作蓋 3. 勢字作埶 4. 贓字作臧 5. 遠字作遂	

	內　　容	出　　處
原典	南越稱帝，文帝以德**懷**之而稱臣。南越**既**稱臣，武帝以詐召之而**輒**反，越雖夷狄，人情亦**孰**可知矣。用樓船十萬師，一旦**夷**以爲郡，豈不大快？然使五帝、三王處，此亦有文帝之懷柔而**已**，夷狄在萬里外，而必貪之，何哉？	（子部，儒家類，黃氏日抄，卷四十六，頁62）
評林	黃震曰、 南越稱帝、文帝以德**懷**之而稱臣、**既**稱臣、武帝以詐召之而反、越雖夷狄人情亦**孰**不可知矣、用樓船十萬師、一旦**以夷**爲郡、豈不大快、然使五帝三王處、此亦有文帝之懷柔而**已**、夷狄在萬里外、而必貪之何哉、	見《評林》頁2564、頁2565

| 備 註 | 一. **評林刪字**（原典字下畫線者）
1. 南越
2. 輒
二. **評林增字**（評林字下畫線者）
1. 不
三. **評林某字原典作某**（字加框者）
1. 懷字作懐
2. 旣字作既
3. 「以夷」作「夷以」
5. 巳字作已 | |

東越列傳第一百一十四

朝鮮列傳第一百一十五

	內　　　容	出　　　處
原典	朝鮮王右渠者，其祖名滿，本燕人。出塞居秦故空地，本無預中國事也，涉何爲武帝生事其國，漢卒盛兵以滅之？爲眞畨、臨屯、樂浪、玄菟四郡，漢固貪矣，右渠負固，自取滅亡，亦何愚也？	（子部，儒家類，黃氏日抄，卷四十六，頁 63）
評林	黃震曰、 朝鮮居秦故空地、本无預中國事也、涉何爲武帝生事其國、漢卒盛兵以滅之、定其國爲四郡、漢固貪矣、右渠負固、自取滅亡、亦何愚也、	見《評林》頁 2577
備 註	一. **評林刪字**（原典字下畫線者） 1. 王右渠者，其祖名滿，本燕人。出塞 2. 爲眞畨、臨屯、樂浪、玄菟四郡 二. **評林某字原典作某**（字加框者） 1. 无字作無 2. 涉字作涉	

西南夷列傳第一百一十六

司馬相如傳第一百一十七

	內　　　容	出　　　處
原典	讀〈上林賦〉，如觀君子佩玉冠冕折旋揖讓，吐音皆中規矩，終日儀觀，無不可觀。	（子部，類書類，稗編，卷七十七，頁 11）

評林	蘇轍曰、 讀上林賦、如觀君子佩玉冠冕還折揖讓、吐音皆中規矩、終日威儀无不可觀、	見《評林》頁 2600
備 註	**一. 評林刪字**（原典字下畫線者） 1. 旋 2. 觀 **二. 評林增字**（評林字下畫線者） 1. 還 2. 威 **三. 評林某字原典作某**（字加框者） 1. 无字作無	

	內　　　　容	出　　處
原 典	一篇之文，全是爲武帝文過飾非，最害人主心術，然文字委曲回護，出脫得不覺又不怯全，然道使者有司不是也，要教百姓當一半不是，最善爲辭，深得告諭之體。	（集部，總集類，崇古文訣，卷三，頁 10）
評 林	樓昉曰、 一篇之文、全是爲武帝文過飾非、最害人主心術、然文字委曲回護出脫得不覺又不全、然道使者有司不是也、要教百姓當一半不是、最善爲辭、深得告諭之體、	見《評林》頁 2617
備 註	**一. 評林刪字**（原典字下畫線者） 1. 怯	

	內　　　　容	出　　處
原 典	司馬長卿始以汙行，不齒於蜀人，既而以賦得幸天子，未能有所建明，立絲毫之善以自贖也，而創開西南夷，逢君之惡，以患苦其父母之邦，乃復矜其車服、節旄之美，使邦君負弩先驅，豈詩人致恭桑梓，萬石君父子下里門之義乎？卓王孫暴富遷虜也，故眩而喜耳，魯多君子，何喜之有？	（集部，別集類，宋金元，東坡全集，卷九十二，頁 17）（善本）
評 林	蘇軾曰、 相如始以汙行不齒於蜀人、既而以賦得幸天子、未能有所建明、立絲毫之善以自贖、而創開西南夷、逢君之惡以患苦其父母之邦、乃復矜其車服節旄之美、使邦君負弩先驅、豈詩人致恭桑梓、萬石君下里門之義乎、卓王孫暴富遷虜也、故眩而喜耳、蜀多君子、何喜之有、	見《評林》頁 2620

備註	一. **評林刪字**（原典字下畫線者） 1. 也 2. 父子 二. **評林某字原典作某**（字加框者） 1. 「相如」作「司馬長卿」 2. 蜀字作魯	

	內　　　容	出　　　處
原典	武帝事西南夷，豈是好事？其實相如只是強分疏，<u>却</u><u>又要彊説道理，至</u>以禹治水爲比，可謂牽合矣。使人主觀之，乃所以助成其好大喜功之習，非所以正救其<u>失</u>也，然文字自佳。	（集部，總集類，崇古文訣，卷三，頁 12）
評林	樓昉曰、 武帝事西南夷、豈是好事、其實相如只是強分疏至以禹治水爲比、可謂牽合矣、使人主觀之、乃所以助成其好大喜功之習、非所以正救其習也、然文字自佳、	見《評林》頁 2621
備註	一. **評林刪字**（原典字下畫線者） 1. 又要彊説道理，至 二. **評林某字原典作某**（字加框者） 1. 却作至 2. 習字作失	

	內　　　容	出　　　處
原典	相如素行不謹，立朝專是逢君之惡，或者猶以其文墨取之，不知〈大人〉等賦、〈封禪〉等書，正其逢君之具也。<u>吁</u>！尚足置齒頰間哉！	（子部，儒家類，黃氏日抄，卷四十七，頁 11）
評林	黃震曰、 相如素行不謹、立朝專是逢君之惡、或者猶以其文墨取之、不知大人等賦封禪等書、正其逢君之具也、尚足置齒頰間哉、	見《評林》頁 2632
備註	**評林刪字**（原典字下畫線者） 1. 吁	

	內　　　容	出　　　處
原典	《史通》云：司馬相如始以自<u>叙</u>爲傳，然其所所<u>叙</u>，<u>但</u>記自少及長，立身行事而已。<u>今</u><u>攷</u>之本傳，未見其爲自<u>叙</u>。又云：相如自<u>叙</u>記其客遊<u>臨</u><u>邛</u>，以《春秋》所諱，特爲美談，恐未必然，意者<u>相如</u>集載本傳，如賈誼《新書》末篇，故以爲自<u>叙</u>歟！	（子部，雜家類，困學紀聞，卷十二，頁 9、頁 10）（善本）

評林	王應麟曰、 史通云、司馬相如始以自敍為傳、然其所敍乃記自少及長其身行事而已、今考之本傳未見其為自敍、又云相如自敍記其客遊臨卭、以春秋所諱特為美談、恐未必然意者集載本傳如賈誼新書末篇、故以為自敍歟、	見《評林》頁 2640
備 註	一. 評林刪字（原典字下畫線者） 1. 相如 二. 評林某字原典作某（字加框者） 1. 敍字作叙 2. 巳字作已 3. 今字作令 4. 考字作攷 5. 臨字作臨	

淮南衡山列傳第一百一十八

	內　　　容	出　　處
原 典	士欲忠愛其主，當執義以力爭，不當遁詞以中變。被論吳、楚之得失，援引秦、漢之興亡，其論甚正，若執此不變，安知淮南之心，不有所忌而不敢發？被乃轉為必不得之論。既欲詐為丞相、御史書，徙豪傑，以激民怨，又詐為詔獄書，逮諸侯太子及幸臣，以懼諸侯，其遁也而至於謗，與前之說真為二人，被誅宜哉，故著之以為人臣之戒！	（集部，總集類，通代之屬，文選補遺，卷十八，頁6）（善本）
評 林	陳仁子曰、 士欲忠愛其主、當執義以力爭、不當遁詞以中變、被論吳楚之得失、援引秦漢之興亡、其論甚正、若執此不變、安知淮南之心必有所忌而不敢發、被乃轉為必不得已之論、既欲詐為丞相御史書徙豪傑以激民怨、又詐為詔獄書、逮諸侯太子及幸臣以懼諸侯、與前之說真為二人、被誅宜哉、故著之以為人臣之戒、	見《評林》頁 2660
備 註	一. 評林刪字（原典字下畫線者） 1. 其遁也而至於謗 二. 評林某字原典作某（字加框者） 1. 吳字作吳 2. 必字作不	

循吏列傳第一百一十九

	內　　容	出　　處
原典	孫叔敖使民自高其車，得誘民之術也；公儀休不受魚，謹律身之常也。石奢以父殺人，李離以過聽殺人皆自殺，皆難能之節也。	（子部，儒家類，黃氏日抄，卷四十六，頁 67）
評林	黃震曰、 孫叔敖使民自高其車、得誘民之術也、公儀休不受魚、謹律令之常也、石奢以父殺人、李離以過聽殺人皆自殺、殺皆難能之事也、	見《評林》頁 2671
備註	**一. 評林增字**（評林字下畫線） 1. 殺 **二. 評林某字原典作某**（字加框者） 1. 高字作髙 2. 令字作身	

汲鄭列傳第一百二十

	內　　容	出　　處
原典	黯以純剛至正之氣，卓出漢庭之右，自天子以下皆嚴憚之。黯言雖不用，漢鼎之增重亦多矣。子曰：根也慾，焉得剛！黯庶幾無慾者與！	（子部，儒家類，黃氏日抄，卷四十七，頁 1、頁 2）
評林	黃震曰、 汲黯以純剛至正之氣、卓出漢庭之右、自天子以下皆嚴憚之、言雖不用漢鼎之增重亦多矣、子曰、根也慾焉得剛、黯庶幾無慾者歟、	見《評林》頁 2674、頁 2675
備註	**一. 評林刪字**（原典字下畫線者） 1. 黯 **二. 評林增字**（評林字下畫線者） 1. 汲 **三. 評林某字原典作某**（字加框者） 1. 歟字作與	

	內　　容	出　　處
原典	漢高令諸故項籍臣名籍，謂之豁達大度可乎？鄭君嘗事籍，獨不奉詔，可謂賢矣。乃逐之，至斬丁公，則又曰：使人臣無效丁公。何也？	（子部，雜家類，猗覺寮雜記，卷中）（善本）

評林	朱翌曰、 漢高令諸故項籍臣名籍、謂之豁達大度、鄭君曾事籍、獨不奉詔、可謂賢矣、乃逐之、至斬丁公則曰、使人臣毋效丁公何也、	見《評林》頁 2680
備 註	**一. 評林刪字**（原典字下畫線者） 1. 可乎 2. 又 **二. 評林某字原典作某**（字加框者） 1. 達字作达 2. 曾字作嘗 3. 奉字作奏 4. 矣字作矣 5. 毋字作無	

	內　　　容	出　　　處
原 典	汲黯論帝多欲，勸帝無起兵，諫帝迎渾邪王，切責張湯苛法，而拳拳願出入禁闥補過拾遺，切直忠盡，漢庭第一，帝稍聽之，何至下輪臺之詔耶？鄭莊委曲禮下，雖少鯁諒之風，然內行修潔，沒無餘財，與汲黯等，此太史公以之同傳歟！	（子部，儒家類，黃氏日抄，卷四十六，頁 67）
評 林	黃震曰、 汲黯論帝多欲、勸帝無起兵、諫帝迎渾邪王、切責張湯苛法、而拳拳願出入禁闥補過拾遺、切直忠盡、漢庭第一、帝稍聽之、何至下輪臺之詔耶、鄭莊委曲禮下、雖少鯁諒之風、然內行修潔沒無餘財與汲黯等、此太史公以之同傳歟、	見《評林》頁 2682
備 註	**一. 評林某字原典作某**（字加框者） 1. 臺字作臺	

儒林列傳第一百二十一

	內　　　容	出　　　處
原 典	劉子曰： 孔甲誠怨秦而思發憤者，然使甲知涉不滿歲而亡，甲必不輕與之也。委質為臣，與之俱死，在搢紳先生，豈細事哉！蓋甲之知不明，不知勝之不足與也。勝初入陳，便立王號，其志不廣矣。張耳、陳餘皆諫止之。不從，則引其權以去，知勝之不足與也。又務夸殿屋帷帳之盛，彼傭畊者見之，猶譏誚之，甲曾不如傭畊者乎？若知其必亡，徒以怨秦，與之俱死，此特匹夫之發憤耳。	（集部，別集類，南宋建炎至德祐，屏山集，卷三，頁 7、頁 8）

評林	劉子翬曰、 孔甲誠怨秦而思與憒者、然使甲知涉不滿[歲]而亡、甲必不輕與之也、委質爲臣、與之俱死、在搢紳先生豈細事哉、蓋甲之知不明不知勝之不足與也、若知其必亡、徒以怨秦與之俱死、此特匹夫之發憤耳、<u>曷足貴哉</u>	見《評林》頁 2687
註	一.**評林刪字**（原典字下畫線者） 1. 勝初入陳，便立王號，其志不廣矣。張耳、陳餘皆諫止之。不從，則引其權以去，知勝之不足與也。又務夸殿屋帷帳之盛，彼傭畊者見之，猶譏誚之，甲曾不如傭畊者乎？ 二.**評林增字**（評林字下畫線者） 1. 曷足貴哉、 三.**評林某字原典作某**（字加框者） 1. 崴字作歲	

酷吏列傳第一百二十二

	內　　　容	出　　　處
原典	[黯]之正直，[所]謂：仁者有勇，剛毅近仁者也，謂之忮可乎？周陽由蝮鷙之靡[爾]，其可以與黯並言乎？汲、鄭同傳猶不可，而以由與黯俱是[鷇][梟]接翼也。	（子部，雜家類，困學紀聞，卷十二，頁 1、頁 2）（善本）
評林	王應麟曰、 [黯]之正直、[所]謂仁者之勇也、謂之忮可乎、周陽由蝮鷙之靡[耳]、其可與黯並言乎、汲鄭同傳猶不可、而由與黯俱是[鷇][臬]接翼也、	見《評林》頁 2703
註	一.**評林刪字**（原典字下畫線者） 1. 有勇，剛毅近仁者也 2. 以 二.**評林某字原典作某**（字加框者） 1. 耳字作爾 2. 黯字作黯 3. 鷇字作鷇 4. 臬字作梟	

	內　　　容	出　　　處
原典	郅都公廉而敢諫，守北邊，匈奴[遠]却，爲治雖尙嚴，首惡之外，未嘗濫誅。[班]、史顧以之首酷吏，何哉？愚嘗反覆之終篇，而後知古人用意之深，未可輕議也。<u>大抵刑法之酷，未必足以禁姦，而適足以激民之姦</u>。漢	（子部，儒家類，黃氏日抄，卷四十七，頁 32、頁 33）

	自高皇帝，以寬大立國，其將相大臣，又相繼以清淨爲治，涵養休息。至於文、景，其民無不樸畏自重，而都乃獨先之，以嚴行法，不避貴戚，其意若日不畏強禦而已，而斬斬無餘味，風俗遂爲一變。未幾，甯成以陰刻之資而効之，自甯成、趙、由之後，乘多事之衝而甚之，於是張湯之徒，定律令，王溫舒、尹齊之屬，復以事湯得志，一時相師皆務於酷，而吏民益輕犯法，盜賊滋起，繡衣直指斷斬郡國，亦且無可奈何。推所自來，誰實防之？夫貴戚犯法而避之，固不可，然天下獨無中道乎？凡治道去泰甚者，且矯枉一過其正，其流弊乃爾。愚故謂郅都非酷吏也，而酷吏實自郅都始也，傳之酷吏之首，庸何辭？	
評 林	黃震日、 郅都公廉而敢諫、守北邊匈奴遠却、爲治雖尚嚴、首惡之外未嘗濫及、史氏顧以之首酷吏何哉、漢自高帝以寬大立國、其將相大臣、又相繼以清淨爲治、至于文景、其民無不樸畏自重、而都乃獨先之、以嚴行法、不避貴戚、其意若日不畏強禦而已、而斬斬無餘味、風俗遂爲一變、未幾甯成以陰効之資而効之、自甯成趙由之後、秉多事之衝而甚之、於是張湯之徒一時相率皆務于酷、而吏民益輕犯法、盜賊滋起、推所自來誰實防之、夫貴戚犯法而避之固不可、然天下獨無中道乎、矯枉一過其正、其流弊乃爾、愚故謂郅都非酷吏也、而酷吏實自郅都始也、傳之酷吏之首庸何辭、	見《評林》頁2722
備 註	一. **評林刪字**（原典字下畫線者） 1. 愚嘗反覆之終篇，而後知古人用意之深，未可輕議也。大抵刑法之酷，未必足以禁姦，而適足以激民之姦 2. 皇 3. 涵養休息 4. 定律令，王溫舒、尹齊之屬，復以事湯得志 5. 繡衣直指斷斬郡國，亦且無可奈何 6. 凡治道去泰甚者 二. **評林某字原典作某**（字加框者） 1. 遠字作遠 2. 「史氏」作「班史」 3. 于字作於 4. 効字作刻 5. 秉字作乘 6. 率字作師	

大宛列傳第一百二十三

	內　容	出　處
原典	《三禮義宗》引禹受地記，王逸注《離騷》引禹大傳，豈即太史公所謂〈禹本紀〉者歟？	（子部，雜家類，困學紀聞，卷十，頁1）（善本）
評林	王應麟曰、 三禮義宗引禹受地記、王逸注離騷引禹大傳、豈即太史公所謂禹本紀者歟、	見《評林》頁2748
備註	**一. 評林與原典無異**	

	內　容	出　處
原典	甚矣！小人逢君之惡何甚也？漢欲通西南夷，費多道不通，嘗罷之矣，張騫言可通大夏，天子復欣然爲之，是窮民西南之禍，不在漢武而在張騫，然騫從月氏、至大夏，竟不得月氏要領，其後復使烏孫，亦不得其要領。間關萬里，困苦終身，騫果何利於此？自是棄骨肉於萬里外，以妻烏孫；自是沒士馬於萬里外，以取宛馬，天下騷動，耗費鉅萬萬，騫又果何利於漢？嗚呼甚矣！小人逢君之惡者，不可曉也。	（子部，儒家類，黃氏日抄，卷四十六，頁68、頁69）
評林	黃震曰、 甚矣小人逢君之惡何甚也、漢欲通西南夷、費多道不通、嘗罷之矣、張騫言可通大夏、天子復欣然爲之、是窮民西南之禍、不在漢武而在張騫、然騫從月氏、至大夏、竟不得月氏要領、其後復使烏孫、亦不得其要領、間關萬里、困苦終身、騫果何利于此、自是弃骨肉于萬里外、以妻烏孫、自是沒士馬于萬里外、以取宛馬、天下騷動、耗費鉅萬萬、騫又果何利于漢、嗚呼甚矣小人逢君之惡者、不可曉也、	見《評林》頁2749
備註	**一. 評林某字原典作某**（字加框者） 1. 于字作於 2. 弃字作棄	

游俠列傳第一百二十四

	內　容	出　處
原典	游俠之名，蓋起於後之世無道德之士耳。夫游者，行也；俠者，持也。輕生高氣，排難解紛，較諸古者道德之士，不動聲色，消天下之大變者，相去固萬萬，而君子諒之，亦曰其所遭者然耳。律其所爲，雖未必盡合於	（集部，總集類，通代之屬，文選補遺，卷二十六，頁25）（善本）

	義，然使當時而無斯人，則袖手於焚溺之衝者，滔滔皆是，亦何薄哉！斯固亦孔子所謂殺身成仁者也，遷之傳此，其亦感於蠶室之禍乎？吾於此傳，可以觀人材，可以觀世變。	
評 林	陳仁子曰、 游俠之名、蓋起[于]後之世無道德之士耳、夫游者、行也、俠者、持也、輕[生]高氣、排難解紛、較諸古者道德之士、不動聲色、消天下之大變者相去固萬萬、而君子諒之、亦曰其所遭者然耳、律其所爲、雖未必盡合於義、然使當時而無斯人、則袖手於焚溺之衝者、滔滔皆是、亦何薄哉、斯固亦孔子所謂殺身成仁者也、遷之傳此、其亦感於蠶室之禍乎、吾於此傳可以觀人材、可以觀世變、	見《評林》頁 2751
備 註	一. **評林某字原典作某**（字加框者） 1. 于字作於	

	內　　　容	出　　　處
原 典	解果以姊子有[罪]當死，則不問其人可也。今乃使人[微]知賊處，待其竆自歸[廼]赦之，則先操而後[縱]之，使恩威出[扵]己耳。解果以居邑不見敬，是吾德不[脩]，則不問其人可也。今乃問其姓名，脫其踐更，則欲人知其報怨以德之美耳。此二者外，若犯而不校，推其用心，則干世要譽，游[俠]之大不善，正在此。	（集部，別集類，南宋建炎至德祐，東萊集，別集卷十五，頁 7）
評 林	呂祖謙曰、 解果以姊子有[辠]當死、則不問其人可也、今乃使人[微]知賊處、待其竆自歸[廼]赦之、則先操而後[縱]之、使恩威出[扵]己耳、解果以居邑不見敬、是吾德不[脩]、則不問其人可也、今乃問其姓名、脫其踐更、<u>則欲人知其踐更</u>、則欲人知其報怨以德之美耳、此二者外若犯而不校、推其用心、則干世要譽、游[俠]之大不善正在此、	見《評林》頁 2757
備 註	一. **評林增字**（評林字下畫線者） 1. 則欲人知其踐更 二. **評林某字原典作某**（字加框者） 1. 辠字作罪 2. 微字作微 3. 廼字作廼 4. 縱字作縱 5. 扵字作扵 6. 脩字作脩 7. 俠字作俠	

	內　　　容	出　　　處
原典	朱家周人之急，家無餘財，而終身不自以爲德，太史公慕焉。郭解折節[振]人，人爲解殺人，解不知而公孫[弘]族解，太史公尤爲之痛惜。愚謂：朱家誠賢矣，爲人忘己，墨氏之弊，而解之見殺，則亦其平昔嗜殺所致。孔子有言：古之學者爲己。孟子亦謂：窮則獨善其身。士亦何必務名譽出[於]尋常之外也哉？	（子部，儒家類，黃氏日抄，卷四十六，頁72）
評林	黃震曰、 朱家周人之急、家無餘財、而終身不自以爲德、太史公慕焉、郭解折節[賑]人、人爲解殺人、解不知而公孫[弘]族解、太史公尤爲之痛惜、愚謂朱家誠賢矣、爲人忘己、墨氏之弊、而解之見殺、則亦其平昔嗜殺所致、孔子有言古之學者爲己、孟子亦謂窮則獨善其身、士亦何必務名譽出[于]尋常之外也哉、	見《評林》頁2759、頁2760
備註	**一. 評林某字原典作某**（字加框者） 1. 振字坐賑 2. 弘字作弘 3. 于字作於	

佞幸列傳第一百二十五

滑稽列傳第一百二十六

	內　　　容	出　　　處
原典	直載其事，談言微中之驗也。	（集部，總集類，通代之屬，文選補遺，卷三十八，頁7）（善本）
評林	陳仁子曰、 直載其事、談言微中之驗也、	見《評林》頁2773
備註	**一. 評林與原典無異**	

	內　　　容	出　　　處
原典	太史公[傳]滑稽者三人皆伎工優[郎]耳。西門豹古之良吏，東方朔亦漢之名臣，褚氏例取而附之優[郎]之列，何哉？	（子部，儒家類，黃氏日抄，卷五十一，頁31）

評	黃震曰、	
林	太史公傳滑稽者三人、皆伎工優戲耳、西門豹古之良吏、東方朔亦漢之名臣、褚氏例取而附之優戲之列何哉、	見《評林》頁 2785
備	一. 評林某字原典作某（字加框者）	
註	1. 戲字作齼	

日者列傳第一百二十七

	內　　　　　　容	出　　處
原 典	士大夫雖未必皆賢，然必士大夫布列中外。上自朝廷，下達郡縣，上綱下紀，共為扶植，而後庶民得以生息於其下，所謂代天工者也。若卜之為伎，不在農工商賈之列，浮浪竊食，又不得與庶民之良者比，顧乃算計利害，自逞得計，反譏士大夫之不肖，何異衣食於祖父，而反笑祖父之無聞知？而宋忠、賈誼反屈於其說哉！愚故曰：未必皆其實也，而乃傳之者，不得志於當世之忿心爾。	（子部，儒家類，黃氏日抄，卷四十六，頁 73、頁 74）
評 林	黃震曰、 按士大夫雖未必皆賢、然必士大夫布列中外、而後庶民得以生息于其下、若卜為伎、浪游竊食、又不得與庶民之良者比、顧乃籌計利害、自逞得計、反譏士大夫之不肖、而宋忠賈誼反屈于其說哉愚、故曰未必皆其實也、而乃傳之者、不得于當世之忿心爾、	見《評林》頁 2792、頁 2793
備 註	一. 評林刪字（原典字下畫線者） 1. 上自朝廷，下達郡縣，上綱下紀，共為扶植 2. 所謂代天工者也 3. 之 4. 不在農工商賈之列 5. 何異衣食於祖父，而反笑祖父之無聞知？ 6. 志 二. 評林某字原典作某（字加框者） 1. 于字作於 2. 「浪游」作「浮浪」 3. 等字作算 三. 評林句讀待商榷者（字下畫虛線者）	

龜策列傳第一百二十八

貨殖列傳第一百二十九

	內　　　容	出　　處
原典	廉賈知取予，貪賈知取而不知予也。夫以予爲取，則其獲利也大。富商豪賈，若惡販夫販婦之分其利而靳靳自守，則亦無大利之獲矣。巨賈呂不韋見秦子異人質於趙，曰：此奇貨可居，遂不吝千金，爲之經營於秦異人。卒有秦國，而不韋爲相，此其事固不足道，而其以予爲取，則亦商賈之權也。漢高帝捐四萬斤金與陳平，不問其出入；裂數千里地封韓、彭，無愛惜心，遂能滅項氏有天下。劉晏造船，合費五百緡者，給千緡，使吏胥工匠皆有贏餘，由是舟船堅好，漕運無虧，是以唐之中興，是皆得廉賈之術者也。	（子部，類書類，鶴林玉露，卷十六，頁3、頁4）（善本）
評林	羅大經曰、 廉賈知取與、貪賈知取而不知予、夫以予爲取則其爲利也大、富商豪賈、若惡販夫販婦之分其利而靳靳自守、則亦无大利之獲矣、呂不韋奇貨可居、其事固不足道、而其以予爲取、則亦知商賈之權者、漢高帝捐四萬斤金與陳平、裂數千里地分韓彭、是皆得廉賈之術者也、	見《評林》頁2850
註	**一. 評林刪字**（原典字下畫線者） 1. 也 2. 巨賈 3. 見秦子異人質於趙，曰：此 4. 遂不吝千金，爲之經營於秦異人。卒有秦國，而不韋爲相，此 5. 不問其出入 6. 無愛惜心，遂能滅項氏有天下。劉晏造船，合費五百緡者，給千緡，使吏胥工匠皆有贏餘，由是舟船堅好，漕運無虧，是以唐之中興， **二. 評林增字**（評林字下畫線者） 1. 知 **三. 評林某字原典作某**（字加框者） 1. 與字作予 2. 爲字作獲 3. 无字作無 4. 奇字作竒 5. 者字作也 6. 高字作髙 7. 分字作封	

	內　　容	出　　處
原典	世譏遷：述貨殖則崇埶利，過矣。遷之言曰：千乘之王，萬家之侯，百室之君，尚猶患貧，況匹夫編戶之民乎！此其說殆有爲者，非專崇貨利也，故其後也謂烏氏倮、寡婦清，足以動始皇之羨慕。其又後也，極天下之可鄙可賤者，以寫斯民求富之情狀，遷之意其亦重有感。夫班固踵遷史，叙貨殖，雖多襲遷語，然自宣曲任氏而上，皆戰國、秦、漢初人，天漢而後獨無聞焉，豈非告緡權筭之餘，陶朱、倚頓之輩，不能自存乎？議者謂遷史爲謗書，其得固以自逭矣。	（集部，總集類，通代之屬，文選補遺，卷二十六，頁8）（善本）
評林	陳仁子曰、 世譏遷述貨殖則崇埶利過矣、遷之言曰、千乘之王、萬家之侯、百室之君、尚猶患貧、況匹夫編戶之民乎、此其說殆有爲者、非專崇貨利也、故其後也謂烏氏倮寡婦清、足以動始皇之羨慕、其又後也極天下之可鄙可賤者、以寫斯民求富之情狀、遷之意其亦重有感、夫班固踵遷史叙貨殖、雖多襲遷語、然自宣曲任氏而上皆戰國秦漢初人、天漢而後獨無聞焉、豈非告緡權等之餘、陶朱猗頓之輩、不能自存乎、議者謂遷史爲謗書、其得固以自逭矣、	見《評林》頁2584
備註	**一. 評林某字原典作某**（字加框者） 1. 矦字作侯 2. 戶字作户 3. 專字作専 4. 猗字作倚	

太史公自序第一百三十

	內　　容	出　　處
原典	家世源流，論著本末，備見於此篇。終自叙處，文字反覆委折，有開闔變化之妙，尤宜玩味。	（集部，總集類，崇古文訣，卷四，頁1）
評林	樓昉曰、 世家源流、論著本末、備見于此篇、終自叙處文字反覆委折、有開闔變化之妙、尤宜玩味、	見《評林》頁2857
備註	**一. 評林某字原典作某**（字加框者） 1.「世家」作「家世」 2. 于字作於	

	內　　　容	出　　　處
原 典	太史公以儒、墨、陰陽、名、法、道德爲六家，較其短長而論其指要。劉子曰：夫儒何所不通哉？不通，非儒也。其論墨者曰：強本節用，人給家足之道也。孔子曰：與其奢也，寧儉。有子曰：百姓足，君孰與不足？《易》曰：節以制度，不傷財，不害民，則墨家之長，吾儒之爲也。其論陰陽家曰：叙四時之大順，不可失也。孔子曰：行夏之時。《易》曰：變通莫大乎四時。又曰：君子以治歷明時，則陰陽之長，吾儒之爲也。其論法家曰：尊主卑臣，分職不相踰越，不可改也，孔子：君在，踧踖如也，君命召，不俟駕而行。《易》曰：君子以辯上下定民志，則法家之長，吾儒之爲也。其論名家曰：其正名實，不可不察也。孔子曰：必也正名乎？又曰：惟名與器，不可假人。又曰：如有所譽，其有所試矣，則名家之長，吾儒之爲也。其論道家曰：使人精神專一，動合無形，澹足萬物。孔子曰：造次必於是，顛沛必於是。《易》曰：以血洗心，退藏於密。又曰：無思無爲，寂然不動，感而遂通，天下之故，則道家之長，吾儒之爲也。以是觀之，則五家之長，吾儒通之明矣。其論儒者之短，則曰：以六藝爲法，六藝經傳，以千萬數，累世不能通其學，當年不能究其禮，故曰：博而寡要，勞而少功，是以跡論儒也。孔子曰：一以貫之。又曰：予欲無言，然則所謂六藝者，果可以病儒哉？論儒之跡而不論儒之道，非知儒者也。不蔽於一偏、不滯於一隅，以之治世，以之脩身、無不可焉，茲所謂通儒也。	（集部，別集類，宋金元，屏山集，卷四，頁3、頁4、頁5）（善本）
評 林	劉子翬曰、 太史公以儒墨陰陽名法道德爲六家、較其短長而論其指要、夫儒何所不通哉、其論墨者曰、彊本節用、孔子曰、與其奢也寧儉、則墨家之長、吾儒之爲也、其論陰陽家曰、叙四時之大順、孔子曰、行夏之時、則陰陽之長、吾儒之爲也、其論法家曰、嚴而少恩、孔子君命召不俟駕而行、則法家之長、吾儒之爲也、其論名家曰、正名實、孔子曰、惟名器不可假人、則名家之長、吾儒之爲也、其論道家曰、使人精神專一、孔子曰、造次必於是、顛沛必於是、則道家之長、吾儒之爲也、以是觀之則五家之長、吾儒通之明矣、其論儒者之短、則曰博而寡要、勞而少功、是以跡論儒也、孔子曰、予欲无言、然則所謂六藝者、果可以病儒哉、論儒之跡而不論儒之道、非知儒者也、不蔽于一偏、不滯于一隅、以之治世、以之修身、无不可焉、茲所謂通儒也、	見《評林》頁2861、頁2862

| 備

註 | 一. **評林刪字**（原典字下畫線者）
1. 劉子曰、
2. 不通，非儒也
3. 給家足之道也
5. 有子曰：百姓足，君孰與不足？《易》曰：節以制
　　度，不傷財，不害民
6. 不可失也
7. 《易》曰：變通莫大乎四時。又曰：君子以治歷明
　　時
8. 尊主卑臣，分職不相踰越，不可改也
9. 在，踧踖如也
10. 《易》曰：君子以辯上下定民志
11. 不可不察也
12. 必也正名乎？又曰
13. 又曰：如有所譽，其有所試矣
14. 動合無形，澹足萬物
15. 《易》曰：以此洗心，退藏於密。又曰：無思無爲，
　　寂然不動，感而遂通，天下之故
16. 以六藝爲法，六藝經傳，以千萬數，累世不能通其
　　學，當年不能究其禮，故曰
17. 一以貫之。又曰
二. **評林增字**（評林字下畫線者）
1. 嚴而少恩
三. **評林某字原典作某**（字加框者）
1. 陰字作隂
2. 无字作無
3. 于字作扵
4. 修字作脩 | |

	內　　　　　　容	出　　　處
原 典	太史公行天下，周覽名山大川，與燕、趙間豪俊交遊，故其文踈蕩，頗有奇氣。	（子部，類書類，古今事文類聚__古今事文類聚新集，卷三，頁10）
評 林	蘇轍曰、 太史公行天下、周覽名山大川、與燕趙間豪俊遊、故其文踈宕自有奇氣、	見《評林》頁2864
備 註	一. **評林某字原典作某**（字加框者） 1. 覽字作覽 2. 宕字作蕩 3. 自字作頗 4. 奇字作奇	

	內　　　容	出　　　處
原典	談生遷，能以文章世其家，揚名後世，亦可謂善繼人之志者矣，然談垂死涕泣之屬，惟以不得從封泰山爲恨，而遷述之。豈遷亦不知封禪之爲非耶？	（子部，儒家類，黃氏日抄，卷四十六，頁 74、頁 75）
評林	黃震曰、 按談生遷、以文章世其家、揚名後世、亦可謂善繼人之志者矣、然談垂死涕泣之囑、惟以不得從封泰山爲恨而遷述之、豈遷亦不知封禪之爲非耶、	見《評林》頁 2865
備 註	**一. 評林刪字**（原典字下畫線者） 1. 能 **二. 評林增字**（評林字下畫線者） 1. 按 **三. 評林某字原典作某**（字加框者） 1. 揚字作揚 2. 囑字作屬	

	內　　　容	出　　　處
原 典	班固去司馬遷未久也，已不知《史記》書法。如〈項羽本紀〉在高帝前，〈陳涉世家〉在孔子後，皆有深意。蓋遷以秦焚滅典籍，使義、黃至孔子之道幾於墜地。涉與羽先後倡爲亡秦之謀，可謂大有功於斯道，故叙〈陳涉世家〉云：桀、紂失其道而湯、武作；周失其道而《春秋》作；秦失其政而陳涉發迹，諸侯作難，風起雲蒸，卒亡秦族。天下之端自涉發難，作〈陳涉世家〉。而叙〈項羽本紀〉則云：秦亡其道，豪傑並擾，項梁業之，子羽接之，殺慶救趙，諸侯立之，誅嬰背懷，天下非之，作〈項羽本紀〉。蓋奮於鉏挺，以亡秦者，起於陳涉，項羽次之，高祖又次之。	（集部，別集類，南宋建炎至德祐，鶴山集，卷一百八，頁 37、頁 38）
評 林	羅大經曰、 班固去司馬遷未久也、己不知史記書法、如項羽本紀在高帝前、陳涉世家在孔子後、皆有深意焉、蓋遷以秦焚典籍、使義黃至孔子之道幾于墜地、涉與羽先後倡爲亡秦之謀、可謂有大功於斯道、故叙陳涉世家云、桀紂失其道而湯武作、周失其道而春秋作、秦失其道而陳涉發迹、諸侯作難、風起雲蒸、卒亡秦族、天下之端自涉發難、作陳涉世家、而叙項羽本紀則云、秦亡其道云云、作項羽本紀、蓋奮於鉏挺、以亡秦者起於陳涉、項羽次之、高祖又次之、	見《評林》頁 2872

備	**一. 評林刪字**（原典字下畫線者） 1. 豪傑並擾，項梁業之子羽接之，殺慶救趙，諸侯立之，誅嬰背懷，天下非之 **二. 評林增字**（評林字下畫線者） 1. 焉 2. 云云 **三. 評林某字原典作某**（字加框者） 1. 髙字作高 2. 葢字作蓋 3. 義字作義 4. 幾字作幾 5. 于字作於 6. 墮字作墜 7. 道字作政 8. 述字作迹	
註		

第六節　輯　佚

　　《史記評林》一書，刊刻難免舛誤，然於輯佚一端，功不可沒。其中以倪思與劉辰翁之《班馬異同評》最具代表性。以下謹將《評林》中，倪思、劉辰翁之評議文字，依太史公百三十篇次序羅列於下，藉補見存《班馬異同》〔註1〕闕漏之憾。

殷本紀第三

　　　劉辰翁曰、太甲至太戊六世、太戊至祖乙五世、祖乙至盤庚八世、盤庚至武丁四世、皆衰而復起、孟子曰、由湯至于武丁、賢聖之君六七作、正謂此也、【見《評林》頁85】

項羽本紀第七

　　　倪　思曰、吳中子弟憚籍易、吳中賢士大夫皆出梁下難、此梁所以尤賢也、【（史部，紀傳類，總義之屬，班馬異同，卷一，頁2。善本）】

〔註1〕《班馬異同》與《班馬異同評》，《四庫全書總目》以為兩書，而《四庫全書總目提要》以為一書，查今日見存書目，唯《班馬異同》一書，而其中無倪、劉二氏之評議文字，可見《班馬異同評》另有其本，且已亡佚。

劉辰翁曰、此召平不自了事、乃能作此度外奇事、所以發亡秦之端在此、【見《評林》頁 248】

倪　思曰、梁死立敗、復奪其權他屬、然殺上將軍得上將軍、軍中耳目固自不同、以此沈舟誓眾、非無本末者、後人效爲之非也、【見《評林》頁 256】

劉辰翁曰、敍鉅鹿之戰、踴躍振動極羽平生、【見《評林》頁 256】

倪　思曰、二世不聞敗、讓章耶者、即趙高也、不得見還走、其意已決不敢出故道又高、【見《評林》頁 257】

倪　思曰、增旣知爲天子氣、又云急擊勿失亦愚矣、【見《評林》頁 260】

劉辰翁曰、敍漢楚會鴻門事、歷歷如目覩、無毫髮滲漉、非十分筆力、模寫不出、【見《評林》頁 261】

劉辰翁曰、項王爲人不忍、于此可見、此項伯之所以敢諾、范增之所以不敢怒也、【見《評林》頁 261、262】

劉辰翁曰、一田榮不封、遂生此故、固知立功易爲宰難也、【見《評林》頁 268】

劉辰翁曰、子房妙處、在遺項王書、又并遺以齊梁反書、使羽事齊而不事漢、眞得緩急之上策矣。【集部，別集類，南宋建炎至德祐，須溪集，卷六，頁 53】

劉辰翁曰、一傳伯力已極、獨從重瞳著異聞、贊自佚宕、【見《評林》頁 285】

劉辰翁曰、過矣、謬哉、文相喚應、漢書改過失陋矣【見《評林》頁 285】

高祖本紀第八

劉辰翁曰、姓劉母劉固舛、母媼又禿甚、或隨俗所稱以見其初、則曰劉媼耳、【見《評林》頁 288】

劉辰翁曰、王媼武負疑爲二人、故又曰武負王媼以別之、又言此兩家、愈明高帝于饔餼矣報矣、不知此婦猶無恙否、【見《評林》頁 289】

倪　思曰、蕭何在呂公時、以季多大言少成事、及爲沛令謀、則召之、爲身謀則托之、殆呂公之教也、【見《評林》頁 294】

倪　思曰、以高帝寬大長者、而不免于屠潁川、所謂殺一不辜、而得天下不爲非耶、【見《評林》頁 301】

倪　思曰、自項梁以來，攻定陶不下，攻外黃未下，而通行無忌，殆欲

汲汲赴要害，擣虛邑耳。此最兵家要妙，令人不及掩耳，得
敵去爲幸，何暇追襲，此橫行之道也。若每邑頓兵，得寸失
尺，畏首畏尾，聲實皆喪，故高祖攻昌邑，未拔，過高陽，
攻開封，未拔，攻穎川，蓋深喻此獨宛強大，追敵近復過而
西，則前後相應，非他邑比也，故子房憂之，而惟漢事將成，
又有陳恢者謀之，非宛計，實漢計也。【(集部，別集類，明
洪武至崇禎，陶菴全集，卷四，頁 8)】

劉辰翁曰、兩言大破之、又言遂破之、文如破竹、【見《評林》頁 303】

劉辰翁曰、還軍霸上、本非初意、然謀臣之謀、是基帝王之業、息奸雄
之心者、獨藉此耳、【見《評林》頁 304】

倪　　思曰、兵入人國都、重寶財物滿前、委而去之、還軍霸上極是難事、
此則可謂節制之兵也、【見《評林》頁 304】

倪　　思曰、此直項世家事、子長欲見羽負入關約、又不用懷王命、故直
敘諸將、以見沛公之屈、故特詳如此、【見《評林》頁 307】

倪　　思曰、天下已定數語、此最識時知勢之論、雖蕭何輩、亦不曾念到
此、【見《評林》頁 308】

劉辰翁曰、此用兩九江王布、鄭重有精彩、【見《評林》頁 311】

劉辰翁曰、以泗上亭長、捐四萬金如糞土、委之一夫不疑、其志氣吞羽
百倍、【見《評林》頁 312】

倪　　思曰、以淮陰之勇峇擊齊、雖微蒯通、亦豈肯出食其下、徒手而返哉、
又曰、當此時、彭越將兵居梁地、往來苦楚兵絕其粮食、此正
漢事將成、處子長重出此語、未必無意、【見《評林》頁 314】

劉辰翁曰、傷胸要害、倉卒捫足、極未易矯、毋令楚乘勝于漢語極有力、
汲汲入關、置酒留飲四日、父老安心、葢懼傳聞之訛也、【見
《評林》頁 317】

劉辰翁曰、高祖始終得關中之力、關中人所以不忘者、秋毫無犯、約法
三章之效也、【見《評林》頁 317】

劉辰翁曰、安得猛十兮守四方、古人以爲伯心之存、恐非也、自漢滅楚
後、信越布及同時諸將誅死殆盡、于是四顧寂寥有傷心者矣、
語雖壯而意悲、自是亦道病矣、或者其悔心之萌乎、【見《評
林》頁 327】

劉辰翁曰、後之爲史者、但曰還沛置酒、召故人樂飲極歡足矣、看他發沛中兒教歌、至酒酣、擊筑歌呼起舞、展轉泣下、縷縷不絕、俯仰具至、直到空縣出獻、已去復留、諸母故人道舊又佳、對父老說豐恨事又佳、古今文字淋漓盡興，言笑有情，少可及此。【見《評林》頁 328】

倪　思曰、呂氏以一婦人問國事、時蕭相國無恙、既問及相國死後、又問其次、何其慮深也、【見《評林》頁 329】

韓世家第四十五

劉辰翁曰、獨重韓厥是也、韓有土乃厥起之【見《評林》頁 1482】

蕭相國世家第五十三

倪　思曰、舉宗數十人皆无聞名、未必皆有能戰功、想見何爲吏宗彊力眾、非諸將亡命者比耳、若徒以兄弟諸子、與諸將較智勇論功數、未必足以屈其心也、【見《評林》頁 1607、頁 1608】

曹相國世家第五十四

劉辰翁曰、小結先後至滎陽、皆極分曉、【見《評林》頁 1619】

劉辰翁曰、參平生惟七十創、最著傳功最、外本無可言、若無蓋公事、安所用子長哉、從蓋公以來、縱主吏歌呼、又笞窋只是一箇糊塗寫、出許多、然不可厭、以其語不一種也、【見《評林》頁 1622】

劉辰翁曰、本攻城野戰材也、及爲相國、獨遵用蓋公語、遂能養漢初氣脈、在亡秦之後文景之前、此漢之所以爲漢也、【見《評林》頁 1624】

留侯世家第五十五

劉辰翁曰、從倉海君得力士已怪、百二十斤椎舉于曠野之中、而正中副車、雖架砲不能也、大索甚急、良非獨自免并隱力十、此大怪事、卒歸之圯上老父、又極從容、此皆不可意測、不可語解、【見《評林》頁 1628】

劉辰翁曰、借箸、謂能不能每下一箸、【見《評林》頁 1634】

劉辰翁曰、欲易太子、留侯畫策招四皓一段、敘事明整、讀之歷歷如目擊、【見《評林》頁 1640】

劉辰翁曰、良爲劫、則此四人者良飾之、而其言良教之也、故太史公言

本招此四人之力諱之也、不然何不著此四人姓名、而對上亦
有不自稱名者耶、【見《評林》頁 1642】

劉辰翁曰、此傳從倉海君力士圯上父老以至四皓、豈必有名姓哉、殆以
天人助興漢業、故屢見不爲怪、未著子房之欲輕舉與黃石俱
葬、首尾奇事、【見《評林》頁 1643】

劉辰翁曰、將極言有鬼神、却從无鬼神說、滿傳奇怪、亦不得不爾、引
而歸之正、及論其形貌、亦爽然自失、言笑有情、【見《評林》
頁 1644】

陳丞相世家第五十六

劉辰翁曰、平已前謝其兄伯徃事魏、此語本不足書、用見古人文字原委
處、然終平之傳不復見、戶牖曲逆于伯何與哉、【見《評林》
頁 1646、頁 1647】

劉辰翁曰、此語亦今人所不敢道、【見《評林》頁 1648】

劉辰翁曰、平言高帝恣侮人、不能得廉節之士語意、謂項王諸臣招之不
可、獨有間耳、且廉節之士一爲人所疑、即潔身而走、故可
間、廉節語精、【見《評林》頁 1649】

劉辰翁曰、此女子軍窘甚、正要重夜字【見《評林》頁 1650】

劉辰翁曰、隨以行、謂即日行使其不測、【見《評林》頁 1651】

劉辰翁曰、只曲逆戶數見劉項之消亡、存者六之一耳、可畏哉、【見《評
林》頁 1653】

劉辰翁曰、爲壇以節召酇、非詔語、平所謂謀此易耳、使上自誅之、非
平不能、雖不知帝崩、而料事不失、謂其遺憂于後者、好事
議論之口也、【見《評林》頁 1653、頁 1654】

劉辰翁曰、因王陵相乃傳陵、又傳審食其、皆傳體當然、漢書析之、徒
使首尾不全耳、【見《評林》頁 1654】

周勃世家第五十七

劉辰翁曰、以梁委之、絕其糧道、自是兩事、妙在棄梁、然難爲、梁甚
宜怨、【見《評林》頁 1668】

倪　思曰、亞夫言論可稱、非不知體者也、此五人侯後不聞來者、來者
可盡侯乎、【見《評林》頁 1670】

劉辰翁曰、不封王信對是、今尙席取權、則近暴主之失、【見《評林》頁1670】

劉辰翁曰、反者、貪富貴耳、地下何富貴之有、小人語取給類耳、【見《評林》頁1671】

蘇秦列傳第六十九

劉辰翁曰、當時山東之國、惟齊楚之強可與秦抗衡、而齊不近秦患、楚則近秦患、故言其強不當事秦雖同、而楚則以勢不兩立者激之、此其異也、【見《評林》頁1843】

刺客列傳第八十六

劉辰翁曰、聞人有刺韓相四句、語甚纏綿詳悉、末乃用嚴仲子知吾弟一句斷之、斬截之甚、又繼以立起如韓之市而死者果政也、緩急起伏、宛然當時氣象、【見《評林》頁2111】

張耳陳餘列傳第八十九

劉辰翁曰、豈顧問哉、謂豈待回顧通問哉、【見《評林》頁2180】

魏豹彭越列傳第九十

劉辰翁曰、方亂時乃有讓千乘却齊趙繼絕世如周市者、惜其福智不及、不然豈不高視籍輩哉、【見《評林》頁2183】

劉辰翁曰、喋血乘勝日有聞矣、不可解、看上語意謂其喋血乘勝日則有聞、身已爲王、彼時不反、此時乃反、如此下語、最是用力處、意日字句讀、聞字誤、【見《評林》頁2188】

黥布列傳第九十一

劉辰翁曰、日布嘗冠軍、日常爲軍鋒、日楚兵常勝、功冠諸侯、以布數以少敗眾也、皆于敘事中、提掇其功、【見《評林》頁2192】

淮陰侯列傳第九十二

劉辰翁曰、滕公盛德、乃具眼人也、在蕭何前魏無知上【見《評林》頁2204】

劉辰翁曰、此文字之祖、【見《評林》頁2219】

劉辰翁曰、揣摩親切、發越慷慨、【見《評林》頁2220】

劉辰翁曰、取譬反覆、極人情所難言、此文在漢初第一、【見《評林》頁2220】

劉辰翁曰、文字有急辭不可緩者、問信死亦何言、是也、有緩詞不可急
者、蒯通陳秦綱、是也、漢書雖剪之使勁、然出之者迫、則
聽之者不移、此傳極似先秦、刪即爲漢、不得已寧疎輸勿密、
史漢之分也、【見《評林》頁 2224、頁 2225】

田儋列傳第九十四

劉辰翁曰、安期生神仙家多傳之、大抵英雄不得志、而自放志耳、豈必
羽化飛空哉、【見《評林》頁 2245】

樊酈滕灌列傳第九十五

劉辰翁曰、兩常從、亦見當時獨親厚噲不特戰時爲然、【見《評林》頁 2248】

劉辰翁曰、肩字妙、若漢書作屏字、則項氏君臣疑伯矣、政以且舞且蔽、
獨以肩爲舞態、圖畫彷彿所不能陳、特在此字、【見《評林》
頁 2249】

劉辰翁曰、雍輕車騎于雍南、必是當時先有漢軍待噲來戚作一處、以此
見漢初功狀甚明、無毫髮失實、【見《評林》頁 2250】

劉辰翁曰、降定、擊破、破得、皆傳內吏文、似羨而非羨、【見《評林》
頁 2252】

劉辰翁曰、賜所奪邑、恐是嬰以他故奪邑、至是復賜之耳、漢書註亦有
是說、【見《評林》頁 2259】

張丞相列傳第九十六

劉辰翁曰、趙堯小吏、獨能測知帝意、因時進言亦奇矣、然其爲趙王謀、
則速之斃也、【見《評林》頁 2270】

酈生陸賈列傳第九十七

倪　思曰、此數言益見酈生疎落不檢、有志願成、輕死生外身世之意、
漢書去之、遂覺索然以終、【見《評林》頁 2288】

劉辰翁曰、賈比他說士、最情實溫厚、【見《評林》頁 2289】

劉辰翁曰、左右呼万歲、幸其囘心向道也、今人豈復有此、【見《評林》
頁 2291】

傅靳蒯成列傳第九十八

劉辰翁曰、以傷心語著愛、不得不混褒之、【見《評林》頁 2306】

劉敬叔孫通列傳第九十九

  劉辰翁曰、新破少民、與百萬可具又自相忤、故知說士不足憑、【見《評林》頁 2311、頁 2312】

  劉辰翁曰、此與美人習兵法無異、【見《評林》頁 2315】

季布欒布列傳第一百

  劉辰翁曰、此周氏奇甚在朱家上、是能用朱家者、而其後朱家獨聞、【見評林】頁 2321】

  倪　　思曰、進退如此本難自言、氣勁詞直足戒千古、寫至默歔良久、忽得一語佳處、正在特字、君臣眞態于此可見、【見《評林》頁 2323】

  倪　　思曰、布明越功罪、無一語不肯綮、足以折帝之氣而服其心、遂不果殺、【見《評林》頁 2326】

  劉辰翁曰、此語感動千古、眞能言也、【見《評林》頁 2326】

袁盎晁錯列傳第一百一

  劉辰翁曰、有從史、又有不忍刺之客、何奇士之多也、惜史逸其名、【見《評林》頁 2335】

  劉辰翁曰、皆史記草創之妙、又增劇孟、無故生問荅、甚高、【見《評林》頁 2336】

  倪　　思曰、子長只是借他人、寫出胷次間事、【見《評林》頁 2336】

  劉辰翁曰、削地非始錯議也、自賈生痛哭、袁盎諫淮南、意者漢廷諸臣、无不知當削、特畏禍及己、偷安且夕耳、錯爲文帝家令時、即以爲言、至是請削之、葢忠臣用心、舍是無大者、錯父雖愚亦知安劉、不得不爾則其子忠也、非誤劉氏也、【見《評林》頁 2338】

張釋之馮唐列傳第一百二

  劉辰翁曰、此一段文如畫、【見《評林》頁 2343】

  劉辰翁曰、獨無間處乎、不惜寫到此、正是妙意、【見《評林》頁 2347】

  劉辰翁曰、與余善三字、他人所不必者、孰知其切于傳聞與紀載哉、【見《評林》頁 2349】

吳王濞列傳第一百六

倪　思曰、秦漢以來多有讖緯之說、故後五十年東南有亂、蓋當時占氣
　　者所說、恐非高帝能前知也、【見《評林》頁 2410】

劉辰翁曰、誂字甚佳、漢書改作口說、則下無文書口報字贅矣、又曰、
　　宿夕兩字便深切、謂以夜繼之也【見《評林》頁 2413】

劉辰翁曰、此辨士極知深淺變化、語皆醞藉可觀、【見《評林》頁 2414】

劉辰翁曰、而曰以下數語、是諸王策、其間有不從者、故先言後日所處、
　　以說之耳漢書去之謬甚、【見《評林》頁 2415】

劉辰翁曰、來得悲壯、古語如此自妙、【見《評林》頁 2415】

劉辰翁曰、此篇語意傾人、亦非後來所有、後人修史此必不錄、但曰反
　　書聞止矣、【見《評林》頁 2417】

劉辰翁曰、少將名言、天下之大計也、一傳三奇、田祿伯奇、周丘奇、
　　然皆不能及此、【見《評林》頁 2420】

劉辰翁曰、贊有惜錯意、又有快盎意、【見《評林》頁 2425】

魏其武安列傳第一百七

倪思曰、嬰不顧竇太后、引誼別微、眞忠臣也、【見《評林》頁 2427】

劉辰翁曰、相提二字雖不可曉、意者亦對客不能忘言之意、【見《評林》
　　頁 2428、頁 2429】

韓長孺列傳第一百八

倪　思曰、此俚語、引用雖切、然不可訓、【見《評林》頁 2448】

劉辰翁曰、管子書目匈奴爲騎寇、謂其負戎馬之足也、【見《評林》頁 2449】

劉辰翁曰、安有三十餘萬作伏兵者、謀亦拙矣、【見《評林》頁 2450】

李將軍列傳第一百九

劉辰翁曰、太史公極意言李將軍不幸、故引弟蔡首末僥倖至列侯三公、
　　正是恨處、又取望氣者備廣胷懷口語、如慨而歎、縷縷可傷
　　處止在而字然字耳、且固命也、能使墮淚、【見《評林》頁 2461、
　　頁 2462】

匈奴列傳第一百十

倪　思曰、子長於世家推本先聖之後、乃言匈奴祖禹、至于有國莫長焉、
　　而使侵中國時有之、豈天將以報抑洪水之功耶、則夷進之久
　　矣、亦莫能泯也、【見《評林》頁 2469】

劉辰翁曰、兒能騎羊、引弓射鳥鼠、雖其俗常事、寫出如畫、【見《評林》頁 2470】

劉辰翁曰、詩人有薄伐之辭、儒者遂以不極之塞外爲美、不知秦襄公救周、而不能不東徙、極其所至、亦不過岐山之下、是古公故鄉、又惡得爲境外哉、【見《評林》頁 2472】

倪　思曰、蒙恬死、匈奴得寬、文活動有精神、【見《評林》頁 2476】

劉辰翁曰、精神在兩千里馬、【見《評林》頁 2477】

劉辰翁曰、只漢過不先四字、見得負約常在單于、【見《評林》頁 2490】

劉辰翁曰、斗辟語奇、什字即斗字之誤【見《評林》頁 2493】

倪　思曰、中國之兵凡二十四万騎、而粮重不與、則步兵又可知巳、前後師出之盛、未有如此者、【見《評林》頁 2497】

倪　思曰、去病封禪雖屬兒戲、然自平城以來、能犁亭掃穴、則自匈奴患中國、千餘歲一時也、武帝承文帝之後、赫然振古如此、惜賈生不及見耳、【見《評林》頁 2497、頁 2498】

倪　思曰、前見徙關東貧民處所奪虜地、又見渡河置田官、蠶食接境、非將帥武臣力能使致此、使中行說猶存、尚能鈇騎蹂吾稼耶、以此推見咸卒戍半非容易者、第不知後來此地窮竟何如、【見《評林》頁 2498】

倪　思曰、以吾使爲欲說也、故書來則先折其辨、又恐其欲刺也、故少年來者、必先折其氣、非爲欲刺使者以折之也、兩語寫虜情最悉、亦以其非中貴人故耳、【見《評林》頁 2500、頁 2501】

倪　思曰、漢兩使入匈奴、欲以乖其國、其後左大都尉之謀、未必非弔右賢王之效也、惜其蹉跌使受降之城與長安之邸俱虛耳、【見《評林》頁 2501、頁 2502】

劉辰翁曰、罔褒、謂不得不褒則有可諱矣、遷亦欲爲微隱者、然已著大意不滿、當時以爲順從君之欲、所謂席中國廣大氣奮、深得體要、建功不深、又似惜其志之未盡成者、何前後之異也、則其中有難言者矣、【見《評林》頁 2506】

司馬相如傳第一百一十七

劉辰翁曰、本是一段小說、子長以奇著之、如聞如見、乃并與其精神意氣隱微曲折畫就、益至俚褻而尤可觀、【見《評林》頁 2588】

倪　　思曰、賦无異、直誇多鬪靡、如魚龍曼衍欲不可極、使人動心駭目、然又不若參差形似若有若无之爲得也、【見《評林》頁 2591】

倪　　思曰、龍鱗語工、丹青赤白、何莫不然、實字虛用、【見《評林》頁 2592】

倪　　思曰、費語不多而氣槩吞吐已極、【見《評林》頁 2599】

劉辰翁曰、此數語折難說言主意、【見 2622】

倪　　思曰、憂愛懇欵、語厚意長、可爲奏疏法、一字一句、形容精密、雖有千賦不及此疏也、【見《評林》頁 2625】

倪　　思曰、羣仙以降、曼延淫灑至載玉女、使人駭且欲悔、而卒歸之正、至西王母數語使人意消、何神仙之足言、未遠遊卻又似有所未見、未肯以爲虛无也、虛无之善者也、【見《評林》頁 2631、頁 2632】

劉辰翁曰、頌當分爲六章、首章言甘露時雨佳穀之瑞、二章言德澤流而物懷思以興太山之望幸、三章四章五章言騶虞麟龍之瑞臻所以覺悟于人以著受命之符、六章以上符瑞上帝依類託寓而諭天子使封禪也、末數語所以言天符不可違而王道不缺也、【見《評林》頁 2637】

倪　　思曰、旰旰睦睦、謂鳳、故曰盍聞其聲、又曰茲亦於舜、謂舜亦有此祥、【見《評林》頁 2637、頁 2638】

倪　　思曰、假、格也、謂其祀天有典、猶恐有所闕遺也、其殆以納于大麓亦封禪者乎、【見《評林》頁 2638】

淮南衡山列傳第一百一十八

劉辰翁曰、厲王生不知母、長而不忘仇恨、身危犯法以攄其憤、使无驕恣自禍、此志豈不與天壤相磨、可稱諷誦哉、文帝傷其志是已、【見《評林》頁 2642】

劉辰翁曰、淮南王以下二十七字、備其大者、漢書雖列其才能風流、然入怨望、猝不能得、【見《評林》頁 2648】

倪　　思曰、謀情委曲難知、太史公摹寫得盡、【見《評林》頁 2649】

汲鄭列傳第一百二十

劉辰翁曰、皆子長極意發明、其人善灌夫鄭當時、亦借以明之、皆傳中

品目也、【見《評林》頁 2674】

倪　思曰、放析就功、殆枉以爲直、破析苛碎、須要如己意自爲功耳、【見《評林》頁 2676】

劉辰翁曰、因黷故生安、因安故又及叚宏、可謂展轉甚不切者、及言衛人、然後一時出處有可嘆者、又與傳第一語有寵于古之衛君者相發云、【見《評林》頁 2679、頁 2680】

酷吏列傳第一百二十二

倪　思曰、太史公語不多而意深厚、法令者治之具、而非制治清濁之源、便得大綱說到、姦僞萌起上下相遁即借法爲欺而無情實、故至于不振、及此時非酷吏救止、安能偷少頃之快語勢不得不然非與酷吏也、【見《評林》頁 2699】

倪　思曰、成傳皆无事實、空自形容、欲盡得其爲人、【見《評林》頁 2703】

劉辰翁曰、亦其天資偏得之、非學力可至、使无功業、則勁鼠而已、【見《評林》頁 2704、頁 2705】

倪　思曰、自亭疑法、即奏事、所治即上意、即豪、即下戶、截截如老吏、【見《評林》頁 2706】

劉辰翁曰、昔之猾、民今畏縱之嚴、反爲吏耳目、助治公務以自效、【見《評林》頁 2713】

倪　思曰、取爲小治、奸益不勝、極見酷吏之無益、人必不服、今日小定、明日既不可行此而誅之亦不勝也、【見《評林》頁 2714】

劉辰翁曰、酷吏十人、都斬、成髡鉗、由縱棄市、湯自殺、溫舒五族、尹齊亡去、減宣自殺、惟杜周有子孫、趙禹壽、酷吏首尾只似一傳、故趙禹卒于張湯、溫舒始于義縱、義縱亦卒于楊僕、尹齊甚于甯成、杜周甚于溫舒、皆橫行逆見、而心術形勢、時事勝敗、民俗情僞、無不可以一日而得、若禹自禹、湯自湯、誰不能者、【見《評林》頁 2720、頁 2721】

游俠列傳第一百二十四

劉辰翁曰、韓非子刻薄、欲箝制人心術使必不得騁、而獨取俠客之義、如其說難與孤憤、至緩急者、人之所時有也、更自藹然叩其意、本不取季次原憲等、蓋言其有何功業、而志之不倦、卻

借他說游俠之所爲有過之者而不見稱、特其語厚而意深也、
【見《評林》頁 2752、頁 2753】

倪　思曰、韓非子由是以學士引次憲爲人所稱、太史公只直謂爲學士亦
不免賴游俠、無游俠則如彼、又謂次憲與游俠比、則彼必有
所同、又非笑學士拘于咫尺之義、可謂擯詆不遺餘力、亦若
儒者之於游俠然、俯仰悲慨得之身世之感、無不怜傷其意、【見
《評林》頁 2753、頁 2754】

倪　思曰、既說鄉曲之俠、又閭巷之俠、又匹夫之俠、節節不放過、要
見難之又難、以此直至捍當世之文罔與暴豪之徒、反覆而愈
明、【見《評林》頁 2755】

劉辰翁曰、以誠自歸故去之、若杯酒之過、自不可至殺也、其矯情好名
若此、【見《評林》頁 2756】

劉辰翁曰、在文帝爲英明、在公孫弘爲已甚吾嘗謂公孫弘深刻此語其一
也、【見《評林》頁 2758、頁 2759】

佞幸列傳第一百二十五

劉辰翁曰、四嗜字、相應心懸由此怨通矣句、洒絕、【見《評林》頁 2763】

滑稽列傳第一百二十六

劉辰翁曰、滑稽者、至鄙褻、乃直從六藝莊語說來、此旣太史公之滑稽
也、【見《評林》頁 2767】

日者列傳第一百二十七

劉辰翁曰、張守節謂日者傳非太史公所作、觀其辨肆淺深、亦豈褚生所
能、【見《評林》頁 2787】

劉辰翁曰、導惑教愚四字、似古語有味、【見《評林》頁 2792】

貨殖列傳第一百二十九

劉辰翁曰、貴之徵賤易見、賤之徵貴難知、當下里无用之時、一日而急、
則珠爲不足弃穀粟、猶是也、【見《評林》頁 2833】

倪　思曰、借知鬭則修備、以明時用則知物、其理甚明、未有欲鬭而徒手
者也、知物之爲時用、猶知彼知己所以鬭也、金穰水毀皆大槩
之論、非謂必然、下六穰六旱十二年飢亦然、一水一旱、有時
作无時備、不畏常稔常旱也、【見《評林》頁 2834、頁 2835】

劉辰翁曰、借陶朱公形已意、故時時自言、與時逐而不責于人、善治生
　　　　者、能擇人而任時、皆是也、非陶朱公語也、【見《評林》頁
　　　　2836】

倪　　思曰、此傳特于敘事中著精語、【見《評林》頁 2837】

倪　　思曰、樂觀時變、與盡地力相遠、雖以此治天下可也、人棄我取、
　　　　人取我與、亦老子之所未言、【見《評林》頁 2837】

劉辰翁曰、索隱注、陳椽猶經營繆、當是楊姓陳姓、因緣其間得所欲耳、
　　　　椽緣通、【見《評林》頁 2840】

倪　　思曰、好辭巧說、謂詞賦之類、此復何與于貨殖、直足開談、【見《評
　　　　林》頁 2844】

劉辰翁曰、夫天下物所鮮所多、人民謠俗猶具題目、其說見下、【見《評
　　　　林》頁 2844、頁 2845】

劉辰翁曰、鄒魯以曹邴、故去文學而趨利、此即前甚于周人之語、足使
　　　　人慚、【見《評林》頁 2851】

倪　　思曰、督道者、倉所在地名耳、猶後傳註漢官關踈所稱細柳倉也、【見
　　　　《評林》頁 2852】

倪　　思曰、謂當開邊時、惟長此輩富厚耳、其下故又及吳楚、【見《評林》
　　　　頁 2852】

第七節　小　結

　　《史記評林》之闕謬，一如前云：「唯是書因隨文編纂，受篇幅限制，刊
刻所囿，故採隨文編列方式為之，然即此，後人於展讀之際，迺乏並比宏觀
與識見比較之便，此不利之一也；文字或因版本不一，或因刊刻欠精，字句
每有出入與模糊，甚或訛誤，此不利之二也；因未標出處與版本，校覈不便，
引用難確，此不利之三也。職此，以近代嚴格學術研究衡之，深感不便，因
此，試就兩宋評點部份，糾其誤謬，矯其不便，補其闕遺，作為論文研究目
的之一。」對於第一點，試以第五章之分類比較以彌其失，至於「文字或因
版本不一，或因刊刻欠精，字句每有出入與模糊之處，迺至訛誤漏失，及未
標出處與版本，校覈不便，引用難確」兩點，則於本章一併處理，除隨文依
序將《評林》之評點逐一核校外，並將出處標記其上，以便來者參考。以下

謹就評點校勘之結論，分述如下：

　　案：凡本節所引諸例，因見於前述勘誤各表之中，故一例之中，雖包含各項勘誤諸問題，然此舉證，唯就該項問題說明，餘則不再贅言，欲其詳，請參見本章第二至第六節，勘誤備註中說明。

一、《評林》刪節

（一）有大段刪節者，此又分兩類

1、無妨於論旨，而刪節者。例如：

（五帝本紀第一）（孫復）舜起微陋，**雖曰睿聖，然**世德弗耀，四岳、十二牧，未盡服其德；九州四海，未盡蒙其澤，不可遽授以大位也。**若遽授之，則四岳、十二牧其盡臣之乎？九州四海其盡戴之乎？不臣不戴則爭且叛矣！堯懼其如是也，非權曷以授之？**於是潛神隱耀，厥用弗彰，以觀于舜，故八凱八元，雖<u>積</u>其善而不舉也；<u>三兇</u>、四兇雖<u>積</u>其惡而不去也。若盡舉八凱、八元、盡去三兇、四兇，則舜有何功於天下耶？<u>是故堯不舉，而俾舜舉之，堯不去，而俾舜去之，俟其功著于天下，四岳、十二牧，莫不共臣之；九州四海，莫不共戴之，然後授以大位，**絕其爭且叛也，非堯孰能與於此**。（史部，史評類，史論之屬，歷代名賢確論，卷二，頁 5）（善本）

（殷本紀第三）（金履祥）履祥按：兄死弟及，自太庚始，謂爲殷禮非也。伊尹曰：七世之廟，可以觀德。父子相傳爲一世，若兄弟則昭穆紊矣。**沃丁及見伊尹之典刑，死而傳弟，當必有故，而典籍無所考**，後世循襲，**諸弟子或爭立**，遂啓亂源，是以聖人立法，不立異以爲高。（史部，編年類，資治通鑑前編，卷四，頁 36）

（吳世家第三十一）（蘇軾）季子觀樂於魯，知列國之廢興於百年之前，方其救陳也，去吳之亡，十三年耳，而謂季子不知可乎？**闔廬之自立也，曰季子雖至不吾廢也，是季子德信於吳人，而言行於其國也，且帥師救陳，不戰而去之，以爲敵國名，則季子之於吳，蓋亦少專矣。救陳之明年，而子胥死**，季子知國之必亡，而終無一言於夫差，知言之無益也。夫子胥以闔廬霸，而夫差殺之如自隸，豈獨難於季子乎？烏乎悲夫！吾

是以知夫差之不道，至於使季子不敢言也。（集部，別集類，宋金元，東坡全集，卷九十四，頁1、頁2）（善本）

（齊太公世家第三十二）（蘇軾）東坡曰：權以濟事曰譎。鄒陽曰：齊桓公殺哀姜于夷。孔子曰：正而不譎。**陽之時，師傅蓋云爾。以此推之，晉文公譎而不正，蓋納辰嬴之過也。**哀姜親也，齊雖不誅，君子不以罪桓公，故曰：正而不譎。以為桓公可以譎而徇正，蓋甚之也。（史部，史評類，史論之屬，歷代名賢確論，卷二十三，頁4）（善本）

（周公世家第三十三）履祥按：鄭以祊田易許田，其請久矣，**故嘗先歸祊，隱公受之，已入祊矣，而許田則未與也。隱公豈以朝宿之邑，重於予鄭耶？或者廣狹肥确之非鈞也，桓弒隱而立**，立即脩好於鄭，而鄭要之以許，為垂之會，且加璧焉。於是卒與許田矣。蓋鄭以貪易許，而桓以餂賂鄭也。（史部，編年類，斷代之屬，先秦，增定資治通鑑前編，卷十，頁19）（善本）

案：上述諸段文字，其字下畫線並加粗其字體部分，因無妨於論列，故凌氏予以刪節（詳見本章第二節至第六節評點校勘各則之「備註欄」，以下諸例皆同。）且綜觀《評林》刪節處，往往無妨於論旨。

2、刪節而文意辨析不足者

（吳世家第三十一）（蘇轍）蘇子曰：吳自太伯至壽夢十九世，不通中國，壽夢以下始與諸侯盟會，七世而亡，然孔子作《春秋》，終以蠻夷書之，謂_之_吳而不人，蓋禮義不足故也。春秋諸侯國而不人者三，楚始稱荊_而巳_。僖元年書楚人_伐鄭_，文九年書楚子_使椒來聘_，自是遂與諸侯齒，而吳、越終春秋不人，此其禮義存亡之實也，故予因《春秋》所書而推考三國得失之效，以為吳、越皆戰勝攻取，能服人矣，而無禮義以自將。**吳欲以乘陵諸夏，而不知止**，故闔閭之後，覆亡而不救；**越能自安於蠻夷，無意於王伯**，故句踐之後，固陋而無聞。至於楚，禮義雖不足道，而亦無愧於齊、晉，故其後遂與戰國相終始。由是觀之，禮義_之於為國_豈誣也哉！（史部，別史類，古史，卷八，頁10）

案：此刪「**吳欲以乘陵諸夏，而不知止**」與「**越能自安於蠻夷，無意於王伯，故**」於「無禮義」之遠因雖相同，於「覆亡而不救」與「固陋而無聞」

之近因，則難明，故此一刪節，則文意辨析不足。

（二）有刪節字句者

但為精簡文字者。例如：

（五帝本紀第一）遷所作本紀，出於《大戴禮》、《世本》諸書。今依其說，圖而考之，堯、舜、夏、商、周皆**同**出**於**黃帝。堯之崩也，下傳其四世孫舜；舜之崩也，復上傳其四世祖禹，而舜、禹皆壽百歲，稷、契於高辛為子，乃同父異母之兄弟。今以**其**世次而下之，湯與王季同世，湯下傳十六世**而**為紂，王季下傳一世**而**為文王，二世而為武王，是文王以十五世祖，自事十五世孫**紂**，而武王以十四世祖伐十四世孫而代之**王**，何其繆哉！（集部，別集類，宋金元，歐陽文忠公集，卷四十三，頁 11）（善本）

（齊太公家第三十二）（蘇軾）桓公帥諸侯以伐楚，次於陘而不進，**以待楚人之變**。楚使屈完如師，桓公陳諸侯**之師**，與**之乘而觀**之，屈完見齊之盛，懼而求盟，諸侯之師，成列而未試也。桓公退舍召陵，與之盟而去之，夫豈不能一戰哉？知戰之不必勝，而戰勝之利，不過服楚，全師之功，大於克敵，故以不戰服楚而不吝也。（集部，別集類，宋金元，欒城集，後集卷七，頁 6）（善本）

案：所刪節（字下畫線部分並加粗黑者）僅在精簡文字，林氏或以為無關宏旨，故雖刪節亦無妨。

（宋世家第三十八）（林之奇曰）**蓋**卜筮**者**，天**之**所示也。**必**人事盡，然後可以求之天**命**。（經部，書類，尚書全解，卷二十五，頁 18）

案：其中《評林》刪節之字（字下畫線並加粗黑者）如：1. 蓋 2. 者 3. 之 4. 必 5. 命諸字，省之但為精簡，無關論述。

二、《評林》增益

（一）評家補足文意者

（周公世家第三十三）呂祖謙曰：此中宗無逸之實嚴恭寅畏，合而言之，敬也。因桑穀而修省，亦其畏天命之一端，天人一理，既畏天命，必不

敢輕下民。祇懼不敢荒寧，皆敬也。惟敬故壽也，主靜則悠遠博厚，自強則堅實精明，操存則血氣循軌而不亂，收斂則精神內固而不浮，**至於儉約克治去牿賊之累，又不在言**。凡此皆敬之方，壽之理也。自此至文王，其壽莫非此理。（經部，書類，書集傳纂疏，卷五，頁 36）

（鄭世家第四十二）金履祥曰：按周之東遷，晉鄭焉依，而王奪鄭伯政，又嘗助曲沃伐翼，此所以失諸侯也。鄭伯不朝固有罪，今其來朝，與其進可也，**而桓王弗禮焉何哉**？（史部，編年類，資治通鑑前編，卷十，頁 8）

案：《評林》增句者（字下畫線部分並加粗黑者），為數較少，或為補足文意，或為加強語氣，故多增字句。

（二）《評林》保存文獻者

凌氏裒輯歷代評家之作，成立《史記評林》一書，其中或有一文輾轉稱引，多個出處者；或有原典已亡軼，無可校勘者，情況不一，然其中以倪思與劉辰翁之著《班馬異同評》最具代表性。依《四庫總目》：「（史部，卷四六，史部二，正史類二，正史類存目）【班馬異同評三十五卷】（浙江汪汝瑮家藏本）宋倪思撰。劉辰翁評。辰翁字會孟，廬陵人。景定壬戌廷試對策，忤賈似道，置丙第，遂以親老請掌濂溪書院。後召入史館，及除太常博士，皆不就。宋亡後隱居以終。其文集散佚僅存《四景詩》及《須溪記鈔》，蓋不及十分之一。今從《永樂大典》裒輯遺篇，始稍成卷帙。惟所評諸書尚傳，此本亦其一也。辰翁人品頗高潔，而文章多涉僻澀，其點論古書，尤好為纖詭新穎之詞，實於數百年前預開明末竟陵之派。此書據文義以評得失，尚較為切實。然於顯然共見者，往往贅論，而筆削微意罕所發明。又倪思原書，本較其文之異同。辰翁所評，乃多及其事之是非，大抵以意斷制，無所考證。既非論文，又非論古，未免兩無所取。楊士奇跋，以為臻極精妙，過矣。舊無專刻，僅附倪思書以行，然究為以辰翁之書亂思之書，故有疑《班馬異同》即為辰翁作者（語詳《班馬異同》條下）。今各著錄，俾兩不相淆焉。」可知，《總目》以之為兩部書，而《四庫提要》：「《欽定四庫全書》史部一《班馬異同》，正史類，提要：謹案《班馬異同》三十五卷，舊本或題宋倪思撰，或題劉辰翁撰，楊士奇跋曰：《班馬異同》，三十五卷，相傳作於須溪，觀其評泊批點，臻極精妙，信非須溪不能，而《文獻通考》載為倪思所撰，豈作

於倪而評泊出於須溪耶？其語亦兩持不決，案《通考》之載是書，實據《直齋書錄解題》，使果出於辰翁，則陳振孫時，何得先爲著錄，是固可不辨而明矣！是編大旨，以班固《漢書》多因《史記》之舊而增損其文，乃考其字句異同，以參觀得失。其例以《史記》本文大書，凡《史記》無而《漢書》所加者，則以細字書之；《史記》有而《漢書》所刪者，則以墨筆勒字旁；或《漢書》移其先後者，則注曰《漢書》上連某文，下連某文；或《漢書》移入別篇者，則注曰《漢書》見某傳。二書互勘長短較然，於史學頗爲有功。昔歐陽棐編集古錄跋尾，以眞跡與集本並存，使讀者尋刪改之意以見前人之用心。思撰是書，蓋即此意。特棐所列者一人之異同，思所列者兩人之異同，遂爲創例耳！其中如戮力作勠力，沈船作湛船，由是作繇是，無狀作亡狀，鈇質作斧質，數却作數卻之類，特今古異文。半菽作芋菽，蛟龍作交龍之類，特傳寫訛舛。至于秦軍作秦卒，人言作人謂，三兩人作兩三人之類，尤無關文義，皆非有意竄改。思一一贅列，似未免稍傷繁瑣，然既以異同名書，則隻字單詞皆不容略，失之過密，終勝于失之過疏也。至英布陳涉諸傳軼而未錄明，許相卿作《史漢方駕》始補入之，則誠千慮之一失矣！思字正甫湖州歸安人，乾道二年進士，歷官寶文閣學士，諡文節，事跡具宋史。」目之爲一書，今《班馬異同》見存，內無兩人評作，可證「異同」與「評」當作兩書，故《總目》之說爲確，然《班馬異同評》或已亡失，因此，欲知倪氏與劉氏之評者，必求之於《評林》一書，可見，凌氏保存文獻之一斑〔註1〕。例如：

韓世家第四十五

　　劉辰翁曰、獨重韓厥是也、韓有土乃厥起之【見《評林》頁1482】

蕭相國世家第五十三

　　倪思曰、舉宗數十人皆无聞名、未必皆有能戰功、想見何爲吏宗強力衆、非諸將亡命者比耳、若徒以兄弟諸子、與諸將較智勇論功數、未必足以屈其心也、【見《評林》頁1607頁、1608】

曹相國世家第五十四

　　劉辰翁曰、小結先後至滎陽、皆極分曉、【見《評林》頁1619】

　　劉辰翁曰、參平生惟七十創、最著傳功最、外本無可言、若無蓋公事、安

所用子長哉、從蓋公以來、縱主吏歌呼、又笞窋只是一箇糊塗寫、出許多、然不可厭、以其語不一種也、【見《評林》頁 1622】

三、《評林》易字（字加框及加黑者）

其情況有多種，例如：

（一）改 字

（三代世表第十三）（黃履翁曰）安敢望子長之風耶！夫表者，興亡 **理** 亂之大略，而固之表，則猶譜牒也。書者，制度沿革之大端，而固之 **志**，則猶 **案** 牘也。（子部，類書類，古今源流至論，別集卷五，頁 1）

案：1. 原典「理」字《評林》作「治」2. 原典「志」字《評林》作「書」3. 原典「案牘」《評林》作「書牘」，可見《評林》往往改字。

（周公世家第三十三）（金履祥曰）不薨于其位，猶道死也。雖謂之不沒于魯亦可也。經世書，三桓作難，弒其君哀公，蓋 **除** 心之法，不弒而實弒也。（史部，編年類，資治通鑑前編，卷十八，頁 22）

案：原典「除」字《評林》作「誅」，意義不變，故凌氏改之。

（平津矦列傳第一百一十二）（王安石曰）臣始讀《孟子》，見孟子言王政之易行，心則以爲誠然，及見與慎子論齊、魯之地，以爲先王之制國，大抵不過百里者，以爲今有王者起，則凡諸侯之地，或千里或五百里，皆將損之。至於數十百里而後止，於是疑孟子雖賢，其仁智足以一天下，亦安能毋刼之以兵革，而使數百千里之強國，一旦肯損其地之十八九，比於先王之諸侯。至其 **後** 觀漢武帝用主父偃之策，令諸侯王地悉得推恩 **封** 其子弟，而漢親臨定其號名，輒別屬漢，於是諸侯王之子弟各有分土，而勢強地大者，卒以分析弱小，然後知慮之以謀，計之以數，爲之以漸，則大者固可使小，強者固可使弱，而不至 **乎** 傾駭變亂，敗傷之釁，孟子之言不爲過。（集部，別集類，宋金元，臨川先生文集，卷三十九，頁 17）（善本）

案：1. 原典「後」字《評林》作「得」2. 原典「封」字《評林》作「分」3. 原典「乎」字《評林》作「於」皆是改字之例。

（二）異形字

（夏本紀第二）（蘇軾曰）包，裹也。小曰橘，大曰柚。錫者必待錫命而後貢，非__崴__貢之常也。（經部，書類，書經大全，卷三，頁 35）

案：原典「崴」字《評林》作「歲」，二「崴」、「歲」字屬異形之字。

（周本紀第四）（呂祖謙曰）穆王__卒__章之命，望__於__伯冏者深且長矣。此心不繼，造父爲御，周遊天下，將必有車轍馬__跡__，導其侈者，果出__於__僕御之間，抑不知伯冏猶在職乎否也！穆王豫知所戒，憂思深長，猶不__免__躬自蹈之，人心操舍之__無__常可懼哉！（經部，書類，增修東萊書說，卷三十三，頁 10）

案：1. 原典「於」字《評林》作「于」2. 原典「跡」字《評林》作「迹」3. 原典「無」字《評林》作「无」4. 原典「免」字《評林》作「兇」。可知凌氏所取，多異形之字。

（周公世家第三十三）蘇子古史曰：

魯自宣公殺其世子而自立，公室遂__卑__，三桓分有其民而竊咻之，民知有大夫而不知有君。襄公二十九年，季武子取卞，公還自楚，不敢入，歸而不敢問，__蓋__魯君之失國也，久矣。至昭公，不忍其詢，未能收民，而舉兵攻之，遂以失國。哀公孤弱，甚於昭公，又欲以越人攻之，終亦出死於越。嗟夫！__棄__民五世而欲一朝收之，宜其難哉！昔齊晏子嘗告景公以田氏之禍，公問所以救之者，晏子曰：唯禮可以__已__之。在禮，家施不及國。而大夫不收公利。景公稱善，而不能用，齊卒以亡。語稱哀公問社於宰我。宰我對曰：夏后氏以松，殷人以__栢__，周人以栗，曰使民戰栗。孔子聞之曰：成事不說，遂事不諫，既往不咎。予嘗考之，以爲哀公將去三桓，而不敢正言，古者戮人於社，其託於社者，有意於誅也。宰我知其意，而亦以隱答焉。其曰使民戰栗，以誅告也。孔子知其不可曰，此先君之所爲植根固矣，不可以誅戮齊也。蓋亦有意於禮乎？不然，何咎予之深也？孔子曰：禮樂征伐，自諸__侯__出，十世希不失矣；自大夫出，五世希不失矣；陪臣執國命，三世希不失矣。自隱至昭而逐於季氏，凡十世；自宣至定而制於陽虎，凡五世，虎不逾世而敗。自是三桓微，散沒不復見，而魯公室雖微不絕，遂與戰國相終始。蓋以臣__僭__君，不義而

得民，要以其力自斃，君雖失衆，而其實無罪，久則民將哀之，其勢固當然哉！（史部，別史類，古史，卷十，頁28、頁29）

案：此中包含數個「異形字」如：1. 卑字原典作畀 2. 葢字原典作盖 3. 弃字原典作棄 4. 己字原典作已 5. 柏字原典作栢 6. 矣字原典作侯 7. 僭字原典作僣。

（老子韓非列傳第六十三）（蘇轍曰）蘇子曰：

吾聞之子　　（關）兄子瞻曰：太史公言**莊**子作〈漁父〉〈盜**跖**〉〈胠篋〉，以詆訾孔子之徒，以明老子之術，此知**莊**子之**粗**者。予以爲**莊**子**葢**助孔子者，要不可以爲法耳。楚公子**微**服出**亡**，而門者難之，其僕操**箠**而罵曰：**隸**也不力。門者出之，事固有倒行而逆施者，以僕爲不愛公子，則不可，以爲事公子之法，亦不可，故**莊**子之言，皆文予而實不予，陽擠而**陰**助之，其正言也，**盍**無**幾**。至於詆訾孔子，未**嘗**不**微**見其意。其論天下道術，自墨翟、禽滑氂、彭蒙、愼到、田駢、**關**尹、老聃之徒，以至於其身，皆以爲一家，而孔子不**與**，其尊之也至**矣**。（史部，別史類，古史，卷三十三，頁5）

案：1. 原典「莊」字《評林》作「莊」2. 原典「跖」字《評林》作「蹠」3. 原典「粗」字《評林》作「麤」4. 原典「盖」字《評林》作「葢」5. 原典「微」字《評林》作「微」6. 原典「亡」字《評林》作「亾」7. 原典「箠」字《評林》作「筀」8. 原典「隸」字《評林》作「隸」9. 原典「陰」字《評林》作「陰」10. 原典「盍」字《評林》作「葢」11. 原典「幾」字《評林》作「幾」12. 原典「嘗」字《評林》作「嘗」13. 原典「關」字《評林》作「關」14. 原典「與」字《評林》作「與」15. 原典「矣」字《評林》作「矣」皆是異形字。

（三）錯別字

（五帝本紀第一）（黄震曰）遷之紀五帝，自謂擇言之尤雅者著于篇，其存古之意厚**矣**，然黄帝殺蚩尤，與以雲紀官，纔一二事。若封禪事已不經，**至**顓頊帝嚳紀，皆稱頌語，非有行事可考。唐虞事雖頗詳，皆不過二典所已載，然則孔子定書斷自唐虞至矣，何**求**加爲？（子部，儒家類，黄氏日抄，卷四十六，頁1）

案：1. 原典「至」字《評林》作「志」2. 原典「求」字《評林》作「以」。前者以音近而訛，後者應是《評林》改字。

（六國表第十五）（陳仁子曰）六國之興成亦天運耳，故地無常利，推移之者，天也。粵自黃帝邑于涿鹿以來，顓帝邑于龍城，舜耕于歷山。箕子建國朝鮮，王氣在東。千五百年，乃轉而歸于西土。西土者，自文、武都豐鎬以來，秦據咸陽，漢卜長安，王氣在西。又千有一百年，乃轉而河朔。河朔者，自西漢中葉以後，新莽而下，極于隋、唐，河朔富盛，王氣在河朔。又九百年，乃轉而南夏。若南夏者，襄、漢以南達于湖、廣，江湖以南斥于閩海，安史之亂，皆禍所不及，由是東南十一路泰然安堵。歷五季以至宋，民物豐阜，皆古所號荒涼之地也。自南自北，王氣各有攸在，而司馬遷謂起事專在西南，成功專在東北，非的論矣。（集部，總集類，通代之屬，文選補遺，卷二十六，頁 1）（善本）

案：1. 原典「成」字《評林》作「滅」

（夏本紀第二）（朱熹曰）朱子曰：此最難說。蓋他本文自有謬處，且如漢水自是從今漢陽軍入江，下至江州，然後江西一帶江水流出，合為大江。兩江下水相淤，故江西水出不得，溢為彭蠡，上取漢水入江處，有多少路？今言漢水過三澨，至于大別，南入于江，東滙澤為彭蠡，全然不合，又如何去強解釋得！（經部，書類，書經大全，卷三，頁 75、頁 76）

案：1. 原典「下」字《評林》作「夏」2. 原典「溢」字《評林》作「亦」3. 原典「今」字《評林》作「金」，皆可見其同音而誤之跡。

（衛世家第三十七）（蘇轍曰）蘇子曰：衛之大亂者再，皆起於父子夫婦之際。宣公、靈公專欲以興禍，固無足言者。急子、壽子爭相為死，而莊公、出公父子相攻，出入二十餘年，不以為恥，賢愚之不同至此哉！然急、壽勇於義，惜其不為吳太伯，而蹈申生之禍以重父之過，可以為廉矣，未得為仁也。昔者孔子之門人季路、高柴皆事出公，孔子自陳反於衛，子路問曰：衛君待子而為政，子將奚先？孔子曰：必也正名乎。名不正則言不順，言不順則事不成，事不成則禮樂不興，禮樂不興則刑罰不中，刑罰不中則民無所措手足，故君子名之必可言也，言之必可行也。君子於其言無所苟而已矣。嗚呼！衛之名，於是可謂不正矣。靈公

黜其子而子其孫，出公不父其父而袮其祖，人道絕矣，孔子於是焉而欲正之。何爲而可？靈公之死也，衛人立公子郢，郢不可，則衛人立輒，使輒而知禮必辭，辭而不獲必逃，輒逃而郢立，則名正矣，雖以拒蒯聵可也。雖然孔子爲政，豈將廢輒而立郢邪？其亦將教輒避位而納蒯聵耳。蒯聵得罪於父，生不養死不喪，然於其入也，《春秋》書曰：晉趙鞅帥師納衛世子蒯聵于戚，非世子而以世子名之，以其子得立於衛，成其爲世子也。若輒避位而納其父，是世子爲君也，而名有不正乎？名正而衛定矣。（史部，別史類，古史，卷十四，頁 18、頁 19）

案：其中 1. 原典「急」字《評林》作「伋」（此一條《評林》糾正原典之失，可見《評林》亦有功於原典。） 2. 原典「耳」字《評林》作「耶」 3. 原典「入」字《評林》作「人」，急、耶、人應皆爲訛字。

（伍子胥列傳第六十六）（王安石曰）予觀子胥出死亡逋竄之中，以客寄之一身，卒以說吳，折不測之楚，仇枳恥雪，名震天下，豈不壯哉！及其危疑之際，能自慷慨，不顧萬死，畢諫枌所事，此其志与夫自恕以偷一時之利者異也。孔子論古之士大夫，若管夷吾、臧武仲之屬！苟志枌善，而有補於當世者，咸不廃也，然則子胥之義，又曷可少耶？（集部，別集類，宋金元，臨川先生文集，卷八，頁 7）（善本）

案：1. 原典「觀」字《評林》作「觀」 2. 原典「寄」字《評林》作「寄」 3. 原典「枳」字《評林》作「報」 4. 原典「震」字《評林》作「振」 5. 原典「異」字《評林》作「異」 6. 原典「論」字《評林》作「於」 7. 原典「枌」字《評林》作「於」 8. 原典「廃」字《評林》作「廢」 9. 原典「義」字《評林》作「父子」，其中除「觀」、「寄」、「枌」、「異」、「廢」屬異形字；「振」、「於」、「父子」屬改字外；「報」字或因形近而訛，故形異之。

（夏本紀第二）（蔡沈曰）言鐵而先於銀者，鐵之利多於銀也。後世蜀之卓氏、程氏，以鐵冶富擬封君，則梁之利尤在於鐵也。織皮者，梁州之地，山林爲多，獸之所走，熊、羆、狐、狸四獸之皮，製之可以爲裘，其毳毛織之可以爲罽也。（經部，書類，書經大全，卷三，頁 50）

案：1. 原典「冶」字《評林》作「也」 2. 原典「富」字《評林》作「附」 3. 原典「利」字《評林》作「立」 4. 原典「走」字《評林》作「聚」。其中「也」、

「附」、「立」皆因同聲而誤。

四、《評林》以出處不同之文扭合於一處，而不標注者（字下畫線者爲文本出處）

（宋世家第三十八）（林之奇曰）蓋卜筮者，天之所示也。必人事盡，然後可以求之天命。<u>（經部，書類，尚書全解，卷二十五，頁 18）</u>。

故龜、筮稽疑，必在皇極三德之後。<u>（經部，書類，洪範正論，卷五，頁 1）</u>

案：凌氏合二文爲一。（字下畫線者爲文本出處）

（宋世家第三十八）（呂祖謙曰）五者之中，三從二逆，從之理多，吉之所在也，然於三從之中，必龜、筮皆從乃可。蓋龜、筮無心之物，既已皆從，它雖有逆卿士、庶民，或者別有私心，未可知也。<u>（經部，書類，增修東萊書説，卷十七，頁 17）</u>

張氏曰：決疑主于蓍、龜，故進于卿士、庶民之上。龜、筮從，而臣民逆，亦吉者，以我心與鬼神合也。我與民雖逆，而亦吉者，以卿士與龜、筮同也；我與卿士逆，而亦吉者，以庶民與龜、筮同也。<u>（經部，書類，書集傳纂疏，卷四上，頁 46）</u>

若龜從而筮不從，必其尚有未盡者，故作内吉，如祭祀之事則可，作外凶，如征伐之事則不可。<u>（經部，書類，增修東萊書説，卷十七，頁 18）</u>

呂氏曰：汝與臣民皆從，而龜、筮皆違，則是於理必有未盡。靜而不爲則吉，動爲則凶矣，此義至精微。<u>（經部，書類，洪範正論，卷五，頁 20）</u>

案：呂氏四文分見各處，凌氏合而爲一。（字下畫線者爲文本出處）

（伯夷列傳第六十一）（黄震曰）太史公疑許由非夫子所稱不述，而首述伯夷，且悲其餓死，爲舉顔子、盗跖，反覆嗟嘆，卒歸之各從其志，幸伯夷得夫子而名益彰，其趣遠、其文逸，意在言外，詠味無窮，然豈知其心之無怨耶？<u>（子部，儒家類，黄氏日抄，卷四十六，頁 32）</u>

（伯夷列傳第六十一）（黄震曰）太史公載伯夷采薇首陽之歌，爲之反覆嗟傷，遺音餘韻，拱挹莫盡，君子謂此太史公託以自傷其不遇，故其情到而辭切，然非伯夷怨是用希之心也，故後世高其文，而非其音。<u>（子部，儒家類，黄氏日抄，卷五十一，頁 19）</u>

案：上述評議黃氏分見二處，凌氏合而爲一。（字下畫線者爲文本出處）

（老子韓非列傳第六十三）（蘇轍曰）孔子以仁義教人，而以禮樂治天下。仁、義、禮、樂之變無窮，而其稱曰：吾道一以貫之。苟無以貫之，則因變而行義，必有支離而不合者矣。《易》曰：形而上者，謂之道；形而下者，謂之器。語曰：君子上達，小人下達，而孔子自謂下學而上達者，洒掃應對，詩、書、禮、樂，皆所從學也，而君子由是以達其道；小人由是以得其器。達其道，故萬變而致一；得其器，故有守而不蕩，此孔子之所以兩得之也。蓋孔子之爲人也周，故示人以器而晦其道，使達者有見，而未達者不眩也；老子之自爲也深，故示人以道而略其器，使達者易入，而不恤其未達也。要之，其實皆志於道，而所從施之有先後耳。三代之後，釋氏與孔、老並行於世，其所以異者，體道愈遠，而立於世之表，指天下之所不見以示人，而不憂其不悟。曰要將有悟者，其說又老氏之耶也，《老子》八十一章，予嘗爲之解，其說如此。（史部，別史類，古史，卷三十三，頁2、頁3）

（老子韓非列傳第六十三）（蘇轍曰）：
吾聞之子　（闕）兄子瞻曰：太史公言莊子作〈漁父〉〈盜跖〉〈胠篋〉，以詆訾孔子之徒，以明老子之術，此知莊子之粗者。予以爲莊子蓋助孔子者，要不可以爲法耳。楚公子微服出亡，而門者難之，其僕操箠而罵曰：隸也不力。門者出之，事固有倒行而逆施者，以僕爲不愛公子，則不可，以爲事公子之法，亦不可，故莊子之言，皆文予而實不予，陽擠而陰助之，其正言也，益無幾。至於詆訾孔子，未嘗不微見其意。其論天下道術，自墨翟、禽滑氂、彭蒙、慎到、田駢、關尹、老聃之徒，以至於其身，皆以爲一家，而孔子不與，其尊之也至矣。（史部，別史類，古史，卷三十三，頁5）

（老子韓非列傳第六十三）（蘇轍曰）商鞅以法治秦，而申不害以術治韓。憲令著於官府，刑罰必於民心；賞存乎慎法，罰加乎奸令，所謂法也。因任而授官，循名而責實；操生殺之柄，課羣臣之能，所謂術也。法者，臣之所師，而術者，君之所執也。及韓非之學，並取申、商而兼用。法、術，法之所止，雖有聖智不用也。術之所操，雖有父子不信也。使人君據法術之自然，而無所復爲，此申、韓所謂老子之道，而實非也。（史

部，別史類，古史，卷三十三，頁 10、頁 11）

案：上述評議蘇氏分見三處，凌氏合而爲一。（字下畫線者爲文本出處）

（仲尼弟子列傳第六十七）（蘇轍曰）孔子之道如天然，在人賢者識其大者，不賢者識其小者，顏子識其大者也，故仰之而知其有高者存焉，鑽之而知其有堅者存焉，故曰語之而不惰者，其回也歟！此孔子所以獨稱其好學也。人誠有見於此，譬如爲山，雖覆一簣，未有能止之者也。苟誠無見矣，雖既九仞，不復能進也，此顏子與衆弟子之辨<u>也</u>。（<u>史部，別史類，古史，卷三十二，頁 3</u>）

（仲尼弟子列傳第六十七）（蘇轍曰）古之君子，其躬無所不敬。其於人也，則不然。平易近民，而後民安之，太公之所以治齊，則居敬而行簡者也；伯禽之所以治魯，則居敬而行敬者也，雖周公亦憂魯之不競，則仲弓之言，周、孔之所許也。（<u>史部，別史類，古史，卷三十二，頁 4</u>）

（仲尼弟子列傳第六十七）（蘇轍曰）太史公言宰我爲臨菑大夫，與田恒作亂，夷其族，孔子恥之。余以爲宰我之賢，列於四科，其師友淵源所從來遠矣。雖爲不善，不至於從畔逆弑君父也。宰我不幸平居有晝寢、短喪之過，儒者因遂信之。蓋田恒之亂，本與闞止爭政，闞止亦子我也。田恒既殺闞止，而宰我蒙其惡名，豈不哀哉！且使宰我信與田恒之亂，恒既殺闞止、弑簡公，<u>則尚誰族宰我者，事蓋必不然矣</u>。（<u>史部，別史類，古史，卷三十二，頁 5、頁 6</u>）

（仲尼弟子列傳第六十七）（蘇轍曰）太史公稱子貢一出，存魯、亂齊、破吳、强晉、伯越。予觀《春秋左氏傳》，齊之伐魯，本於悼公之怒季姬而非陳恒；吳之伐齊，本怒悼公之反覆而非子貢。吳、齊之戰，陳乞猶在而恒未任事，凡太史公所記皆非也。蓋戰國說客設爲子貢之辭，以自託於孔氏，而太史公信之耳。（<u>史部，別史類，古史，卷三十二，頁 10</u>）

（仲尼弟子列傳第六十七）（蘇轍曰）冉有、季路皆以政事稱於孔氏，冉有才有餘而志不足，其於季氏委曲從之，不能有所立也。至於季路，志厲而識闇，事衛出公，雖父子爭國，而不知其危也。方其攻莊公於臺上，使幸而莊公舍孔悝，季路與悝皆出，猶可言也。莊公方質孔悝以取衛，其不釋悝明矣。孔悝不出，遂攻而勝之，則爲臣弑君，季路雖生，將安

所容身乎？烏乎！學於孔子，<u>而</u>其慮害曾不若召獲，悲夫！（史部，別史類，古史，卷三十二，頁 17）

（仲尼弟子列傳第六十七）（蘇轍曰）善乎子夏之教人也，始於洒掃應對進退，而不急於道，使其來者自盡於學，日引月長而道自至，故曰百工居肆以成其事，君子學以致其道。譬如農夫之殖草木，既爲之區，漑種而時耨之。風雨既至，小大甘苦，莫不咸得其性，而農夫無所用巧也。孔子曰：君子上達，小人下達。達之有上下，出乎其人，而非教者之力也。異哉！今世之教者，聞道不明，而急於夸世，非性命道德，不出於口，雖禮樂政刑，有所不言矣，而況於洒掃應對進退也哉！教者未必知，而學未必信，務爲大言以相欺，天下之僞，自是而起，此子貢所謂誣也。（史部，別史類，古史，卷三十二，頁 19、頁 20）

（仲尼弟子列傳第六十七）（蘇轍曰）道有不可以名言者，古之聖人，命之曰一，寄之曰中。舜之禪禹，曰「人心惟危，道心惟微，惟精惟一，允執厥中」。聖人之欲以道相詔者，至於一與中盡矣。昔者，孔子與諸弟子言，無所不至，然而未嘗及此也。蓋嘗與子貢言之矣，曰：賜也，汝以予爲多學而識之者歟？曰：然，非歟？曰：非也，予一以貫之。雖與子貢言之，而孔子之言之也難，而子貢之受之也未信。至於曾子，不然。孔子曰：參乎！吾道一以貫之。曾子曰：唯。曾子出，門人問，曾子曰：夫子之道，忠恕而已矣！蓋孔子之告之也不疑，而曾子之受之也不惑，則與子貢異矣，然曾子以一爲忠恕，則知門人之不足告也夫！及孔子既沒，曾子傳之子思，子思因其說而廣之曰：喜怒哀樂之未發，謂之中；發而皆中節，謂之和。中者，天下之大本也；和者，天下之達道也，致中和，天地位焉，萬物育焉。子思之說既出，而天下始知一與中之在是矣，然子思以授孟子，孟子又推之，以爲性善之論。性善之論出，而一與中始枝矣。烏乎！孔子<u>之</u>所以不告諸弟子者，蓋爲是歟！（史部，別史類，古史，卷三十二，頁 23、頁 24）

（仲尼弟子列傳第六十七）（蘇轍曰）四子之言，皆其志也。夫子之哂由也，以其不讓，而其與點也，以其自知之明與！如曾皙之狂，其必有不可施於世者矣。苟不自知而强從事焉，禍必隨之。其欲從弟子風乎舞雩，樂以忘老，則其處已也審矣，不然，孔子豈以不仕爲貴者哉！（史部，

別史類，古史，卷三十二，頁 27）

（仲尼弟子列傳第六十七）（蘇轍曰）樊遲之學爲農圃，蓋將與民並耕而食歟！此孟子所謂許行之學也。孟子曰：有大人之事，有小人之事，堯以不得舜爲巳憂，舜以不得皋陶爲巳憂，以百畝之不易，爲巳憂者，農夫也。此孔子<u>所謂樊遲小人也。</u>（史部，別史類，古史，卷三十二，頁30、頁 31）

（仲尼弟子列傳第六十七）（蘇轍曰）太史公稱孔子既没，弟子以有若貌類孔子，師之如孔子時，及問而不能答，乃斥去之。夫以<u>益有若之賢，</u>而其無恥至此極歟！且月宿於畢而雨不應，商瞿四十而生五子，此卜祝之事，而鄙儒所以謂孔子聖人者，戰國雜說類此<u>者多矣！</u>（史部，別史類，古史，卷三十二，頁 32）

（仲尼弟子列傳第六十七）（蘇轍曰）孔子弟子高弟七十七人，余以《太史公書》及《孔子家語》考之皆同。秦冉、顏何不載於《家語》，而琴牢、陳亢不錄於《史記》，二書既不可偏廢，而琴張、陳亢又見於《論語》，<u>故并錄之，凡七十九人。</u>（史部，別史類，古史，卷三十二，頁 37、頁 38）

案：上述評議蘇氏分見十一處，凌氏合而爲一。（字下畫線者爲文本出處）

五、《評林》但取原典大意，不逐字引用者（字下畫線並加黑者）

（五帝本紀第一）（王安石曰）**<u>在廷之臣，可治水者，惟鯀耳。水之患，不可留而侯人。鯀</u>**雖方命圮族，而其才則群臣皆莫及，然則舍鯀而孰使哉！當此之時，禹盖尙少，而舜猶使於下而未見乎上也？（集部，別集類，宋金元，臨川先生文集，論議，卷六十八，頁 3）（善本）

案：《評林》以「鯀之治水、」替代「在廷之臣，可治水者，惟鯀耳。水之患，不可留而侯人。鯀」（字下畫線者）之大意，乃凌氏取其原典大意，而不逐字逐句引出者。

（齊悼惠王世家第五十二）（黃震曰）主父偃求徐甲，欲入其女齊後宮不遂，則<u>讒齊王殺之，</u>亦卒以此坐誅，**偃眞小人**哉！（子部，儒家類，黃氏日抄，卷四十六，頁 27）

案：凌氏以「天道其好還」取替原典之「偃眞小人」，是不逐字引用例。

六、《評林》與原典無異者。例如：

（夏本紀第二）（黃震曰）〈夏紀〉多櫽括〈禹謨〉、〈禹貢〉之書；少康中興，書所缺者亦缺。自仲康帝相少康，直以世次相承。若守文無事者，意者少康之事，遷時已無所考歟！（子部，儒家類，黃氏日抄，卷四十六，頁1）

（吳世家第三十一）（王應麟曰）夫差之報越，其志壯矣。燕昭報齊似之，取其大節，而略其成敗可也。（子部，雜家類，困學紀聞，卷六，頁39、頁40）（善本）

（蘇秦列傳第六十九）（鮑彪云）秦之自刺，可謂有志矣，而志在於金玉卿相，故其所成就，適足誇嬃婦耳，而此史極口稱頌之，是亦利祿徒耳。惡睹所謂大丈夫之事哉！（史部，雜史類，先秦兩漢之屬，戰國策校注，卷三，頁7）（善本）

七、其　他

（一）句讀異同者（《評林》句讀待商榷者「字體加黑並字下畫粗虛線者」）

（留侯世家第五十五）黃震曰、利啗秦將、旋破嶢關、漢以是先入關、勸還霸上、固要項伯、漢以是脫鴻門、燒絕棧道、激項攻齊、漢以是還定三秦、敗于彭城、則勸連布越、將立六國、則借箸銷印、韓信自王、則躡足就封、此漢所以卒取天下、勸封雍齒、銷變未形、勸都關中、垂安後世、勸迎四皓、卒定太子、**又所以維持漢室于天下既得之後凡良一謀一畫**、無不繫漢得失安危、良又三傑之冠也哉、然董公仁義正大之說、則良不及之、使以良之智、兼董公之識、而爲漢謀、伊周何尙焉、（見《評林》頁1643）

案：若斷爲：「又所以維持漢室於天下。既得之後，凡良一謀一畫，無不繫漢得失安危，良又三傑之冠也哉。」或能方便讀者解之。

（蘇秦列傳第六十九）鮑彪曰、蘇代之于燕齊、**皆嘗隙而復善之、情禮均也**、而獨爲燕圖齊之深何哉、昭王賢也、雖然糜爛人之民人、以行其

說、而奉其所賢仁者不爲也、獨不念嘗委質齊乎、（見《評林》頁 1855）

案：評林句讀待商榷者（字下畫粗虛線者）若斷爲：「皆嘗隙而復善，其情禮
　　均也。」或能方便讀者解之。

（二）位置調換者（字下畫線並文字加黑者）

（五帝本紀第一）（孫復）孫明復曰：舜起微陋，雖曰睿聖，然世德弗耀，
四岳、十二牧，未盡服其德；**九州四海**，未盡蒙其澤，不可遽授以大位
也。若遽授之，則四岳、十二牧其盡臣之乎？九州四海其盡戴之乎？不
臣不戴則爭且叛矣！堯懼其如是也，非權曷以授之？於是潛神隱耀，厥
用弗彰，以觀于舜，故**八凱八元**，雖積其善而不舉也；三兇、四兇雖積
其惡而不去也。若盡舉八凱、八元、盡去三兇、四兇，則舜有何功於天
下耶？是故堯不舉，而俾舜舉之，堯不去，而俾舜去之，俟其功著于天
下，四岳、十二牧，莫不共臣之；**九州四海**，莫不共戴之，然後授以大
位，絕其爭且叛也，非堯孰能與於此。（史部，史評類，史論之屬，歷
代名賢確論，卷二，頁 5）（善本）

案：九州四海與八凱八元，凌氏調換其字句位置爲四海九州與八元八凱。

（孟嘗君列傳第七十五）（黃震曰）
平原君好客，僅得一毛遂；孟嘗君好客，僅得一馮驩，而二君者其始皆
不能知之，尚何以好客爲哉？愚謂二君者，不足以知二子，而二子歸之
者，以貧無聊，如祿仕於亂世，免死而已。其後因事而顯，殆非二子初
心所期也，二君其亦幸而得此二子歟！（子部，儒家類，慈溪黃氏日抄
分類，卷四十六，頁 34）（善本）

《評林》：黃震曰、
按孟嘗君好，客僅得一馮驩、平原君好士、僅得一毛遂、而二君者其始
皆不能知之、尚何以好士爲哉、愚謂二君者不足以知二子、而二子歸之
者以貧無聊、如祿仕於亂世免死而已、其後因事而顯、殆非二子初心所
期、二君其亦幸而得此二子歟？（《評林》頁 1942）

（魏公子列傳第七十七）（黃震曰）
無忌用侯嬴、朱亥之力，竊符矯命，以赴平原之急。其後在趙，用朱公、
薛公之諫，**趣駕歸魏**，以却強秦之圍。此四人者，皆隱於屠沽博徒，無

忌獨能察而用之。五國賓從，威振天下，雖非正道，而能爲國家之重，過平原、孟嘗遠矣！**然侯生、朱亥之詐力，又非毛公、薛公之正論比也，**安釐王受秦反間廢無忌，不終十八歲而魏亡，悲夫！（子部，儒家類，慈溪黃氏日抄分類，卷四十六，頁 35）（善本）

《評林》：黃震曰、

按無忌用侯生朱亥之力、竊符矯命、以赴平原之急、其後在趙、用毛公薛公之諫、趣駕歸魏、以却彊秦之圍、此四人者、皆隱於屠沽博徒、無忌獨能察而用之、五國賓從、威振天下、雖非正道、而能爲國家之重、過平原孟嘗遠矣、**然毛公薛公之正論、又非侯生朱亥之詐力比也、**安釐王受秦反間廢無忌、不終十八歲而魏亡、悲夫、（見《評林》頁 1973）

案：上兩例皆是字句前後對調之確證。

（三）**改寫字句者**（《評林》摘取原典大意而改寫者，文字加黑並字下畫線者）

（張儀列傳第七十）（鮑彪曰）

按〈甘茂傳〉云：張儀西并巴蜀。當儀與錯議不同，**故紀、表並言錯定蜀，而〈茂傳〉之言如此，何也**？《水經》云：秦自石牛道使張儀、司馬錯尋路伐蜀滅之。《華陽國志》云：蜀王伐苴侯，苴侯奔巴，求救於秦，惠文王使張儀、司馬錯伐蜀滅之，是二人同往也。（史部，雜史類，先秦兩漢之屬，戰國策校注，卷三，頁 17）（善本）

《評林》：鮑彪曰、

按甘茂傳云、張儀西并巴蜀、當儀與錯議不同、**故使錯定蜀、而與甘茂傳、異何也、**水經云、秦自石牛道使張儀司馬錯尋路伐蜀滅之、華陽國志云、蜀王伐苴侯、苴侯奔巴、求救於秦、惠文王使張儀司馬錯伐蜀滅之、是二人同往也、（見《評林》頁 1866）

（魯仲連鄒陽列傳第八十三）（洪邁曰）

是三者重沓熟復，如駿馬下<u>駐</u>千丈坡，其文勢正爾。風行於上，而水波，眞天下之至文也。（子部，雜家類，容齋五筆，五筆卷五，頁 12）（善本）

《評林》：洪邁曰、

此等重沓文法、如駿馬下千丈坡、其文勢正爾、風行于上、而水波自生、

　　天下之至文也、若如今人減省其詞、便不見得當時反覆諄諄然稱先生、
　　尊崇仲連氣象、（見《評林》頁 2055）

案：上例為〈張儀列傳第七十〉、下例為〈魯仲連鄒陽列傳第八十三〉文字加
　　黑並字下畫線處，皆是文字改寫例證。

（四）《評林》刊刻模糊之處（模糊之處加□）

（始皇本紀第六）司馬光曰：
　　始皇登之罘，刻石堅之而仆，如是者三，始皇怒鞭之，石盡出血。今之
　　罘山石盡赤，相傳以為始皇鞭之云。至始皇三十六年庚戌，夜石自起立
　　為人言曰：三人未來，來焉已哉！居旁人聞之，□不解其說。後三十□
　　年，始皇出游，道經之罘，病甚，至沙丘□□乃始悟其說，三人□者，
　　乃秦字，言秦始皇來此而將死也。此與遺滈池君之說相似，然亦只兩月
　　間觀此兩異事。（見《評林》頁 204、頁 205）

（五）轉引評家改易或錯謬

評家	體例篇名	類別	評　　點　　內　　容	備註
倪思	高祖本紀第八	史識	劉辰翁曰： 自項梁以來，攻定陶不下，攻外黃未下，而通行無忌，殆欲汲汲赴要害，擣虛邑耳。此最兵家要妙，令人不及掩耳，得敵去為幸，何暇追襲，此橫行之道也。若每邑頓兵，得寸失尺，畏首畏尾，聲實皆喪，故高祖攻昌邑，未拔，過高陽，攻開封，未拔，攻潁川，蓋深喻此。獨宛強大，追敵近，復過而西，則前後相應，非他邑比也，故子房憂之。 （按：明黃淳耀《陶菴全集》曾引該語。）	（集部，別集類，明洪武至崇禎，陶菴全集，卷四，頁 8）

案：《史記評林》所引評家與原典轉引，有不一者在，上例劉辰翁，凌氏以為
　　倪思，類此共計十五例，詳參第五章第二節按語。又，評家舒稚生平闕，
　　或恐為舒雅之誤。

　　綜上所述，可知校勘《史記評林》一書，可以達到的效果如下：

1、註明資料之完整與出處，以符學術嚴謹之要求。

　　除兩宋評家之評議文字外，對於評家稱引之資料，能尋其根源，註明出
處，不僅有利學者之稱引，並可進一步提供探索，增益《評林》之應用範圍。

2、還原《評林》之增減，以利學者之採擇。

　　《評林》與原典全同者，其數可數，可知輯錄之議論，多半經編者更動，因此無論其爲刪節、增益、摘取大意或用字之改易、對調、異形乃至錯別，皆已非撰者原貌，故作爲現今之文字工作者，無論引據發論，乃至印刷出版，皆不可不知。此亦本章重要旨趣所歸。

3、提示學者正式引文之含義，避免誤解。

　　對於扭合數段評議文字爲一文與僅摘取原典大意而改寫部分，更是後人引用《評林》一書所應注意者，否則往往誤其出處，乃至誤解原著用意而不自知，故於校勘過程中，不厭繁瑣，一一覈校，希學者對《評林》一書之運用，更能取其利而去其弊。

4、比對字形之異同，以知用字之趨向。

　　異形字之使用，牽涉版本與時代因素，僅將五體異形之字核出（詳見第三章《史記評林》評點校勘第二節至第五節勘誤表中，逐條之備註欄內【《評林》某字原典作某】）此成果或可供來日作文字流變研究者參考，也可供版本學者尋思。

5、增益《史記評林》一書之使用性。

　　雖則歷來對《史記評林》不乏非議與垢病，然就學術乃公器之論點衡之，《評林》仍有其不可磨滅之價值，例如：在索引上，它蒐集歷代各評家之作，就今日學術眼光而論，便是極佳之引得，不僅便於參閱，更可以之爲線索，在此基礎上，加深加廣地研究，此其一；在較量上，補其出處之漏失，與引文型式上之缺憾，不僅令學者能更精確使用這項資料，也能參考編輯者與評論者，在取擇觀點上的差異性，藉此達到對比參照的效益，此其二；在評點文字上，不僅可見一代評論之風氣與精神，更可見文字使用之型態，這不但是時代意識之反映，更是文字流變研究之素材，此其三；又原典（含宋、元、明、清刊本）或有訛字，或刊刻磨損處，依《評林》彙輯次序，多版互讎，可減其失誤率，此其四；輯評之作，或對原典增減字句，或改動字句，其中對照原典，亦多有助益解讀之處，此於校勘稿中一目了然，亦可視爲校勘《評林》之效益，此其五。

　　以上僅略舉其犖犖大者，相信善得其益者，必能有所獲益。